作者

蔡登山

才女多情

——「五四」女作家的愛情歷程

目次

【題記】才女多情

蔡登山

「**五四**」反封建、反禮教，女子不再是「無才便是德」，她們受教育的機會大為提升，因之「才女」輩出，猶如潛沉已久的冰山，一時之間「浮出歷史的地表」。依時間先後，早期的如陳衡哲、冰心、凌叔華等，以及稍後的林徽言，這些才女大都出於仕宦之家，既接受傳統禮教，而又留學於異邦，沐歐豐美雨，在上承古典閨秀餘緒之外，又別具西方之新姿。而中期如丁玲、楊剛、謝冰瑩、羅洪、蕭紅等，由於當時世情鼎沸、國是蜩螗，她們正如作家柯靈先生所言「襟袖漸染風霜，筆端時見憂患」，於是革命的理想，使她們大多投入左翼運動中。而晚期，當時華北、上海相繼成為淪陷區，在北平的梅娘和在上海的張愛玲，卻成為當時最受讀者歡迎的女作家，有「南玲北梅」之美譽。

這些女作家哀樂倍於常人，她們絕大多數都有一段不平凡的人生際遇。例如盧隱幼年時曾有過不太幸福的家庭生活，年輕時又遭受過一次重大的感情波折；而白薇、丁玲、謝冰瑩、蕭紅都曾有過抗婚、逃婚、反抗封建包辦婚姻的經歷；蘇青也有過中年離婚寡居

的痛苦時期，關露則更深入敵營工作，忍辱含詬，被稱為「諜海才女」。

　　而這些個人的人生經歷，自然而然地成為文學創作的極好素材，因此盧隱的〈一個著作家〉活脫脫是她個人生活的再現。《海濱故人》中露莎、玲玉、蓮裳、雲青等人的原型則是她在北京女高師的號稱「四公子」的好友。作品中的主人公露莎聰明活潑，多愁善感，愛上有婦之夫，從而經歷痛苦的靈魂掙扎，最後選擇逃避現實的故事，正恰是盧隱情感遭遇的自身寫照。而馮沅君的自傳體小說《春痕》、《旅行》，對於自我情感、自我慾望的大膽披露，更是前所未有。而蘇青的傳體小說《結婚十年》、《緒結婚十年》更被諸多讀者當作窺視作者婚姻生活破裂的依據。除了自傳性文體（甚至日記體）外，情書更是她們感情的抒發管道，白薇和楊騷的情書合集《昨夜》、盧隱和李唯建的情書集《雲鷗情書集》、朱雯和羅洪的情書集《從文學到戀愛》、丁玲給馮雪峰的〈不算情書〉，都在在顯示這些女作家反抗傳統包辦婚姻，追求自由戀愛的勇敢精神。其間有甜蜜，也有決絕。例如白薇以「棄我去者，昨日之日不可留」，將情書集定名為《昨夜》，將整整十年的戀情劃上句點，決絕對楊騷的情愛。而在朱雯和羅洪間，一個是托爾斯泰，一個就是輔佐他的愛妻蘇菲亞，兩人終其一生「從文學到戀愛」，永結同心一甲子。

　　九十年過去了，「五四」的燈火已遠，但這些女作家，曾經經歷新舊交替的時代風雨，衝破了幾千年的沉悶，以她們的健筆，幻化出絢爛繽紛的虹彩。而今當我們展讀她們動人的作品，益發想見她們的身影！

曾經輝煌堪詠絮

──陳衡哲和「三個朋友」

說到陳衡哲的名字，現在可能被許多人所遺忘了。但在二三〇年代，她曾經風華過，她擁有多少個「第一」的頭銜：包括第一個白話文女作家、第一個女教授、第一個女史學家、第一個女碩士。學者程靖宇曾在懷念文章就說，當時陳衡哲「是南京東南大學、北洋時代的北京女師大和北京大學最早的女西洋史兼英文系教授，又是復興高中教科書《西洋史》的著者，還兼著《獨立評論》發起人，婦女問題、青年教育問題的論壇女祭酒，在當年除了國際聞名的胡博士（適之）外，在國際上，尤其在美國，第一出名的中國女學者，便是這位Prof. Mrs. Sophia H. Chen Zen了。」

陳衡哲（1890-1976）一八九〇年七月十二日生於江蘇常州武進一個書香世家。祖籍湖南衡山。祖父陳鍾英曾任浙江杭州知縣，著有《知非齋詩鈔》。父親陳韜（1869-1937），舉人出身，住四川凡十年，初兩任縣知事。後在成都專任幕僚、會計、科秘之職。一生正直，不阿權貴。是一位詩人、文章家，且擅作輓聯，長於書法。母親莊曜孚（1870-

陳衡哲

1938）是民國聞人莊蘊寬（1867-1932）之妹，著名畫家和書法家。一九一四至一九二〇年，在蘇州江蘇省立第二女子師範學校教國畫六年，又兼職業女校圖畫教師。後遷居北平，在京華賣畫，與吳昌碩、齊白石同享盛名。其畫自斗方小品扇面，以至堂幅屏條，無所不繪，數以千計，求購者眾。

陳衡哲四歲時，由母親教導開始學認字、讀啟蒙書。七歲寫家書，父親誇她文言夾白話的信，「很有創意」。八歲時父親教她讀《爾雅》和他的中國地名筆記、歷史筆記及《黃帝內經》。十二歲時開始讀梁啟超的文章，《新民叢報》及譚嗣同的《仁學》，立志「當作家」。一九〇三年父親遠去四川做官，她和姐姐、姐夫一道經上海至廣州，依舅父莊蘊寬讀書。莊蘊寬思想很新，他不但親自教導陳衡哲，還為她請了先生教她初級數學和新時代的衛生知識。陳衡哲後來在《早年自傳》（Autobiography of a Chinese young girl）這麼回憶說：「（舅舅）對於現代的常識，也比那時的任何尊長為豐富，故我從他的談話中所得到的知識與教訓，可說比從書本得到的要充足與深刻得多。經過這樣一年的教誨，我便不知不覺的，由一個孩子的小世界中，走到成人世界的邊際了。我的知識已較前一年為豐富，自信力也比較堅固，而對於整個世界的情形，也有從井底下爬上井口的感想。」陳衡哲又說：「督促我向上，拯救我於屢次灰心失望的深海之中，使我能重新鼓起那水濕了的稚弱的翅膀，再向那生命的渺茫大洋前進者，舅舅實是這樣愛護我的兩三位尊長中的一位。他常常對我說，世上的人對於命運有三種態度，其一是安命，其二是怨命，其三是造命。他希望我造命，他也相信我能造命，他也相信我能與惡劣的命運奮鬥。」

一九〇四年冬，她帶著舅舅給蔡元培的介紹信，隨舅媽到上海，擬進蔡氏創辦的愛國女校，卻因蔡元培不在上海，乃於次年入中英女子醫學院就讀。一九〇七年習滿三年，自認為除英文外，

幾乎沒有任何收穫。此時接獲父親電報,返回成都。在成都她拒絕父親為她挑選指定的婚姻,一九一〇年她重回中英女子醫學院。次年春,棄學到蘇州常熟姑母家居住,得到姑母的關愛和幫助,自學《尚書》、唐宋詩詞等;並靠著字典學習和翻譯英國文學作品。在她眼裡,姑母是召喚黎明的一縷霞光,「使一種黑暗的前途漸漸有了光明,使我對於自己的絕望變成希望,使我相信,我這個人尚是一塊值得雕刻的材料。……但在那兩三年中我所受到的苦痛拂逆的經驗,使我對於自己發生了極大的懷疑,使我感到奮鬥的無用,感到生命值不得維持下去。在這種情形之下,要不是靠這位姑母,我恐怕將真沒有勇氣再活下去了。」(〈紀念一位老姑母〉)。

　　一九一四年五月,獲悉清華學校面向全國招考留學女生,考取者可獲得獎學金去美國留學五年。她當時自覺程度淺,不敢應試,但在姑母的鼓勵支持下,請假兩週,到上海應試,考完後仍回常熟鄉下的家館教課。後來姑母和舅舅都在報上看到她的名字,舅舅來信說:「清華招女生,吾知甥必去應考;既考,吾又知甥必取。……吾甥積年求學之願,於今得償,舅氏之喜慰可知矣。」而姑母的來信,她還沒看完,「眼淚便如潮水一般的湧出來了。」這是她生命的重大轉折!陳衡哲回憶說:「這是我生命中最黑暗、最痛苦的一頁,而引我離開這個境地,使我重新走上『造命』大道的,卻是這位老姑母,和她對於我的深信與厚愛。」

　　一九一四年八月十五日,陳衡哲從上海啟程赴美,據學者趙慧芝的〈陳衡哲年表〉說,她先到紐約州的普特南女子學校(Putnam Hall School)讀大學預科,次年秋天,才進美國著名女子大學──瓦莎大學(Vassar College)歷史系,主修西洋歷史,兼修西洋文學。而在進瓦莎之前的夏天,陳衡哲將署名Sophia(莎菲)的譯著〈來因女士傳〉投寄給《留美學生季報》,獲得總編輯任鴻雋高度好評。從此兩人開始通信。

任鴻雋

任鴻雋（1886-1961）字叔永，一八八六年十二月二十日生於四川墊江縣（今屬重慶市），祖籍浙江歸安縣。據學者趙慧芝的〈任鴻雋年表〉，任鴻雋四歲，母親開始教他學認字，六歲入私塾，讀四書五經、朱子集注等書，習八股、作策論。十一、二歲時，策論文、詩詞已作得相當出色，頗為當地耆宿所驚服。十二歲考入墊江縣書院，學習經史、數學。一九〇四年考中四川巴縣第三名秀才，同年考入重慶府中學堂。一九〇七年二月，入上海中國公學高等預科甲班學習，與胡適同班，但他長胡適五歲。因為學校的課程無法滿足於任鴻雋的求知慾，於是在年底他就離開中國公學，準備出國留學。一九〇八年他赴日本東京留學，先用半年的時間學習日語，秋考進同文中學，次年夏天畢業。一九〇九年秋，考入東京高等工業學校應用化學預科，成為官費生，一年後進應用化學科學習。

武昌起義成功後，他如同有志青年一樣，毅然踏上返國的歸程，他說：「為歸國投軍之舉，尤平生未有之樂事也。」一九一二年元旦，

他就任中華民國臨時總統府秘書處秘書,為孫中山草擬〈告前方將士文〉、〈咨參議院文〉、〈祭明陵文〉等。四月,南北和議告成後,改變了任鴻雋當時的政治理想及對政治的看法,他立意棄官求學,將來再以所學報效國家。於是他被選定為第一批「稽勳生」(案:對革命有功,並在政府中擔任一定職務之士)於十二月赴美留學,進康乃爾大學文理學院攻讀化學專業,當然此時已不同於他在日本時想製造革命的「炸彈」,而思尋求富國的「知識」。一九一四年一月,他任《留美學生季報》總編輯。六月,在康乃爾大學創建了「中國科學社」,創刊《科學》雜誌。

一九一六年暑假,任鴻雋邀了幾位科學社的朋友到綺色佳交遊蕩舟,除了梅光迪、楊杏佛、唐鉞等老朋友外,還有一位新朋友——陳衡哲。這是任、陳兩人的首次見面。不久,任鴻雋為陳衡哲寫了〈為陳衡哲女士題異蘭記〉詩云:

> 新陸不復見蘭蕙,每憶清芬心如醉。
> 何來幽介空谷姿,為君採擷書中綴。
> 瓣蕊紛披香未殘,蔥蘢細莖葉微寬。
> 莫向湘沅覓彼偶,似此孤芳豈多有。

任鴻雋極欣賞陳衡哲的才華,後來他在《五十自述》中回憶當年,「遂一見如故,愛慕之情與日俱深,四年後乃訂終身之約焉。」

一般論者在提到胡適第二次迸出愛的火花,都指向東方才女陳衡哲。不同於韋蓮司的是,這次是陳衡哲顯得要主動得多了,雖然陳衡哲是胡適的好友任鴻雋追求的對象,但由於胡適是當時在美國的中國留學生中,出類拔萃的,而且到處演講、發表文章,因此激起陳衡哲的愛慕之情。胡適在一九一六年秋被推舉為《留美學生季報》的繼任總編輯,十月起與陳衡哲通信,兩人雖未謀面,但彼此

胡適

陳衡哲與任鴻雋1

「心有靈犀」，在五個月之內，尺素往返，胡適寄出的信不下四十餘件。一九一七年四月七日，胡適終於隨任鴻雋去普濟布施村（Poughkeepsie）訪陳衡哲，這是胡、陳第一次「碰」面，也是他們在美洲的唯一一次。

在這之前的四個月（一九一六年十一月十七日），胡適收到任鴻雋寄來陳衡哲所寫的兩首詩〈月〉：「初月曳輕雲，笑隱寒林裡。不知好容光，已印清溪底。」、〈風〉：「夜聞雨敲窗，起視月如水。萬葉正亂飛，鳴飆落松蕊。」後，將詩抄錄在日記中，並寫道：「鴻雋以兩詩令適猜何人所作。適答之曰：『兩詩妙絕。……〈風〉詩吾三人（任、楊及我）若用氣力尚能為之，〈月〉詩則絕非吾輩尋常蹊徑。……足下有此情思，無此聰明。杏佛有此聰明，無此細膩。……以適之邏輯度之，此新詩其陳女士乎？』」才堪詠絮、冰雪聰明，當任鴻雋把此信轉給陳衡哲看時，陳衡哲在心中能不暗暗地把胡適「視為平生知己」乎？也因此當任、楊（杏佛）、梅（覲莊）、朱（經農）都反對胡適搞文學改良、寫

白話詩時，真正響應他的就只有陳衡哲一人。新文學史上最早的一篇短篇小說是陳衡哲的〈一日〉（載一九一七年出版的第一期《留美學生季報》），同時期她也寫了不少白話詩，很可能陳衡哲真有雄心為新文學開路；但她見到胡適給眾朋圍剿，特地試寫些白話詩、白話小說，助他一臂之力，以取悅於他，這也是大有可能的。

　　一九一七年胡適回國，年底和江冬秀結了婚，從此陳衡哲死了心。一九二〇年夏天，她在修完芝加哥大學碩士學位後，就返國任北大女教授之第一人。陳衡哲原抱「獨身主義」（現在得知，那只是一句遁辭而已），在心儀之人已婚，又感於任鴻雋窮追不捨，再度遠赴美國，三萬里求婚的誠意，後來兩人終成秦晉。

　　一九二〇年八月下旬，任鴻雋在南京主持了中國科學社第五屆年會，胡適這時也剛剛應邀到南京高等師範學校第一屆暑期學校講學。胡、任、陳，於此時在南京相聚。八月二十二日下午三時，任與陳在南京高師梅菴訂婚。當夜，他倆與胡適至雞鳴寺，登豁蒙樓用餐。

　　雞鳴寺是一座名寺，在南京城北雞鳴山東麓。光緒年間在此建豁蒙樓，登臨其上，可俯瞰玄武湖景色。胡、任、陳三人，在這裡夜坐，談心觀景。胡適特作〈我們三個朋友〉一詩相贈，詩云：

> 雪全消了，春將到了，只是寒威如舊。
> 冷風怒號，萬松狂嘯，伴著我們三個朋友。
> 風稍歇了，人將別了——我們三個朋友。
> 寒流禿樹，溪橋人語，此會何時重有？
>
> 別三年了！月半圓了，照著一湖荷葉；
> 照著鍾山，照著臺城，照著高樓清絕。
> 別三年了，又是一種山川了，——

胡適與任鴻雋、陳衡哲合影

陳衡哲與任鴻雋2

依舊我們三個個友。此景無雙，此日最難忘，──讓我的新詩祝你們長壽！

令任鴻雋、陳衡哲兩人看了很感動。九月十六日他們在北京結婚了。婚禮極為簡單，由校長蔡元培證婚，胡適寫了一幅對聯，戲贈兩人：「無後為大，著書最佳。」前四字希望早生貴子，後四字期望陳衡哲不要因為結婚而放棄事業。

雖然後來胡、任、陳成為摯友，但在胡適的心靈深處卻無法忘懷這段情。他在為所生愛女取名「素斐」，便是明證。一九二一年鴻雋、莎菲也得一女，胡適有詩相賀，詩云：「重上湖樓看晚霞，湖山依舊正繁華。去年湖上人都健，添得新枝姊妹花。（三個朋友一年之中添兩女，吾女名素斐，即用莎菲之名）」詩末的注，說得明白極了，胡適以女兒的名字，作為對莎菲的愛的一種紀念！

一九二一年年底，胡適去探望陳衡哲。身為母親的陳衡哲更加有女人味了。她正忙著整理行李，因為她應商務印書館之約，要編寫《西洋史大綱》等書，她和任叔永準備到南京小

住，即將啟程。胡適對於這對好友即將分別，不免有些感傷，他寫下〈晨星篇──送叔永莎菲到南京〉一詩，來送行：

> 我們去年那夜，豁蒙樓上同坐；月在鍾山頂上，照見我們三個。
>
> 我們吹了燭光，放進月光滿地；我們說話不多，只覺得許多詩意。
>
> 我們做了一首詩，──一首沒有字的詩，──
>
> 先寫著黑暗的夜，後寫著晨光來遲；在那欲去未去的夜色裡，
>
> 我們寫著幾顆晨星，雖沒有多大的光明，也使那早行的人高興。
>
> 鍾山上的月色，和我們別了一年多了；
>
> 他這回照見你們，定要笑我們這一年匆匆過了。
>
> 他念著我們的舊詩，問道，「你們的晨星呢？四百個長夜過去了，你們造的光明呢？」
>
> 我的朋友們，我們要暫時分別了；
>
> 「珍重珍重」的話，我也不再說了。──
>
> 在這欲去未去的夜色裡，努力造幾領小晨星；
>
> 雖沒有多大的光明，也使那早行的人高興！

陳衡哲婚後幸福美滿，一九二四年她給任鴻雋的三姐任心一的一封家書中說：「當叔永在美國對我提起結婚的事的時候，他曾告訴我，他對於我們的結婚有兩個大願望。其一是因為他對於舊家庭實在不滿意，所以願自己組織一個小家庭，俾他的種種夢想可以實現。其二是因為他深信我尚有一點文學的天才，欲為我預備一個清靜安閒的小家庭，俾我得專心一意的去發達我的天才。現在他的這兩個願望固然不曾完全達到，這是我深自慚愧的一件事；但我們兩人的努力方向是不曾改變的。」

儘管如此，她並沒有忘記對胡適的感情，她的〈洛綺思的問題〉這篇小說，就透露出對舊情的深切懷念。一九二三年二月

二十日，她曾將初稿寄給胡適看，胡適覺得大約「影子」太明顯，很不滿意，曾給莎菲覆一長信，信目前無法得見。但後來胡適在一九三七年一月一日的日記中曾記此事云：「讀Sophia寫的〈三個朋友〉（案：〈洛綺思的問題〉原名〈三個朋友〉），頗不滿意。」一月三日又云：「寫一長信給Sophia，論一、凡太intimate（案：親密、秘密）的文件，乃是二人之間的神聖信託，不得隨便由一人公開。二、此稿只是排比文件，像一個律師的訴狀，不是小說，沒有文學的意味。」傳記作家楚汎指出，這篇小說是陳衡哲一篇深沉幽邃的力作，胡適的「沒有文學的意味」顯然是偏激的話語，而之所以如此，是因為其中洩露了兩人之間的隱秘情愫，所以胡適很有些顧慮，一定要陳衡哲修改。後來小說的主題部分「第三段是完全重做的」，題目也改為現在的名稱。正如瓦德和洛綺思一樣，他們各自在心中秘密的一角，保有那神秘的愛情種子；陳衡哲與胡適的感情天地裡，也都各有不容他人窺視的隱秘，但既是隱秘只能存於夢中或想像，表面上只能昇華為友情、心靈的知已！

　　一九二八年三月二十一日，胡適為陳衡哲的小說集《小雨點》作序，大意是：「莎菲的小說集快出版了，……我很高興寫這篇小序，因為這幾篇小說差不多都和我有點關係，並且都是很愉快的關係，十篇之中，大部分是最先在我編輯的雜誌上發表的。……〈洛綺思〉一篇的初稿，我和叔永最先讀過，叔永表示很滿意，我表示不很滿意，我們曾有很長的討論，後來莎菲因此添了一章，刪改了幾部分。……」「我和莎菲、叔永，人家都知道是《嘗試集》裡所謂『我們三個朋友』。我們的認識完全起於文字的因緣。……當時我們雖然不免偶然說點天真爛漫的玩笑，但我們最開心的還是一個重要問題的討論。……當我們還在討論新文學問題的時候，莎菲已經開使用白話做文學了。……試想當日有意作白話文學的人怎樣稀少，便可以瞭解莎菲的這幾篇小說在新文學運動史上的地位了。……」

一九二九年一月十九日到二月二十五日胡適到北京三十六天，他三星期住在陳衡哲、任鴻雋家，久別重逢，世事滄桑，好友聚在一起，自然有說不盡的歡樂。胡適不僅有「依舊我們三個朋友」，而且結識了兩個「要好極了」的小朋友，即陳衡哲、任鴻雋的兩個女孩——任以都（9歲）、任以書（5歲）。其中「以書」，還是胡適的乾女兒。後來胡適去找丁文江，陳衡哲的一封短信，生動地描寫了胡適與他們一家四口的深厚情誼。其信云：「適之：今天小都、書書看見我不曾同了你回來，失望極了，書書尤為不樂。她說：『請胡伯伯再回來住罷，我又不會寫信，怎麼辦？』這是她第一次覺得不會寫信的痛苦的，可見她愛你的深了。她們兩人都盼望胡伯伯回來住。在君（丁文江）又要說，這是娘的意思了。若然，那真是阿彌陀佛，冤哉枉也。她們的父親和母親，雖然也盼你能回來住幾天，但自知沒有與你的把哥哥爭客的資格，一定不望你回來的。但她們兩人卻真是和你要好極了。……」

一九三四年八月十二日，陳衡哲和任鴻雋帶著第二十六期的《十日談》來給胡適看，他們十分氣憤地指著〈文壇畫虎錄〉專欄中，署名「象恭」寫的〈陳衡哲與胡適〉的短文。短文以評價陳、胡友誼為名，散布了許多不負責任的猜測和誣蔑之詞。如說陳衡哲要與胡適結成永久伴侶，胡適拒絕了，然後把她介紹給任鴻雋；又說陳衡哲、任鴻雋婚後感情一直淡淡的，等等。胡適看了也十分生氣。他立即寫信向該刊編輯抗議，並要編輯部將他的信刊登在下期的《十日談》，並要求公開向他們三人賠禮道歉。結果《十日談》第39期，一九三四年八月三十日刊出〈胡適之來函抗議〉一文，這是胡適對不實的八卦報導的處理方式。

胡適和陳衡哲、任鴻雋這「我們三個朋友」，在一九四九年以後，因政治立場而天各一方，任氏夫婦留在大陸，胡適則在美國及台灣。但任氏夫婦和在美國的子女之間還是可以通信的，但為了避

免政治上的麻煩，任以都在給父母的信中提及胡適時，都是用「赫貞江上的老伯」來稱呼（案：當年留學時，胡適和任鴻雋都在紐約赫貞江畔的小公寓中住過。），因此「三個朋友」之間的情況還是會彼此了解的。

一九六一年十月九日任鴻雋突發腦血栓，經上海華東醫院搶救無效，於十一月九日去世。陳衡哲從此失去一生同甘共苦的伴侶和知音，她無比的悲痛。隨即寫信給任以都和任以安，要他們趕快通知「赫貞江上的老伯」。十一月十八日胡適給他們回信，不到幾天胡適就病了，二十六日被送進台大醫院，住了四十五天。

一九六二年一月十七日胡適接到任以都、任以安姐弟的信，信中附有陳衡哲的悼亡詞三首，那是她在雙目失明的情況下，摸著紙寫下的「哀思」：

（一）金縷曲

不信君真去！小窗前，瓶花猶在，硯書如故。謦咳無聞茵枕冷，夢斷重門開處；始驚悟，果成千古。寂寞餘生還愴惻，問從今，哀樂和誰語？幽明隔，永無路。

當年新陸初相晤，共遊蹤，清池賞月，綺城瀑布。四十年來同苦樂，況又詩朋文侶；還相約，匡廬隱羽。我自衰殘君獨健，道當然，病葉先離樹，誰司命？顛倒誤。

（二）浪淘沙

生死本相牽，漫羨神仙。多君強矯比中年；樹杪秋風黃葉二，容我凋先。

危病忽聯綿，一再催堅，逗君一笑任長眠，從此無憂無罣礙，不顫風前。

（三）浪淘沙

何事最難忘，知己無雙：「人生事事足參商；願作屏山將爾護，恣爾翔翔」。

山倒覺風強，柔剌剛傷；迴黃轉綠孰承當？猛憶深衷將護意，熱淚盈眶。

胡適表示其中的第三首最令他感動。第二天夜裡，他給任家姐弟覆了一封長信，很悲傷地說：「政治上這麼一分隔，老朋友之間，幾十年居然不能通信。請轉告妳母親，『赫貞江上的老朋友』在替她掉淚。」胡適還詢問任鴻雋的「手抄的自傳稿子」寫成多少了，希望能儘早讀一讀老友的自傳。還問起陳衡哲的眼力壞了，不能讀書寫字，不知近年有進步否？最後說「三個朋友」之中，我最小，如今也老了。

一九六二年二月二十四日，胡適在台灣南港中央研究院病逝，消息傳到美國，任以都趕緊給台北的程靖宇（案：陳衡哲的學生，晚年和陳有聯絡）去信，囑咐他「無論如何不能讓好娘（案：陳衡哲）知道」，「一定要瞞著她」，因為「胡伯伯是好娘和爸爸平生最好的朋友，這消息絕不能讓她知道，免得她過度悲傷。」陳衡哲後來還是知道胡適去逝的消息，在老病喪夫之下，又失去最好的朋友，這種打擊對她來說是相當大的，她為這份苦痛麻木了許久，許久。「我們三個朋友」在短短三個月中，相繼走了兩個，這怎能不叫她淚眼婆娑，傷痛不已呢！

「文革」期間，由於受到抄家運動的影響，以及丈夫去世的巨大傷痛，陳衡哲的情緒極為悲觀，經常一個人關在屋內，不太過問世事。陳衡哲的侄孫任爾寧說她晚年的生活非常有規律，八十多歲了思維仍然非常清晰，經常對任爾寧講，她還能背誦一兩千首唐詩和宋詞。興趣來時，她常常會用濃郁的湖南腔十分流暢地接連背上

幾首古詩詞，頗有幾分自得。一九七六年一月七日，陳衡哲因心力衰竭在上海去世，享年八十六歲。

　　陳衡哲的文學創作主要集中於現代文學史的投兩個十年，第一個十年，以詩歌、小說為主，現代文學史公認的第一篇白話小說——〈一日〉，發表於一九一八年九月《新青年》第五卷第三期的新詩〈人家說我發了癡〉等等；第二個十年以散文、雜文為主。後來部分文學作品結集為《小雨點》、《西風》、《衡哲散文集》出版。也許由於她後來以西洋史學者的身份現身，漸漸退隱文壇，使得影響力漸失，她的文學成就也沒得學界恰如其份的肯定。陳衡哲的歷史著作《西洋史》、《文藝復興小史》、《歐洲文藝復興史》等，在當時具有相當的影響力。胡適給陳衡哲的《西洋史》很高的評價，他說：「這部書可以說是中國治西史的學者給中國讀者精心著述的第一部《西洋史》。在這一方面說，此書也是一部開山的作品。」確實的，陳衡哲的這本著作不是史料的簡單堆砌，更不是承襲西方的觀點，正如胡適所說，她「用公平的眼光，用自己的語言，重新敘述西洋的史實」。《西洋史》是「一部帶有創作的野心的著作」，在三年內印行了六版。史學家楊寬在自傳中回憶在蘇州就讀時的西洋史課本就是用陳衡哲的《西洋史》。歷史地理學家侯仁之寫道，陳衡哲的《文藝復興小史》是他少年時期受益最大的三本書之一，當時讀來感到十分新鮮，對西方文化藝術的視野也是從這裡擴大的。

　　至於任鴻雋他的一生可說是盡瘁於推展科學研究，他不像當時大多數人停留於「空談」，他一直認為進行艱苦的科學研究是發展中國科學的唯一正途。於是他創辦中國科學社生物研究所，使之成為近代中國科研機構的典範。以後無論他是擔任大學教授、校長，還是就任中央研究院職務、主持中華教育文化基金董事會，他都本著為國家建設服務的理念，致力於中國近代科學事業的推展。

風蕭雨淒心寂寞
——白薇的愛情悲劇

一九二六年四月份的《現代評論》雜誌上，作家陳西瀅在〈閒話〉中介紹了兩位女作家：一位是當時「幾乎是誰都知道的冰心女士」；一位是當時「幾乎是誰都不知道的白薇女士」。他介紹白薇說：「白薇女士的名字在兩個月前我們誰也沒聽見過。一天有一個朋友送來她的一本詩劇《琳麗》，我們忽然發現了新文壇的一個明星。她與冰心女士很不相同的。除了母親和海，冰心女士好像表示世界就沒有愛了。《琳麗》二百幾十頁，卻從頭至尾就是說的男女的愛。它的結構也許太離奇，情節也許太複雜，文字也許有些毛病，可是這二百幾十頁藏著多大的力量！一個心的呼聲，在戀愛的苦痛中的心的呼聲，從第一頁直喊至末一頁，並不重複，並不疲乏，那是多大的力量。」是的，白薇曾在二、三〇年代的文苑裡，在曾是寥若晨星的女作家群中，閃過奇特的光彩，但在八十年後的今天，似乎又沒有多少人能記得她了。

白薇

白薇，原名黃鸝，又名黃彰、黃素如。白薇是她留學日本後開始用的名字。一八九四年二月生於湖南資興縣山鄉一個沒落、守舊的鄉紳人家。祖父黃秋芳是武舉出身的湘軍軍官，祖母是太平天國的女兵。不久祖父去世，家道中落。白薇很小就承擔沉重的家務，稍大點還下田勞作、紡織、繡花。她八歲時就被父母包辦定了婚姻。十六歲被逼成婚，白薇聽人說，婆婆是遠近聞名的惡寡婦，丈夫是婆婆唯一的遺腹子，慣得粗蠻混狠不通情理。她就跪在父母面前哀求要拒了這門親事。父親黃晦鐵著臉說：「父母之命是幾千年的祖訓，祖宗之法不可違。」他父親也曾留學日本，追隨過革命，照理說該有維新思想，但他卻守舊地把女兒送去當「沖喜」的祭獻，寧願女兒被夫家打死，也不許逃回「玷污」禮教名家的名聲。

　　黃家雖是名門，但白薇的父親卻給女兒極少的嫁妝，這讓婆家大失所望。而且丈夫目不識丁，娶了這個識文認字的媳婦，丈夫不喜歡，婆婆也不高興。為了不讓白薇看書，婆婆辭退了家裏的長工短工，種地、種菜、餵豬、挑水……家裏內外的活全讓白薇幹。她整天累得半死，卻見不到婆婆一個好臉色，還經常遭丈夫毒打，甚至母子倆合起來欺侮她。有一次丈夫夾著她的手腳，婆婆使勁咬斷了她的一根腳筋。婆婆甚至拿來一根繩子，一把菜刀任她選，逼她去死。有一天，她偶然聽到婆婆和丈夫在偷偷商議，要把她賣了，再重娶一個媳婦。這時候，她急了，去向舅舅求救。在舅舅幫助下，她進了衡陽第三女子師範學校當了插班生，暫時逃離了苦海。

　　但婆家並不放過她，而父親仍要維護他那「禮教名家」的死面子。在長沙一女師畢業前夕，父親特地從千里之外的家鄉趕到省城，軟硬兼施之外，還買通校內教職員守著她，不讓她再度逃跑。但白薇卻由於同學的幫忙，從廁所出糞的舊孔道逃出了鬼門關。當時她身上穿著一件夏布衣，口袋裡裝著六塊「袁大頭」銀元，上了長沙開往漢口的輪船，然後由上海到日本橫濱。

上了異國的海岸，她身上只剩兩角錢，寫了封掛號信寄到東京，請友人的姊姊來接，到了東京，她便身無分文，只有靠自己養活自己。她有時做家庭女傭，有時在街上賣水，最多的時間是「挑碼頭」。她在碼頭把貨物從船上挑上岸，四個小時挑八十件，收入可供三、四天的生活開支。儘管每天她從早到晚地辛勞，卻依然解脫不了她生活的困境。不久，長沙第一女師馬校長來了信，寄給她一些錢救了急。又在馬校長的幫助下，她父親終於寄來了七十元錢，她才進入東亞日語學校補習日語。從東亞日語學校結業後，她以優異的成績考入了日本女子最高學府——東京高等女子師範。考取女高師，是官費的。後來，她因病留級，停了官費。她不得不又做了傭人。這時候，從家鄉傳來四妹被迫出嫁的悲慘消息，新愁舊怨一起湧上心頭。她責怪父親不該這樣扼殺自己的女兒，當即寫了二十多封信向父親進行說理抗爭。父親不僅不聽，反而回信痛罵，說她是「大逆不道」的孽種。從此，家庭徹底地把她拋棄了，她對這個家庭也再無一點留戀。她痛苦、煩悶極了，她急切地需

白薇

楊騷

要一種武器，她要用武器刻畫出被壓迫者的痛苦，暴露壓迫者的罪惡，「我要宣戰的武器！我要學習文學，掌握文學這個武器！」她無聲地吶喊著。從此，她走上了文學之路。

一九二三年夏天，白薇在日本遇見了中國學生楊騷，從此楊騷影響了她一生的感情生活。根據楊騷的兒子楊西北的〈楊騷年表〉得知，楊騷名古錫，字維銓，一九〇〇年一月十九日出生於福建漳州。一九一八年夏，在省立第八中學畢業後，東渡日本，到東京留學。先入日華、東亞等預備學校學習日語，補習功課。由於家庭經濟窘迫，一九二一年考入可領官費的東京高等師範學校。在東京府下源兵衛的一家破板屋後樓，楊騷來訪白薇，他們促膝交談，在比自己還小六歲的楊騷面前，白薇那麼透明、赤誠，無所保留地傾吐著一切。而楊騷也告訴白薇，從小他過繼給堂叔，自從他知道了自己的生父以做麵條為生家境貧困，他很自悲。兩人有著相似的童年，使他們一見如故，他們在古樹林的綠海裡聽著杜鵑與畫眉的啼聲，在清風幽涼的霧氣裡，他對她傾吐著情懷。他們最初真心相交，引

為知己，約為朋友，不談愛情。但沒多久，這兩個寂寞而狂熱的靈魂，卻如閃電地交融在一起了。白薇悲慘的遭遇，使她特別需要人情的溫暖，特別需要愛情的安慰。她說：「我以為一天有他，我的精神就是活的，我的力量會十倍地充實起來。」

在此之前，白薇為單戀同在日本求學的凌璧如不成而痛不欲生。白薇從一九二二年開始創作，寫了處女作三幕話劇《蘇斐》。她籌劃在東京留日學生賑災義演中公演，她自己主動去找凌璧如擔任劇中的男主角華寧，白薇則自己飾演女主角蘇斐。凌璧如後來說：「她的吩咐我總是樂於接受，從不逃避的。」儘管如此，但凌璧如有他自己的理想的情人，就是同在東京求學的張萬濤。白薇只是自己一廂情願的愛戀。

而楊騷在一九二一年進東京高師後不久就結識了凌璧如，而後他更愛上了凌璧如的大妹凌琴如。根據凌璧如的《趣園往事話童年》一書記述，凌家兄妹出身湖南平江一個開明的士大夫家庭，父親是同盟會會員，在甲山的「凌家大院」，開辦了「甲山尋常小學堂」和「甲山夜班學堂」，他們兄妹都受新式教育的薰陶，凌琴如更是凌家三代以來的第一個女孩，因此倍受疼愛，她同哥哥一樣到國外留學。到東京後，她考上音樂學校，主修聲樂，兼修鋼琴。此時富於詩情與藝術天賦的楊騷打動了凌琴如那顆少女的心。她和楊騷成了奧地利音樂的景仰者，海頓、莫札特、施特勞斯、舒伯特等，是兩人心儀的對象，兩人在音樂與詩歌世界裏淺吟低徊。楊騷的小提琴與凌琴如的女高音珠聯璧合，相得益彰，一曲「我的歌聲穿過深夜，向你輕輕飛去──」，足以蕩漾起青年人浪漫無比的情懷。月光下，飛雪夜，青春的激情催湧著年青楊騷的心，他不由自主頻頻來到凌琴如的窗下，把灌注了熱情與愛戀的曲子，一首一首地獻給心上人。任誰都看得出楊騷對凌琴如的癡情，張萬濤就曾對對凌璧如說：「楊騷真是瘋了。」

　　一九二三年日本東京大地震發生後，劫後餘生的這些小後生大姑娘們來到上海，同行有凌璧如、凌琴如兄妹，張萬濤、楊騷等人，他們又遇到先前返國省親的也在日本留學的錢歌川，於是大家同遊杭州西湖。楊騷其時二十四歲，凌琴如才十八歲，但是兩人的關係已經好到非比尋常了。幾人在風景如畫的西湖邊流連忘返，楊騷與凌琴如的情感更加深了一層。但在這之前，錢歌川也在追求凌琴如，他約凌琴如先行回東京復學，邀請之中包涵了最明顯不過的意思。後來凌璧如安排凌琴如與錢歌川、楊騷三人當面商量，凌琴如決定同錢歌川一起先回東京。送二人上船前，楊騷和他們有過一場開誠佈公的交談，最後以楊騷「臉色蒼白、令人生畏」地回到自己的房間，且不無失態地擁抱住了張萬濤，說：「濤妹！她要走了！明天就走！」而告終。凌璧如直到晚年，仍忘不了楊騷當時極痛苦的失態與嗚咽。一九二六年八月，凌琴如和錢歌川在東京結婚了，這是後話。

　　楊騷自己也在《自傳》中說過：「東京這一次大火災──給我機會嚐到初戀苦味，更因而認識另一位女性，糾纏不清，使自己以後十餘年的生活在極無聊的苦惱中過去了。」其中初戀是指凌琴如，而「另一位女性」才是指白薇。凌琴如走了，那個清純可愛的美少女的倩影，永遠都在他心裏。他的愛永存。無法排解的懊惱和

痛苦也更深。他同凌璧如、張萬濤回
到杭州，又分別回到東京，舊景依
然，悵惘更深。關心他的朋友撮合他
與白薇交往。兩人都是留學生中才
氣、文名出眾的佼佼者，彼此久已心
儀。此時白、楊兩顆破碎的心在異國
他鄉碰撞成一團，於是兩人的感情急
劇升溫，以至於到了如火如荼急風暴
雨般的地步。在楊騷一邊，他大約還
沒有從失戀的陰影中走出來，他還沒
有做好迎接新的愛情的準備，在白薇
近乎窒息的情感壓力下，他大概只有
逃跑一條路了。楊西北在《流雲奔水
話楊騷》中認為「一旦這種感情醇厚
得要將對方包裹起來，企望徹底佔有
對方，讓人透不過氣，可能就會使人
畏懼了。」。如果說當初楊騷對於還
不太懂得愛情為何物的凌琴如，傾注
了過分強烈近乎瘋狂的愛情，使得凌
琴如倒向錢歌川一邊的話，那麼，今
天白薇對楊騷的情況正復如此。

楊騷與白薇

　　於是在白薇近乎窒息的情感壓
力下，他開始逃跑了。一九二五年二
月，楊騷不告而別，回到杭州，方告
知白薇：「十二分對不起你，沒有和
你告別。」他勸白薇：「莫傷心、莫
悲戚、莫愛你這個不可愛的弟弟」，

又坦承他還愛著凌琴如，信上說：「我永遠記著你，思慕你，但我不能在你面前說假話了。我永遠記著A妹，永遠愛著A妹。這次到了下關，搭船過門司的時候，在船中眼角偶然瞥見一位穿紅衣服的人，我的心不知如何便跳動起來了，啊，紅衣服喲！黑眼睛喲！A妹喲！無論你如何傷著我的心，我還是愛你！」信中的「A妹」就是凌琴如。信發出去一星期後，白薇出現在杭州，在西湖葛嶺找到了楊騷。而楊騷見了她卻很冷淡，聲稱三年之後再見，就扔下她一個人，獨自回到漳州老家去了。白薇貧病交加，在葛嶺完成詩劇《琳麗》，然後賣文回日本，這是他們的第一次分離，儘管如此，他們兩人書信仍然不斷。

回到漳州，家人對他的輟學歸來是大為驚訝，而他在滯留幾個月之後，發覺漳州小城也難有發展機會，正巧同鄉周筆說他在新加坡道南小學缺教員，於是楊騷到新加坡做了一名窮教員。白薇的信依然不依不饒地追趕了來。白薇不絕如縷地訴說著自己的相思，但也毫不掩飾地把自己對於凌琴如的醋意鋪滿了紙張，這反倒讓在新加坡孤身一人的楊騷，更加刻骨銘心地想起與凌琴如在一起的瘋狂與浪漫來，坐臥之間，他的心裏滿是凌琴如的影子。白薇的深情，萬千思戀，力透紙背，但那同樣火藥味十足的責備，則令楊騷無所適從，他真的為愛而痛苦莫名了。

楊騷下南洋淘金的美夢破滅，東京的未了情惱人依舊，他感受了殖民地的社會現實，他在迷惘、苦悶、感傷中，寫下了〈酒杯中的幻影〉、〈頭髮和提琴〉、〈懷Piju〉……一篇篇的長詩與短歌。一九二六年底，在東京的白薇、凌璧如、張萬濤等和凌琴如、錢歌川夫婦，都回國了。楊騷也在一九二七年秋回到上海，他以抒情詩《受難者的短曲》、散文《十日糊記》和劇本《YELLOW》（黃種人）反映在南洋的那段生活。

兩年多的分別，楊騷又突然出現在白薇面前，當獲知楊騷在南洋的不如意時，白薇原諒了他，並重續對楊騷的舊情。於是兩人朝

夕相處，一起寫作、談詩。短短的一九二八年裏，白薇的劇本《打出幽靈塔》、《革命神受難》，詩歌《春筍之歌》、長篇小説《炸彈與征鳥》；楊騷的散文《十日糊記》、《因詩必烈孫》（英文靈感的音譯）、《手》、《嘴》，劇本《空舞臺》、《春之初》，詩歌《飄落》（五首）、《贈》（六首）、《流水集》（十三首），詩集《受難者的短曲》，話劇《迷雛》，劇本集《他的天使》，譯著長篇小説《癡人之愛》相繼發表和出版。兩人成了上海灘上的文學新星。

《昨夜》情書集

到一九三〇年凌琴如與錢歌川來上海事情才起變化。白薇對凌璧如説：「我就是最恨你妹妹，楊騷心中總有她！」此後，兩人的矛盾、爭吵漸多。凌璧如的小妹妹凌琯如説：「他們在一起，白薇好的時候是好得不得了，變臉也快。楊騷有甜蜜的時候，但我看更多的是痛苦。」再後來，白薇發現了楊騷獨居的房間裏若有若無的香水氣息，不由得醋意大發。她一方面打上門去對凌琴如發難，一方面以凌屬之筆對楊騷大加討伐，愛恨皆有，打罵都在，就是找不到平緩如水的婚姻與家庭。吵吵鬧鬧

之後，二人合出了一本他們近二十萬字的情書集《昨夜》，之所以取名「昨夜」者，大蓋是「棄我去者，昨日之日不可留」。白薇還在序詩這麼寫道：「出賣情書，極端無聊心酸／和『屠場』裡的強健勇敢奮鬥的瑪莉亞／為著窮困極點去賣青春樣的無聊心酸！」，雖然說當時兩人都處在窮困之中，但依白薇的個性，兩人的感情若仍有一絲希望，她是絕對不會去出賣她的愛情，因此這或許是她在萬念俱灰之後，所採取的一種決絕的姿態：絕了與楊騷的情愛，斷了自己的癡念，於是她把情感的最隱秘處公之於眾，也為兩人時為波峰，時為浪谷，時而烈火，時而冰霜的情懷，劃上了句號。若干年以後，當楊騷表示要恢復愛情關係的時候，被她斷然拒絕了，從此白薇再沒有戀愛、結婚，一個人終其一生。

親情與愛情雙重放逐使白薇無處逃匿，曾經掙扎於貧病死亡線上一無扶持，同時還四面受敵被構陷見棄於市俗輿論。超長的痛苦災難激起她狂暴的憤怒：「我憎惡，愈熾烈地憎惡人們普遍的虛偽；我痛恨，愈深刻地痛恨人們集中刻毒的劍火，對最忠實、美好、天真、可愛卻無依無靠的人兒去毀壞；我悲嘆，更悲嘆那墮落的人們，只會跟著黑暗的勢力跑，我愈懷疑，茫然地懷疑生物中最高等靈慧的人類，何以甘心把人類社會建築在那樣殘酷、刻薄、昏暗、虛偽的基礎上？」現實沒有給她留下一點安身之地，趨於極端的處境和心境使她奮起抗爭。原本「瞧不起文學」、「絕對不看小說」的她，「發誓要用文學來咬傷而且粉碎」有錢人的心。她匆匆進行了三個月的學習，就毅然投入創作，她以自身痛苦的烈火去洞照社會時代的痛苦，並藉由戲劇這種最能表現激烈衝突及最具傳播震撼效果的形式來呈現，使她的創作具有當時女作家罕見的開闊視野和雄健風格。她不僅寫出奇瑰的愛情悲劇《琳麗》，還寫出壯闊的社會悲劇《打出幽靈塔》和由獨幕劇《革命神受難》改編的多幕

劇《樂土》，以致被譽為當時女作家中「在意識形態方面，在反抗精神方面，在革命情緒方面」「最發展的一個」。

　　白薇和楊騷的愛情悲劇，對她一生的事業、生活和身體影響極大。這在她和楊騷的情書集《昨夜》和長篇自傳《悲劇生涯》中看得很清楚。《悲劇生涯》——一份對親身經歷的，起自一九二五年，終於一九三五年的痛苦愛情的如實紀錄。其中碧葦、威展各是白薇與楊騷的化身，學者孟悅和戴錦華在她們合著的《浮出歷史地表》一書中，就指出：「這種對於兩性關係的不同態度終於使葦看到，她陷入的這場愛情注定不是一種互愛而是一條有去無返的單行道，是一種自發、自生自滅的感情慣性進程。她在這場愛情中只得到自己的孤獨。她發現展的愛最終只要達到性的目的，而不是她希望的人與人靈魂的關係，她發現展為這個目的可以不顧她的死活，而她為了使展保持人格純正所以不顧自己的死活，她發現每在她身心處於崩潰危險邊緣時，展總是避之不及，到是女友和不相干的普通人一次次同情、關注使她活下去。因此，這場愛情的最後了結是在葦發現並承認了自己的完全孤獨，乃至被出賣和背叛，才宣告結束的，此刻是葦對孤獨的忍耐力的極限。」

　　我們看白薇寫給楊騷的情書，她一方面付出自己全部的感情，一方面又總在懷疑這愛的真實性，她說：「……她挨了眼淚，從綠蔭遮蓋的窗上眺望微雨後的晚晴，彷彿窗外一帶的秋林，都瘋瘋地向她嘲笑：『癡人！你哭什麼？你的愛人還沒有投胎啊！』於是她像從太陽熱愛的懷裡跌落冰窟的深處一樣。」白薇的心太敏感，這不但使她受盡了愛的折磨，也影響了楊騷對她愛的情緒。白薇的不幸不僅僅在於她像鳳凰涅槃一樣地撲向愛火，而且還在於她清楚地知道自己愛情的結局是無結果的結局。她說：「我一生有『三無』：生無家，愛無果，死無墓。」她永遠在漂泊，身在漂泊、情在漂泊。

白薇與生俱來帶有一種悲劇式的激情，熱烈與持久在她的感情中都表現得很突出，而楊騷絕不會懂得玉石俱焚的悲壯，因為他自身缺乏這種氣概，所以他本能地欣賞這樣的感情，但絕不會接受。他的愛情彷彿是一片漫無目標的雲，偶而一陣多情的風吹過，也會讓他心旌搖蕩，他不會將愛情固定在白薇一人身上。而白薇過於強烈的自我意識使她讀不懂楊騷的心，她害怕愛人離開，只會一味地用「瘋狂」、「愛死」、「流淚」鋪天蓋地壓過來，楊騷承受不住又解釋不清，只有一走了之。如此分分合合，昔日白薇苦戀楊騷時，他卻掉頭不顧；如今楊騷懇求白薇時，她又不依不饒。愛也不成，恨又不能，是情債？是孽債？

　　我們看一九二九年七月二十七日楊騷寫給白薇的信，此時他對白薇顯然已經沒有熱情了，整封信從頭到尾都是以一種敷衍塞責的口吻寫成的，不知道究竟是對愛情失望、對愛人失望還是對自己失望。如果愛情的一方已經到了對愛人的去留無所謂的地步，那他們還愛什麼呢？信中又說：「不待說我有若干性格不能使你滿足，你也有不少的性格使我不高興，這是無可奈何的。大家如能夠忍耐相處就好，不能便也就分手算了！」「你常以人家不理解你為口實，而哭而想離，而自己傷心。我勸你不要這樣！人這個動物，的確是很難互相理解的。試問你自己能理解人至何程度，自己的委屈也就會釋然於心了。」平心而論，楊騷對白薇這些批評也不是毫無道理。白薇究竟對楊騷瞭解多少呢？她若肯設身處地為楊騷考慮，也許事情不會這樣無可救藥，偏偏兩人都生就一顆孤高不肯遷就的心，都不肯退一步反躬自問。白薇對楊騷那種一發不可收、至死不渝的愛，的確叫人感動，但卻不一定是別人能夠接受的。愛是感情，愛也是藝術，狂風暴雨式的愛情，絕對比不上涓涓細流來得持久。

　　論者指出「事實上，癡情的女人，大多剛烈又固執，不管男人如何一次次地背信棄義，不管旁觀者如何一次次地直言相告，癡情

的女人總是義無反顧，並不是真的無怨無悔。一往情深的背後，其實是不願承認當初選擇的錯誤，不肯面對今天的失敗，不敢承受將來的變幻。於是，只有至死不變，以個性的固執加疏懶來塑造一份癡情，再以剛烈加堅忍來承受這一份癡情。」楊騷是白薇等了半生才等到的愛人，她早已把自己的心、自己的身，甚至自己的一生，都投入到這一場戀愛中去。她愛得堅決、愛得執著、愛得狂熱、愛得如杜鵑泣血，至死無悔。否定楊騷便否定了她自己，否定了她那一幕幕如癡如醉的愛情劇，否定她生命中最亮麗最燦爛的那一段。於是我們看到白薇面對愛情即將消逝的恐懼，她寫給楊騷的信說：「親愛的維弟我的愛！你做夢也夢不到我於你的情深深似海。風蕭雨淒淒，心，寂寞！我想你，我只是想你，恨不得拿把利刀，從我心腸最痛處一刀刺死了事。愚？戀？狂？」愚？戀？狂？也許因為不能真正得到，那個「他」就顯得更加完美；也許因為寂寞，愛情就變得格外重要。但不管怎麼說，這一份愛得死去活來的戀情，也著實令我們的靈魂為之騷動不已。

兩人分開了，根據〈楊騷年表〉一九四○年抗戰期間流亡重慶的作家聚在南溫泉，白薇生病，楊騷也去照料。他一九四一年受命出國，在香港、在新加坡都有信給白薇。楊騷在新加坡《民潮》工作期間，每月工資六、七十元，逐月匯五十元給病中的白薇。一九四四年七月，楊騷與印尼蘇門答臘一個基督長老的女兒陳仁娘結婚了。抗戰勝利，他收到過白薇的信，但當時兩人天各一方，而且他已有家室，他們的聯繫中斷了。一九五二年九月二十五日，流亡海外十多年的楊騷一家四口，才離開雅加達回國。回國後第二年就重病偏癱，一九五七年一月十五日病逝廣州，身後蕭條。

在抗戰前這段日子裡，白薇痛楚地說：「『白薇』這個名字，含盡女性無窮無盡的悲味。」「假如我沒有信念，我早會被生活逼成一個瘋子！」「這樣死了，我是不甘心的！」於是她含著淚水、

抱著痛楚，在病篤的危急中，躺在病床，稿紙擺在膝上，墨水瓶掛在頸子上，不停地寫作；在三等病房裡，高熱退去時勉強坐在滿房是人的病床上，不停地寫作；在臨去開刀前的數小時，用掙扎生死垂危的一口氣，不停地寫作……。沒有發表的作品，竟然裝滿一大箱子。這些原稿包括八個以上的三、四、五幕劇，幾個獨幕劇，許多詩和一部電影文學劇本，還有雜感、散文、小說，但這些作品在抗戰時全被丟在北平協和醫院的焚屍場火葬了。

抗戰初期白薇帶著從病魔和日寇手裏奪來的生命，跳動著一顆救國的熱心，跑到武漢，參加了中華全國文藝界抗敵救亡協會。後又受鄧穎超指派，她去了桂林，擔任《新華日報》特約記者。後來又從桂林到了重慶。在重慶，白薇生活始終沒有保障，靠寫點稿子和朋友的臨時資助，異常艱難地苦度歲月。她拖著衰弱的身體，挑水、燒飯、拾柴、補破衣服……勞累了一天，雖有滿肚子東西想寫，但思想和體力都不聽使喚。手上寫著文章，心裏卻盤算著要還的債……而幹著謀生的雜務時，又想著看書讀報和未動筆的劇本。這時，有人譏諷白薇「落伍了」，「寫不出東西來了」，「不能算作家了」！

一九四九年以後，由於對政治和生活不熟悉，她寫的和發表的東西很少，漸漸在文壇上銷聲匿跡了。一九七八年，傳記作家白舒榮和老作家蕭軍曾去看她，據白舒榮表示，她對來客沒說什麼客套話，只是說：「我不是作家，我是科學家，不要找我……」對於一個作家，尤其像她這樣一個事業心、責任感極強，又苦苦掙扎一輩子，孤獨一生的老人，放棄寫作，生命還有什麼意義呢？難怪她要否定自己生命的存在。這位「風蕭雨淒心寂寞」的淒涼老人，在一九八七年八月二十七日，以九十三歲的高齡，走完人生的最後一程。她沒有權，沒有勢，沒有財產，沒有丈夫和孩子……。

人間花草太匆匆

——盧隱熾熱的愛情

在五四時期出現一位「與冰心同鄉，而又幾乎齊名」的女作家，她勤奮寫作，深富才情，但卻命途多舛，天不假年——她就是盧隱。

一九三四年五月十三日，年僅三十五歲的盧隱因臨盆難產，子宮破裂，流血過多，搶救無效而去世。臨終時她雙臂抱著丈夫李唯建的頸子，一面喘氣，一面對著大女兒郭薇萱（案：與前夫郭夢良所生）說：「寶寶，你好好跟著李先生——以後不再叫李先生，應當叫爸爸！」又對她的二女兒說：「囡囡，你長大好好孝順父親！」然後鼓足最後的力氣，輕輕地對李唯建說：「唯建，我們的緣分完了，你得努力，你的印象我一起帶走？」說完這句話，她閉上了眼睛，走向她常說的「沉默比什麼都偉大」的天國。盧隱走了，留下的是李唯建的肝腸寸斷，我們看他〈憶盧隱〉的悼文，他悲痛欲絕地呼號：「誰又料到，料到這樣突然

盧隱

的災難使我們生死契闊了呢？這一切這一切使我何能相信，何能相信是人生應演的一幕，是你我結合的歸宿呢？」李唯建是心有不甘的，而廣大的讀者更是不甘心，上蒼就這樣奪走她的生命，「人間花草太匆匆，春未盡時花已空」，真是徒歎奈何！

　　廬隱本名黃英，一八九九年生於福建閩侯（今福州市），生時恰好外祖母去世，母親以為不祥，從此由奶媽帶養，母愛頓失，父親又在她六歲時病死，她倍遭家人歧視，性情抑鬱，落落寡歡，她的心房一直都是冰冷的，她說：「沒有愛，沒有希望，只有怨恨。」世態炎涼，人情如紙，時時刺激著廬隱異常敏感的神經，小小的年紀竟有過「死了，也許比這活著快樂吧」的念頭，這痛苦的童年，造成了她情感上的極不平衡，這種從嬰孩起心靈天平就偏向「怨恨」一方極度傾斜的痛苦，甚至貫穿了她的一生。而少女時期的廬隱愛看徐枕亞的《玉梨魂》、蘇曼殊的《斷鴻零雁記》之類的傷感小說，男女主人公的不幸身世，每每使她觸景生情，潸然淚下。正是這些「賺人眼淚」的傷感小說，使廬隱領悟到「小說的趣味」。這類傷感小說，無論從內容到形式，或是從結構到語言，都在她日後的小說創作中留下深深的印痕，甚至演繹出她人生中的第一幕愛情戲。

　　那時當她十七歲時，她的姨母有一位名叫林鴻俊的年輕親戚，曾留學於日本，後因父病故，無力再就讀而返國。林鴻俊比她大十幾歲，十分喜歡她，並極力地追求她，同時請人懇求廬隱的母親答應這樁婚事，黃夫人以其學業未成，將來不會有什麼前途而堅拒了。但由於對家庭的反叛及同情心使然，遠在北京讀書的廬隱卻給母親寫了一封信，表示：「我情願嫁給他，將來命運如何，我都願承受。」母親無可奈何，於是他們訂婚了。經過數年，就在廬隱在北京女高師（即後來的女師大）其間，他們卻又解除婚約了。原因是廬隱發覺林鴻俊的見解與她相去甚遠，尤其是她十分痛恨官僚政

客，沒想到的是這個學習工科的大學
畢業生（案：他們訂婚的條件是林鴻俊要
完成大學畢業），竟然要去考文官。於
是他們像傷感小說中的男女主角一樣
地分手；唯一不同的是盧隱是主動
的，因為她一想到與其結婚後不能擁
有幸福，還是讓傷感去傷感吧！她的
獨立自立當然不同於《玉梨魂》的女
主角。

盧隱於1929年

　　當然幸福也沒有離她遠去，不
久後她在福建同鄉會裡結識了北京大
學的高材生郭夢良，郭夢良當時已
婚，在嚐夠了包辦婚姻的痛苦之後，
他千里迢迢地從福建老家跑到北京來
上學。在同鄉會裡，他經常與盧隱磋
商會務，漸漸地，就把盧隱當成了精
神上的知己。郭夢良性格深沉，有思
想、有見解，是個沉默孤高的青年，
在郭夢良的影響之下，盧隱甚至對哲
學發生興趣，他們從泛泛的友誼發展
到情投意合的戀情，然而郭夢良畢竟
是個有婦之夫，這使得盧隱常常陷入
苦惱地思索：「青年男女，好像是一
朵含苞未放的玫瑰花，美麗的顏色足
以安慰自己，誘惑別人；芬芳的氣
息，足以滿足自己，迷戀別人。但是
等到花殘了，葉枯了，人家棄置，自

郭夢良

己憎厭，花木不能躲過時間空間的支配，人類也是如此，那麼人生到底做什麼？……其實又有什麼可做？戀愛不也是一樣嗎？青春時互相愛戀，愛戀以後怎麼樣？……不是和演劇般，到結局無論悲喜，總是空的啊！並且愛戀的花，常常襯著苦惱的葉子，如何跳出這可怕的圈套，清淨一輩子呢？」她陷入了矛盾之中不能自拔。

再加上社會的非議與責難，她曾想放棄這段愛情；但又禁不住郭夢良的苦苦追求，其間的抉擇是不易的，但最後她覺得不管世人如何惡毒，如何辱罵他們是「大逆不道，含沙射影，使人難堪」，她還是要追求個人的幸福。於是在一九二三年，她和郭夢良雙雙南下至上海，在一品香旅社舉行婚禮。婚後，盧隱與郭夢良回福建老家探親，與郭的前妻同住在一個屋簷下。自尊心極強的盧隱這才體會到「做小」的尷尬和卑微。她給好友程俊英的信中說：「……過去我們所理想的那種至高無上的愛，只應天上有，不在人間。……回鄉探視，備受奚落之苦，而郭處之泰然。俊英，此豈理想主義者之過乎？」她遭受到冷遇、歧視，憤悶鬱結在胸，溢於言

表。因此婚後的盧隱並不快樂，她在《盧隱自傳》說：「我是失望了——就是我理想的結婚生活，和實際的結婚生活，完全相反。在這種心情中，又加著家庭的瑣事，我幾乎擱筆半年不曾寫文章。」盧隱經過了艱苦的奮鬥，才與郭夢良結成夫妻，但是他們只在一起生活了兩年，一九二五年的十月，郭夢良就患肺病去世了，死時還不滿二十八歲，給盧隱留下一個未滿十個月大的女孩。

　　郭夢良的病逝，使得盧隱一直處於傷感的氛圍中，不能自拔，她在日記體長篇小說《歸雁》中，心痛欲絕地呼喚過他：「我的青春之夢，就隨你的毀滅而破碎了，我的心你也帶走了！」我「含著淚撫摸著刻骨的傷痕」。於是她戒著酒來麻醉自己的神經，這時也有一兩個男子出現在她身邊，但真正安慰她的是女友也是名作家石評梅。而石評梅與高君宇的戀愛故事，後來也被盧隱寫成了長篇小說《象牙戒指》，當然這是後話。在《歸雁》中，盧隱借女主角紉青（也就是作品中的第一人稱「我」）述說了一段戀情，盧隱在《自傳》裡絕口不提這個人物的名字，據女作家陸晶清說這個青年就是郭夢良生前一位朋友的弟弟，名叫瞿冰森，當時是法政大學的學生。在小說中我們看到紉青感受到劍塵的愛意是舒適而迷醉的。但是她立刻想起了劍塵的母親，那個疼愛兒子的老太太，曾經向她傾吐過希望兒子早日找到理想伴侶，早日成家立業的情景，她還想到自己是個飽經憂患的女人，不當用自己的不幸來影響劍塵今後的生活，於是她慧劍斬情絲，她逃避到社交、喝酒、抽煙、宴會等等一類庸俗場所裡，去填補心靈的空虛，和排遣心中的寂寞。然而劍塵並不理解她的真實用意，先是用刻薄的話語來刺激她，繼而又找到一個年紀很輕的女人說要與她結婚，於是小說中的女主角（又何嘗不是確實中的盧隱！）失去了愛人，失去了友朋，宛如一隻從遠方歸來的畸零孤雁，沒有人憐惜，沒有人疼愛，身心負荷著沉重的悲哀。

盧隱、李唯建

　　直到一九二八年，盧隱的生命出現了重大的轉折，這年的春天，一位年輕的浪漫詩人、清華大學西洋文學系的李唯建出現在她的眼前。據李唯建一九八一年給傳記作家蕭鳳的信中得知，他是由北大哲學系教授林宰平之介紹在瞿世英家認識盧隱的。李唯建長得濃眉大眼，直挺挺的鼻子，長圓形的面龐，一頭厚密的黑髮，用今天流行的話語是長得「帥」。女作家蘇雪林形容他是一個「口角常含微笑的忠厚青年」；而盧隱則認為「他是一個勇敢的、徹底的新時代的人物，在他的腦子裡沒有封建思想的瘤毒，也沒有可顧忌的事情，他有著熱烈的純情，有著熱烈的想像，他是一往直前地奔向生命的途程，在我的生命中，我是第一次看見這樣銳利的人物，而我呢，滿靈魂的陰翳，都為他靈光，一掃而空。」他們初次見面時，一道心靈的閃電劃過彼此，從此照亮他們的一生。盧隱說：「（我）不固執著悲哀了，我要重新建造我的生命，我要換個方向生活，有了這種決心，所以什麼禮教，什麼社會的譏彈，都從我手裡打得粉碎了。」（《盧隱自傳》）；而在李唯建而言，

愛情始於一個春天的記憶──「回憶不斷的襲來。我想到我倆的初識，北方的春天，如荼如火的風光，樹枝上成纍的紅和紫，鳥鳴嚶嚶。啊，真夠留戀了。」「春天」作為一個意象，記錄的是青春、流年，宣告的是幸福、甜蜜……多年以後的李唯建依舊忘不了這個動人心魄的季節，因為這個季節有他的愛戀。

當然事情也不是那麼平順的，一開始盧隱一直矜持地拒絕李唯建的追求，因為她是經歷過訂婚、解婚、戀愛、結婚、喪夫、守寡等等歡樂與磨難的女人，另外對別人的閒言碎語特別敏感。面對這個比她年輕八歲的小弟弟的熱烈追求，她就如同她小說《雲蘿姑娘》中的雲蘿不斷地勸止凌俊對她的愛意，但又身陷愛的羅網中。李唯建是個感情熱烈的青年，他執拗地勸說盧隱，要她拋棄「嘆息」和「眼淚」，勇敢地向命運「宣戰」，「失敗成功，毫不顧及，努力去創造好環境，這才是真的人生。如果你畏縮，你豈不是落入命運之手。豈不是更入悲境？」在李唯建猛烈的進攻下，盧隱的防線徹底瓦解了。她在給李唯建的信中說：「自從認識你以後，我的心似乎有了一點東西，──也許是一把鑰匙，也許是一陣風。」「我覺得有一個美麗的幻影在我面前誘惑」。

盧隱和李唯建之間的六十八封情書（盧隱給李唯建二十九封，李唯建給盧隱三十九封），真實地記錄了這段感情。正如盧隱在《自傳》中說的，「沒有一篇，沒有一句，甚至沒有一個字，是造作出來的」，它「不像一般人的情書，在這裡面，有我們真正的做人的態度，也有真正的熱情，也有豐富的想像。」一九三〇年八月兩人結婚，婚後他們決定將這些情書拿出來發表，那就是一九三一年由上海神州國光社出版的《雲鷗情書集》。它可說是現代作家中最早出版的情書集，因為魯迅與許廣平的《兩地書》要到一九三三年才由青光書局出版，而徐志摩與陸小曼的《愛眉小札》更遲至一九三六年才由上海良友出版公司出版。所以取名

《雲鷗情書集》，是在情書中廬隱自稱「冷鷗」，李唯建自稱「異雲」。

在這些情書中，我們看到廬隱的愛情熾熱近乎偏執，帶有強烈的個人主觀意願的渲染。她的想像力和感受力使他們的愛情聽起來十分浪漫純粹，充滿詩意和激情。儘管訴說時帶著淒涼憂怨，但令人難以抗拒，一次次地激起愛人心底的波瀾。她把愛人比做她「地窖裡的一顆星」，星的光芒使她驚疑又令她陶醉，她在絕望中邂逅了他，把他當作唯一的希望，她要求絕對的擁有，她擔心這顆星是否能在她的天空裡長駐，但星光的美妙與炫目又使她欲罷不能，她知道自己已經無法進出這片星光，她要緊緊地抓住它，不然，她寧願去死或做瞎子，因為她「不願意看見別人在你的照耀之下啊！」「只要你的心靈中能讓我佔據的時候，我始終不走開。」掏自肺腑的懇切中有一種無可言喻的偏執，誰說這種愛情的獨佔慾不是一種魅力呢？在廬隱深情燃燒的眸中，愛人就是理想，就是信仰，就是一切。在她看來，兩顆相愛至深的心靈是不應設防的她將自己的心扉全面敞開，是為了容納另一顆需要慰藉的心靈，同時她也就準備著不測的打擊和傷害。

《雲鷗情書集》在三〇年代初是一部感人至深的情書集，他們對愛情的堅定追求，勇於向社會進行毫不妥協的抗爭，曾讓多少讀者為之動容，為之神往！當然情書中富有散文詩的抒情筆法，亦是它吸引讀者的地方，我們看它以一組組排比的句式，既優美又流暢，更增強感情的強度。例如：「人間名利，不足鼓起我生命之波浪；世之庸福，不足振興我頹唐之心懷；只有異雲之摯情厚誼，可蘇我已僵之靈魂耳」！語句間顯示情文並茂的藝術魅力。

婚後不久，廬隱的精神生活平衡了，物質生活也得到了保障了。兩人的感情很好，據廬隱的朋友邵洵美說：「每次見面她總和唯建在一塊。」李唯建的朋友趙景深這樣描寫他們的家：「一進門後，就到了樓下的書房兼客室，靠窗有一張寫字檯，上面豎滿了

書，我想那是李唯建先生的辦公處。中間放著圓桌和椅子，靠壁是一張沙發。」「盧隱從樓上下來，我這才第一次也是末一次見到她。她似乎很憔悴，面色很黃，帶有病容，說話和舉止都不大有精神。於是她坐在沙發上，我們圍桌而坐，李唯建則坐在他所常坐的轉凳上。」

《海濱故人》書影

一九三二年夏天，蘇雪林曾去探望她，「那一天盧隱穿一件淡綠色撒花印度綢旗袍，淡黃色高跟皮鞋，臉龐雖比十年前消瘦，還不如我想像中的蒼老，只覺得氣質比從前沉潛了些，談吐也不如從前的爽快罷了。李唯建先生那天也見著了，……盧隱飽經憂患的寂寞心靈，是應當有這樣個人給她以溫柔安慰的。」而這段時間她創作頗豐，除了出版長篇小說《象牙戒指》、短篇小說集《玫瑰的刺》、中篇小說《女人的心》外，還寫了相當多的散文、雜文發表於報刊雜誌。在僅僅三十五個春秋中，盧隱稱不上著作等身，但也留下《海濱故人》、《曼麗》、《歸雁》。《靈海潮汐》、《雲鷗情書集》、《玫瑰的刺》、《女人的心》、《象牙戒指》、《東京小品》、《火焰》

盧隱1934年

等作品集，還有未結集的一些散作，給後人留下一筆頗為可觀的文學遺產。

　　盧隱是個感情豐富又迭遭不幸的女作家，她渾身每個細胞幾乎都浸透著浪漫精神，當然它是來自「五四」的影響。文學史家劉大杰說：「我們可以說，五四時代是古典主義崩潰，浪漫精神和人權運動的新生，那麼盧隱便是一個時代的典型人物」，她不只是典型，應該是絕對的徹底。因為她太浪漫，感情太豐富，所以才更加坎坷，上帝才待之不公，而盧隱深受浪漫精神影響的徹底才更見彰顯。而她也不因你待之不公就停止奮鬥和追求，不錯，在她的一生中，確有「停滯」的階段，但停滯是反思，在深刻的反思之後，她仍不悔的前行，一以貫之地繼續她精神旅程的追尋。她在愛情上的兩次驚世駭俗之舉（當然盧隱並非為令世人側目而為之，她是為了自己對幸福的追求），足以說明這一點，而在郭夢良之後，李唯建之前的空白階段，正是所謂的「停滯期」，停滯是痛苦的抉擇，並不能看做是精神發展的中斷或落後。世道的不平，理想的不能實現，於是由虛妄到絕望，又從絕望中再生，走向更深刻、更堅定的旅程。

　　或許有人會指出盧隱的作品中，無不充斥著愛的感傷。茅盾就說過，盧隱反反覆覆地寫她的那點傷情，未免重複太多，令人厭倦了。但是我們必須知道，盧隱是為愛情而存在的，愛情是她的生命，愛情是她人生全部的意義，因此理所當然的，她的寫作也是緣於這股追求情愛的力量。雖然她「願用全生命的力氣，創造一個複音諧和的世界」但她全部生命所能擁抱的，也只是一個愛的角落。這不能不說是她作為一個女作家的悲劇。當然同樣是悲劇的是，她的過早凋零，「春未盡時花已空」，讓我們無法看到她未來更豐碩的成果，我們只能徒歎「人間花草太匆匆」了。

錦心繡口之外
——凌叔華的異樣情緣

有人說馮沅君的作品像是凍土上的小草，經寒不凋、生氣勃勃的話；那麼，凌叔華的作品則像是溫室裡的幽蘭，蕭閒淡雅、清芬微微。徐志摩曾讚美凌叔華的小說集《花之寺》，有「最恬靜最耐尋味的幽雅，一種七弦琴的餘韻，一種素蘭在黃昏人靜時微透的清芬。」而沈從文、蘇雪林等作家，更是把她和英國近代女作家曼殊斐爾相比，確實，在凌叔華寫小說最勤的歲月，對她藝術趣味影響最深最直接的身邊友伴，諸如徐志摩、陳西瀅皆迷於曼殊斐爾，加之曼殊斐爾擅寫殷富人家婦女，在婚愛上的淒悲心理，頗引起凌叔華的共鳴，因此在作品中必然會有所投影。

凌叔華原名瑞棠，原籍廣東番禺，一九○○年生於北京一個仕宦人家。父親凌福彭為清光緒二十一年乙未科第二甲第三名進士，曾任順天府尹，於宣統元年改授直隸布政使。父親先後娶了六位夫人，凌叔華係四夫人所生的第三個女兒，姐妹共四人，沒有兄弟。在家庭中則排行第十。因這種大家庭的複雜生活，凌叔華得以與其同時代的另外作家，有著不同的人生經驗，她較為集中地描寫了舊家庭生活的不同側面，並因此造成她的一種特色。正如「黑沉沉冷蕭蕭的庭院，常見不到太陽，地下滿是青苔」（〈有福氣的人〉），「已經蜒滿了蜘蛛網子，月亮升上屋脊時，又見幾個黝黑

森林的蝙蝠，支起雙翅在月下飛來飛去煽弄它們的影子。月兒依舊慢慢的先在院子裡鋪上薄薄的一層冷霜，樹木高處照樣替它籠上銀白的霧幕。蝙蝠飛疲了藏起來，大柱子旁邊一個蜘蛛網子，因微風吹播，居然照著月光發出微弱的絲光。」（〈中秋晚〉）都是當時的小說家所普遍忽略的。雖然如此，但凌叔華的作品都沒有「五四」知識份子那種強悍凌厲的批判氣勢，她的態度是溫和的。她幼小心靈雖承受封建大家庭不幸為女子的巨大陰影，但幸得天賦極高，酷愛繪畫，被父親寄予極大厚望，幼時起即先後從繆素筠、王竹林、郝漱玉等畫家習畫。長大後又時受王夢白、陳半丁、齊白石、陳衡恪等名師指導。其中繆素筠是晚清宮廷女畫師；陳衡恪則為當時文人畫的一派宗師。由於這種藝術的陶冶，作為大家庭中的一個溫順女性，她很難產生大家庭年輕男性那種對父權的叛逆之心，因此她在日後寫道自己熟悉的那個舊社會時，她不可能像巴金等男性作家那樣，流露出憎厭與眷戀交織的情感衝突，她有的是一種事過境遷的平淡。

在讀書方面，凌叔華從小即受傳統的私塾教育，英文則幸運地由文壇怪傑辜鴻銘啟蒙，並因而打下良好的基礎。一九一四年秋，凌叔華插班考入天津直隸第一女子師範學校二年級，一九一七年七月畢業。同年九月，考入同校「家事專修科」，於一九一九年七月畢業。這期間她的寫作才華像第一枝出水的芙蓉，文采超眾，引人注目，其作品常在校刊上發表。一九二一年九月，凌叔華考入燕京大學預科。一九二四年一月十三日，由孫伏園主編的《晨報副刊》刊出她的白話短篇小說〈女兒身世太淒涼〉（署名瑞唐）是迄今所知凌叔華最早發表的白話作品。其後凌叔華的早期作品大多在《晨報副刊》上發表。

一九二四年四月，印度大詩人泰戈爾訪華，作為北京大學教授的陳源擔任接待工作，凌叔華恰巧也被燕京大學推派為歡迎詩人的

代表。五月六日上午泰戈爾到燕大女
子部演說；下午，北京「英文教育聯
合會」假燕大女子部開茶話會，歡迎
泰戈爾。凌叔華就是在當天茶話會上
初識陳源的。

凌叔華

　　陳源字通伯，號西瀅，江蘇無
錫人，生於一八九六年，長凌叔華四
歲。他幼時在上海文明書局附設小學
就讀，後轉學於南洋公學（交通大學
前身）附屬小學，一九一一年畢業。
次年春天，他受表舅吳敬恆（稚暉）
的鼓勵，赴英國求學。那年他才十六
歲。在英國他發憤苦讀，在倫敦修完
中學課程後，先進愛丁堡大學，繼而
轉入倫敦大學，研究政治經濟學，獲
博士學位。一九二二年學成歸國，應
蔡元培之聘，二十六歲就已是堂堂的
北京大學外文系教授了。

陳西瀅

　　一九二四年八月，陳西瀅應
王世杰之約加入現代評論社，同年
十二月十三日《現代評論》周刊創
刊。《現代評論》雖以政論為主，
但文藝作品實亦占很大比重，前二
卷文藝稿件由陳西瀅負責編輯；三
卷起，改由楊振聲替代。事實上，
陳西瀅與凌叔華均因在《現代評
論》上寫稿，而在文壇上建立起他

們的聲譽。在《現代評論》創刊不久，凌叔華便在第一卷第五期上發表了奠定她在文壇上的地位的成名之作〈酒後〉，引起了社會的廣泛的注意。之後，又在第一卷第十五期發表了短篇小說〈繡枕〉。她在《現代評論》上邁出了文學生涯的第一步，是《現代評論》社唯一的女作家和日後「新月派」的主要小說家。迄大學畢業止，凌叔華共寫出〈繡枕〉、〈吃茶〉、〈再見〉、〈茶會以後〉、〈中秋晚〉、〈花之寺〉、〈太太〉、〈有福氣的人〉、〈說有這麼一回事〉、〈等〉、〈小姑娘〉、〈春天〉等多篇短篇小說來。除〈小姑娘〉外，後來由陳西瀅編成《花之寺》一書，一九二八年交上海新月書店出版。

　　而凌叔華、陳西瀅兩人從初次見面後，過從也愈來愈親密起來了，但兩人還是很保密的，戀愛了兩三年，不僅雙方家長壓根兒不曉得，就連他倆各自的朋友們也大都蒙在鼓裡，其主要的原因是凌叔華的父親是個非常守舊的人，如果他知道自己的掌上明珠竟做出「私定終身後花園」的事來，不知道要氣成什麼樣呢？一九二五年六月，凌叔華自燕大文科（歐洲語系）畢業，（據學者陳學勇的《凌叔華年譜》指出，許多文章據凌叔華晚年回憶，作一九二六年，誤。此據一九四〇年凌叔華致胡適信所附凌自擬的簡歷。）同時因學科成績及在校表現優異，獲贈金鑰匙獎。學業已有成，他倆找到凌福彭的一位世交，央求他去凌父那兒說媒。這位抱著成人之美君子心的說客，頗懂一點談話的技巧。他先從自家門庭談起，再詢問凌家子女情況；談到凌叔華的學業時，又很自然地「關心」起她的終身大事。接著就大談陳西瀅的才華為人、名譽地位，卻隻字不提兩人的自由戀愛。凌福彭在此之前也曾耳聞北大有這麼一位教授，他本來對陳西瀅並沒有什麼特別的惡感，只是從傳統文人、官宦的觀念想來，覺得這些喝過洋墨水的人，個個思想怪異，又覺得陳西瀅風頭太健……，但禁不住老友一番唇舌，終於首肯了這門親事。於是他們兩人在一九二六年七月在北京結婚了。

而凌叔華與徐志摩的初識，也應在歡迎泰戈爾的集會上。據回憶，她還在家中設茶會，宴請過泰戈爾，「徐志摩、丁西林、胡適之、林徽音等都在場」。只是當時徐志摩的心思縈繫在林徽音的身上，後來才展開追求凌叔華，這在徐志摩一九二四年秋寫給凌叔華的信（後來經凌叔華發表在《武漢日報》的〈現代文藝〉副刊上，但收信者名字卻塗掉）中可看出端倪。徐

陳西瀅與凌叔華

志摩日後曾對陸小曼說「女友裡叔華是我一個同志」，意思是她是那種能瞭解他「靈魂的想望」和「真的志願」的朋友。凌叔華也不只一次說過，志摩與她情同手足，他的私事也坦白相告。志摩寫信時，是把凌叔華作為「一個真能體會，真能容忍，而且真能融化的朋友」，因此可以沒有顧慮地坦露自己，「頂自然，也頂自由，這真是幸福」。志摩說他寫的是些「半瘋半夢」的話，「但我相信倒是瘋話裡有『性情之真』」，還真是「此地無銀三百兩」！學者梁錫華就指出，從年月可見，徐志摩寫這些親暱到近乎情書的私束給凌叔華，是在失落了林徽音而尚未認識陸小曼的那段日子，也就是他在感情上最空虛、

徐志摩

陸小曼

最傷痛、最需要填補的時候。巧得很，妍慧多才的凌叔華近在眼前而又屬雲英未嫁，所以徐志摩動情並向她試圖用情，是自然不過的。

而桑農在〈道是無情卻有情〉文中也指出，當時林徽音已隨梁思成赴美留學去了，徐志摩正是「萬種風情無地著」。也就是這時，他開始了與凌叔華的通信。徐志摩寫道：「不想你竟是這樣純粹的慈善心腸，你肯答應做我的『通信員』，用你恬靜的諧趣或幽默來溫潤我居處的枯索。」凌叔華的回信總能讓徐志摩興奮不已：「回京後第一次『修道』，正寫這裏，你的信來了。前半封叫我點頭暗說善哉善哉，下半封叫我開口盡笑自語著捉挏捉挏！xx，你真是個妙人，真傻，妙得傻，傻得妙……」與凌叔華通信，也給徐志摩帶來啟動靈感的快慰：「說也怪，我的話匣子，對你是開定了。我從沒有話像對你這樣流利，我不信口才會長進這麼快，這准是X教給我的，多謝你。我給旁人信也寫得頂長的，但總不自然，筆下不順，心裏也不自由。對你不同，因為你懂得，因為你目力能穿過字面。這一來，我的舌頭就享受了真的解放。

我有著那一點點小機靈，就從心坎裏一直灌進血脈，從肺管輸到指頭，從指尖到筆尖，滴在白紙上就是黑字，頂自然，也頂自由，這真是幸福。」徐志摩的信像詩一樣，「濃得化不開」。不能肯定裏面必定有超出友誼的情愫，但說其中蘊含著進一步發展感情的可能，應該沒有問題。但基於種種因素，凌叔華終於成為陳太太而沒有成為徐太太，而在凌、陳結婚後的兩個多月，徐志摩也和陸小曼結婚了。

和陳西瀅婚後的生活，如同冬日的太陽，平靜而又暖融融的，凌叔華盡情地享受這幸福美滿的時光。而兩人對於文學與藝術有著共同的愛好，閨中的知心話也較其他的伉儷要來得多些。但當兩人在創作時卻都是獨自而隱密的，他們家中設有兩個書房，各自埋首在自己的天地間。凌叔華回憶說：「陳先生是不太誇獎別人的，但卻善於批評，你若想要他說句好聽的，比打他一頓還糟糕。所以我寫東西都不讓他看，免得他潑冷水，寫不下去。」而陳西瀅也同樣不讓妻子做他作品的第一位讀者，通常是雙方都等到作品變成鉛字時，再拿出來「獻寶」。她先後在《新月》月刊發表了〈瘋了的詩人〉、〈小劉〉、〈小蝦蟆〉、〈小哥兒倆〉、〈送車〉、〈楊媽〉、〈搬家〉、〈鳳凰〉等八篇小說，後來分別收入《女人》及《小哥兒倆》兩本小說集。

一九二八年秋，陳西瀅擔任新成立的武漢大學文學院教授兼第一任外文系主任，凌叔華隨同前往，先是住在武昌曇華林，一九三二年遷居新落成的珞珈山校舍。這期間她與女作家袁昌英、蘇雪林結成非常要好的文學朋友，後被人譽為「珞珈三傑」。一九三五年初，凌叔華靜極思動，應當時華中第一大報──《武漢日報》之邀，主編副刊〈現代文藝〉。而這期間她更結識了由英國來武漢大學任教的詩人朱利安貝爾（Julian Bell）。朱利安的母親是名畫家范麗賽貝爾（Vanessa Bell），阿姨是鼎鼎大名的英國名作家吳爾芙（Virgimia Woolf）。他也是英國著名文學團體布魯姆斯伯里（Blooms-bury）的一員，這個團體的主要成員有吳爾芙夫婦、畫家貝

朱利安貝爾

爾夫婦、創作《維多利亞女王》的傳記作家斯特雷奇、經濟學家凱恩斯、哲學家羅素、小說家喬伊斯、詩人Ｔ・Ｓ・略特還有以翻譯和研究中國、日本文化著稱的亞瑟・韋利及《窗外有藍天》、《小說面面觀》的Ｅ・Ｍ・福斯特等著名大家，由於他們不但才智超卓，而且出身優越的階級，又受過菁英教育，所以是一個極有影響力的知識集團。紐約市立大學英文系教授派特里西亞・勞倫斯（Patricia O.Laurence）在他的著作《麗莉・布瑞斯珂的中國眼睛》（Lily Briscoe's Chinese Eyes）也談到這個集團，他說貝爾是個年輕詩人，受聘至武漢大學任教，與文學院院長陳源結交，暗地裏愛上陳源夫人凌叔華。根據勞倫斯調查，貝爾係一九三五年與凌叔華相識而墜入愛河。該書詳述貝爾與凌叔華相戀點滴，特別令人神往的片段是兩人對文學翻譯的討論，凌叔華的翻譯顯然受貝爾影響。貝爾後參來加西班牙內戰在一九三七年陣亡。凌叔華悲痛之餘，開始與吳爾芙通信。

朱利安雖年僅二十七歲，但卻是情場高手，當時凌叔華長他八歲，而

且已婚，但他們卻墜入愛河。在同年十一月二十二日朱利安給他母親的信坦承了這段愛戀，他說：「我才意識到自己已經難以自拔，⋯⋯她是其中最有才華、最美好、最敏銳和最聰明的人之一。我不知道會發生些什麼。我想，等我平靜下來，我會讓她愛上我，⋯⋯」。後來凌叔華還告訴朱利安，說她曾經愛過徐志摩，只是當時不肯承認。她與陳西瀅結婚是為了盡義務，是為了結婚而結婚。

　　一九三六年一月三日晚，凌叔華離開武漢前往北京，去探望病中的美國朋友坦特（Tante），幾天後朱利安趕到北京和凌叔華會合。據凌淑華的妹妹凌淑浩的孫女Sasha S Welland.（魏淑凌）的《A Thousand Miles of Dreams: The Journeys of Two Chinese Sisters》一書（按：此章節中譯本沒有譯出，筆者請《天邊》一書旅英作家高安華女士譯出）說，朱利安寫信給他母親，興奮之情躍然紙上：「我在這兒會見中國的知識份子，上劇院看戲，去溜冰場溜冰（當然，冰層不好時不行），還有，做愛。」朱利安在信中描述，凌叔華甩了甩頭髮，摘下眼鏡，比平時打扮得更時髦。她帶他去古玩店購物，安排去郊外觀光，還在一天晚上在家裏做甜菜湯給他喝。一月底，這對情侶在西山的寺廟裏玩了一天。從當天留影的照片上，可以看到，凌叔華身穿翻毛大衣，戴著翻毛皮帽，她蹲在盤著雙腿的菩薩前，笑容燦爛。可是好景不長，他們該回武漢了。朱利安的母親擔心他們的通姦有風險，而他卻對母親說請她放心。他與凌叔華談論過是否要結婚，但他倆誰也沒有真正打算要走到那一步，不過雙雙同意他們在武漢繼續保持情人關係。

　　回到武漢朱利安每天上午在自己家裏接待凌叔華。他將傭人們都支開，打發他們去幹各種活兒，可是他倆還是提心吊膽地怕被人發現。凌叔華竭力阻止朱利安會見其他女性朋友，阻止他去參加沒有邀請她的所有聚會。一九三六年的夏末，朱利安從成都飛去北京，與凌叔華相聚。朱利安再次下榻於北京的那間德國旅館，不過

這次他沒有多少開心的浪漫。因為陳西瀅和女兒小瀅已經來了，使他倆的私下約會變得困難。

　　十月初，朱利安從武漢給艾米寫信說，他感到大學裏已經有不少人在懷疑他和凌叔華的關係了。幾周後，陳西瀅就聽到風聲，他指責凌叔華與朱利安在一起的時間太多。緊接著他倆的關係就冷卻了，陳西瀅只能通過朱利安與凌叔華聯繫，寫個便條讓他帶給凌叔華看。朱利安對她說，她必須決定忠實於誰。凌叔華苦惱得失眠了，必須服用安眠藥。她還買了一包老鼠藥，戲劇性地以自殺相威脅。其實這是她父親的眾多妻妾抗議難容局面的一種把戲的重演。

　　一九三六年十月月三十一日，朱利安寫信給母親說：「她的丈夫覺得自己處在一個傻瓜的地位，他直到最後一刻才知道事情的真相。他提出了一個相對簡便的方法來處理這場婚外情，叔華要麼與他分居，但不是離婚，要麼與他和好而與我徹底一刀兩斷。她選擇了後者。我打算辭職，以便減少緊張氣氛。而我的家人是不會希望我是因難以言明的理由回國的，所以我只能告訴他們，我是因政治原因而回國的。」然而，凌叔華並未遵守約定，她仍偷偷地給朱利安寫信，瞞著陳西瀅與朱利安約會。面對她的激情，朱利安來者不拒。

　　作為院長，陳西瀅放下了自尊，為朱利安主持了一個正式的歡送會。然後，朱利安悄悄地買了一張前往廣州的火車票。朱利安與凌叔華在廣州見面後，又去香港共度了他倆最後在一起的幾天。陳西瀅已經從廖鴻英那裏得知了他從香港上船的事，他譴責凌叔華與他見面。凌叔華對丈夫堅持說，是在她不知情的情況下，朱利安追到廣州去找她的。一九三七年三月十六日，陳西瀅以教訓的口氣，給在英國的朱利安寫了一封言詞尖刻的信：「我感到很受傷害，我對你的行為感到驚訝。你對我許下諾言說不會再給叔華寫信，更不會再見她，除非她強迫你。我想，你的道德原則不管是個什麼東

西，一個英國人仍然必須懂得遵守諾言和考慮自己的尊嚴。我不知道，你會在把道德原則扔掉的同時，也把對朋友的誠信統統扔掉了。沒有信義，沒有尊嚴，不遵守諾言——」

回到英國後，朱利安又去了西班牙，他在西班牙醫療隊當司機。在保守黨向西馬德里發動進攻時，朱利安駕駛一輛小型救護車護送傷兵。一九三七年七月十八日，當他駕車駛近一個村落時，被一顆炮彈擊中，炮彈的碎片鑽進了他的胸膛。朱利安在臨終前，一個朋友曾去醫院看望過他。他用近乎耳語的聲音喃喃地對朋友說：「哎，我總想要一名情婦，也總想要上戰場。現在，我兩樣東西都有了。」

一九九四年出版的《范麗賽書信集》（Selected Letters of Vanessa Bell）中收有三封范麗賽給凌叔華的信，而據學者木令耆說其中一封提到朱利安的新書。這封信分為兩段：第一段是安慰凌叔華，說對凌叔華的傷感並不感到稀奇，可是卻又不知應怎樣安慰她。由於朱利安在書中提及他與凌叔華的愛情經歷，顯然令凌叔華感到不安。但范麗賽認為，從此書出版的反應來看，不必過於擔憂，因為大戰迫在眉睫，誰也不會注意朱利安與凌叔華的「親密」友誼。況且，這本書很難在中國買到，價錢又高，不是一般中國讀者買得起的，因此他們的關係是不會引起一般人注意的。也確實如此，他們這段戀情一直隱藏了半世紀之久，才被國人所發現。

學者木令耆說凌叔華對范麗賽猶如女兒對待母親一般，經常向她吐露心中的失落，以及對情人的哀思。可是她到底是個藝術家，極其渴望進入當時英國最有影響的布魯姆斯伯里文化圈，所以她不時寄文章和畫給范麗賽，希望藉此能找到出版的可能。她也常給吳爾芙寄信、寄文章。吳爾芙並親切鼓勵她用英文寫作她自己熟悉的切身事物。這是凌叔華《古韻》（Ancient Melodies）一書寫作的緣起。

二次世界大戰結束前後，陳西瀅隻身去倫敦，受命主持中英文化協會。一九四六年又被國民黨政府派任中國駐聯合國教科文組織首

五〇年代凌叔華、陳西瀅於法國南部

陳西瀅1958年在倫敦

任常駐代表，此後在教科文組織任職達二十七年之久。一九四七年凌叔華帶著女兒前往團聚。自此在英國定居四十餘年。到倫敦後，凌叔華在英國女桂冠詩人塞克維爾・韋斯特（Vita Sackville West）的幫助之下，找到吳爾芙的丈夫（吳爾芙已於一九四一年因絕望而自殺了），從吳爾芙的舊居中找出了凌叔華當年寄給她的《古韻》手稿，一九五三年由英國The Hogarth Press Ltd出版，旋被譯成法、德、俄、瑞典等文，廣受好評與重視。

據木令耆說凌叔華剛到英國時，范麗賽曾極力向友人推薦，然而倫敦社會對凌叔華不感興趣，漢學家韋利更多次避見凌叔華，范麗賽為此表示歉意。在給女兒的信中，她提及凌叔華在倫敦需要多認識一些文化圈的朋友，可是凌叔華沒有人緣，幸好范麗賽的丈夫貝爾和友人格蘭特（Duncan Grant）對凌叔華還算友善。范麗賽為此感到安慰，因為她知道凌叔華的藝術生涯需要英國文化圈的支持，而她在這方面的努力得不到效果。

在倫敦為了應付捉襟見肘的生活，凌叔華勇敢地用自己柔嫩的肩膀挑起了家庭的重擔。她拿出了看

家本領,靠鬻文賣畫貼補家用。先後在巴黎、倫敦、波士頓等地博物館和新加坡、檳城商會內多次舉辦個人畫展。一九六二年底,Cenuschi博物院邀請凌叔華參加在巴黎Musee Cenuschi舉辦的中國文人畫展。凌叔華不僅以她自己創作的三十多幅作品參展,同時還展出了她收藏的元明清著名畫家的名作以及文物、文房四寶、金石等,巴黎一時為之轟動。法國電視台、廣播電視台都發了專題新聞,《世界報》、《費加羅報》等六大報刊均專文大加讚揚。

此外,一九五六年秋,凌叔華還曾去南洋教了四年書,後因孫女乏人照顧,被陳西瀅電報催回;一九六七年又赴加拿大多倫多大學任教一年,也因家庭的緣故,才不得已返回英倫。而陳西瀅任職的教科文組織辦公室,原設在中國駐法大使館原址,在法國與中共建交一年後,法國當局命陳西瀅遷出喬治五世大街十一號,遭到他的拒絕,於是法國當局派警察強制執行,陳西瀅氣急之下,血壓陡然上升,心臟病突然發作,送進醫院急救。陳西瀅在一九六六年五月十八日給王世杰的信說:「當法警迫我們出走時,心中憤怒精神緊張,故血壓高漲至250度。法警請來的醫生,認為必須躺下以救護車送去旅館。次日便降低,以後均在200度以下,有時僅170、180度,可以告慰。」

陳西瀅出院後,次年便提出辭呈獲准,於是返回倫敦休養。此後身體每況愈下,一九六九年又患軟腳症,行走很不便。漸漸地記憶力愈來愈差,最後連話也說不完整了。此時家計只靠凌叔華外出掙錢外,就只有微薄的房租收入。一九七○年三月十二日,陳西瀅因中風住進醫院,二十九日去世,享年七十五歲。

凌叔華在陳西瀅去世之後,孑然一身獨居倫敦。一九七二年到一九八一年間,她曾不憚勞頓,五次回大陸觀光旅遊、訪舊尋友,對故國充滿眷戀之情。一九八四年秋應邀到英國訪問的蕭乾、文潔若夫婦,見到凌叔華。凌叔華對蕭乾說:「我生在北京,儘管到西

凌叔華1966年在新加坡

方已三十幾年，我的心卻還留在中國。」一九八九年底，凌叔華終於懷著一顆落葉歸根的心，頂著一頭銀髮，在她的女婿、英國漢學家秦乃瑞的陪同下，由倫敦飛回北京。凌叔華是坐在輪椅上被抬下飛機的，旋直接住進北京石景山醫院。一九九〇年三月二十五日她在醫院裡迎接她的九十華誕。四月底她在得知乳腺癌症復發並已轉移至淋巴，將不久於人世時，她憑著毅力躺在擔架上重遊了思念多年的北海公園和史家胡同舊居。那是當年她父親給她的嫁妝，舊居一共二十八間房，現在已改為幼稚園了。天真的小孩們列隊夾道歡迎凌老奶奶，給她獻了花，還唱了〈生日快樂〉歌。此時凌叔華突然冒出一句：「我母親等著我吃飯呢！」六天後的下午便與世長辭了，享年九十一歲。其後，凌叔華的骨灰被運往江蘇無錫，與陳西瀅合葬於惠山腳下。相愛的人畢竟又在一起了。

三〇年代魯迅在評價凌叔華的小說時這樣說：「恰好和馮沅君的大膽、敢言不同，大抵很謹慎的，適可而止地描寫了舊家庭的婉順的女性。即使間有出軌之作，那是為

了偶受著文酒之風的吹拂，終於也回復了她的故道了。」魯迅這段話概括和肯定了以〈繡枕〉為代表的凌叔華的一部分作品，而將〈酒後〉等看做是她的「出軌之作」。凌叔華雖然具有很深的中國傳統文化素養，並且一直持續不斷地受到西方文化的薰陶，但是她既不是恪遵傳統的因循守舊者，也不是激進的女權主義者，她繼承了傳統文化的寬厚，又富有西洋的機智和幽默。凌叔華用一種冷靜閒談的筆調和細膩乾淨的女性筆致，平平寫去，在錦心繡口的字裡行間，見出溫婉。

補記

　　本文寫成之前，曾聽聞有關凌叔華的一些資料，而一九九五年六月份的《讀書》雜誌亦刊登蕭乾先生的短文〈意外的發現〉，談及有位正在寫凌叔華的美國學者曾拜訪過他，並提及她在英國劍橋大學王家學院（案：也是蕭老的母校）查閱資料時，看到那裡珍藏著一大批自二〇年代以來留英的中國文人給英國朋友的書信，其中涉及這些作家生活中罕為人知的事。她還特別列舉了朱利安貝爾，蕭老說朱利安三〇年代曾在北京大學及武漢大學任教，他們曾謀過幾面，朱利安當時與奧登、依修午德都屬於左派作家，後來在西班牙的戰爭中犧牲了。朱利安去世之後，他的家人就把他的全部日記及書信全部捐贈給王家學院了。該位美國學者說她簡直就像發掘了一座金礦。貝爾幾乎每天都記日記，其中詳細記述了他與凌叔華以及其他三〇年代作家之間的關係。

　　其時筆者亦曾透過在倫敦大學亞非學院的王次澄教授代為查詢劍橋大學王家學院的該份資料，惜未能如願，因此在沒有確切看過該資料，筆者只能引述他人文章中所提到的這段戀情，至於實際的經過，只能從簡。一九九九年五月大陸旅英作家虹影在台灣出版小說《K》，即是根據朱利安的日記書信等檔案寫成，作者宣稱她花費

了半年的時間研究，是真人實事的作品，書中雖沒有指名道姓，但以「林」、「程」隱指凌叔華與陳西瀅，已是昭然若揭。書中對凌叔華與朱利安有露骨的性愛描繪，則已是脫離真實而有小說的想像成分，但他們兩人之間的情愫卻非虛構，這又呈現出身為女作家的凌叔華在禮教謹嚴的規範下，內心世界的另一層面。錦心繡口、溫婉柔順的外表與文風之外，或許還有著狂野、激情的潛藏爆發力。

一九九九年七月初稿

二〇一一年七月改寫增訂

伉儷情深著青史

——馮沅君與陸侃如

馮沅君是五四新文學開創時期的重要女作家，也是現代著名的學者和教育家。她和著名的文學史家陸侃如結為連理，陸、馮兩人，和陳西瀅與凌叔華、錢鍾書與楊絳、程千帆與沈祖芬等夫婦，都是中國新文學史璀璨群星中著名的雙子星。

馮沅君原名恭蘭，後來自己改名為淑蘭，早期筆名淦女士，是當代著名哲學家馮友蘭的妹妹。一九〇〇年九月四日出生於河南省唐河縣祁儀鎮，一個書香門第的家庭。父親馮台異（樹侯）在一八九八年考取清光緒戊戌科進士，曾任湖北崇陽縣知縣；母親吳清芝，亦通達詩書。一九〇八年夏天，父親在湖北武昌病逝，終年四十二歲。同年十一月，母親攜馮友蘭、馮景蘭、馮沅君返回故里，繼續在家塾讀書。一九一〇年初，入唐河縣立端本女子小學堂，辛亥革命時輟學，在家自修。馮友蘭後來回憶說：「自從我們從崇陽回老家以後，沅君就不上學了。我從北大放假回家，在家中也常唸詩唸文章，沅君聽了很愛慕，就叫我教她。我照著黃侃的路數，選了些詩文，給她講，教她唸。她真是聰明絕頂，在一個暑假的很短時間內就學會了，不但會講會唸，而且會寫，居然會寫出像六朝小賦那樣的小品文章。等到我第二次暑假回家，沅君的學問就更大了。北京傳來消息，說是北京女子師範學校要招國文專修科。這個

在女師高讀書時的馮沅君

學校是當時北京女學的最高學府。我們都主張叫沅君去應考。沅君也堅決要去，她對母親說：『如果是說我花錢，我將來什麼都不要。』意思就是說，將來出嫁的時候不要嫁妝。」一九一七年冬，十七歲的馮沅君考入北京高等女子師範學校文科專修班，成為中國第一批文科女大學生。

在「五四」學生運動的熱潮中，馮沅君不顧頑固校長的反對，砸開禁閉校門的大鎖，與同學一道上街集會。這在她的同學程俊英有一段記載：「……考試完畢，大家正準備回家，晚上自修，馮沅君忽站起來，大聲高呼：『同學們，一年寶貴的時間過去了，我們千辛萬苦衝出封建家庭來此求學，想想看，學到了什麼？我建議，與其窒息而死，不如吐氣而生，我們上書校長，撤換戴禮、陳樹聲，另聘高明者任教，大家贊成嗎？』大家異口同聲贊成，一致通過上書。方還校長只好同意不發聘書給戴、陳。另聘北大畢業的陳鍾凡老師任教。陳老師採取蔡元培兼收並蓄的政策，把北大的劉師培、黃侃、李大釗、胡適、周作人等國故、新潮兩派學者都請來上課，《國粹學報》、《新青年》雜誌

也在同學中流傳開，使我們眼界為之一新。『五四』運動爆發了，我們參加了轟轟烈烈的示威遊行。隊伍走到大門口，誰料大門被校長鎖上了。同學們高呼：『向後轉，從後門出去！』但後門也鎖上了。素負『大力士』盛名的錢丞用大石頭將矮磚牆砸碎，馮沅君和我們一齊歡呼，浩浩蕩蕩上了街。兩旁軍警林立，我們手持標語，高呼口號，旁若無人地走到新華門上書總統。遊行歸來時，只見陳鍾凡老師和圖畫科主任呂鳳子先生站在門口，對同學說：『我們辭職，辭職！校長說這次遊行，國文科、圖畫科是中堅，都是我們兩人指使的……』大家聞言，氣憤填胸，馮沅君等人都說：『我們會對付他的，老師放心！』馮沅君執筆起草〈驅方宣言〉，列數方還十大罪狀，印成傳單發到各校，並寄給政府一份。政府無奈，只好撤方還職。」

　　而馮沅君又先於女作家袁昌英，把古詩〈孔雀東南飛〉改編為話劇，自扮反面人物焦母。這事程俊英這麼記載：「當時的社會，看不起俗文學，看不起藝人。大家對此很反感。戲劇世俗文學，我們決定女學生當戲子演戲，來抵抗社會的惡習。沅君建議把古樂府〈孔雀東南飛〉改編成話劇，以表達我們爭取戀愛、婚姻自由的理想，大家都說『好極，好極』！我們請了李大釗、陳大悲先生為導演，沅君扮焦母，陳定秀扮小姑，孫桂丹扮焦仲卿，我扮劉蘭芝，以上演員也就是編劇者，劇本發表在陳大悲主編的《戲劇雜誌》上。戲排成後，借教育部大禮堂公演三天，由於劇詞纏綿緋惻，觀眾流淚喝采不已，沅君的表演尤其出色，體現了封建家長的專橫。」

　　早在馮沅君還在女師高的時候，她參加北京大學的羅素研究會和杜威研究會而結識北大物理系學生王品清，王品清寫得一手優美雋永的散文，由於魯迅的推介，他的作品常常發表在北京各種文藝刊物上，在文藝界小有名氣。馮沅君與王品清相識後，兩人常常見面，更多的是書信往來。有一天王品清託人給馮沅君帶來一個小玻璃絲相框和一封信，信這麼寫著：「茲奉上玻璃絲相框一幀，藉表

微忱，以其象徵余心之坦白、持韌、纏綿如此絲也。祈哂納為感！」
他向她表明了心跡。從此名勝古蹟、公園野外，到處有了他倆的身影
和足跡。有一天馮沅君去王品清的住處找他，兩人話才說了兩句，王
品清因感情一時衝動不能自持，行動有些魯莽。馮沅君有些驚嚇，但
更多的是少女的羞澀，因而生了氣，轉身就離開了，並寫了封信把王
品清罵了一頓。王品清很真誠地道了歉，兩人的感情更進了一步。
王品清學問很好，為人正直，又很樸素，但他有個致命的毛病，就
是愛打麻將。北大畢業後，魯迅介紹他到中學任教，他非常稱職，
頗得學生們的歡迎。但他的牌卻打得通宵達旦、欲罷不能，而且經
常輸得一文不名。馮沅君接濟他、勸阻他，可是他仍執迷不悟，最
後馮沅君的心涼透了，只好跟他一刀兩斷。失去馮沅君的王品清自
怨自艾、自暴自棄，更瘋狂地沉溺於牌桌上，不久後就病死了。

　　一九二二年，馮沅君從北京高等女子師範學校畢業後，秋天旋
即考入北京大學國學研究所，成為當時北京大學唯一的女研究生。
就在這一年，由於社會新思潮的猛烈衝擊和個人自由思想的迅猛發
展，她的創作慾望如決堤的洪水，一發而不可收。一九二二年以
後，她陸續寫了〈隔絕〉、〈隔絕之後〉、〈慈母〉、〈旅行〉等
四個短篇小說（後來合為《卷葹》，1926年出版），以「淦女士」的筆
名，在創造社辦的《創造季刊》、《創造週報》上發表，引起相當
大的迴響。這四篇系列小說，雖然主人公名字各異，但情節如同連
環套一般相互關聯。這些小說，充滿著「五四」青年生機勃勃的青
春活力，充滿著反抗封建禮教的堅貞不屈的精神。它們是取材於馮
沅君的表姊吳天的愛情悲劇，但也帶有不同程度的自傳成分。

　　「搗麝成塵香不滅，拗蓮作寸絲難絕」曾被引錄在馮沅君小說
集《卷葹》的扉頁。作者的用意想藉此說明，那種追求個性解放、
婚姻自主的心香和情思，儘管任憑封建禮教的搗磨與拗折，終究仍
是不屈不撓、不滅不絕的。而這正是馮沅君為什麼將小說集取名

《卷葹》的意圖。魯迅說：「卷葹是一種小草，拔了心也不死。」
不僅對書名做了解釋，而且確切地點明了該小說集的共同主題。在
五四時期，馮沅君是以反抗的青年女性的姿態躍登文壇的，她筆觸
的大膽震動了當時的讀者。魯迅說：「那是五四運動之後，將毅然
與傳統戰鬥，又不敢毅然和傳統戰鬥，遂不得不復活其『纏綿緋惻
之情』的青年們的真實寫照」，它也為我們留下時代的銘跡。

一九二三年十一月二十四日，在一次胡適的演講會後，馮沅君
認識了比她小三歲在北大國學系就讀的陸侃如。陸侃如一九〇三年
十一月二十六日生於江蘇省海門縣。父親陸措宜熱心教育事業，曾
在家鄉創辦恒基小學，親任校長，推行新學。陸侃如幼時在恒基小
學讀書，後入南通中學，從師徐昂研習國學。一九二〇年初，十七
歲的陸侃如考入北京高等師範學校。一九二二年初，考入北京大學
國學系。一九二三年，他二十歲還是北京大學二年級的學生時，就
發表了研究著作《屈原》、《屈原評傳》，並完成《宋玉評傳》的
初稿。次年，又發表了論文〈宋玉賦考〉。一九二五年，他發表了
論文〈什麼是九歌〉。

早在北大時期，馮、陸兩人雖天天見面，但仍難耐兒女情
長，每當夜深，兩人總各寫一頁情書，待次日下課時互相傳遞。
一九二五年兩人同時從北大畢業，陸侃如轉入清華大學國學研究
院，並擔任梁啟超的助手。陸侃如研究的課題是《古代詩史》和
《古代詩選》，導師是王國維和梁啟超兩位國學大師。陸侃如後來
在《古代詩史》自序中說：「最後讓我謝謝許多師友們，尤其是王
靜安、梁任公、胡適之三師，朱佩弦君及馮沅君女士。他們或者拿
未發表的文稿給我參看，或者對於本書稿加以極有價值的批評。而
梁先生在健康未恢復時替我細細校閱，更是我所感激的。」

而一九二五年夏，馮沅君經原北京女師大中文系主任陳鍾凡介
紹到南京金陵女子大學任教，教授中國文學。兩人南北相隔，雖每

天通信，亦難解相思之苦。一天陸侃如突發奇想，給在南京的馮沅君打了個電報云：「兔兒永在您籠中」。電報局接獲不解其意，便將其交給警察局，警察局深恐是有關「學潮」的暗語，便派人與校方聯繫，校長包文雖是美國人，但卻是個中國通，他看過電文，雙手一攤說：「這是私人的事，不便過問。」兩位警員仍不解其意，執意要找馮沅君問話。他們逼問馮沅君說：「兔子關在籠子裡是件小事，為何要動用電報，請解釋清楚。」馮沅君有些生氣，堅持說：「這是私人的事」，不予解釋。最後警察無奈才悻悻離去。但警察局長仍不死心，復派兩個警察到北京清華大學找到陸侃如，要他解釋清楚電文中的「秘密」。陸侃如笑著說：「沅君是我的女朋友，我屬兔子，和她說句開心話難道也犯法！」兩個警察只得怏怏而回。

一九二六年五月，馮沅君回到北京中法大學任教，同時在北京大學國學研究所繼續研究工作。期間出版第一本學術著作《張玉田年譜》。同年，陸侃如的第二部專著《宋玉評傳》由上海亞東圖書館出版，這是研究《楚辭》的重要代表作。

馮沅君和陸侃如的婚事，也曾受到馮家的反對，尤其是大哥馮友蘭是有意見的。馮友蘭留學於美國哥倫比亞大學，獲博士學位，又是堂堂北大哲學系教授、系主任。陸侃如當時僅是個清華大學碩士生，當然不在馮友蘭的眼下，雖經馮沅君據理力爭，仍無濟於事，於是她和陸侃如找到胡適，胡適很看重陸侃如，於是親自找到馮友蘭勸說，說了很多陸侃如的好話，終於讓馮友蘭同意這門親事，一九二七年五月兩人在北京訂了婚。

一九二八年三月胡適受聘為上海中國公學校長，五月陸侃如和馮沅君這對未婚夫妻便到中國公學任教。一九二九年一月二十四日，兩人在上海結婚。由大哥馮友蘭當主婚人，胡適、馬君武、徐志摩、張元濟、趙景深等上海文化界、出版界、教育界、金融界名人做為嘉賓出席，一時成為海上轟動新聞。後來趙景深在他們婚

後，寫了一篇文章說：「陸侃如與馮沅君的結合，是使我羨慕的，猶之我羨慕最近結婚的姜亮夫和陶秋英一樣。大約這就是陳望道所說的『同志愛』吧？我的創作小說集《為了愛》裡有一篇〈蒼蠅〉也表示了這樣的意思：『法國浪漫詩人繆塞不是和女小說家喬治桑戀愛嗎？英國白朗寧夫婦不都是會作詩的麼？我國趙明誠和李清照不都是會作詞的麼？』我祝福他們倆永遠相愛！他們倆的《中國詩史》，以及以前陸侃如的《屈原》、《宋玉》，都是我所愛好的。最近他們倆的研究趨向於戲劇，更使我感到多了兩個寂寞旅途的同路人。他們倆的《南戲拾遺》、《古劇六考》等相繼發表了。沅君的《宋元戲曲史疏證》大約不久也快問世了吧？……」。該文還提到馮沅君的小說《春痕》，趙景深說「《春痕》是沅君寫給侃如的情書」。陸侃如見到後，立即將當年沅君給他的情書也改編成一部《小梅尺牘》，在趙景深編的《文學周報》上發表。趙景深說：「這是可以與《春痕》合看的。我在此記下一筆，以免他日後人再替喜歡考證的侃如來做考證。」

馮沅君與陸侃如

在巴黎大學讀書的馮沅君

陸侃如雖然與馮沅君結了婚，但想到當時受到馮友蘭的白眼，「到底意難平」。新婚之夜，他倆即商定一個「五年計劃」。在五年內節衣縮食，湊滿一萬塊銀元時，就一道出國留學掙個博士回來給大哥看看！後來他們僅用三年半的時間就完成這偉大計劃。一九三二年六月十五日，他倆從上海乘船前往法國，進巴黎大學文學院攻讀博士學位。一九三五年夫妻倆修成正果，一人一頂博士帽從大洋彼岸回國了。陸侃如到燕京大學任教，馮沅君則在天津河北女子師範授課，在教學之餘，馮沅君仍繼續古典文學、文學史的研究和著述，被譽為我國著名的文學史家。

一九三七年七月抗日戰爭爆發，年底，馮沅君和陸侃如離開北平南下安徽安慶，任安徽大學教授。一九三八年初，他倆從上海乘船到了香港，又從香港乘船到了越南，再從越南跋涉到雲南昆明。在昆明陸侃如接到廣州中山大學的邀請，到廣州任中山大學師範學院教務主任兼中文系主任。一九三九年初，馮沅君接到武漢大學校長王星拱的邀請，到武大中文系任教。而此時武大已被迫西遷到

四川的樂山，並併入中央大學，馮沅君便從廣州直接到樂山，執教於武大（中央大學）。而廣州淪陷後，中山大學被迫遷到雲南的澄江。一九三九年暑假馮沅君到澄江與陸侃如團聚，並同在中山大學中文系任教。一九四〇年夏，中山大學遷回粵北山區小鎮坪石，陸侃如代理中大師範學院院長。一九四一年底，坪石淪陷，一九四二年春他們倆被迫再度入川，受邀到流亡在四川三台的東北大學任教，陸侃如任中文系主任，馮沅君任中文系教授。短短的數年間，他們從北平到上海、香港、昆明、澄江、坪石、樂山、三台等地，浪跡於高山闊水間，清苦的生活中，兩人始終相濡以沫，相互扶持。

抗戰勝利後，陸侃如夫婦隨東北大學回到瀋陽。一九四七年秋天應校長趙太侔的邀請，到青島的山東大學任教。曾在一九五〇年考入山東大學文史系的趙淮青，這麼樣描述馮沅君：「記得第一次聽馮沅君先生講課，她帶一幅深度的近視眼鏡，齊耳的短髮後攏著，身著偏襟的陰丹士林色布上衣，黑綢褲。姿容嫻雅，才情煥發。而最為大家料想不到的，是她那尖尖的黑皮鞋，一雙典型的三寸金蓮。著名學者，一級教授，巴黎大學東方文學博士，纏足的三寸金蓮……這些概念似乎難以協調，卻又帶著那個時代特有的情調。而她的眼神蘊含著溫柔的光輝，她的嘴角掛著親切的微笑，更令人難忘。……馮先生在課堂上留給人們的印象是，富於才情智慧，雍容高雅，又透神韻。近五十年過去了，先生的儀態行止宛然如昨。她有豐富的課堂講授經驗，在鈴聲中走進教室，又在鈴聲中結束課程，這說明她備課的嚴謹。我時或見她拎著一個裝教材的深色布包，步履輕盈地走過校園中交織著法國梧桐的柏油路，風雨無阻，卡著鐘點走進教室。猶記得她打把黑色綢傘，冒著隆隆雷聲和如注大雨匆忙趕路的情景，當她走進教室，雖有些侷促，卻不失優雅的風度。」

馮沅君後來一直沒有離開山東大學，她在這裡經歷了一生中最輝煌也是最苦難的一段歲月，直到去世。輝煌的是她曾被選為第一、

五〇年代的馮沅君

五〇年代的陸侃如

二、三屆全國人民代表大會代表，擔任過山東文聯副主席，被任命過山東大學副校長。而苦難的歲月，是在一九五七年陸侃如被劃入另冊，打成右派分子，撤掉山東大學副校長職務，並免去所有兼職，教授級別也由一級降為四級。據趙淮青說：「在文學館中文系辦公室一次對陸先生的批判會上，這兩位學術界的耆宿，大半生相濡以沫的伉儷，迎著暴風雨般的批評指責，瞠目結舌，相對無言。當人們依次揭發批判過後（其中不少先生的發言是出於無奈，但無法躲避），會議主持人指名要馮先生表態，與丈夫劃清界線。馮先生沉默多時，說出的兩句話堪稱妙語雋言：『我大半輩子與「老虎」同寢共枕，竟無察覺，是得了神經麻痺症吧？』這是批判？是揶揄？抑或譏諷？難以說清了。」

趙淮青又說：「一九五八年，馮先生步丈夫後塵，淪為拔『白旗』的典型，天天到千佛山砸礦石，日出而作，日落而息。這豈止是對文化的褻瀆？革一切美好事物之命的那場『文化大革命』到來了，侃如先生已是『死老虎』，沅君先生順理成章成為『反動學術權威』，成為全校的重點

打擊對象。一次，那些造反派們把她推到一個高處，作為『教育黑線』活靶子展覽。而她站立不住，摔了下來。又勒令她去打掃教學樓的走廊和廁所，從一級教授跌到罰苦役的深淵。人們記得，五〇年代初國家困難時期，馮、陸二位先生曾把所有積蓄兩萬元（那時8元錢可買一袋50斤重的麵粉）獻給國家。而『文革』中他們的工資、存款全被凍結。有一個時期，陸侃如先生被關起來，七十多歲的馮先生孤苦無依過生活（他們夫婦沒有子女）。每天服勞役之後，神情麻木、步履艱難地到學校食堂打飯。站立不穩，手抖得厲害，多次把飯菜潑在地上。有時飯打回家，卻吃不下，呆呆地坐著、望著，在飯桌前和衣睡著了。她就這樣擔心受怕，心情悒鬱，先是得了心血管病，後來罹患癌症。」

一九七三年春，馮沅君時感腹部不適，後經診斷結果為直腸癌末期，這年秋後，她曾接受一次大手術，其後病情一度較為穩定，但常常神志不清，恍惚間看見陸侃如還是幾十年前的模樣：「帶著典型的江南公子的姿態，瘦瘦的個子，瘦瘦的臉龐，卻又不是露出顴骨的；特別高的皮衣領，再加上華服和走路的瀟灑，真有點翩翩然……」。一九七四年六月十七日，馮沅君的生命之燈已燃到盡頭，彌留之際，她費力卻又無力地攥著陸侃如的手，只令人幾乎感覺不到的盈盈一握，她嘴角動了動，似乎在最後無聲地喚了一下「侃如」，就長眠不醒了。

馮沅君的逝世，給陸侃如帶來的痛苦是巨大的，他恨自己只想到工作，沒有很好地照顧妻子，他為沒有力促馮沅君及早去醫院診斷而延誤治療，陷入深深的自責中。就在兩年後，陸侃如突患腦血栓，雖醫療及時，還是留下了偏癱。一九七八年春，他開始整理馮沅君的遺稿，他在病榻上半躺著，面前放一塊紙板，首先整理出馮沅君在抗戰期間漂泊西南各省時所寫的舊體詩詞，並親撰序言。不久即病情惡化，又住進醫院。當他已不能說話時，他還艱難地寫下一行歪歪斜斜的字，要他人到

北京聯繫出版馮沅君的遺著，而這眷眷之情，也成了他最後的絕筆。一九七八年十二月一日，他離開人世。就在他辭別人間的兩個月前，陸侃如拖著重病的身體，深情地寫下了〈憶沅君——沉痛悼念馮沅君同志逝世四週年〉的長文，為他們相濡以沫的歲月，劃上完美的句點。

綜觀馮沅君和陸侃如的一生，把他們連在一起的有兩條線，一是愛情，一是事業。因為有共同的事業，所以愛情更加牢固；也因為擁有更深的愛情，所以事業也更有成就。當然還有令人懷念的是他們的獎掖後人，為國舉才。馮沅君生前曾對山東大學王仲瑩教授表示：「我一介寒儒，連個後嗣亦無，能為國家民族留點什麼？我想個人艱窘一點，存幾個錢，身後讓國家做學術獎金，獎掖後人吧！」而陸侃如也留下遺囑說：「按馮沅君和我個人的願望，將全部藏書，數萬遺款贈山東大學。」於是不久後「馮沅君陸侃如古典文學研究獎金」基金成立了，嘉惠許多後學者。

雖然馮沅君創作小說的時間，只有短短的六、七年時間，占她的生命不及十分之一，但論者指出，當時若沒有馮沅君這位與父輩的禮教、觀念、習慣及行為規範正面交鋒的大家閨秀，那麼一代叛道之女的形象或許就少了畫龍點睛的一筆。雖然馮沅君只有《卷葹》、《春痕》、《劫灰》三個短篇集，而到《春痕》以降，反映出馮沅君作為一個浪漫主義作家的熱情，開始被一個嚴謹學者的理智所沖淡、所冷卻。作為一個小說家，她是以「卷葹」這種「拔心不死」的小草，給人們留下深刻的印象的。當然作為一名古典文學的學者，她的貢獻或許是更大些。因此文學史家楊義先生這麼評論馮沅君：「如果說，她作為小說家的名言是：『浪漫的愛神，根本就不認識人間虛偽的道德。』（《劫灰‧潛悼》）那麼，她作為學者的名言便是：『做學問，功夫要死，心眼要活！』我們失去了小說園地上一株破凍吐牙、衝寒傲雪的小草，卻得到古典文學領域一株根深葉茂、蔭蔽後人的大樹。」可說是身跨小說的創作與學術研究的馮沅君的一生寫照。

怎一個愛字了得
——冰心的情深一往

冰心 無疑是五四時期最受青睞的女作家之一。她是作家陳西瀅在《西瀅閒話》裡所説的「幾乎是誰都知道」的女作家。在當時的女作家中，陳衡哲、袁昌英雖然出道比她早，但作品不多；而同時期的盧隱、馮沅君和蘇雪林雖也極為優秀，但始終沒有她那樣的名氣；稍晚的凌叔華、沉櫻、白薇、陳學昭等人也不能相比。文學史家楊義在評論冰心時説：「在我國現代小説史上，真正意義上的第一個女小説家，是冰心。她以詩人的氣質，散文家的優美文筆，撰寫問題小説，風靡整個文壇。她不僅為女作家贏得光榮，而且曾經為早期的新小説贏得榮譽。儘管她後來寫的小説，尤其是散文，生命力超過了她的小説，但是在一九一九年到一九二一年的現代小説發展路途中，她是留下自己矯捷的身影和清晰的腳印的。我們也可以挑剔她的《超人》、《南

冰心

歸》。《往事》、《姑姑》和《去國》諸集裡的不少小說，帶有早期探索者的某種幼稚，但是探索者的某些不甚堅實的作品，在新小說的開端期也是會做出特殊的貢獻的。」

　　冰心原名謝婉瑩，一九〇〇年出生在清代詩風極盛的福州。曾祖原籍福建長樂，是一個農民裁縫，因目不識丁而備受欺凌，遂立誓培植兒輩讀書。到她的祖輩與父輩，已出了幾位「教書匠」了。因此，雖然謝家日後頗為富足，但冰心的體內依然流動著貧民階級的血液。父親謝葆璋被嚴復招收為北洋水師學堂的駕駛生，當過「海圻」號巡洋艦的副艦長，奉命到山東煙台辦過海軍軍官學校。遼闊沉靜的大海洗滌了幼小冰心的襟懷，也給她帶來潛隱的憂鬱，因為大海已為帝國主義的砲火和中華民族的鮮血映染通紅，這是冰心在煙台八年的生活。回到福州後，一九一二年冰心考取了座落在城內花巷的福州女子師範學校預科，第一次過起了學校生活。她回憶說：「頭幾天我不很習慣，偷偷地流過許多眼淚，但我從來沒有對任何人說過，怕大家庭裡那些本來就不贊成女孩子上學的長輩們，會出來勸我輟學。」但冰心只讀了三個學期，因父親職務的緣故，在一九一三年她們全家搬到北京了。在次年秋天她就進了貝滿女中。貝滿是一所教會學校，課程嚴緊，同學們的競爭之心都很強烈，冰心也不甘落後，所以一天到晚地做功課。在課外除了看些她這時喜歡的筆記小說及短篇的舊小說之外，並沒有專心攻讀什麼書，倒是英文程度精進不少。這時期由於在學校每天受著基督教義的影響，冰心說：「潛隱的形成了我自己的『愛』的哲學。」這「愛的哲學」影響著她一生的文學創作。

　　一九一八年秋後，她從貝滿女中畢業後，即考入協和女子大學理預科學習，目的是將來成為一位醫生。冰心說：「我是從入了正式的學校起，就選了醫生這個職業，主要的原因是我的母親體弱多病，我和醫生接觸得較多，醫生來了，我在庭前階下迎接，進屋來

我就遞茶倒水，伺候他洗手，仔細看她診脈，看他開方。後來請了西醫，我就更感興趣了，他用的體溫表、聽診器、血壓計，我雖不敢去碰，但還是向熟悉的醫生，請教這些器械的構造和用途。我覺得這些器械是很科學的，而我的母親偏偏對聽胸聽背等診病方法，很不習慣，那時女醫生又極少，我就決定長大了要學醫，好為我母親看病。」冰心的父親也鼓勵她說：「東亞病夫的中國，是很需要良醫的，你就學醫吧！」

冰心與父親合照

而在一九一九年九月冰心在《晨報副刊》上發表第一篇小說，登上文壇。冰心說：「我醞釀了些時，寫了一篇小說〈兩個家庭〉，很羞怯的交給放園表兄。用冰心為筆名，一來是因為冰心兩字，筆畫簡單好寫，而且是瑩字的含意。二來是我太膽小，怕人家笑話批評，冰心這兩個字，是新的，人家看到的時候，不會想到這兩個字和謝婉瑩有什麼關係。」發表的喜悅使得冰心無法放下那支已經「寫得滑了手」的筆，於是幾乎每星期都有她的作品，多半是問題小說，如〈斯人獨憔悴〉、〈去國〉、〈秋風秋雨愁煞人〉、〈莊鴻的姊姊〉等

等。由於社會宣傳活動和寫作佔去她所有的時間，她的理科功課落後了很多，實驗課也缺了不少堂，沒法補，對於學習的前途，冰心有不少焦慮，朋友們都勸她棄理從文，於是在一九二一年理預科兩年畢業後（案：一九二○年協和女大合併到燕京大學），她就改入了文本科，而且還跳了一級，從此她立志要走文學這條路了。

「一九一九年的冬夜，和弟弟冰仲圍爐讀泰戈爾（R. Tagore）的《迷途之鳥》（Stray birds）。冰仲和我說：『你不是常說有時思想太零碎，不容易寫成篇段嗎？其實也可以這樣收集起來。』從那時，我有時就記下在一個本子裡。一九二○年的夏日，二弟冰叔從書堆裡，又翻出這小本子來。他重新看了，又寫了『繁星』兩個字，在第一頁上。一九二一年的秋日，小弟弟冰季說：『姊姊！你這些小故事，也可以印在紙上嗎？』我就寫下末一段，將它發表了。」這是冰心在《繁星・自序》所說的一段話。《繁星》包括小詩一六四題，於一九二三年一月作為文學研究會叢書之一，由商務印書館出版，曾再版多次。而之後的《春水》包括小詩一八二題和〈迎神曲〉、〈送神曲〉、〈一朵白薔薇〉等二十九首詩，於一九二三年作為新潮社文藝叢書之一，由北新書局出版，更是暢銷。這些小詩清雋、秀逸、淡遠，這同她的散文有頗多相似之處。文學史家趙景深說她的詩有兩個特點：「一是用字的清新，一是回憶的甜蜜。」女作家蘇雪林則借冰心論泰戈爾文字──「澄澈」與「淒美」，來形容她的小詩的藝術風格。

一九二三年夏，冰心以優異的學習成績由燕京大學提前畢業，獲得學士學位及學校頒發的金鑰匙獎。八月二十三日，她搭乘美國郵輪傑克遜號赴美留學，而就在這船上她認識她的終身伴侶──吳文藻。

吳文藻，江蘇江陰人，一九○一年生，父煥若，與人合設小米店於鎮上。吳文藻六歲隨二姊入蒙堂，後升入江陰禮延學堂高小。在校成績極優，繼升南菁中學。一九一七年考上北京清華學堂（清

華大學前身）初中二年級（清華學制八年，初中三年，高中三年，最後兩年相當於美國大學二年級）。曾參加「五四」愛國運動。一九二三年夏畢業於清華大學，他擬赴美國新罕布希爾州達特默思學院社會學系學習。同學中有梁實秋、顧毓琇（一樵）、張忠紱等人，他們都搭乘這船要赴美留學的。冰心在動身前收到貝滿中學時的同學，已經先自費去美的吳樓梅的來信，說她的弟弟吳卓也同船出國，請她多照顧。上船的第二天，冰心突然想起此事，立即請她的同學許地山幫她去找，沒想到找錯了人，只因認定姓吳，就把吳文藻帶來了。或許這就是緣分，或許是邂逅得饒有興味。張忠紱後來回憶道：「當日船上最引人注意的，似為謝冰心女士。她的文名早著，秀麗大方，毫無驕矜態度，捧她的人很多。後來她與我的同班吳文藻結婚，倒是事前未曾料及的。文藻是一位謙謙君子，在船上沒有看他怎樣追求。他的成功也許正如古語所說的：『為政不在多言。』」。

冰心攝於1923年

確實在初次見面時，吳文藻不僅沒有阿諛、讚美之詞，反而質問冰心：「有幾本評論拜倫和雪萊的書，

都是英美著名的評論家寫的，你看過沒有？」當冰心回答說「還沒讀過」時，吳文藻則爽直地勸說：「你學文學的，這些書你都沒看！這次出去，要多讀一些書，如果不趁在國外的時間，多看一些課外的書，那麼這次到美國就算是白來了！」這些話相信給冰心留下了深刻而與眾不同的印象。

上岸後，留學生們各奔東西，但也彼此都留下聯絡的地址，冰心剛到衛斯理女校後，便收到許多來信，「有的洋洋灑灑，寫了好幾頁，介紹自己的家世；有的用華美的詞句，描述航海中結識冰心女士的激動心情；有的傾訴早已仰慕冰心的美名，喜愛她的作品……」（見卓如的《冰心傳》）。而吳文藻卻只寄了一張明信片，但冰心卻很精心地回了一封信，而相對於那些寫長信來的，冰心卻只回了一張明信片。後來吳文藻的女兒吳青開玩笑地說，我爸爸是以特殊的方式追求我媽媽。而當吳文藻接到冰心的回信，他相當感動。所以當他得知冰心生病時，便趕緊寫了信去慰問；在他路過波士頓時，還與一些留學生上青山沙穰療養院探望冰心。而平日他會把買回來的有關文學的新書看過後，把重點用紅筆畫了圈圈，然後包好寄給冰心。這些舉動對冰心自是一種安慰，一股心靈的暖流。尤其是吳文藻寄來的書，她每本都認真讀過，並提出她的心得。於是在一九二五年春，當顧毓琇在波士頓排演《琵琶記》時（由梁實秋、謝文秋、冰心、王國秀等中國留學生擔綱演出），冰心給吳文藻寫了一封信邀他來看演出，並且將入場券夾在信內。吳文藻先是因功課太忙不能前往，但最終還是在演出後第二天趕到。冰心在眾人中見到吳文藻很是高興，悄悄地對他耳語道：「上次你來看我（案：指沙穰療養院那次），我很高興。」吳文藻聽後很激動，並且終生不忘。

幾十年後，冰心在〈我的老伴——吳文藻〉中深情地回憶道：「一九二五年的夏天，我到綺色佳的康乃爾大學的暑期學校補習法文，因為考碩士學位需要第二外國語。等我到了康乃爾，發現他也

來了，事前並沒有告訴我，這時只説他大學畢業了，為讀碩士也要補習法語。這暑期學校裡沒有別的中國學生，原來在康乃爾學習的，這時都到別處度假去了。綺色佳是一個風景區，因此我們幾乎每天課後都在一起遊山玩水，每晚從圖書館出來，還坐在石階上閒談。夜涼如水，頭上不是明月，就是繁星。到那時為止，我們信函往來，已經有了兩年的歷史了，彼此都有了較深的瞭解，於是有一天在湖上划船的時候，他吐露了願和我終身相處。經過了一夜的思索，第二天我告訴他，我自己沒有意見，但是最後的決定還在於我的父母，雖然我知道只要我沒意見，我的父母是不會有意見的！」。

冰心於康乃爾

一九二六年七月，冰心獲衛斯理文學碩士返國任燕京大學國文系助教。而吳文藻則於一九二八年冬獲哥倫比亞大學研究院社會學系博士學位。次年二月，他取道歐洲、蘇聯返抵北平，任燕京大學社會學系講師，並兼任清華大學社會人類學系講師。同年六月十五日，兩人在北平結婚。冰心回憶道：「我們的婚禮是在燕大的臨湖軒舉行的，一九二九年六

冰心畢業照

月十五日是個星期六。婚禮十分簡單，客人只有燕大和清華兩校的同事和同學，那天待客的蛋糕、咖啡和茶點，我記得只用去三十四元！新婚之夜是在京西大覺寺度過的。那間空屋子裡，除了自己帶去的兩張帆布床之外，只有一張三條腿的小桌子──另一隻腳是用碎磚墊起來的。兩天後我們又回來分居在各自的宿舍裡，因為新居沒有蓋好，學校也還沒有放假。」

婚後他們在教學上享受了師生間親切融洽的感情，他們不但有各自的學生，也有共同的學生。他們兩人總是苦樂相處的，比如一九三三年有塞北之行、一九三六吳文藻休假一年，獲「羅氏基金會」遊學教授獎金，於是他偕冰心重遊歐美各國。

一九三八年抗戰期間，吳文藻和冰心帶著兒子和兩個女兒到了昆明，吳文藻在雲南大學任教，冰心則在雲南呈貢縣農村的一個臨時居住地──一座稱之為「華氏墓廬」的祠堂裡照顧著家和孩子。一九四〇年冬天，蔣宋美齡以衛斯理校友的身份動員冰心到重慶參加抗日工作，冰心出任婦女指導委員會文化事業組組長。而吳文藻

冰心結婚照

則因他清華同學的關係，進入國防最
高委員會參事室工作。

抗戰勝利後的一九四六年，吳文
藻的清華同學朱世明將軍受任中國駐
日代表團團長，約吳文藻擔任該團政
治組組長兼任出席盟國對日委員會中
國代表團顧問。冰心隨吳文藻去了日
本。直到一九五一年秋，才輾轉回到
北京。

而一九五八年四月，吳文藻被
錯劃為右派，冰心這麼回憶著：「這
件意外的災難，對他和我都是一個晴
天霹靂！因為在他的罪名中，有『反
黨反社會主義』一條，在讓他寫檢查
材料時，他十分認真地苦苦地挖他的
這種思想，寫了許多張紙！他一面痛
苦地挖著，一面用迷茫和疑惑的眼光
看著我說，『我若是反黨反社會主
義，我到國外去反了，何必千辛萬苦
地藉赴美的名義回到祖國來反呢？』
我當時也和他一樣『感到委屈和沉
悶』，但我沒有說出我的想法，我只
鼓勵他好好地『挖』，因為他這個絕
頂認真的人，你要是在他心裡引起疑
雲，他心裡就更亂了。」就是冰心如
此地理解與鼓勵，幫他度過艱難的歲
月。「一九五九年以後，文藻基本上

冰心與吳文藻結婚照

吳文藻夫婦與冰心父母合影

吳文藻夫婦與母親

冰心與吳文藻

是從事內部文字工作，他的著作大部分沒有發表，發表了也不署名，例如從一九五九到一九六六年間與費孝通（他已先被劃為右派）共同校訂少數民族史志『三套叢書』，為中宣部提供西方社會學新書名著，為《辭海》第一版民族類詞目撰寫釋文等，多次為外交部交辦的邊界問題提供資料和意見，以及校訂英文漢譯的社會學名著工作。他還與費孝通共同搜集有關帕米爾及其附近地區歷史、地理、民族情況的英文參考資料等，十年動亂中這些資料都散失了！」冰心不無惋惜地述說著。

一九八五年九月二十四日，吳文藻在北京醫院病逝，這天早晨醫院打來電話，家人本想暫時瞞住冰心老人，可是她實際上早有預感，立時泣不成聲，悲慟至極。風雨同舟、患難與共六十二載，如今突然幽冥兩隔，怎能教她不傷痛呢？十月一日新華社發了一則消息：著名社會學家和民族學家吳文藻教授逝世。電文中說：「幾十年來，吳文藻教授為中國社會學和民族學的發展培養了許多人才，作出了重要貢獻。他熱愛中國共產黨，熱愛祖國，熱愛社會主義。根據

他的遺囑，謝冰心同志將他生前三萬
元存款作為中央民族學院民族學研究
生講學基金，並把它珍藏多年的圖書
資料捐獻給民族學院。」

　　一九八六年十一月二十一日，
冰心寫了一篇充滿感情的文章，題名
叫〈我的老伴──吳文藻〉，她在篇
首這樣寫道：「我想在我終於投筆之
前，把我的老伴──吳文藻這個人，
寫了出來，這就是我此生文學生涯
中最後要做的一件事，……這篇文
章，我開過無數次的頭，每次都是情
感潮湧，思緒萬千，不知從哪裡說
起！……」是的，她倆長達半個多世
紀的姻緣路，其中千般愛意，萬斛情
懷，又豈是纖纖三指間那支描鳳的筆
所能寫盡的呢？當然也不是簡單的一
個「愛」字了得！

　　一九九九年二月二十八日，冰心
也走完她百年的人生。

晚年的冰心

所愛的與被愛的
——石評梅的幾段情緣

我由冬的殘夢裡驚醒，春正吻著我的睡靨低吟！晨曦照上了窗紗，望見往日令我醺醉的朝霞，我想讓丹彩的雲流，再認識我當年的顏色。

披上那件繡著蛺蝶的衣裳，姍姍地走到塵網封鎖的妝樓。啊！明鏡裡照見我憔悴的枯顏，像一朵顫動在風雨中蒼白凋零的梨花。

我愛，我原想追回那美麗的皎然，祭獻在你碧草如茵的墓旁，誰知道青春的殘蕾已和你一同殉葬。

明知道人生的盡頭便是死的故鄉，我將來也是一座孤塚，衰草斜陽。有一天啊！我離開繁華的人寰，悄悄入葬，這非豔的愛情一樣是煙消雲散，曇花一現，夢醒後飛落在心頭的都是些殘淚點點。

然而我不能把記憶毀滅，把埋我心爐上的殘骸拋卻，只求我能永久徘徊在這疊疊荒塚之間，為了看守你的墓苗，祭獻那茉莉花環。

我愛，你知否我無言的憂哀，懷想著往日輕盈之夢。夢中我低低喚著你的小名，醒來只是深夜長空有孤雁哀鳴！

石評梅

石評梅

　　這是當年譽滿京華的女詩人——石評梅，用她青春的生命，為北大才子、傑出的共產黨人高君宇寫下的千古絕唱——〈墓畔哀歌〉。高君宇以二十九歲之年齎志而逝，三年後石評梅也心碎淚絕，伴著高君宇於陶然亭畔，心魂相守。八十年後的今天，我們面對這一段金堅玉潔的生死戀情，仍是震撼不已。

　　石評梅一九〇二年生，山西平定人。原名石汝璧，由於愛梅花，自號評梅。父親石銘是個舊知識份子，在山西省立圖書館任職，對其寵愛有加。一九一九年就讀北京女子高等師範學校體育科，在打球、跳舞、滑冰、練體操之餘，還與同學辦詩社，熱心於文學創作活動。而就在她上女高師時，父親對離鄉背井的愛女很不放心，於是託人就近照顧她。這人叫吳天放，是外交部的一個小職員，愛好文學，寫過詩歌、散文、遊記，在文壇上也是小有名氣的。石評梅與他在一起時，常常談詩論賦，議論人生。吳天放的獨到見解、精闢論述、口若懸河的辯才，深深地打動涉世未深的純潔少女。而石評梅，這個多情重義，從不輕易許諾人的少女，一旦

許諾了，她便終生不變。對世事閱歷頗深的吳天放，知道石評梅是一言既出，終生不悔的人，於是他以懾人魂魄的翩翩風度，和令人陶醉的柔情蜜意擄獲了石評梅的心，讓她說出「終生不再愛第二個男人」的諾言。但石評梅萬萬沒想到吳天放欺騙她的感情，原來他是個有婦之夫，當事情揭穿時，他還想和石評梅結婚呢。石評梅有一種人格再次受辱的感覺，她憤然地對他說：「你想納妾？想讓我做你的姨太太？如果是這樣，我又何必在『五四』過後不久就從山西平定山城，跑到京都女高師求學呢？你也是『五四』運動的青年，你反對舊禮教的精神那去了？你我再沒有什麼好說的啦！」於是兩人就此分手。這種深刻的傷痕，卻烙印在石評梅的心中，終其一生。

一九二三年，石評梅以優異的成績，帶著一顆因初戀受傷的悲涼的心，從女高師畢業踏入社會。她曾在北京師範大學附屬中學女子部當訓育主任和體操教師。就在此時，北大才子高君宇突然闖進了她的生活。他是石評梅的同鄉，一八九六年生，長石評梅六歲。「五四」運動時，他是北京大學的學生代表，是鄧中夏的戰友、李大釗的學生。一九二〇年九月，他當選為北京社會主義青年團書記。一九二二年一月，他同王燼美等人代表中國共產黨，出席在莫斯科舉行的遠東各國共產黨和民族革命團體第一次代表大會。他又參加了黨的第二次代表大會，被選為中央委員。一九二三年，他是「二七」大罷工的領導人之一，翌年又同李大釗、毛澤東在一起，以共產黨員的身分參加了國民黨第一次代表大會。其實高君宇和石評梅早在一九二〇年初冬，就在宣武門外山西會館初次見面，後來高君宇忙於革命活動，東奔西跑，甚至遠赴蘇聯，因此有一年多他們沒再見面。直到歐洲回國不久，高君宇曾經去女高師找過石評梅一次。一九二二年是高君宇在政治上最繁忙的一年，而石評梅卻在這一年與吳天放歷經熱戀，但卻又導致分手。一九二三年年初的某一天，高君宇約請了石評梅和她的好友陸晶清到中央公園「來今雨

高君宇

「軒」遊園，歡談中陸晶清並問及高君宇是否成婚，高君宇道出他不幸的遭遇，這事讓石評梅打從心底湧起一陣同情，也拉近了彼此的距離。

原來在九年前，高君宇十八歲時，父親高鴻猷強迫他與本縣神峪溝村李存祥的女兒李寒心成婚。高君宇堅決反對包辦婚姻，婚禮之日，高君宇大哭大鬧、大喊大叫，氣得父親五臟欲裂、昏厥到地！高君宇心想，父親一生勤勞，如今年邁，如果真把他氣壞了，情理不容。於是仰天一聲長歎，淚如雨下，答應成婚。以後的事情，恍如在夢中，穿衣、拜堂，一切任人擺佈。這次婚禮，在高君宇少年的心靈中，留下深深的創傷。不久後高君宇大病，險些喪了命！後來病情稍有好轉，他藉口換換環境以求休養身體，父親只得應允。於是高君宇到了太原，卻多次寫信給父親，要求取消婚約，但父親堅不答應。兩年後，高君宇考上北大英語系，總算逃離家庭與婚姻的羈絆。經過這番深談之後，石評梅覺得高君宇深沉敏銳，氣度慷慨，總給人一種正氣凜然的感覺。如果吳天放的丰采氣度也和高君宇一樣，她也許就不會有今天的不

幸和痛苦了吧？一次初戀的挫折，心靈的創傷，足夠她痛苦一輩子了！石評梅決心不再戀愛，今生今世堅守獨身主義！

但高君宇卻有著火一樣的熱情，他在西山碧雲寺採得紅葉一片，就在紅葉上用毛筆寫著「滿山秋色關不住，一片紅葉寄相思」，然後寄給石評梅。石評梅大病時，高君宇或白天或晚上地服侍在旁，他總是拿著藥方跑到大街上為她買藥，病重時則三更半夜去請大夫。她在病榻上醒來，見高君宇蹲在床邊，握著她的手，把頭垂到床沿兒，伏在她的手背上，見他蒼白憔悴的臉，不覺一陣心酸，兩眼湧出淚來。她似乎感覺到這是一場悲劇，因為他愛她至深，正如同她拒絕之堅，都是難以更改。

而在這之後，高君宇在擺脫閻錫山的搜捕，潛回老家靜樂縣峰嶺底村避難時，他先徵得妻子李寒心的同意離婚，然後他給岳父李存祥寫了封信說道——

岳父老先生：

我此次決定離婚，業已向令嬡言明。想令嬡於見時必將此事陳明矣。我之所以有如是決定，自信為我自己設想者少，為令嬡設想者實多；蓋我自與令嬡結婚至今，始終覺吾二人不能相合，且我久為在外奔馳之人，如是情境，實不當墮我兩人入愁城苦之中。然我乃四方遠遊之人，若果以異鄉為家，隨在何不可得新婦以為終身之侶？所苦者唯清窗獨守之令嬡耳！若使常類吾家備役，廝養以終（其）天年，令嬡亦人身，於人道之謂何？我唯為令嬡終身計，為人道計，故毅然決定與令嬡離婚，今且特正式向長者提出也。我辜負令嬡十年，幾盡其青春歲月，我不願更蹉跎下去，致使異日更增加今日之追悔，故願亟覓解決之道，且以為最適當莫過於離婚再嫁；長者豈亦以令嬡與我之情境為滿足，而一未計及令嬡將來之了局乎？此事自不

免為鄉俗所非議，然使令嬡坑葬一生佳乎，抑另開一新生命之為愈耶？願長者為令嬡深較其利害得失也！此番歸家，本擬登府請安，唯迫於時間短促，未能如願，今且以事成行矣，未及向長者親將此事言明，思之良用歉然！唯可藉寸楮以告長者，即我已堅絕決定與令嬡離婚，遲疑無須，願長者察之也。敬祝康健！

高尚德（君宇）上

十三年六月二十四日

　　高君宇極其誠懇地表述自己的心跡，岳父為其所感，覆函答應其請，並希望兩家今後一如既往，與高君宇亦伯侄相稱。信中又再三叮囑，在外奔走，要謹慎小心，自珍身體，免為家鄉父老所懸念。解除婚約的高君宇是勇敢無畏的，他敢於砸碎父親鑄造的鐵鎖。離婚後，他曾寫了一封信告知石評梅，石評梅在日記中寫道：「接天辛（案：指高君宇）信，詳敘到家後情形，洋洋灑灑，像一篇小說，真的！並且是確實，他已得到她的諒解，而粉碎了他的桎梏，不過他此後恐連理教上應該愛好的人也沒有了！我終久是對不住他！」。

　　但對於處於悲觀失望的石評梅，高君宇卻只能壓下滿腔的熱情，作一些理智的勸解，他不能袒露愛情，他怕「物極必反」的道理。我們看他寫給評梅的信，他訴說三年來的思戀之苦、壓抑之苦後，他又滿懷誠懇地說：「朋友！請放心勿為了這些存心。」，「瞭解更是雙方的，是一件瞭解則絕對，否則便整個無的事。」高君宇要石評梅不要因為他所受的痛苦而感到不安，更不要因為他的愛而強求回報。為了不使對方誤會，他反覆強調之所以赤裸而大膽地寫此信，只是「歷史的一個真心的自承」，「同時也在為了一種被現在觀念鄙視的辯護」，而絕不是「故示一種希求」，它顯示出

高君宇的無私的愛。正是這種無私的愛，終於感動了石評梅，使她大膽地接受他的愛，並捧出自己的一顆心。據石評梅的好友盧隱說，就在此時，吳天放給石評梅寫了一封信，裡頭說到她和高君宇的事，他說：「一方面我是恭賀你們成功；一方面我很傷心，失掉了我的良友……我總覺得這個世界上，所可以安慰我的只有你，所以你一天不嫁，我一天有安慰。……」石評梅接到這封信時，又勾起既往的傷痕，痛哭一場，立刻又到醫院告訴高君宇，推翻她先前願意和他結合的許諾，這對高君宇而言，自是一個重大打擊。高君宇肺病日益嚴重，終至齎志而逝。石評梅此時方才大夢忽醒，她悔恨無已，她歎她的遲疑不決，害死了高君宇，她要把她的一顆心，毫無保留地送給死去的高君宇。

石評梅畫像

一九二五年三月二十九日，在北京舉行的高君宇同志追悼會上，石評梅親撰〈輓詞〉和碑文，懸掛在會場。輓詞的結尾這樣寫著：

紅花枯萎，寶劍葬埋，你的宇宙被馬蹄而踏碎。

只剩了這顆血淚淹浸的心，交付給誰；

只剩了這腔怨恨交織的琴，交付給誰。

聽清脆的雞聲，唱到天明，

雁群在雲天裡哀鳴。

這時候，君宇，君宇，你聽誰在喚你；

這時候，悽悽，慘慘，你聽誰在哭你！

　　石評梅把年僅二十九歲的高君宇骸骨送到北京陶然亭，葬在他生前選定的地方，用白石砌成長方形墓，正中豎了一座尖錐形的四角石碑。石碑上是石評梅手書的題詞：「我是寶劍，我是火花。我願生如閃電之輝亮，我願死之如彗星之迅忽。──這是君宇生前自題相片的幾句話，死後我替他刊在碑上。君宇！我無力挽住你迅忽如彗星之生命，我只有把剩下的淚流到你墳頭，直到我不能來看你的時候。　評梅」。從此，在亂墳稠疊、荒寒寥瑟的陶然亭畔，無論風晴雨雪，常看到石評梅的身影，她用淚水澆綠了手植在墓旁的青松翠柏。一首首、一篇篇深情悼念的詩文，彈撥出她的悔恨和思念：

狂風刮著一陣陣緊，

塵沙瀰漫望不見人；

我獨自來到荒郊外，

向纍纍的塚裡，

掃這座新墳。

秋風吹得我徹骨寒，

蘆花飛上我的襟肩，

一步一哽咽，

綠著這靜悄悄的蘆灘，

望著那巍巍玉碑時
我心更淒酸！……

狂風刮著一陣陣緊，
塵沙瀰漫望不見人；
幾次要歸去，
又為你孤塚淚零！
留下這顆秋心，
永伴你的墳塋。

壘壘荒塚上，火光熊熊，紙灰繚繞，清明到了。這是碧草綠水
的春郊。
墓畔有白髮老翁，有紅顏少年，向這一坏黃土致不盡的懷憶和
哀悼，
雲天蒼茫處我將招魂；白楊蕭條，暮鴉聲聲，怕孤魂歸路迢迢。
逝去了，歡樂的好夢，不能隨墓草而復生，明朝此日，誰知天
涯何處寄此身？
歎漂泊我已如落花浮萍，且高歌，且痛飲，將一醉澆此心頭
餘情。
我愛，這一杯苦酒細細斟，邀殘月與孤星和淚共飲，
不管黃昏，不論夜深，醉臥在你墓碑旁，任霜露浸凌吧！我再
不醒。

（墓畔哀歌）

　　就這樣哭了三年，石評梅淚乾了，就在一九二八年七月三十
日她因腦膜炎而去世了。在長壽寺停柩一年後，朋友們和一些學生
將她的骸骨葬於高君宇身旁。這天——一九二九年十月二日，趕來

送葬的還有許多相識和不相識的人。朋友們在她的墓石上勒下「春風青塚」四個篆字。「質本潔來還潔去，一坏淨土掩風流。」年僅二十七歲，風華正茂、饒富才華的石評梅就這樣離去了。

石評梅集印成冊問世的短篇小說、散文合集《濤語》和文集《偶然草》，多寫自身悲涼遭遇，反映了幻滅、矛盾、痛苦的心情。而她的散篇作品，還有詩〈飛去的燕兒〉、〈祭獻之詞〉、〈掃墓〉、〈模糊的心影〉、〈哭落花〉、〈殘夜的雨聲〉、〈叫她回來吧！〉、〈你告她〉、〈留戀〉、〈心影〉、〈這悠悠相思我與誰彈〉……，散文、書評小說等有〈此生不敢再想到歸鴉〉、〈再讀蘭生弟的日記〉、〈林楠的日記〉、〈無窮紅豔煙塵裡〉、〈一夜〉等等名篇，多屬濃厚傷感之作。

面對這早殞的晨星，我們沒有機會看到更多的佳作出現，只因為她的早殞。在短短的歲月中，她留下動人的愛情故事，若良緣是一種美麗的守候，相識相知即一世執著；若真情是一種永恆的感受，相愛相守無悔無怨。石評梅與高君宇最後是做到了，但上蒼卻不許人間見白頭，匆匆地奪走他們。石評梅在悼君宇的文章〈腸斷

高君宇、石評梅墓碑

心碎淚成冰〉中說：「如今已是午夜人靜，望望窗外，天上只有孤清一彎新月，地上白茫茫滿鋪的都是雪，爐中殘火已熄，只剩下灰燼，屋裡又冷靜又陰森；這世界啊！是我腸斷心碎的世界；這時候啊！是我低泣哀號的時候。禁不住的我想到天辛，我又想把它移到了紙上。墨凍了我用熱淚融化，筆乾了我用熱淚溫潤，然而天啊！我的熱淚為什麼不能救活塚中的枯骨，不能喚回逝去的英魂呢？這懦弱無情的淚有什麼用處？我真痛恨我自己，我真詛咒我自己。」

石評梅的真情，將永遠活在喜愛她的朋友的心中，她們這樣寫著：「看滿天繁星，聽蕭蕭蘆葦，她生前所讚美的陶然亭靜夜的神祕景象，都歸她一人去享受了，不，君宇墓近在咫尺，這時候他倆當是偎倚著、微笑著，在度他們生前未度過的甜美生活。」是的，「生前未能相依共處，願死後得並葬荒丘！」他們是做到了，在陶然亭畔，永遠放射著純潔堅貞的愛情光芒，千古不滅，天長地久！

然而在石評梅短暫的二十幾個年頭裡，還有好幾段情緣，當然它比不上與高君宇的轟轟烈烈，但也在她的生命歷程中，留下不可抹滅的印記。據傳記作董大中談到狂飆社作家高長虹的情詩集《給──》，就指出高長虹的「愛情女神」是石評梅。而高君宇在一九一三年考入山西省立一中第七班，早高長虹一年，兩人不僅是同學，還是情敵。高長虹在〈一九二五，北京出版界形勢指掌圖〉一文也提到過高君宇，他說：「我有一個朋友叫『君宇』的，曾做《向導》記者，在思想上我們可以說是互相反對的，但是聽說過他很希望我辦一個刊物出來說話。也正在這年暑假中，我在一個地方遇到他了。談話當然是沒有結果的，所以他又說希望我出來辦一刊物。但到我們辦起刊物不久，他卻死了。」高長虹離開山西一中後，曾到北京大學作旁聽生一年。一九二一年春，他來到太原，在石評梅的父親工作的山西省立圖書博物館當書記員。石父對高長虹的學識、才能，極為讚賞。他時常向高長虹說起石評梅，連她被臭

高長虹

蟲咬得哭哭啼啼的樣子，也説得繪聲繪影。而此時的石評梅卻在北京女子高等師範學校體育科求學，兩人僅有過短暫的相見，那是石評梅放了暑假，回到太原，來博物館看望父親的時候。然而此時石評梅心中有著吳天放，而後又有高君宇，心中似乎沒有高長虹的位置。高長虹也知道這情況，他説：「她曾經因相信而受了人的欺騙，她於是相信了那種欺騙了。」這指著石評梅受到吳天放的欺騙。又説：「現在她又覺悟，她的新的相信，又引著她受了另一方面的欺騙。」這指石評梅與高君宇的相戀。這期間高長虹雖也展開對石評梅的熱烈追求，但石評梅卻不為所動。

一九二五年三月五日高君宇病逝，高長虹認為石評梅在悲痛之後，必會另尋新歡，而他將成為不二人選，於是他開始寫下情詩集《給──》，甚至還有後來的小説〈革命的心〉。據友人張恒壽在〈回憶長虹〉中説：「長虹在愛情問題上確有許多不可理解的幻想，如〈獻給自然的女兒〉一詩，是暗指冰心，小説〈桃色的心〉（篇名不確，是登在《新生命》第一期上的小説）是暗指評

梅。」（案：〈桃色的心〉當是〈革命的心〉）。然而這對最終以身殉情的石評梅而言，是不會接受的，只能算是高長虹自己的「單相思」罷了。這期間他們兩人雖偶有通信，或偶有見面，但在石評梅心中，只是把高長虹當作一般朋友，而高長虹卻對石評梅給他的信，產生了錯誤的聯想，他可能以為「數年來所懸望」的「一個美的女神」，「忽然從你那沉默的寶座上走了下來」（上引均高長虹〈游離〉文字），以致他回到北京後，曾經找過石評梅，甚至可能糾纏過，有過非禮的行動。以致石評梅在〈又致焦菊隱信之二〉的落款之後，有段話云：「高長虹無理取鬧太笑話了。不知為什麼，他這樣恨我們，他還是父親眼裡最愛的小朋友呢。」石評梅把對高長虹的不滿告知焦菊隱，是因為高長虹與焦菊隱曾有宿怨，高曾批評焦「無理取鬧」，而如今石評梅告訴焦菊隱真正「無理取鬧」的是高長虹。儘管高長虹的戀愛攻勢，絲毫沒有引起石評梅任何回應，但他對石評梅還是念念不忘，直到一九二八年九月三十日，石評梅在北京病逝，高長虹在給友人的信中，還有著這樣的句子：「石君，終太苦情了！一切一切，都太苦情了！」，又說：「半個月前，我聽得我的女友某君的死耗，我於感念她之餘，我也無理由地幾次想到你呢！人還是把現在看重一些才好。看得遠也許跌得快，生命之外，還有什麼是更好的憑藉？」這都不難看出高長虹的相思之情，只可惜那只是他個人的「單相思」。

不同於高長虹的狂飆戀情，焦菊隱和石評梅有著細水長流地交往，那是一段「姐弟般」的友情。焦菊隱的女兒焦世宏女士在二〇〇五年九月北京出版的《傳記文學》上，發表〈父親焦菊隱與石評梅、林素珊〉一文，首度披露這段感情。據其文中的推論，焦菊隱與石評梅、廬隱等人是通過互相投稿而結識的，也可說是「以文會友」。我們知道一九二三年暑假，焦菊隱從天津直隸省立第一中學，轉入天津匯文中學高二年級，他開始在報紙和期刊上發表詩

焦菊隱

焦菊隱的詩集

和散文，成為學校文科的高材生。據焦世宏從焦菊隱一九二四年二月十三日的日記中説：「晚收評梅女士來信，寄到〈病〉（小説）一篇，評梅為大學畢業生，現在師大附中教書。」推論，他們兩人的相識當在一九二四年初。

據鄧九平、于海嬰的《焦菊隱傳略》得知，一九二四年秋，焦菊隱高中二年級學業期滿，由於他成績優異，學校不但破例准予其提前畢業，並保送他報考北京燕京大學就讀。他自選了政治系，攻讀國際問題專業。但在此期間，他依然迷戀文藝創作，他翻譯了莫里哀、哥爾多尼等人的劇本，後來還出版了《短劇譯叢》一書。他也曾主編過燕京大學的《周報》，發表了一些詩歌、小説和散文，並出版過《他鄉》、《夜哭》等詩集。在一九二五年石評梅給焦菊隱的信中就説：「……看見你詩集題名《夜哭》時，我很驚奇，天涯中我夜哭時，原來尚有詩人也在夜哭！雖然你詩集名《夜哭》、未必真哭，更未心真夜哭；然而在我看見時，真覺除了我外，也有夜哭者在，似乎我的淒哀不孤零了。……」「……我對你真

和弟弟一樣看待，你的家庭和環境，我也深知，你不能看這一般時髦少爺去過花天酒地浪漫生活的，你應該努力求學上進，將來自然可以驕然於世。你這樣自己找錢為自己念書的意志，我早已佩服，環境艱苦的人才能有造就，這是定例。……你不要夜哭，也不要發牢騷了，還是努力掙扎著去前進吧！光明幸福的前途在你的努力中等候著你呢！朋友們不了解你，算不了什麼，『真的』！」。

焦菊隱大學畢業照

據焦世宏的文章說：「父親心中是很崇拜石評梅的。他曾對他和評梅共同的好友陸晶清說過：『我崇拜梅姐直到了愛她的地步。』他也對我母親講過評梅的故事：『有一次我從天津去北平看梅姐，她拉我去滑冰。我是一個大近視眼，戴了眼鏡沒法滑，只有坐在旁邊看，她穿著白毛衣，戴著白帽子，滑得那麼瀟灑，那麼飄逸，好像天上飛下來的白天鵝，我真的看醉了。』」。

而在《焦菊隱文集》第四卷中有〈七月十四日晚懷Ｃ姑娘〉的一首散文詩（後來發表於一九二四年十二月二十七日《晨報》副刊），詩這麼寫著：

知道麼，

C姑娘，

這兒有一個人在懷念你？

但你不要深想：

我不能愛你！

我心為你的悲痛而哭泣，

一切熱情都奔放到淚裡。

沒有工夫愛你，

只有為你孤單，

為你可憐，

為你了解了世界是孤獨的，寂冷而乏味的

——如你一模一樣！

你脫離了搖籃，

脫離了慈愛，

脫離了友誼的溫情，

一切都被剝奪了。

你該詛咒上帝，詛咒人間，

為什麼如此淒涼，

如秋夜的月下白霜？

我該詛咒我自己，

我沒有能力慰你孤零冷寂，

更不能愛你，姑娘！

姑娘，

你的笑聲時時漫入心底，

你的活潑的神情時時跳動在眼前，

你的一笑一顰都添了我不少新愁，

和舊愁加到一起燃燒。

知道嗎？C姑娘，

這兒有一個人懷念你，

但你不要深一步想，

我不能愛你！

如果你知道，

你也能知道我不能愛你的緣由了。

　　這是焦菊隱心中的獨白，他想愛而不能愛，原因是不僅石評梅年紀比他大，始終以姐弟般地照顧他，石評梅當時的成就還比他高，他只有敬重的份了；他更瞭解石評梅心中已有高君宇，除了高君宇之外，她的心再也容納不下別人了。

　　一九二五年三月五日，高君宇病逝，焦菊隱在五月十日夜半寫了〈慰波微〉一詩（波微──Bovia是高君宇贈送給石評梅的名字）給石評梅，詩這麼寫著：

前幾日，

春風吹遍了天下，

到處都是楊柳花，

輕粘蕩惹，

盡了一時的榮華。

但這時的槐花，

又香得令人心麻。

可看她香到幾時，

香到幾時啊！

這人生，

不過是一縷青煙夢，

風來時，
旋捲成圈，
或者煙消霧散。
誰能使世上沒有風波雷雨，
沒有苦辣酸甜？

夢裡人要超手夢境，
看花朵萬千，
都是偶爾一現。
惟其如此，
夢才有了樂趣。
不然，
那平靜的人生，
如水車的旋轉，
再也不出新的花樣，
再也不出新的聲音，
那樣的人生，
充滿了肉的麻醉！
有何意味？

其實正可離夢而去，
然而不要去，
不要去！
去時自己做了人家的夢。
再尋愁夢，
尋也難尋。
到還是在夢中張開了雙眼，

也配個角色，

演上一幕迷離的戲劇。

雖然也有失意，

也有失戀，

但能知那是配的角色，

就是眼中有淚，

心可安然！

在頑皮的青年的心情中，

沒有深的哲理，

只是這膚淺的玩世意念。

也明知悲哀者當情感衝動時

無法接受，

但仍然拿純白的心和微笑的紅臉，

將這不值錢的東西，

送到大姐的面前。

七月二十三日石評梅給焦菊隱回了信，說：

菊弟：

　　我久未接你信來，我正念你呢！你回來了嗎？你給我寫的文章我真喜歡極了！我很誠懇的等你寄來呢？（指〈慰波微〉）我那篇紫蘿冬閒信封（？），聽小黃說在報上發表，可不寒磣煞人！那樣東西真不好呢！老古董堆砌得和花枕頭一樣呢！是你吧？早知還未發表拿來燒了它。現在看舊稿真不成東西了。……弟弟看透點吧！不要撒悶氣，天氣熱，小心病了！……我閒的慌，有暇常寫信來。在現在北京的朋友中，你是我的老朋了。孫席珍在南昌呢！還有很多人在南邊呢！

一九二八年九月三十日，石評梅因腦膜炎病逝於北京，也可說她為高君宇的去逝，三年來淚盡而亡。十月二十一日午後二時，世界日報社，女師大學生會，在女師大禮堂為石評梅開追悼會。由好友盧隱主祭，焦菊隱代表綠波社致辭說：「石評梅女士故去，大家都可惜她。尤其是我們，更覺得悲哀。想我們每日裡吃酒狂笑，而不知死是都在目前的。人應當有些成就，才算沒有白白的生存；而石評梅女士卻是有成就的，在她各樣的工作裡。人生長短本來都沒有多大關係，但是要有意義，也到並不可惜，而石評梅女士的人生卻是有意義的。我們文壇上，本來很想她來光大一下；但是不幸，她竟不能繼續下去。因此我今天更覺得有極大的悲哀。」

　　焦世宏在文章說：「二十一年後，父親攜我母親回到北京。第二天一早，他就帶著新婚妻子去了陶然亭。這是他第一次，也是唯一次帶我母親去公園。他徑直走到高君宇和石評梅的墓前，佇立了很久，對妻子說了一句：『評梅就葬在這裡，一晃二十年過去了！』。又過了二十六年，父親也離開了人世。我在他的遺物中發現一個小小的信封，上面工工整整地寫著『評梅唯一的筆跡』。裡面是五十年前評梅寄給他的一張聖誕卡，評梅在上面寫著：『菊隱：在這裡上帝賜給你聰穎的智慧，和美滿的幸福！　評梅』。這張卡片被父親細心地保存了五十年。是為了紀念他永遠的梅姐，也是在祭奠自己一去不復返的，熱情真誠的青年時代和再也找不回的那『純白的心』。」在焦菊隱的心中，一直安放著石評梅，儘管那只是一個小小角落，但他終其一生並沒有遺忘她。

春未盡時花已空

——羅淑短暫的人生

在三〇年代女作家裡面，有幾位是在風華正茂、才思正湧之際，卻香消玉殞、英年早逝的。其中石評梅在二十七歲之際，因悲情人高君宇之逝而淚盡而亡；廬隱在三十五歲那年因臨盆難產，子宮破裂，流血過多而去世；羅淑也是在三十五歲生產後因產褥熱而身亡的。她們都是才堪詠絮、健筆如飛的，但卻命運多舛、天不假年，不禁讓人深深覺得「人間花草太匆匆，春未盡時花已空」，在原本不多的女作家群中，因為她們的匆匆而逝，更顯寂寥！

羅淑的創作生涯異常短促，從一九三六年九月處女作〈生人妻〉問世，到一九三八年二月她離開人世，其間前後不滿一年半。她的作品也不多，只有短篇小説八篇，散文近十篇——其中有些還是有待潤飾的未定稿和尚未終篇的斷片。加起來還不到十萬字，然而她卻以如此有限的作品，確立她光輝的文學地位。當年羅淑甫一出現文壇，即激起好友巴金、李健吾、靳以、黎烈文等人極大的驚異和興奮，是巴金的慧眼將〈生人妻〉刊登在他和靳以主編的《文季月刊》上發表，巴金並替她取了「羅淑」的筆名。而李健吾説：「等我發覺友誼圈子中間不聲不響跳出一位我所景仰的作家的時候，我的蒙昧好像一種過失，惶愧而又喜悅。」胡風當時即撰寫〈生人底氣息〉一文，把羅淑介紹給讀者；而魯彥更將〈生人妻〉

羅淑在巴黎1931年

推薦給趙家璧編入當年的《短篇佳作選》一書。周文、沙汀等人也都對她的作品發生興趣，他們把她視為文壇的又一位新秀，並深信她當有更為燦爛的未來。

羅淑原名羅世彌，一九〇三年十二月十九日生於四川成都。父親羅樹屏，原籍天津，是個屢試不第的讀書人，清末隨一個姓鄒的縣令到四川安縣當幕僚。鄒縣令死後，羅樹屏去職，移居成都。羅淑是羅樹屏的繼室所生，還有一長她四歲的哥哥世安，及兩個弟弟世儀、世澤。羅樹屏為人比較開朗，喜歡議論時事，家中訂有省內外報紙如《民報》、《申報》等等。又愛讀嚴復、林紓等翻譯的西洋作品。他非常鍾愛女兒世彌，親自課讀，從不用陳規陋習約束子女。一九一二年羅樹屏在簡陽縣海井鄉的老馬灣，買了一處熬鹽的灶房，辦起了「聚興灶」，他們全家遷居老馬灣。據羅淑的女兒馬小彌的描述：「灶房沒有牆，不過是幾根木柱子支著一片簡陋的瓦屋頂罷了。裡面是一片令人驚心動魄的景象：一排四口大熱鹽鍋，每口鍋的直徑都在兩米半左右，終年日夜不斷地翻滾著大白

泡。那舀鹽水的大木杓、起鹽的大鐵鏟，都不是普遍人舉得起、使得動的。灶匠從頭至腳被煤煙薰得漆黑，尤其是臉，烏黑一團，只看得出兩個白眼珠，枯瘦如柴，像鬼怪一般。鹽灶砌得很低，幾與地平，灶匠添鹽水的時候，萬一被煤煙和水蒸氣迷糊了眼睛，就有失足跌下沸騰著白色溶液的鹽鍋的危險。起鹽的時候更是艱險，要把達幾百度高溫的熾紅的巨大鹽塊從大鍋裡撬出來，抬到地上逐漸冷卻。稍一不慎，就會滑進鍋裡燙死。鹽井開在山坡的高處，每口井日日夜夜總有一個面黃肌瘦、短手短腳，十一、二歲的小老么，驅牛繞著木製的車盤轉，用轆轤把鹽水汲上來，再由筒匠把鹽水倒進地盆。鹽水通過埋在地下的楠竹筒，汩汩地匯入半山坡鹽灶房的那四口大鍋，每天熬出千斤白花花的鹽來。在這個方圓數里的小山坳裡，有許許多多窮苦的人為了生活默默地掙扎在飢餓線上；瀕於破產的貧苦農民、發育不全的放牛娃、累死拼活的灶匠、筒匠，背煤、挑鹽的男女腳伕、匍匐地掙扎著向前爬行的縴夫……」這些苦難的形象都刺激著羅淑的幼小心靈。而後來她的小說如〈井工〉、〈地上的一角〉就取材於這幽僻山鄉，這過著幾與牛豕同皁般低賤生活的被人類文明遺棄的人物。

在革命浪潮的衝擊下，羅淑的哥哥羅世安不甘心終日埋頭在帳本裡，於是他要求到成都上中學。一九一三年，十四歲的他進入德國西門子電機廠在成都辦的德文學校學習。據馬小彌的回憶：「一九一四年學校停辦，世安為了繼續學習德文，和同學馬宗融一起跑回老馬灣，向父母要求到重慶去讀書。馬宗融是個回族青年，比世安大七歲，高大魁梧，熱情爽朗。樹屏公被世安和他糾纏了好幾天，終於答應讓他們去重慶讀書，給了盤川。不料兩個少年去的並不是重慶，而是千里之外的上海！樹屏公這一氣非同小可，羅老太太也幾乎哭瞎了眼睛。他們一致認為世安上了宗融的當，受了宗融的騙，把宗融恨入骨髓。當時羅淑已經十一歲了，半懂不懂的。

她只覺得新奇，崇拜見多識廣的哥哥。她立志要和男子一樣刻苦讀書。當父親生氣不肯給哥哥回信的時候，是她在媽媽的支持下，給哥哥寫信、寄錢。世安和宗融在上海住了年餘，又去日本。後來因為參加留日學生的東京街頭遊行，反對段祺瑞政府賣國的中日軍事密約，被日方驅逐回國。他倆在上海加入留學生救國團，參加《救國日報》的發行工作，之後就在一九一九年到法國勤工儉學去了。」

世安和宗融到了巴黎，一面當印刷工人，一面勤學法文。據張義奇〈皇城壩走來的翻譯家〉文中指出，一九二〇年，他們被華法教育會聘為辦事員，每月有些收入，他們便省下一部分，資助同船來的陳獨秀的兩個兒子：陳延年和陳喬年等合辦的《工餘》週刊，直到一九二三年陳氏兄弟轉赴前蘇聯，《工餘》停刊，這項資助才結束。不久又被推薦到參加巴黎和會的中國代表團去幫忙，先後被聘為書記員，羅世安從此步入外交界，而馬宗融則渴望讀書，不久便進入里昂中法大學學習社會學、歷史和文學與同學陳毅成了好朋友。

「世安當了外交官以後，家書漸疏，後來索性不給家裡寫信了，闔家驚慌。羅淑去了許多信追問，杳無消息。一天，忽然來了一封寄自法國的筆跡陌生的信，大意說，令兄世安忙於事務，無暇寫家書，囑我帶筆，云云，署名是馬宗融。全家的不安和憤怒是可想而知的，又是這個馬宗融！他欺騙我們一家，拐走了世安，如今又來耍什麼鬼名堂。世安不來信，一定是他在作梗。誰要他代筆，不理他！羅淑沒有理睬宗融，照舊給哥哥去信。回信來了，但署名的還是這個馬宗融。……羅淑那一手秀麗的趙體，優美的文筆，流露在字裡行間的那種追求光明，想為國家做一番事業的志氣是怎樣地贏得了同學們（案：指在法留學生）的尊敬啊。……宗融心花怒放了，那年他到老馬灣的時候，羅淑還只是個紮著小辮子的十一歲的毛丫頭，想不到現在成了一個有才學、有胸懷的新女性了。他藉代筆的機會，向姑娘表示欽慕之情！羅淑仍舊沒有理他。」馬小彌這樣回憶著。

就在此時，新思想激勵著羅淑的心，她希望走出海井，到外面的大世界去看看；她不願再讀經書，渴望學習新的知識，於是當她十八歲時，她請求父親允許她去上新式學堂，她進入簡陽縣立女子學堂，兩年後又轉入成都省立第一女子師範舊制中學第十班。在這裡，她不顧學校禁令，特別愛讀《新青年》、《小說月報》的白話刊物，勤奮學習，決心畢業後當一位教師。

羅淑在成都1925年

馬小彌又說：「宗融和羅淑的通信卻從此多了起來。他是個性烈如火的人，信也寫得熱情奔放。不過他在羅淑面前，總是謹言慎語，馴順異常。他倆通了八年信，羅淑對他的追求，總是矜持地回答：等我畢了業再說。當年簡陽的姑娘，不到二十歲就要『放人戶』，過了二十，便算『老姑娘』，不容易嫁出去了。然而羅淑在女師一直讀到二十五歲才畢業。父母親為了她的終身大事，心焦如焚，勸呀，說呀，她只有一句話：『我要把書讀完。』當時羅淑的小姐妹裡，已經有幾位嫁給了權貴，她的四弟世澤也和父母商量，想把姊姊嫁給成都的一位師長，羅淑抵死不肯。

她決心嫁給一個志同道合的讀書人。這時宗融已從法國回到上海。一九二九年夏，羅淑終於畢業了，宗融在上海收到她一封稱他為『馬哥』的信時，欣喜若狂逕直奔到了簡陽去。」

其實早在一九二五年馬宗融就回國欲迎娶羅淑，但她還沒畢業，於是馬宗融只好在上海住下，譯介法國文學，從此走上了文學翻譯之路。在隨後的一年多時間裏，他相繼為《小說月報》「近代百種名著專欄」譯述了司湯達的《紅與黑》和雨果的《巴黎聖母院》，翻譯了一九二一年諾貝爾文學獎得主法朗士的《布雨多阿》和《嵌克庇爾》。這期間馬宗融還熱情洋溢地寫了《羅曼・羅蘭傳略》，並為「萬有文庫」寫作了文言文的《法國革命史》。

好友巴金在〈懷念馬宗融大哥〉一文中說：「我第一次看見馬大哥，是在一九二九年春夏之際的一個晚上，當時我已熟悉他的名字，在雜誌上讀過他翻譯的法國短篇小說，也聽見幾個朋友談到他的為人：他大方好客，愛書如命，脾氣大，愛打不平。我意外地在索非家裡遇見他，交談了幾句話，我們就成了朋友。他約我到離索非家（我也住那裡）不遠的上海大戲院去看德國影片《浮士德》。看完電影他又請我喝咖啡。在咖啡店裡，他吐露了他心理的秘密，他正在追求一位朋友的妹妹，一個就要在師範學校畢業的姑娘。她哥哥有意成全他們，他卻猜不透姑娘的心，好些時候沒有得到成都的消息，一天前她突然來信託他打聽在法國工作的哥哥的近況，而且是一封充滿希望的信！他無法掩飾他的興奮，談起來就沒完沒了，不給我插嘴的機會。我要告辭，他說還早，拉住我的膀子要我坐下。他談了又談，我們一直坐到客人走光、咖啡店準備『打烊』的時候，他似乎還沒有把話說盡。……不久聽說他回四川去了。我並不盼望他寫信來，他是出了名的『寫信的懶人』。不過我卻在等待好消息。我料想他會得到幸福。等待是不會久的，九月下旬一個傍晚他果然帶著那位姑娘到寶光里來了。姑娘相貌端正，舉止大方，

講話不多，卻常帶笑容，她就是七年
後的〈生人妻〉的作者羅淑。」

馬宗融、羅淑和女兒在法國

　　一九二九年九月底，馬宗融就
和羅淑雙雙啟程去法國了。馬宗融這
次到法國，任中法大學秘書；羅淑則
在該校先補習法文，然後於次年進入
里昂大學學習教育學、心理學、社會
學等。她悉心研讀有關法國大革命和
巴黎公社的史料，酷愛雨果、左拉、
羅曼・羅蘭和當代作家的作品。該年
夏天生下女兒馬小彌。她白天上課，
女兒就寄養在一個法國保姆家裡。
一九三一年「九・一八」事變，羅淑
渴望回到苦難深重的祖國，但遭哥哥
的激烈反對。到一九三三年她結束學
業後，她不顧哥哥的勸阻，與馬宗融
帶著女兒毅然回國。馬宗融在復旦大
學任教，羅淑則在市郊南翔的立達學
園農村教育科教高中，並兼任小學部
主任。立達學園是一九二五年匡互生
與沈仲九創辦的一所新型學校，提倡教
育與勞動生產相結合，羅淑在這裡和
學生一起種菜、澆地、挖溝、做飯、
切磋學問，日子過得新鮮有朝氣。

　　回國後的兩、三年是他們最愉
快的時光，也是創作、翻譯最豐收的
時期。他們與許多作家成了摯友，巴

金、靳以、李健吾、黎烈文、黃源等都是家中的常客。在朋友們的鼓勵下，羅淑不僅翻譯外國文學作品，也萌發了創作的慾望。黎烈文後來回憶說：「她在從事創作之先，自己似乎沒有多大的自信。有一次她和我說，她小時的生活和四川的一些特別情況，很可以寫成一部長篇小說，當時我便極力勸她嘗試；不過，我的意思長篇比較難作，起初不妨從那些材料裡抽取一個片斷，寫成短篇或中篇，以後如有必要，再將幾個短篇或中篇連貫成一部長著。這個意見很得到她的贊成。」

　　一九三六年，巴金把他一九二八年在巴黎塞納河畔一家書攤上買到的車爾尼雪夫斯基的《何為》法譯本拿給羅淑看，她表示願意翻譯，一個多月後譯出交給巴金。四月，《何為》由文化生活出版社出版。同年九月，羅淑將處女作〈生人妻〉交給巴金，巴金替她在稿子上寫了個「羅淑」的筆名，交給靳以拿到《文季月刊》去發表。小說引起了文壇的重視，許多熟人卻想不到，羅淑就是他們朝夕相處的羅世彌。繼〈生人妻〉之後，羅淑又在《中流》雜誌上發表了〈劉嫂〉，在《作家》雜誌上發表了〈橘子〉，同樣得到讀者的好評。

　　而馬宗融在這時期相繼在《文學》、《世界文學》、《文學叢報》等雜誌發表譯作。他的譯介不局限於法國文學，還轉譯過托爾斯泰以及比利時詩人梅特林克等的作品。一九三六年六月十八日，高爾基逝世以後，馬宗融翻譯了法國作家勃洛克的〈一個民族的小說家〉來紀念這位無產階級文學大師。

　　一九三六年秋，不安定的教書生涯，迫使馬宗融到廣西大學去，羅淑帶著兩三個未成篇的原稿，也跟著到了桂林。馬宗融受到廣西當政者黃旭初、李宗仁、白崇禧等人的敬重。但羅淑很反感應酬，加上此時正是她創作高峰期，因此十分留戀上海。她堅持要到上海或杭州去寫作，然而，此時她已身懷有孕。直到一九三七年夏

天，馬宗融把她送到上海待產，在姚主教路樹德坊為她租了一所幽靜的房子，然後他又獨自一人回桂林去了。這是他們結婚後唯一的短暫分離。而就在馬宗融剛剛離開上海，「八‧一三」爆發了，羅淑怕他又趕回上海會遇到危險，在和友人們商量後，決定隻身帶著小彌到衡陽與馬宗融會合，然後一起回成都。在戰亂中等她遇到馬宗融奔回成都時，都已筋疲力竭、心力交瘁了。

在成都，馬宗融到四川大學任教，先與周文一起籌建文藝界抗敵工作團，未果，隨後便與李劼人、朱光潛、周太玄、羅念生等人發起成立了「中華全國文藝界抗敵協會成都分會」。羅淑在泡桐樹街一所種有梅花和玉蘭的幽雅小院裡家居待產。一九三八年二月九日，她生下一個男孩，取名紹彌。產後沒幾天，她開始發燒，是產褥熱。一個天主教庸醫誤了她，當馬宗融見勢不妙決定轉院時，卻已無救了。一九三八年二月二十七日，她結束了她年輕有為的生命。

愛妻的去世，使馬宗融頓時像隻失偶的孤雁，痛不欲生。雖然他後來再娶，但巴金這麼說：「〈生人妻〉的作者留下一大堆殘稿，善良而能幹的妻子留下一個待教育的女孩和一個吃奶的嬰兒，對於過慣書齋生活的馬大哥，我真不敢想像他的悲痛。……夫人是羅淑在廣西結識的朋友，她是為了照顧羅淑留下的孩子才同宗融結

羅淑1936年

婚的，對那個孩子她的確是一位好母親，可是我看出來在馬大哥的生活裡，她代替不了羅淑。一談起羅淑，他就眼淚汪汪。」

馬宗融再也不願留在傷心的故土，一九三九年夏，他應復旦大學的聘請去了重慶。馬宗融一面教書，一面為抗戰奔忙。因為他是回族人，所以特別重視喚醒回民同胞參加抗戰。他倡議成立了回教文化研究會，在發展回族文化，加強回漢團結方面做了大量富有成效的工作。抗戰勝利後，復旦大學遷回上海。一九四七年暑假，校方以解聘相挾，要求馬宗融立即停止民主活動，遭到了馬宗融的嚴辭拒絕，於是他離開了復旦大學。

同年年秋天，他來到臺灣大學任教。在臺灣，馬宗融的生活得到了暫時的改善，且有臺靜農、許壽裳、黎烈文、喬大壯等一班好友的往來，使他的心情有短暫的舒暢。據小說評論家樂蘅軍教授說，馬宗融還與臺靜農先生多所來往，大家習呼他「老馬」。然而好景不長，隨著內戰的加劇，臺灣的氣氛也日趨緊張，許壽裳遭特務暗殺，喬大壯被解聘回蘇州後自沉水底。這些都給馬宗融以沉重的精神打擊。更糟的是，他又患了嚴重的腎炎，渾身水腫，連站立都很困難。巴金去信勸他先在臺灣把病治好，馬宗融卻回信說「願意死在上海」。於是一九四九年初，馬宗融讓人抬著毅然上了返回大陸的輪船。同年四月十日，腎臟衰竭的馬宗融，終於在貧困與戰亂中告別了人世。死後葬於上海回民公墓。

對於羅淑，樂蘅軍這樣評論道：「她的作品太少，寫作與生命都猝短非常。在風格上，羅淑作品又不能如多位女作家那樣尖新觸目，譬如冰心的清麗、凌叔華的婉約、丁玲的驃悍、廬隱的幽咽，乃至與羅淑同時代前後的蕭紅的恣肆放逸。」「由於羅淑小說走著簡約的路子，她的作品倒因而也見出了另一種優美，因為去掉了所有多餘、浮誇的藻飾，她所寫出的每一句，都成為必要，有一景必有一景之用，有一事必具一事之理；而且所有的事與文都朝著終點

奔赴，除了最必要的輔助事件之外，其餘都是有力的主線，每一句子的描述，則是一斧一痕鑿出這主線的工夫。簡單說，羅淑小說的美，是她雕塑式的用筆，而不是細緻多摺的皴染。」

而面對這麼一個才高命薄的女作家，香港文評家也斯卻有他的看法：「對早逝的作家，我們往往喻之為流星，惑於那偶然的閃光，有時會忽略了深度；讚美那青春，又容易把小聰明當作是大才華。羅淑卻不是的，她的作品不是那些精巧脆弱的東西，正相反，一開始就顯得深刻、穩實，彷彿從泥土中生長出來，牢牢地站在那裡，敲得出宏亮的聲音來。」正是因為如此，才更令人對上蒼無情、「春未盡時花已空」，發出喟然長嘆了。

不算情書也動人

——丁玲的悲歡情路

作為女作家，丁玲在現代文學史的地位是雙重的，她既是左翼文學發展的積極開拓者，又是女性文學狹小格局的有力突破者。文學史家楊義說：「丁玲崛起之初，是頗有重振女性文學聲威之功的。一九二七至一九二八年頃，冰心留美初歸，處在文學創作三年沉默期（1926-1928）；盧隱依然唱著二〇年代初期的哀調，開始出現停滯，陳衡哲輟筆，石評梅凋謝，淦女士不久也打掃文學灰（《劫灰》）痕（《春痕》），躲進學者書齋。在第一代女作家的創作已成強弩之末的時候，丁玲以其在《夢珂》和《莎菲女士的日記》中的卓越的抒寫才能，一鳴驚人，纖敏中夾雜強悍，既有前期女作家善寫女性心理之長，又有前期女作家未嘗達到的強烈和深刻。」

丁玲

丁玲原名蔣偉，字冰之，一九〇四年生於湖南臨禮（安福）縣一個沒落的封建世家。父親蔣浴風是個揮金如土的世家子弟，曾留學日本學習政法，回國後卻不將學致用，只是一味地揮霍祖產。他曾牽著駿馬去郊外野遊，一遇懂得馬術之人，即隨手將良馬贈與；也曾在鄉里行醫，高興或遇貧困者時，則醫藥費不取分文。待到他把家產揮霍空了，他那多病的身子也垮了，不久即撇下妻兒老小，不負責任地自顧「走了」。那年丁玲才僅四歲，幼年喪父，這位對她來說是「敗家」的父親，在她嘲笑他的荒唐之中，不知含著多少怨、多少恨！丁玲後來在「左聯」常到大學講演，學生問她的家庭、生活、創作時，她也常講父親贈馬愛馬的故事，就不知是洩怨、洩恨，還是嘲笑一個逝去的時代！丁玲的母親是一位有眼光、有抱負、有思想的女性，喪夫之痛與困厄的生活，正如丁玲在小說〈母親〉中的描寫：「在女人中，她是一個不愛說話的。生得並不怎麼好看，卻是端莊得很，又沉著，又大方，又和氣，使人可親，也使人可敬。她滿肚子都是悲苦，一半為死去的丈夫，大半還是為怎樣生活；有兩個小孩子，拖著她，家產完了，伯伯叔叔都像狼一樣的兇狠，爺爺們不做主，大家都在冷眼看她……靠人總不能。世界呢，又是一個勢利的世界，過慣了好日子，一朝坍下來，真受苦……」。於是母親賣掉家產，到娘家寄住，母女同入常德女子師範求學。「那時我隨著守寡的母親在這裡肄業。三十歲的母親在師範班，六歲的我在幼稚班。這事現在看來很平常，但那時卻轟動了縣城。開學那天，學生打扮得花枝招展……我母親穿得很素淨，一件出了風的寶藍色的薄羊皮襖和黑色的百褶綢裙。她落落大方的姿態，很使我感到驕傲呢……有些親戚族人就在背後嘰嘰喳喳，哪裡見過，一個名門的年輕寡婦這樣拋頭露面！但我母親不理這些，在家裡燈下攻讀，在校裡廣結女友。」丁玲的母親掙扎著，從封建思想、封建勢力的重圍中闖出來，走的是一條嶄新的路，不但給女兒做出了榜樣，而且使丁玲免受封建家庭的影響。

　　後來母親和向警予來到長沙湖南第一女子師範學校讀書，丁玲也跟去上了學。因沒錢繼續求學，只唸了一年，母親便在桃源縣當了小學教員，丁玲一個人留在長沙。一九一六年前後，母親擔任了常德女子小學的學監，又創辦儉德女子小學，還為貧苦女孩開辦「工讀互助團」。丁玲也從桃源回到常德，在附近的女子學校讀書，並開始接觸一些林（琴南）譯外國小說及《小說月報》、《小說大觀》等文學書刊。一九一八年夏入桃源第二女子師範學校預科。「五四」運動爆發後，在王劍虹、楊代誠等高般女同學的帶動下，丁玲積極參加了遊行、講演、剪辮子等學生運動。而在該年秋天轉入長沙著名的進步學校周南女子中學讀書，得到進步教師陳啟明（新民學會會員）的教育薰陶，接觸了一些冰心、周作人、胡適、俞平伯、康白情、陳獨秀以及都德等人的作品，進一步培養了革命思想和文學興趣。

　　「大約是一九二一年吧，上海出現一個平民女學，以半工半讀為號召。那時候，正當『五四』運動把青年們從封建思想的麻醉中喚醒了來，『父與子』的鬥爭在全國各處的古老家庭裡爆發，一切反抗的青年女子從『大家庭』裡跑出來，拋棄了深閨小姐的生活，到『新思想發源地』的大都市內找求她們的理想的生活來了，上海平民女學的學生大部分都是這樣叛逆的青年女性。我們的作家丁玲女士就是那平民女學的學生。」當年在平民女學當教師的茅盾這麼回憶著。丁玲是在舅舅出面粗暴干涉、要求她再過半年學校畢業後，與表哥結婚，她放棄即將拿到手的畢業文憑，擺脫了包辦婚姻，來到平民女學的。

　　後來平民女學遇到困難，不能按早期共產黨人的理想辦學，丁玲也對文學感到失望，半年後便離開了學校，和同學王劍虹到了南京。她們住在一起，勤奮自學。第二年從蘇聯回國不久的瞿秋白，闖進了她們的小天地，瞿秋白和王劍虹戀愛，是她們宿舍的常

丁玲（左）與王劍虹

胡也頻

客。大家談文學、談社會、談人生。一九二三年夏天，丁玲和王劍虹又回到上海，進入共產黨主辦的上海大學，在文學系旁聽，當時鄧中夏任學校總務長，瞿秋白任社會科學系主任，陳望道任教務長，茅盾教小說研究。而後來王劍虹與瞿秋白同居，丁玲則與瞿秋白的一個弟弟——瞿雲白，過往甚密，遂鬧得流言四起，丁玲就獨自跑到北京。

因朋友曹孟君和錢女士的關係，丁玲住在西城辟才胡同的一個補習學校的宿舍裡。在這裡她和胡也頻認識了，因為其時曹孟君正與左恭談戀愛，丁玲常常陪伴曹孟君到左恭的公寓串門，而結識和左恭住同一公寓的胡也頻。胡也頻原名胡崇軒，一九○三年生於福州。少年時在金鋪當學徒，因不甘屈辱，追求自立，一九二○年隻身逃往上海，考入浦東中學。一九二一年入天津大沽口海軍學校。一九二四年到了北京，想投考北京大學，可是卻因外語不及格而名落孫山。後來胡也頻和項拙、荊有麟合編《京報》副刊〈民眾文藝周刊〉，而沈從文因作品在那兒發表而得識胡也頻。

丁玲與胡也頻相識時，正處在往事不堪回首、前瞻路途渺茫的人生低潮，加上她新進又死了弟弟，情緒是壞到了極點，因此她對胡也頻並未十分注意，倒是胡也頻對她是一見鍾情。他得知她為弟弟傷悲，就立刻用一個紙盒裝滿一大把黃玫瑰，在花上來了一張字條，深情地寫上「你一個新的弟弟所獻」，託人送給丁玲。相識不過三五天，他就帶著丁玲去見沈從文，沈從文曾這樣描寫初見丁玲的

年輕的丁玲

景象：「一天早上，我正坐在窗下望到天井中沒有融化的積雪，胡帶來一個圓臉長眉的年輕女人，來到我的住處。女人站在我的房間外邊不動，穿了一件灰布衣服，繫了一條短短的青色綢類裙子，什麼話也不説，只望到我發笑。教育同習慣使我永遠近於一個鄉下人，當時是一點不會客氣的，我就問她，『你姓什麼？』那女子就説，『我姓丁』。好了，這就得了，於是我房中就多一個女人了。坐下時，女人還是笑，我那時心裡想：『你是一個胖子的神氣，卻姓丁，倒真好笑咧。』」（《記丁玲》）這是沈從文與丁玲的初次見面，但任誰也沒想到他們會有六十年的恩怨滄桑，他

丁玲與胡也頻

馮雪峰像，1956年

們將經歷友好、冷淡、隔膜、攻擊等不同階段，當然這是後話了。

讓丁玲感動的是，丁玲在失望和苦惱中回到湖南，有一天她驚異地發現胡也頻就站在她家門外，他除了一套隨身換洗褲掛外一無所有，連人力車費也是丁玲代付的。原來胡也頻在找不著丁玲後，得知她回家鄉了，就星夜兼程，趕到了湖南。兩個有著共同理想追求，而又漂泊他鄉的人，他們的心很快地融合在一起了。

丁玲與胡也頻同居後也搬到香山，而那時沈從文是在香山慈幼院圖書館當辦事員。他們三人都住在香山，雖然不在一起，但往來頻繁。對於丁玲，這段期間，是她和胡也頻的愛情生活最浪漫、最富詩意的日子。在沈從文的記述裡，他們貧困卻不痛苦，在月光下，在古城牆與田野之間，他們無憂無慮，或哭、或笑、或雨中奔跑，都是生活的一部分。有時他們斷了炊，便跑到沈從文的住處，同他一起吃慈幼院大廚房的粗饅頭。如果兩人吵架，其中一個就會跑到沈從文這裡來，訴說冤屈。在香山住了一段時間後，三人先後搬進北京城，並曾一起住進公寓，包括漢園

公寓等。而關於他們三人同居的流言，也就因此而久久不斷，對此丁玲、沈從文都予以否認。早在一九三一年沈從文在《記胡也頻》一書中就寫道：「那時還有一些屬於我的很古怪的話語，我心想，這倒是很奇異的事情，半年來上海一切都似乎沒有什麼改變，關於謠言倒進步許多了。」而一九八〇年沈從文訪美時，夏志清教授問他和丁玲是否有過「羅曼史」，他回答說：「沒有，只是朋友。」一九八四年，沈從文對傳記作家凌宇更以一種不容置疑的口氣說：沒有這回事，那是上海小報造的謠。一九八三年丁玲訪美時，詩人叢甦也問她同樣的問題，丁玲回答：「沒有，我們太不一樣了。」而凌宇在《沈從文傳》中有這麼一段推論：「然而，倘若承認男女間的性愛，並非僅僅是一種生理慾求，它還需要情感與精神（包括雙方的人格、氣質）的相互吸引，那麼，一貫被丁玲看作是『軟弱』、『動搖』、『膽小』的沈從文，是不會引起丁玲情感和精神上的共鳴的。她與沈從文的關係，即便在當時，也不會超出朋友之間的範圍，應該是可以相信的。」

而在丁、胡之間，確實出現「第三者」，那是在一九二八年初，就在沈從文離開北京後，丁玲打算到日本留學，王三辛介紹馮雪峰來教丁玲日語。馮雪峰浙江義烏人，生於一九〇三年。一九二一年考入杭州浙江省立第一師範，參加朱自清等人組織的文學社團「晨光社」，開始寫新詩。一九二二年與詩人汪靜之等組織「湖畔詩社」，出版詩集《湖畔》。一九二五年在北大旁聽日語，次年開始翻譯日本、蘇聯的文學作品及文藝理論，並介紹馬克思主義文學思想。一九二七年加入共產黨。

馮雪峰雖其貌不揚，氣質卻頗獨特，丁玲很快即為他的魅力所吸引，上日語課變成了以人生、社會、文學為內容的促膝談心。多年之後，丁玲對《西行漫記・續記》的作者尼姆・韋爾斯的談話中，曾坦率地說：「……隨即我有了一個『偉大的羅曼史』。我從

未和胡也頻結過婚，雖然我們住在一起。一天，有一個朋友的朋友來到我們家裡，他也是詩人。他生得很醜，甚至比胡也頻還要窮。他是一個鄉下人的典型，但在我們許多朋友之中，我認為這個人特別有文學天才，我們一同談了許多話。在我一生中，這是我第一次看上的人。這人本來打算到上海去了，但他現在決定留在北京。我不同意這個，而要他離開，於是，他離開了。兩星期後我追了去──胡也頻也追了來。我們一同在上海只過了兩天，我們三個決定一同到杭州那美麗的西湖去，這在我是一個非常複雜的局面。雖然我深深地愛著另外那個人，但我和也頻同居了許多時候，我們彼此有一種堅固的感情的聯繫。如果我離開他，他會自殺的。我決定我不能和我可愛的人在一起，對他說：雖然我們不能共同生活，我們的心是分不開的；又說：世界上只有一個人是我所愛的，無論他會離開多麼遠，這個事實可永遠不會改變。所以我們的愛只能是『柏拉圖』式的了。這決定使他非常悲哀，所以我終於不得不拒絕和他見面，把關係完全切斷。我仍然和以前一樣愛他，但把這個連他都保守了秘密，退回了他全部的信。」這場感情的風波，終於在馮雪峰離開杭州而告平息。此後丁玲也沒有與馮雪峰會面，直到一九三一年二月七日，胡也頻作為『左聯五烈士』之一，被槍殺於上海龍華司令部。

　　馮雪峰在談「左聯」時，有這麼一段簡要的回憶：「左聯五烈士是一九三一年一月十七日下午在上海東方飯店開會時被捕的，同時被捕的有三十多人。這個會與左聯無關，是黨內一部分同志反對王明的六屆四中全會的集會。王明於一九三〇年下半年由蘇聯回到上海，一九三一年一月間上台，舉行了六屆四中全會，拋出他的〈為中共更加布爾塞維克化而鬥爭〉的左傾機會主義政治綱領。李偉森、何孟雄等對四中全會不滿，串連了一些同志反對。起主要作用的是李偉森，那時他年紀還很輕，非常積極。白莽在團中央編《列寧青年》，馮鏗在左聯工農工作部工作，都和李偉森有來往。

胡也頻在一九三○年六月才入黨，但
很活潑。他們都不滿四中全會，因此
參加了那個集會。東方飯店是當時地
下黨經常聯繫工作的地點，據說已為
敵人識破，派特務化裝成『茶房』，
已經偵察了一些時候。一月十七日開
會時，特務把東方飯店包圍起來，會
議中間，一個『茶房』闖進來，偽稱
電燈出了毛病，要檢查修理。電燈一
亮，外面埋伏的特務衝了進來，三十
多位參加集會的同志全部被捕。是否
有人告密，一直為查明。」

魯迅、馮雪峰兩家合影，1931年

　　作為胡也頻的好友的沈從文，
在胡也頻被捕後，他去找了胡適、徐
志摩等人，又給南京的蔡元培、楊杏
佛等文化名人去信，希望通過他們能
保釋胡也頻。甚至顧不得各種顧慮，
他親自趕赴去找任國民黨中央宣傳部
部長的陳立夫，設法營救胡也頻，但
終告無效。從沈從文和丁玲日後的記
述中：我們看到生命最後的一瞬：那
是一個寒冷的早晨，天上飄著小小的
雪花，丁玲夾著被褥衣物，在沈從文
的陪伴下，來到龍華司令部。他們在
那裡等了一上午，獄方只同意把衣被
交進去，人不准見。丁玲與沈從文商
量了半天，又請求送十元錢進去，

並要求能得到一張收條。看守的答應了他們，不一會兒，只聽得裡面一陣人聲，隔著兩重鐵柵欄門，沈從文先看見了胡也頻的身影，接著丁玲便看見了他，她不顧一切也大聲呼喊：『頻！頻！我在這裡！』。胡也頻聽見喊聲，立即掉過頭來，他看見了她。胡也頻剛張嘴想要喊什麼，卻被巡警推走了。胡也頻從丁玲的生命中永遠被推走了。

胡也頻犧牲後，馮雪峰和馮乃超一同去看望丁玲。馮雪峰的出現，給悲傷中的丁玲以莫大的安慰。同年九月丁玲主編《北斗》雜誌，與馮雪峰又有了較多的交往與接觸，此時原先橫在他倆之間的那「一種堅固的感情的聯繫」已不復存在，沉睡於丁玲心中的愛情火山，又噴出了炙熱的岩漿。然而此時的馮雪峰卻已使君有婦，丁玲縱有大海一般的深情，竟也無從宣洩，她只得將這份情感化為書信。一九三三年秋，在丁玲被捕並傳言已經遇害後，馮雪峰將丁玲在一九三一、三二年寫給他的信，以〈不算情書〉為題，在上海《文學》雜誌發表，我們看到丁玲的為愛所苦：

> 我這兩天都心不離開你，都想著你。我以為你今天會來，又以為會接到你的信，但是現在五點半鐘了，這證明了我的失望。……我自己知道，從我的心上，在過去的歷史中，我真正的只追過一個男人，只有這個男人燃燒過我的心，使我起過一些狂熾的（注意：並不是那麼機械的可怕的說法）慾念，我曾把許多大的生活的幻想放在這裡過，我也把極小的極平凡的俗念放在這裡過，我痛苦了好幾年，我總是壓制我。我用夢幻做過安慰，夢幻也使我的血沸騰，使我只想逃，只想捶打什麼，我不扯謊，我應該告訴你，我現在可以告訴你了（可憐我在過去幾年中，我是多麼只想告訴你而不能），這個男人是你，是叫著『××』的男人。

也許你不會十分相信我這些話，覺得說過了火，不過我可以向你再加解釋：益加說我的那句話有一部份理由，別人愛我，我不會怎麼樣的，蓬子說我冷酷，也是對的。我真的從不尊視別人的感情，所以我們過去的許多事我們不必說它，我們只說我和也頻的關係。我不否認，我是愛他的，不過我們開始那時我們真太小，我們像一切小孩般好像用愛情做遊戲，我們造作出一些苦惱，我們非常高興的就玩在一起了。我們什麼也不怕，也不想，我們日裡牽著手一塊玩，夜裡抱著一塊睡，我們常常在笑裡，我們另外有一個天地。我們不想到一切俗事，我們真像是神話中的孩子們，過了一陣，到後來，大半年過去了，我們才慢慢地落到實際上來，才看出我們是一個男人和一個女人，是被一般人認為夫妻關係的，當然我們好笑這些，不過我們卻更相愛了。一直到後來看到你，使我不能離開他的，也是因為我們過去純潔無疵的天真，一直到後來使我同你斷絕，寧肯讓我只有我一個人知道，我是把苦痛秘密在心頭，也因為我們過去純潔無疵的天真，和也頻逐漸對於我的熱愛──可怕的男性的熱愛。

總之，後來不必多說他，雖說我自己也是一天一天對他好起來，總之我和他相愛得太自然太容易了，我沒有不安過，我沒有幻想過，我沒有苦痛過。然而對於你，真真是追求，真有過寧肯失去一切而只要聽到你一句話，就是說『我愛你』！你不難想像著我的過去，我曾有過的瘋狂，你想，我的眼睛，我不肯失去一個時間不望你，我的手，我一得機會我就要放在你的掌握中，我的接吻……。我想過，我想過（我到現在才不願騙自己說出老實話）同你到上海去，我想過同你到日本去，我做過那樣的幻想。假使不是也頻，我一定走了。假使你是另外一

個性格，像也頻那樣的人，你能夠更鼓勵我一點，說不定我也許走了。你為什麼在那時不更愛我一點，為什麼不想獲得我？……我常常想你，我常常感到不夠，在和也頻的許多接吻中，我常常想著要有一個是你的就好了。我常常想能再睡在你懷裡一次，你的手放在我心上。……本來我有許多話要講給你聽，要告訴你許多關於我們的話，可是我又不願寫下去，等著那一天到來，到我可以又常常的躺在你身邊，你抱著我的時候，我們再盡情的說我們的，深埋在心中，永世也無從消滅的我們的愛情吧。……我要告訴你的而且我要你愛我的！這不算情書。

你的『德娃利斯』

和丁玲相比，馮雪峰的感情，則是以另外一種方式表現出來。據傳記作家李輝說，在一九四一年二月馮雪峰被國民黨政府逮捕，囚於江西上饒集中營。他思念著遠方的丁玲，一天夜裡，他夢到了一雙女性的眼睛，那是一雙「很大很深邃，黑白分明，很智慧，又很慈和的極美麗的眼睛」。醒後，他忘不了，於是把它寫進了〈哦，我夢見的是怎樣的眼睛〉這首詩：

哦，我夢見的是怎樣的眼睛！
這樣和平，這樣智慧！
這準是你的眼睛！這樣美麗，
這樣慈愛！襯托著那樣隱默的微笑；
那樣大，那樣深邃。那樣黑而長的睫毛！
那樣美的黑圈！……

同被關在一起的畫家賴少其，讀過這首詩之後，以鉛筆畫了三、四張素描，馮雪峰選了一張在上面題寫一首詩〈霞光〉。十年

後賴少其在北京出見丁玲，不由驚住了：他在集中營畫的那隻眼睛，不就是丁玲的眼睛嗎？此刻他才明白，馮雪峰的心裡一直默默地思念著丁玲。或許是對應馮雪峰當年對「眼睛」的夢幻，李輝說，丁玲在逝世前不到一個月的一天，即一九八六年二月七日（大年初一），從病中醒來的她，聽著窗外的鞭炮聲，她想到馮雪峰，她對秘書王增如感嘆地說了一句：「雪峰就是這個時候死的。」那是十年前的往事，在丁玲即將告別人世之際，這一聲感嘆有著無比的深情，也成為她送給馮雪峰的最後絕唱。當然這都是後話了。

馮雪峰像

在經歷了胡也頻的熱情、馮雪峰的傷情之後的丁玲，有著「曾經滄海難為水」的心灰意懶。「誰知就在這寂寞孤淒的時候，馮達走進了我的生活。這是一個陌生人，我一點也不瞭解他。他用一種平穩的生活態度來幫助我。他沒有熱，也沒有光，也不能吸引我，但他不嚇唬我，不驚動我。他是一個獨身漢，沒有戀愛過，他只是平平靜靜地工作。」那是有一天馮雪峰告訴丁玲，德國《法蘭克福時報》記者史沫特萊要訪問她，而馮

達是史沫特萊的翻譯兼私人秘書。當時馮達年僅二十六歲，身材適中、溫文儒雅。當丁玲談到一年來的遭遇和現實的處境時，馮達內心澎湃不已，無論是出於敬佩、仰慕還是愛戀與同情，此後馮達常常去看望丁玲，馮達的出現，幫助丁玲渡過了那些難熬的日子。

丁玲晚年這麼回憶著：「他不愛多說話，也不恭維人。因為從事秘密工作，為了迷惑敵人，他穿戴整齊，腋下常常夾幾張外文報紙。他沒有傲氣，也不自卑。他常常來看我，講一點他知道的國際國內的紅色新聞給我聽。因為我平日很少注意這些事，聽到時覺得新鮮。有時他陪我去看水災後逃離災區的難民，他為通訊社採訪消息；我也得到一點素材，就寫進小說裡去。我沒有感到一個陌生人在我屋裡，他不妨礙我，看見我在寫文章，他就走了。我肚子餓了，他買一些菜、麵包來，幫我做一頓簡單的飯。慢慢生活下來，我能容忍有這樣一個人。後來，他就搬到我後樓的亭子間。這年十一月，我們就一同搬到善鐘路沈啟予家。沈啟予住在三樓，我們住在二樓。……『一二八』後不久我們離開善鐘路。由於上海的白色恐怖和工作安全的需要，我們東住幾天，西住幾天，經常搬家，最後搬到昆山花園路。三個月後，即一九三三年五月，我被捕了。」

丁玲回憶，是馮達供出了他們的住址，並帶著特務前來。五月十四日案發當天上午，她和馮達分別出門，馮達說是去看望兩位同志，丁玲則去參加一個文藝團體的會議。前一天晚上，馮達在回家途中，便懷疑有特務跟蹤他，所以兩人約定，在中午十二點以前都必須回家，如果有一個人未能按時歸來，另一位就應該立即離開，並設法通知組織和有關同志。丁玲說：「回到家裡是上午十一點半，果然馮達未回。我認為這不平常。因為他說只是去兩個記者那裡看看的，應該比我回來得早。我稍微等了一下，就去清理東西，如果十二點馮達還不回來，我就走。正在這時，潘梓年同志來了，

我把情況告訴了他。他這個人向來是
從從容容、不慌不忙的，他拿起桌上
的一份《社會新聞》，坐在對著門放
置的一個長沙發上；我坐在床頭急於
要按規定及時離開，但看見潘梓年那
樣穩定、沉著，我有點不好意思再
催。」「突然聽到樓梯上響著雜亂的
步履聲，我立刻意識到：不好了。門
砰的一聲被推開了，三個陌生人同時
擠了進來。我明白了，潘梓年也明白
了。我們都靜靜地不說話。」過了一

馮達與女兒蔣祖慧

會，丁玲見到了馮達。「他一看見我
和潘梓年，猛的一驚，然後就低下
頭，好像不認識我，也不認識潘梓
年，他木然地、無神地往床頭一坐，
我立刻就站起來走到立櫃邊去了。我
瞪著他，他呆若木雞。我心裡想：難
道是他出賣了我們？」丁玲和潘梓年
被帶走了，第二天，她便和馮達一起
被送上火車，「幽居南京」。

　　由於丁玲的聲望和魯迅、宋慶齡
和國內外進步勢力的大力營救，國民
黨未敢將之殺害，只得將她關押、軟
禁。期間還把他們送到杭州莫干山，
那是當年國民黨藍衣社培訓特務的營
地。而在天寒地凍的冬天，丁玲說：
「我在我的小宇宙裡，一個冰冷的全

無生機的小宇宙裡，不得不用麻木了的、凍僵了的心，緩解了我對馮達的仇恨。在這山上，除了他還有什麼人呢！而他這時只表現出對他自己的悔恨，對我的憐憫、同情。我只能責備我的心腸的確還不夠硬，我居然能容忍我以前的丈夫，是應該恨之入骨的人所伸過來的手。誰知就由於我這一時的軟弱、麻木，當時、以後竟長時期遭受某些人的指責與辱罵，因為我終於懷了一個孩子。我沒有權力把她殺死在肚子裡，我更不願把這個女孩留給馮達，或者隨便扔給什麼人，或者丟到孤兒院、育嬰堂。我要挽救這條小生命，要千方百計讓她和所有的兒童一樣，正常地生活和獲得美麗光明的前途，我願為她承擔不應該承擔的所有罪責，一定要把她帶在身邊，和我一起回到革命隊伍裡。這是我的責任，我的良心。那裡知道後來在某些人的心目中，這竟成了一條『罪狀』，永遠烙在我的身上，永遠得不到原諒，永遠被指責。」後來在一九四〇、一九四四年丁玲在延安曾向陳雲、任弼時、周恩來先後陳述這段歷史，周恩來曾對她說：你們原是夫妻，那時實際情形也是「身不由己」嘛。周恩來的話給了丁玲莫大的安慰。

　　一九三六年九月十八日，丁玲在黨的營救下，逃離南京，潛回上海，準備奔赴陝北蘇區。她和馮達分手了，丁玲說：「一九三八年我率西北戰地服務團在西安工作時，收到他從廣州寄到西安八路軍辦事處轉給我的一封信。信中說廣州淪陷在即，他要到香港去，希望我能為他介紹幾個在香港文化界的朋友。我把這封信交給辦事處主任林伯渠同志看過，沒有給他回答，誰知他後來是什麼下場呢？」據《丁玲傳》作者丁言昭的報導，馮達後來結婚了，一九四七年到台灣，後來隨女兒赴美，曾在美國住了一陣子，女兒成家後，他留下妻、女在紐約，然後回到台灣獨居在台北市郊。友人說，馮達這幾十年，別人請他翻譯什麼，他就翻譯什麼，很少說話，更沒有什麼朋友。他的書桌上有香港三聯出版社出版，楊桂欣

編選的《中國現代作家選集叢書·丁玲》，還有連載丁玲《魍魎世界》的《新文學史料》，以及一些大陸的文學作品。一九九〇年，年邁的馮達在和蔣祖慧（他與丁玲所生的女兒）在台北見面後不久就因肺、肝功能衰竭去世了，只留下了少許的手跡，諸如：「俗語說『人生如夢』。我確實相信有一天我可以在冰之墓前獻上鮮花禮拜，她實在是偉大得很」的字眼。

一九三六年十一月中旬，丁玲輾轉到達陝北蘇區首府保安。保安為丁玲開了歡迎會，毛澤東、周恩來等出席。毛澤東對丁玲的到來很重視，對丁玲也頗親切，他常常去丁玲住的窯洞裡與這位才女閒談，他還曾填〈臨江仙〉詞一首贈給丁玲，詞云：

壁上紅旗飄落照，西風漫捲孤城；保安人物一時新，洞中開宴會，招待出牢人。

纖筆一枝誰與似，三千毛瑟精兵；陣圖開向隴山東，昨天文小姐，今日武將軍。

晚年的馮達

丁玲1946年

丁玲1952年

一九三七年六月，丁玲擔任延安中國文協主任，在「高爾基逝世一週年紀念大會」的晚會上，抗大十二隊和十三隊的學員聯合演出劇作家田漢根據高爾基的《母親》改編的劇作，丁玲對劇中飾演伯惠爾的小伙子印象特別深刻。八月丁玲出任第十八集團軍西北戰地服務團主任兼黨支部書記，當人把她屬下的宣傳股長介紹給她時，她握著他的手，突然叫了起來：「我認識你，你是『伯夏』（伯惠爾的暱稱）！」「我是『伯惠爾』，我叫陳明。」陳明比丁玲小十三歲，在投奔延安之前，曾是上海中學生聯合會的創始人之一，曾參與組織過上海學生大規模的遊行活動，他還是學校劇社的社長，組織並參加排演田漢等劇作家的作品。他們在十個月的朝夕相處，彼此的心中都萌發出愛苗，但他們各有各的顧慮。後來丁玲以主任身分入延安馬烈學院學習，而陳明則調至留守兵團烽火劇團當團長去了。在烽火劇團陳明與團員席平相愛而結合了，他本想藉與席平的愛平抑轉移對丁玲的感情，可是婚後，他知道他無法做到，於是席平在延安中央醫院生下一男嬰後，與陳明離婚了。

丁玲和陳明、蔣祖慧在多
福巷家中1952年

　　一九四二年春節（二月十五日），丁玲與陳明在藍家坪結婚了，他們沒有舉行儀式，也沒有請客吃飯，他們兩人手牽著手，開心地在延安街頭漫步。

　　一九五七年反右，丁玲被劃為「右派」，開除黨籍，撤銷一切職務，取消原級別。不久《人民日報》發了消息說：「文藝界反右派鬥爭的重大進展，攻破丁玲、陳企霞反黨集團」。陳明為丁玲申辯，也被劃為「右派」，也被開除了黨籍，還撤銷了工作、級別。丁玲內疚地對陳明說：「都是我連累了你……」，陳明卻笑說：「這倒好，以前你總是比我『高』，現在我們『平等』了，也好讓我陪陪你呀。」為了不使丁玲太悲觀，陳明在丁玲面前做出不在乎的樣子。他的臉在笑，心裡卻是很苦。他為丁玲不平，為丁玲擔憂，早把自己所受的冤屈置之度外了。

　　後來他們又分別被遣至北大荒「安家落戶」，文革中期又分別被關進秦城監獄，達五年之久。患難中，他們的心始終緊緊相連，那執著不變的愛是他們面對殘酷現實的精神支柱。十年浩劫後，他

丁玲與陳明

丁玲1979年5月探望葉聖陶

《書語：丁玲陳明愛情書簡》

們又走過三千六百多個陽光的日子。歡樂的時光似乎總是短暫的，而死神更在此時悄悄地降臨在丁玲的身上，一九八五年十月，丁玲以急診住進北京協和醫院後，她就沒能走出醫院，直到次年三月四日，她因糖尿病，腎功能衰竭等併發病去世。而在她生命終結之際，她以一種異樣的眼神看著陳明。陳明注意到她的嘴唇在微微翕動著，他側過頭，將耳朵貼近她的嘴，只聽到她含混地說了三個字：「親親我。」那是她對他說的最後一句話。

二○○四年十月出版的《書語：丁玲陳明愛情書簡》，收錄了陳明寫給丁玲的信51封，丁玲寫給陳明的信64封。其中最早的一封兩地書，寫於一九四七年；而最後的一封，則於相隔三十一年後的一九七八年發出。在這115封信中，可看出兩人的半世紀的愛戀，與相互的關懷。

丁玲晚年回憶她的感情生活說：與胡也頻相愛，她投入了自己的真情；與馮雪峰相愛，留下了無限的遺憾；與馮達相愛好像一場夢；與陳明相愛是最成熟、最深沉的感情。這些話可說是她感情歷程的最佳註解。

醉心革命勝鬚眉
——楊剛的人生抉擇

集政治家、文學家、編輯、記者於一身的楊剛，自反右鬥爭去世之後，她的名字便久為人們所忘卻了。但她的好友蕭乾自一九七八年以來陸續發表一系列的文章，讓人們重新對她瞭解認識。蕭乾說他是在一九二九年在燕京大學包貴思（Grace M·Boynton）教授的寓所認識她的。「楊剛得悉我曾於一九二六年因參加C·Y（共青團）被捕，就主動同我接近。……為了引導我重新走上革命之路，她給我寫了上百封信。每信開頭都稱我作『弟弟』，接著不是正面宣揚革命大道理，就是駁斥我的某些荒謬論點。」然後又「一本本地借給我盧那察爾斯基和普列漢諾夫的理論書」，但對革命已十分冷淡的蕭乾，「怎麼硬了頭皮讀，也讀不進去！」有次在圓明園散步時，楊剛就責問蕭乾說：「這麼重要的理論，你為什麼讀不下去！這不是隨隨便便的書，這是革命真理！」蕭乾回應：「理論，理論，充其量也只不過是張地圖。它代替不了旅行。我要的是去體驗那光怪陸離的大千世界！我要探訪人生。」於是蕭乾語氣堅定地告訴楊剛，他決心做個不帶地圖的旅人。弔詭的是，終其一生都帶著地圖走路的革命者，卻在一九五七年的反右鬥爭中，竟被迫過早地結束了自己的生命；而相對的，那位不帶地圖的旅人，在經過多少狂風巨浪，卻依然沒有迷失方向，樂觀地活到九十歲！

蕭乾

學生時代的楊剛

楊剛祖籍湖北沔陽，一九〇五年一月三十日生於江西萍鄉。她原名楊秀徵，後又改名楊繽。根據閻純德的資料指出，父親楊會康做過武昌的守備，後又做過江西的道台、湖北省財政廳、政務廳廳長。楊剛在英文自傳〈一個年輕的中國共產黨員自傳〉裏說，她的父親「總像是在以十足的鎮定和威力在指揮著什麼……他平時雖然沉著安詳，脾氣卻很暴，有時會無緣無故發起火來……他完全不能控制自己。他的意志頑強，當他立意要如何時，往往使人覺得他的心腸是鐵做的……他可以當面申斥他的上司……」而楊剛的母親，出身富紳，沒有文化，心地善良，對人忠厚，慷慨大方，見義勇為。

楊剛在五歲時上了家塾，開始了那個時代人生最初的薰陶：讀「四書」、「五經」及文史古籍。此外，還有商務印書館出的新式教科書及地理。一九一一年，楊剛回到沔陽家鄉，繼續在家塾學習。一九二二年進江西南昌的美國教會學校葆靈女子學校初中學習，她學識超群，是同學中的佼佼者。一九二六年，革命軍北伐時，南昌的學生們也掀起了擁護

北伐的熱潮，她和好友廖鴻英、譚誨英代表葆靈女中參加全市學生
總會的活動，上街遊行示威，在街頭巷尾給老百姓講解革命道理。
一九二七年夏天，楊剛高中文科畢業，以優異的成績獲學校推薦，
直接進入北平燕京大學。

少女時代的楊剛曾愛上了她革命的啟蒙老師，一個經常戴著黑色
寬邊眼鏡，舉止文質彬彬，頗有學者風度的林源。他是當年武漢學生
運動的領導人之一，參加過北伐戰爭。北伐軍攻佔武漢後，他隨即受
組織委派搞農民運動，負責組織訓練農民武裝。那時的他與楊剛志同
道合，感情相通。但是，作為一個革命者，他們沒有時間徜徉在愛情
的林蔭小道。不幸的是，在一九二七年七月，汪精衛公開叛變前夕，
他突然失蹤了。以後據知情者說，他是被反動份子抓住，用麻袋裹著
丟到長江裡，犧牲了。當楊剛知道她日夜思念的人慘烈的遭遇後，
不禁悲痛萬分。她曾不只一次地在心裡呼喚者他，那是她最純真的愛
的寄託。她也多次幻想著他仍然活著，並發誓永遠等他，十年、二十
年，即使從妙齡少女等到白髮老嫗，也在所不悔。然而，現實是殘酷
的。林源留給她的，只是一段刻骨銘心的記憶和難以忘懷的初戀。

一九二八年，楊剛加入中國共產黨。而在燕大外文系期間，她
積極從事革命文化工作，參加左翼文藝運動，為北方「左聯」的發
起人和組織者之一，與潘訓（漢華）、謝冰瑩、孫席珍等作家往來。
而也在這期間，她結識了北京大學經濟系學生鄭侃，當時性格豪爽
的楊剛，面對熱烈而又真誠追求她的鄭侃說：「你真的愛我嗎？我
有我的志向和追求，又有男人般豪爽的性格，我可不是一個賢妻
良母型的女人啊。」熱戀中的鄭侃信誓旦旦地說：「只要你答應
我，接受我的愛，這就是我的幸福，別的我不計較。」他們終於在
一九三二年秋，楊剛從燕京大學畢業後，兩人結婚了。

不久，楊剛到了上海，一九三三年春，參加了中國左翼作家聯
盟，工作中結識了美國進步女作家史沫特萊。是年秋，應燕京大學

楊剛

楊剛

新聞系美籍教授愛德格·斯諾的邀請，回到北平，與蕭乾一起協助他編譯中國現代短篇小說選《活的中國》，介紹魯迅、茅盾、巴金等中國名作家的作品（其中還收有她的英文小說〈日記拾遺〉，後譯成中文，改名為〈肉刑〉）。這是中國新文學被介紹到國外去較早的一個譯本。一九三五年楊剛還翻譯了英國女作家珍·奧斯汀的《傲慢與偏見》，由商務印書館出版。

一九三六年，楊剛與丈夫鄭侃一起在北平參加由顧頡剛教授主持的《大眾知識》雜誌的編輯工作，發表創作及評論。當盧溝橋上炮聲響起，楊剛把剛三歲的女兒鄭光迪寄養在包貴思家裏兩年。根據閻純德的資料指出，包貴思為孩子專門請了保姆，為「她規定了嚴格的食譜，告訴她吃飯不要有聲音……見人問好，進屋之前要先叩門……後來還把她送進燕京大學附屬的幼稚園。」這些，在包貴思一九五二年在美國出版的描寫中國的長篇小說《河畔淳頤園》（The River Garden of Pure Repose）中都有反映。楊剛吻別只有三歲的女兒後，投入抗戰，先後在武漢、上海參加救亡運動。

　　由於楊剛和鄭侃在性格、氣質及信仰和追求上的差異，婚後他們在感情上也產生了難以癒合的裂痕。抗戰爆發後，楊剛決定隨大批進步文化人南下，投入火熱的抗日救亡運動。而在中央銀行任職員的鄭侃，則要隨銀行轉移到福建永安。兩人意見紛歧，爭執不下。無奈之中，楊剛含淚對丈夫說：「我知道你對我有意見，我未能做一個好妻子和好母親。但我有什麼辦法呢？因為時代賦予我的使命，不允許我做一個舊式的賢妻良母，更不允許我做一個依附於男人的平庸女人，關於這一點，當時我不是就聲明了嗎？」「楊剛同志，我可敬的革命家」，鄭侃用諷刺的口吻，「我知道在革命的天平上，我的份量比你輕。想當初，我也追求革命真理，探索人生道路，我敬佩你的革命精神。但你不能在家裡也總是想著革命，而不把丈夫、孩子放在心上。我請問，這樣的革命給我帶來什麼好處？」「自私，可恥的自私。鄭侃先生，沒想到國難當頭，你會說出這樣的話，我替你羞愧。既然我們在認識上有分歧，感情上又產生了無法彌合的裂痕，那還不如快刀斬亂麻，登報離婚。」楊剛對他失望了。然而，鄭侃不同意登報，認為有損自己顏面。於是他們默默地各奔一方，分道揚鑣。

　　一九三九年夏天，楊剛到香港，接任蕭乾《大公報》文藝副刊的主編。到了香港之後，楊剛關起感情的閘門，將她的全部精力傾注在鍾愛的事業上。她默默地、勤奮地，甚至是發瘋似地撰稿、採訪、編稿。她在創作中尋找感情的寄託和依附。這時候的楊剛，已經沒有了自我，已經忘卻了自我。日益變化的世界風雲、災難中的中華兒女，香港乃至世界的熱心讀者是她情牽所在。這時候的楊剛，創作了很多優秀的文學作品，其中包括詩歌、散文和小說。她的作品洋溢著熾熱的愛國熱情，是她感情燃燒的火焰。她的詩歌融合了革命的現實屬意和浪漫主義，雖然沒有表面的吶喊，卻蘊含著一觸即噴的岩漿。她的散文，更是情與詩的結合，清新雋永、熱情

奔放。而她創作的小說，如〈偉大〉、〈桓秀外傳〉、〈黃霉村的故事〉、〈公孫鞅〉等，則樸素感人，「有一種深入人心直至撕裂人心的力量。」

而根據劉小青的《文化名人在香港》書中說，有一天，楊剛到知名作家、中華抗敵文藝家協會香港分會主席許地山家約稿。公事談完後，許夫人周俟松把楊剛拖到她身邊說：「我的好妹子，你和那個不稱心的男人分開了好幾年了，不應該在這樣孤獨地生活下去，你應該勇敢地追求自己的幸福生活。」周俟松的話像一把火，點燃了她心中蘊藏已久的愛情之火。然而經過挫折，在感情上日趨成熟的她是很謹慎的。當時在她身邊，曾有一個男人熱情地追求她。但她覺得他的情分太輕薄，他們只能是同志，而不能成為情投意合的伴侶，於是她婉拒了。見楊剛沉思不語，周俟松說：「你相識的男朋友中，有沒有你喜歡的，只要你向我吐露真情，我給你做紅娘。」「我只能先感謝夫人的好意了。」楊剛停了停又說：「夫人是世界上最幸福的女人，對愛情是深有體會的。愛是雙向的，只有互相真誠的愛，才是人類最聖潔的精神生活，如果勉強湊合在一起，就會使夫妻關係變成庸俗的情慾伙伴。我現在寧願孤獨地生活，也不願與不稱心的男人勉強湊合。」周俟松完全理解楊剛的這番話是對她生活的總結。於是安慰她說：「你還年輕，三十剛過頭，對待個人愛情生活應樂觀些，不能老是憂心忡忡。聽說有一位德國留學歸來的博士先生，不是與你朝夕相處的親密朋友嗎？一個是有才華的女作家、女詩人；一個是學識淵博的哲學家，我覺得你們是天生的一對！」楊剛苦笑了一下，她很感謝周俟松的率直。她知道周俟松所提的是喬冠華。當時她與喬冠華確實關係很親密，而且彼此印象很好。喬冠華當時叫喬木，他精通德語，又通英語，國際知識淵博，談吐不凡，特別是那雙深沉的眼睛和雍容的姿態、瀟灑的風度都給楊剛留下美好的印象。而喬冠華見楊剛性格豪爽，侃

侃而談，文思敏捷，倚馬千言，對時局精闢的分析，特別是她同樣精通英語、德語，以及在文學創作方面火一樣熾熱的感情，豐富而又優美的想像力，都令他嘆服。他們都是地下黨員，經常在一起從事革命活動，共同的理想和情操，使他們在香港成為互相關心和尊重的親密戰友。這是一種革命的同志關係。楊剛以為保持這種關係很自然，也很溫馨，否則就有可能失掉這份和諧。事實上，他們一直相處很好，而且關係很純真。以後，楊剛在重慶還成了龔澎女士和喬冠華的紅娘。這是後話。

喬冠華與龔澎

太平洋戰爭爆發後，一些國際人士成為日本侵略者追捕的對象，美國革命作家，著名新聞記者愛潑斯坦就在香港被日本憲兵追緝。楊剛和她的哥哥楊潮（羊棗）兄妹發現後，便急忙將他送到瑪麗醫院，要求吳在東大夫設法將他隱蔽起來、可是，醫院只收傷員，不得以他們讓醫生在他「腿上劃上一刀，作為被彈片擦傷的病人，方才在醫院安頓下來。」楊潮、楊剛兩人又隨同茅盾、鄒韜奮、金仲華等一批著名文化人，在共產黨領導的東江游擊隊的護送下，從香港偷渡

龔澎

楊剛1945年在紐約

惠州，抵達東江游擊區。採訪中，她克服了常人無法想像的困難，寫下一系列膾炙人口的戰地通訊，並以《東南行》結集出版。不久，楊剛取道韶關、衡陽，到達戰時文化城桂林，繼續主編《大公報》的文藝副刊。一九四三年到重慶，仍然主編《大公報》的文藝副刊。這時楊剛的才幹受到周恩來的器重，並開始在他的領導下，以編輯和記者的身份，同美國駐華使館人員和美國記者聯繫，做了卓有成效的工作。並因此結識當時美國戰略情報局派駐中國的負責人費正清博士。費正清喜歡楊剛「以更鋒利的筆調」，從「更廣闊的哲學背景來探索中國的前途問題。」交往中，他們建立了書信聯繫。而一九四三年冬，日機轟炸福建永安，在那裏中央銀行工作的鄭侃不幸遇難。丈夫的死亡，也曾使這位剛強的女子痛不欲生；但她畢竟是一位革命戰士，現實要她從痛苦中拔出來。一九四四年夏，楊剛赴美國留學，並兼《大公報》駐美特派員。那時，她積極從事新聞及國際統戰工作，向美國知識界——報界、文藝界及遠東問題專家、學者、華僑、國際友人宣傳中國抗戰

情況，爭取他們支援、聲援中國人民的正義鬥爭。另外，她還參加中國共產黨留美黨員工作組的領導，參與組織中國民主同盟美洲支部的工作。

一九四八年九月，她回到香港，擔任《大公報》社評委員。一手促成《大公報》的左轉和王芸生的北上，把天津《大公報》改組成了《進步日報》，後來她擔任了《進步日報》的副總編輯。一九五〇年，她在外交部政策研究委員會擔任主任秘書。一九五〇年十月底，她轉任周恩來總理辦公室主任秘書。以後，她曾任中共中央宣傳部國際宣傳處處長、《人民日報》副總編輯，先後當選為第一屆全國人民代表大會代表、中國共產黨第八次全國代表大會代表……這是生命最後幾年的「頭銜」。一九五五年，她作為《人民日報》副總編輯，負責國際宣傳。在去北京機場的一次外事活動中，因車禍造成嚴重的腦震盪。此後，她仍頑強地工作，撰寫國際社評。雖然她曾在廣東從化及杭州療養，但療效不佳，一直未能恢復正常。

一九五七年夏，反右鬥爭開始，十月初，她偶然遺失了一個重要筆記本，四處尋找而不得。「儘管沒有受過任何責怪，而且許多同志都曾勸解她務必不要為此著急，她仍然感到十分緊張（這無疑跟當時的十分緊張的政治空氣有關），竟在十月七日在精神極不正常的情況下不幸離開人間」（胡喬木語）。而有關她自殺的原因，還有個另外說法，是在她去世的前兩天，她出席「丁玲、陳企霞反黨集團」批判大會，她聽到對丁玲「歷史的錯誤」的嚴厲批判，她想到自己的「脫黨」（楊剛在三〇年代初因為與黨小組長意見不合，曾賭氣脫黨。）問題，心情受到沉重打擊所致。而學者傅國湧在〈楊剛自殺之謎〉一文中，更歸結到理想主義的幻滅才是她自殺的深層原因。他說：「一九四〇年代初她在重慶曾和費正清談及中國知識份子總是習慣於依附權勢，她認為是所做的一切就是為保持獨立人格而奮鬥。她

幾乎毫不懷疑地相信她投身的革命黨真的在為中國人爭取自由和
尊嚴。時間過得多麼快啊，思想改造運動發生過了、胡風分子被清
除了，到一九五七年十月七日，面對捲地而來的反右運動時，她清
楚地看到除了依附權勢，不僅獨立人格和自由、尊嚴都無從說起，
連做夢都有錯誤啊。除了以自殺的方式為自己的理想殉葬，她已走
投無路。」傅國湧甚至認為楊剛假如她活著，即使逃過了反右，也
逃不過「文革」。只要看看在她之後新聞界那一串長長的自殺名單
就一切瞭然了（其實何止是新聞界），和楊剛一同出身《大公報》的
人中就有范長江、孟秋江、劉克林、蔣蔭恩等相繼以自縊、投井、
墜樓的方式結束了自己的生命，楊剛之死只是開了一個頭而已。
總之，一個醉心於革命事業的人，最後卻在政治鬥爭中，被迫過
早地自己結束了生命！天地不仁，給了她最大的嘲弄！

　　楊剛作為詩人、作家、評論家、新聞家，為我們留下了極為
豐富的作品，如歷史小說《公孫鞅》、中篇小說《桓秀外傳》、散
文集《沸騰的夢》、抒情長詩《我站在地球中央》、通訊、報告文
學集《東南行》、《美國札記》及長篇自傳體英文小說《挑戰》和
星散於解放前後報刊上的詩歌、散文、通訊、國際社評。一九八四
年楊剛的老友蕭乾還主編了《楊剛文集》出版。這些作品，顯示楊
剛除了醉心於革命事業之外，她更不能忘情於文學，在火樣的熱情
下，更有纖細敏感的心！

天涯歸客憶此生
——陳學昭的「愛與被愛」

她是五四時代的著名女作家，又是第一代的法國文學女博士。她自一九二五年散文集《倦旅》問世後，六十餘年間，先後撰寫出版了小說、散文、論文、詩集、回憶錄和譯文集，有三十三種之多，成績卓著。《春茶》、《工作著是美麗的》、《海天寸心》、《野花與蔓草》、《浮沉雜憶》、《如水年華》……都是出自她的手筆，她就是陳學昭。

陳學昭，原名陳淑英，一九〇六年四月十七日出生於浙江省海寧縣一個破落的教師之家。父親陳典常，是同治八年的秀才，畢生從事教育。她六歲剛過，父親就病逝了。父親是個開明的知識份子，生前囑咐兒子們不要給女兒纏足穿耳，要送她去讀書。兒子們牢記著父親的遺言，十分愛護陳學昭這個妹妹，但也許是太愛她了，一見她做出了不符合他們要求的事情就嚴加責管。一九一九年陳學昭升入海寧城區第一女子高等小學，她除了繼續閱讀家中所藏的詩詞文賦等古典文學作品和史籍外，又讀了不少四哥從杭州學校帶回來的新書新雜誌，如：《新潮》、《新青年》、《浙江潮》、《托爾斯泰傳》、《易卜生傳》等。廣泛的閱讀，讓她打下扎實的基礎。一九二〇年九月，經二哥在浙江一師的同學劉質平的介紹，虛報兩歲，進南通女師就讀預科，深受校長謝雪和伶工學校校長歐

陽予倩及其夫人的關心和愛護。一九二二年轉學到上海愛國女校，插班讀二年級。在愛國女校，陳學昭結識了同學陳竹影、張琴秋和校長季通的女兒季湘月，並因此認識了季湘月的胞弟當時在震旦大學學醫的季志仁。她和季志仁很快成為一個知己，此人善良正派、寬厚真誠、溫和謙讓，對她像哥哥一樣關愛體貼、耐心細緻，使她感到可親可信。陳學昭後來也說：「而這個季志仁，大我五歲，我把他當做一個哥哥那樣，他不使我害怕，我想些什麼都敢於告訴他。」

一九二三年，陳學昭參加了上海《時報》的徵文，以〈我所希望的新婦女〉獲得二等獎，也第一次使用陳學昭作為自己的筆名。《時報》主編戈公振不時來信鼓勵她。第二年，陳學昭拜訪了這位新聞界的長輩，戈公振望著她愣了一陣，大概是沒想到她那麼年輕，文筆卻那樣雄健吧。在戈公振的鼓舞和幫助下，陳學昭走上了文學創作的道路。除了戈公振外，陳學昭後來還直接受到了魯迅、周建人和茅盾等人的教誨。

一九二五年初春，周建人、季志仁、張琴秋託從法國返回家鄉紹興的孫福熙帶信及東西給在紹興女師教書的陳學昭。孫福熙一八九八年九月生於浙江紹興，浙江省立第五師範學校畢業後，先後在敬敷學校、紹興師範學校任教。一九一九年經魯迅介紹到北大圖書館任職。一九二〇年赴法「勤工儉學」，到里昂中法大學任秘書，半工半讀，後考入法國國立美術專科學校學習繪畫和雕塑。此時回國，於是兩人初次見面。孫福熙為陳學昭的美貌、才華所吸引，隨即窮追不捨，當她不答應時，孫福熙就採取迂迴策略，以沉默多禮、文質彬彬、耐心地給癱瘓的陳母剝南瓜子吃的良好形象，贏得陳家的好感。陳學昭受母親與兄長的影響與干涉，加之孫福熙的甜言蜜語、緊追不放，使得她對季志仁的感情發生了動搖。她十七歲時就認識季志仁，季志仁也對她產生愛慕之情，曾託人去她家求婚，但遭到其母和其兄的拒絕，理由有些荒唐可笑，說因為季

志仁的父親納了妾，因此陳家不能把
女兒嫁給家中有納妾的人家，這理由
看似冠冕堂皇，其實可能是這時他們
已經看上孫福熙，這只不過是拿來搪
塞的話語，沒想到一向順從母命的陳
學昭，卻選擇了孫福熙而讓兩個彼此
相愛的人就此擦肩而過。

　　一九二五年初夏，陳學昭拗不過
孫福熙的熱情邀約到了杭州大佛寺寫
作，在西湖邊住了一個多月，她和孫
福熙的足跡和身影留在整個湖光山色
裡，「映波橋留著她期待的心；淨慈
寺前有她歸程的影」。在愛情和美景
的薰陶下，她寫下了許多如詩般的優
美散文，兩年後她把這批散文，連同
其他的散文合編為《煙霞伴侶》，於
一九二七年由北新書局出版。

陳學昭

　　之後，陳學昭隨孫伏園、孫
福熙兄弟到北京，並在北京適存中
學和黎明中學教語文，三〇年代的
女詩人徐芳當年在適存中學唸書
時，陳學昭還是她的語文老師。陳
學昭課餘還常到北京大學去聽課，
繼續進修。她曾聽過魯迅講授《中
國小說史略》和李大釗的演講。
一九二五年九月九日，她和孫氏兄
弟同往拜望魯迅，後又多次拜訪。

陳學昭

魯迅曾多次對她說，「做一個中國女人要忍受一切的打擊，提防突然間會從空中飛來的冷箭，要鍛煉得像一個有彈力的橡皮墊子，坐下去它果然會被壓扁了些，但一放鬆它立刻又能彈起來，恢復原狀，要堅韌。什麼都該靠自己，跌倒了不喊痛自己爬起來，才能謀得解放。」她對魯迅的話牢記不忘，常以之鞭策自己，在逆境中總是奮力反彈。

一九二七年四月中，有一天陳學昭遇到鄭振鐸得知他要到法國，於是她分別向新月書店及北新書局預知了《寸草心》和《煙霞伴侶》的版稅，作為出國旅費。六月二十五日，船抵馬賽，又轉到巴黎，由先前已到法國留學的季志仁代為找一公寓暫住。在異國期間，她與兩位留學生季志仁、蔡柏齡結下了深厚的友誼。這種友誼，尤其是與蔡柏齡的靈魂相知，在她人生的每一個低谷，都給了她生存下去的勇氣。陳學昭到法國的初期，深感輿論的壓力，對季志仁總是有意識地回避。季志仁為了保護她，只好把對她的愛慕壓在心裏，像一個哥哥那樣守護在她身邊。從陳學昭的小說和回憶文章看，兩個人都曾愛過對方，但因為太珍惜彼此，後來又有蔡柏齡的介入，才一直在友情和愛情之間畏縮不前。

孫福熙（後排左一）與魯迅林語堂合影

蔡柏齡是蔡元培的三子，他的母親黃仲玉，六、七歲時就長期生活在歐洲，當時在巴黎大學物理系學習，與季志仁比鄰而居，性情志趣相投，情同手足。他十分仰慕陳學昭，曾和姐姐登門求見。與季志仁一樣，他也非常愛護陳學昭。這兩個朋友和陳學昭像三劍客一樣親密無間，他們同進同出，一起去中國飯店吃飯，一起聽音樂，季、蔡兩人還一起陪著陳學昭去上學。這期間，陳學昭先後為《大公報》和《生活週刊》寫稿。當她把某些留學生聚賭嫖娼的狀況如實寫下之後，那些人聲言要打她。那段時間，季志仁和蔡柏齡都保護在她的左右。陳學昭回憶道，「他們坐在我們三個人旁邊的桌子上吃飯，我們準備好他們動手來打，但是他們畢竟不敢動手。」「只是季和蔡總不放心我獨個人來回學校，獨個人在拉丁區走動，擔心我吃眼前虧，因此他們兩個人有時一個人來送我上學，有時兩個人來接我回寓所，吃飯總是一同去的。」關於三個人特殊的友誼，陳學昭在自傳體小說《工作著是美麗的》和回憶文章〈想天涯，思海角〉中都描寫過，陳學昭無數次深情地回憶起那段時光。

中學時的徐芳

晚年的蔡柏齡

陳學昭

然而在出國前，陳學昭曾在孫福熙的面前，被逼表態「如果辜負了你，我就一輩子獨個人生活。」除此而外，孫福熙竟然還讓同行的袁中道監視陳學昭的所作所為，儘管如此，陳學昭也十分自覺虔誠地履行諾言，這恐怕是她儘管和季、蔡兩人雖親近但始終保持心理的距離的原因。縱使這樣，遠在天邊的孫福熙始終不放心，他有些歇斯底里，他不斷地寫信給陳學昭，冷嘲熱諷地説要成全她和季志仁，然後又跑到陳學昭的老家去，造謠説她和季志仁去德國度蜜月去了，致使陳學昭的哥哥不但寫信責罵她，並讓她立即回國。陳學昭起初置之不理，沒想到哥哥竟然去信讓《大公報》的編輯不給她寄月薪，以斷絕經濟來源的辦法，逼她回國和孫福熙結婚。於是陳學昭無奈只得在經濟窘迫、學業無成的情況下，於一九二八年九月二十七日回到上海。第二天她去看望魯迅，魯迅約略知道一點情況，問她：「到底怎麼辦？」陳學昭表示：回家解決了事情再出國。回到家鄉海寧，由二哥陪同至杭州找孫福熙，沒想到孫的態度冷淡，認為原先談的婚姻問題已經「沒有

意思」。面對孫福熙的無情，陳學昭的二哥才説：「沒有識透這個人，上了他的當」！簡單的一句話，把一切責任推卸掉了，獨留委屈、污衊、痛苦與傷害，由陳學昭一人獨嚐。

了斷和孫福熙的孽緣後，陳學昭於次年一月二十八日在哈爾濱登上去蘇聯的國際列車，取道西伯利亞，於二月八日到達巴黎，仍在巴黎大學附設的法語補習學校學習法語。季志仁建議蔡柏齡給陳學昭補法文，陳學昭給蔡柏齡補中文。陳學昭回憶道，蔡柏齡選了法郎士的《紅百合》，「要我一段一段選讀。我先讀給他聽，他再讀給我聽，校正我的發音。接著我分析文法，他再校正我的分析。……我給他讀《史記》，也是一段一段選讀，我先準備了一遍，然後把原書交給他去準備那一段。出乎我意料之外，本以為他的中文很不行，但他讀得出，也能講。……他的理解力很強。他還練習寫中國字，可是我一看見，他就不好意思地把它塞到他的數學物理一類書籍下面去了。」

已經沒有婚姻羈絆的陳學昭，照理説可以在季、蔡兩人中選擇她的愛情，她卻沒有這麼做，學者單元先生分析其中的原因説：「一是陳學昭是一個追求完美、天真而又愛幻想的理想主義者，她認為與這兩個人的友誼已經登峰造極，好到不能再好的地步，不願讓結婚破壞這種至美至純的友誼；二是千百年來女性的屈辱依附地位使她產生強烈的甚至是有點扭曲的逆反心理，她不想與各方面條件比自己強的男子建立愛情關係，在她眼裡，不論是季志仁還是蔡柏齡，他們在經濟、名譽、地位等方面都比自己強，她寧願把對他們的愛深埋在心底，也不願給人以依附男人的印象。」

而在這之前，也就是她回國前夕，一九二八年初夏，她隨友人徐公肅、李溹如到法國東部萊茵河畔的史特拉斯堡度假，陳學昭因此認識了季志仁的同學何穆，並由相識到漸漸墜入愛河。何穆一九〇三年生於上海附近的金山縣，人挺熱情機靈，他正在史特拉

斯堡的醫科大學留學。他千方百計地接近陳學昭，與她談時事、談學問、談理想，在相聚的日子裡幾乎形影不離。等到陳學昭回國再回到巴黎時，何穆發動了情書攻勢，三天兩頭就給陳學昭寫信。而一如君子的季志仁和蔡柏齡依然默不作聲，彷彿繼續將君子做下去就不會失去陳學昭和三個人之間的友誼。何穆在陳學昭的自傳小說裏叫陸曉平，當時因患肺結核正在療養院療養。追求陳學昭時，他常把自己的病和眼淚作為武器。他和季、蔡二人完全不同，務實，多話，喜歡跳舞，精打細算，也與陳學昭格格不入。但奇怪的是，陳學昭卻受著他的吸引。最後，何穆從肺病療養地追到了巴黎，蔡柏齡這才說話了：「拒絕他！不要給他利用！為了你自己，為了……」陳學昭沒有勇氣聽完他的話，像「逃避一個災難似地」跑回自己的寓所，悄悄地哭了。

　　一九三一年六月，陳學昭應何穆之邀，到里昂。季、蔡兩人知道陳學昭此行是去和何穆結婚的，他們心裡有說不出的滋味。這對季志仁而言，實在太殘酷了。七、八年來積累的感情，真難以割捨！但至真至誠的季志仁，還是讓痛苦留給自己！在與陳學昭見面時，他一如往常；而陳學昭也清楚她和季、蔡兩人之間的感情，她晚年的回憶依然深情：「六月底我離開巴黎，動身去里昂，志仁和小蔡看我什麼東西都帶走，心裡當然明白我是不會回巴黎了。他倆還是送我上火車，只是他倆的神態顯得很不愉快，彼此竟沒說一聲『再見』。」

　　陳學昭與何穆結婚了。她和蔡柏齡和季志仁，漸漸疏於聯繫。後來季志仁與一個法國女子結了婚。有次陳學昭回巴黎，「正往戈賈斯路轉角去，突然，志仁在前，後面跟著個生得端正的法國年輕婦女，志仁走得那麼快，他的夫人好像追一樣跟上來。我們雖然正面相逢，可彼此都害怕什麼似的躲開去，沒有招呼。這是我最後一次見到他。」

婚後她和何穆離開里昂到克萊蒙，陳學昭進克萊蒙大學文科，何穆則進醫科大學。一九三四年陳學昭以《中國的詞》通過論文答辯，榮獲文學博士學位。而當何穆的博士論文通過後，陳學昭與丈夫決定要回國。當他們要離開法國時，蔡柏齡前往旅館送別。分手時，陳學昭站在樓梯口問他：「您回來吧？」

「不！還是不回來的好！永別了！」他說。

「收回您的永別！再見！」

「那您什麼時候出來？我等著您！」

「至多兩年，我就出來！」她回答。

他們握著手，又一次道別。蔡柏齡說：「好，我等著您！」

回國後何穆一直找不到合適的工作，生活還要靠陳學昭的稿費維持。抗戰之初，他們輾轉於無錫、上海和南昌等地，生活極度動盪。在困難的生活之中，因性格迥異和婚姻基礎脆弱，他們經常衝突。一九三八年，他們決心到延安去。隨後，何穆被分配在陝甘寧邊區醫院任肺科主任，陳學昭到邊區文藝界抗敵後援會搞寫作。由於陳學昭是延安唯一在國外獲得文學博士的女子，又加上寫了一系列《延安通訊》，這些都讓何穆的自尊心大受傷害。另外，何穆當時在籌建中央醫院，和同事關係很緊張，回到家中，常和陳學昭爭吵。一九三九年秋，陳學昭陪著何穆離開延安，返回了國民黨統治的重慶，並在重慶開辦了一家私人診所。但物價的飛漲、地痞流氓的滋事，特別是愛子因腦炎夭折，這一連串的打擊，使得他們想要離開重慶。這時，何穆又收到了傅連璋醫師的信，邀請他重回延安擔任中央醫院的院長。這樣，一九四〇年冬，陳學昭跟隨著何穆，又一次來到了延安。

一九四一到四二年間，當陳學昭屈從何穆又生下一個孩子時，何穆卻另有新歡，並用騙她服下過量安眠藥的惡毒手段，企圖害死

她。但一向忍辱負重的陳學昭仍沒有主動提出離婚，最後還是何穆提出分手，一九四二年八月她在邊區法院辦好離婚手續，才被動地結束了這噩夢般的婚姻。陳學昭後來在《工作著是美麗的》寫道，珊裳（陳學昭）初到法國，明純（季志仁）在馬賽接她的那一晚，他們曾同住在一旅館，同睡一床，但兩人卻未越軌，這既是珊裳的純真，也是明純對珊裳的愛與尊重。晚年，當珊裳與德偉（蔡柏齡）談起往事時，曾不無後悔地說：「要是在馬賽的那一晚，明純勉強了我，倒成了事實，就不會有陸曉平（何穆）的事了。」不錯何穆曾總結他最後追到陳學昭的原因，他不無得意地說：「哈！為什麼我能和你結婚，而明純及別的人卻不能！因為我看到你是一個戒備男人極嚴的人，好像一隻小雀子，時刻在提防四周是否有捕捉它的東西，如果你慢慢地走近去走近去，它立刻就飛走了，你只是乘它還來不及提防的一瞬間，突然一把把它捉住。我就是這樣做成功的。」

當然也不全然如此，還有一個原因是何穆是肺病患者，相較於季、蔡兩人，他是一個弱者，陳學昭在他的面前不但沒有自卑感，在同情之餘，還要救死扶傷。因此她不但沒有接受蔡柏齡的提醒，也沒有接受周建人的規勸：「結婚是有關一生的大事，不能為了對方生病而作此考慮的。」但陳學昭卻要做一個拯救者，一個偉大的拯救者。在沒有愛情做基礎之下，也因此注定她的婚姻必然失敗。幾十年後，她在《天涯歸客》回憶錄中，有著清醒的體認：「我和他是不合適的，我不愛這樣的人，不但不愛，甚至厭惡；各人所從事的工作也是不同的，他根本不理解我，只不過從我身上想撈到一點幫助，幻想我這個女人有名有利。」

離婚後，她還不到四十歲，獨自撫養不到九個月的女兒陳亞男，她本可以去重新追求她的愛情與婚姻，但由於她在婚姻之路上受傷太大，她從此關閉了心靈的大門，揮別了愛情，一個人過著清

心寡欲的生活。然而她的思緒常常會投向很遠很遠的地方，那是她度過青春、發現過友誼和愛情的地方。

陳學昭當年要回國時，蔡柏齡前往送別，他們曾有過兩年之約，兩年再法國相見。但在以後的幾十年中，命運像和陳學昭作對一般，多次讓她和蔡柏齡擦肩而過。一九四五年的一次是她已經受命前往法國正在東北等待時，被告知說去西伯利亞的火車不準時，不要等了。她只好就地待命。第二次是她已經準備好了出國，而上級卻在前一天通知她不要去了。後來她才知道是有人在背後打了小報告，說她出國是為了個人的私事。

一九四八年春節剛過，陳學昭從鄧穎超那裏接到了一封信，是遠在法國的蔡柏齡託到法國參加國際民主婦聯大會的蔡暢輾轉帶回中國的。蔡柏齡信中寫道：

> 我極親愛的女友：
>
> 　　在戈登夫人家裏見到了蔡大姐，得到關於您的消息，我是多麼地快樂啊！自從您回國之後，我只收到過您一封信，也不知道您的通信地址。從蔡大姐口中知道您嚐盡了艱辛，我聽了很難過！又得知您的男孩已經死了，您已離了婚，這很使我惶惑！我自從我姐姐過世後，完全失去了生活的意義和樂趣，得到您的消息，使我好像在關得密密層層的不透氣的屋子裏開了一扇窗。蔡大姐告訴我，說您還要到巴黎來的，這對我是多麼的快樂，能夠在這裏再見到您是多麼的幸福！極親愛的朋友，希望不久就能再見您！
>
> 　　請接受我最真誠的情誼和祝福！
>
> 　　您最忠實的蔡柏齡
>
> 　　　　　　　　　　　三月二十七日，一九四七年。

捧著這封信，陳學昭失聲痛哭。當年在法國巴黎的日日夜夜，那些三人歡笑的場景，歷歷在目，往事並不如煙！而如今她飽受創傷、歷經磨難，教她如何不淚流滿面呢？陳學昭把這封信一直珍藏了十九年，直到文化大革命爆發，她才不得不在「您最忠實的蔡柏齡」幾個字上吻過之後，才將這信投入了爐火。陳學昭一生之中，從沒有當面對蔡柏齡說過一個愛字。但在《工作著是美麗的》中，她這麼寫著：「她想到他獨個人僑居國外的孤寂而單調的生活，把生命沉在科學研究裏的生活，她衷心願望他有幸福，只要他幸福，她也就覺得欣慰！她對他的期望原來就是與眾不同的，到底他沒有使她失望！她彷彿看見了一張莊嚴而溫和的面孔，那抿得緊緊的嘴巴，她的心顫抖起來……」。

　　而蔡柏齡從陳學昭離開法國，卻一直沒有忘情於她，直到一九五四年才與法國女孩結婚。在那之後無比動盪的歲月裏，蔡柏齡始終沒有忘記陳學昭這位親愛的朋友，他為她寄過西蒙‧波伏娃的《第二性》和《海涅全集》等書，只要有朋友回中國，總要千方百計轉達自己對她的問候。

　　一九八一年十月初，蔡柏齡應邀來華參加辛亥革命七十週年紀念活動，自法回到中國。由於他身份特殊，國內的統戰部門非常重視。但他將自己在杭州的接待人之一指定為陳學昭。這是兩人的再次相見，但並不是巴黎，而是杭州，也不是他們所約定的兩年後，而是四十五年後。當陳學昭得知蔡柏齡要回國的消息時，她說：「我靠在桌子上寫了幾句，原想把《回憶錄‧下集》早點寫個結束，然而柏齡先生要回來的消息，多少擾亂了我的心境。我又躺到硬板鋪上，視線在翻開的《海涅全集》上，然而我看不下去，我沉浸在千絲萬縷的回憶裡。」

　　兩人終於見面了，陳學昭這麼描述：「柏齡看見我，正要站起來，我走到他和他夫人跟前，握了一下手。徵明父女把我安排在

法國夫人的對面。我左邊是亞男，右邊是柏齡，……我有時瞅他一眼，發現他也不時再悄悄瞅我一眼。不知怎麼，我說了一句：『您回來晚了點。』說出口，我自己覺得不該說；……他聽著，望著我，一下子滿眼熱淚，抿緊嘴。……司機同志剛好進來了，說：『車子來了』我立即站起來告辭。柏齡要站起來，我對他搖搖手，對他的夫人和大家招招手──為的不願干擾他們吃飯，就往外走了。亞男跟著我。只有徵明趕了出來，快到大門口，我站定了，從褲袋裡摸出一個信封。裡面有一封簡短的信，和二十張每張十元的人民幣。信的大意是：見面不容易，未能陪您上街，不知您歡喜家鄉什麼物品，希望您自己去選一下。請恕我這麼做，這只不過是我

許德珩（左二）與周培源（右一）會見蔡柏齡（左三）

晚年的陳學昭

的一點心意。我交給徵明，叮囑她悄悄轉給她父親，煩林老先生設法不讓法國太太看見，遞給柏齡。」

經歷了無數政治運動的衝擊，陳學昭已經是一個步履蹣跚皺紋滿布的白髮老人了。聽著陳學昭敘述她經受的磨難，蔡柏齡多次熱淚盈眶。早年的蔡柏齡一直非常剛毅，而那次見面時卻顯得異常脆弱。陳學昭有些不解他為什麼會那樣。也許她忘記了，蔡柏齡雖然看上去是一個中國人，但一直生活在國外，沒有親身經歷過中國這幾十年的浩劫，無法理解他的親人和他親密的朋友為什麼會經受那麼多的苦難。他實在沒有一條理由能舒心大笑。中國是一個習慣在苦難中掙扎的民族，人們能痛到受傷的心裏結了繭，冷得連什麼都感不到了，還是不知道吸取教訓。苦難卻使得陳學昭超脫了一切，她對蔡柏齡坦然地說：「您和志仁身體比我好，總是我比您們先去。」聽到這裏，蔡柏齡先是聳聳肩，接著卻抿緊嘴唇，兩眼又一次盈滿了淚水。

兩位耄耋的老人一起回憶他們的共同朋友，陳學昭問：「季志仁到底在哪裡？……我在東北時，聽到不知多少關於志仁的傳說，說他去台灣，是個國民黨員，已經不在了……」。蔡柏齡打斷她的話說：「志仁曾做過一段很短時間的翻譯，從來沒有到過台灣。他沒有參加過什麼政黨。他父親死後，經濟困難。他在美國擔任一個大學的圖書館館長。您不是不同意他學音樂麼？後來他學文學。他的夫人在那個大學裡教法文。他的私生活是曲折的。」說到這裡，蔡柏齡停了一下，陳學昭接著說：「他的曲折生活，我聽說過一點。」蔡柏齡再接著說：「到了晚年，他們夫婦很和好地在一起過日子。最使他難過的是他鍾愛的女兒，好幾年前已去世了。現在他住在大西洋邊的一個風景城市，退休已十年。」世事多變，兩人都不勝欷噓！

短暫的會面，蔡柏齡要回法國
了，陳學昭沒有去車站送行，人生
自古傷離別，更那堪是半世紀的好
友，於是陳學昭讓女兒亞男去送這位
魂縈夢牽的老友。陳學昭回憶當時
的情景：「次日大早，亞男吃了點
泡飯，就去車站，近十時才回家。
我看亞男的神色不大正常，臉頰上
有淚痕，眼睛也有些發紅。我要她
進房間裡來，在我跟前坐坐。我開
始問：『走啦？』『走了。蔡伯伯在
車站發了脾氣，他的夫人不喜歡他在
站台上和我、徵明姊姊及她的男孩子
照相。他不理她，讓她獨自坐在車廂
裡。我們照了一張相。這時候才發現
蔡伯伯和徵明姊姊一家在杭州照的許
多照片膠捲，都給他的夫人丟了。看
來她不願在杭州留著痕跡。』說著，
她拿出挾在手臂下的一隻彩色小塑膠
袋遞給我：『在照相的時候，蔡伯伯
塞給我的，一定要我拿，說：『留一
點小紀念！』我只好拿了。』我接在
手裡，打開來看，是一件紅色的的確
良襯衫。這顏色大約在法國正時興的
吧。」

陳學昭回眸往事

一九九一年十月十日，陳學昭病逝於杭州，享年八十五歲。一個受盡創痛的苦難的靈魂，終於安息了。

更是情場如戰場
——謝冰瑩的愛情故事

一九二七年五月十四日至六月二十二日的武漢《中央日報》副刊，刊登了一組〈從軍日記〉的文章，後來並由林語堂譯成英文，林語堂說：「我們讀這些文章時，只看見一位年輕的女子，身穿軍裝，足著草鞋，在晨光稀微的沙場上，拿一根自來水筆靠著膝上振筆直書，不暇改竄，戎馬倥傯，束裝待發的情景。或是聽見洞庭湖上，笑聲與河流相和應，在遠地軍歌及近旁鼾睡的聲中，一位蓬頭垢面的女子軍，手不停筆，鋒發韻流的寫敘她的感觸。」她就是「女兵」謝冰瑩。

謝冰瑩生於一九○六年，湖南新化縣大同鎮謝鐸山人，曾與陳天華、成仿吾被譽為「新化三才子」。因為她從小就「完全像個男孩，一點也沒有女孩的習氣」，喜讀《水滸》，向鄉鄰演說「武松打虎」時，竟飛出一腳把一個孩子當老虎，踢倒在地。謝冰瑩的父親謝玉芝是位清末舉人，當了二十七年的

女兵謝冰瑩

新化縣立中學校長，「他極力提倡古文，擁護舊道德，因此幼小的我，在父親的懷抱中，就要開始唸詩，讀古文了。」至於她母親，謝冰瑩這麼說：「她生來就具有一種不屈不撓的精神和堅強能幹的性格，因此誰都害怕她，服從她。這麼一來，她不但在地方上成了霸王，就是對待兒女，也像君主對待奴隸一般，需要絕對服從她的命令，聽她的指揮。」

母親在謝冰瑩三歲時，就替她與蕭家訂了親，許配給父親朋友的兒子——蕭明。為了把她培養成一個賢慧女子，母親要她多學女紅少唸書，但謝冰瑩卻天生具有叛逆性格，她絕食三天迫使母親讓步，允許她進私塾。她後來回憶道：「媽媽早上替我裹腳，我可以在晚上被窩裡解開，到我哭鬧著要上小學時，便把所有的裹腳布一寸一寸地撕掉了。那是我與封建社會作戰的第一聲。」

十二歲那年，謝冰瑩進了家鄉大同鎮的大同女校，她的未婚夫蕭明就在大同男校學習。對這位並不相識的未婚夫，她只見過一面，但印象很壞，她說：「我相信將來絕不會同他結婚的。」一九二〇年，她轉到一所離新化有四百多里路的益陽信益女子中學，是一所教會學校，由於她積極參加抗議日本帝國主義的遊行示威，並抵制做禮拜，不久就被校方開除了。一九二一年夏，她考上了湖南省立第一女子師範，她父親親自送她乘船赴長沙就讀。那時「除了上課，所有餘下的時間，我都消磨在圖書館裡，又因我有一個時期擔任圖書管理的職務，看小說的機會更多，而且每次購到新書的時候，我總有優先權閱讀。那時我崇拜的作家是莫泊桑、左拉、托爾斯泰、陀斯妥也夫斯基、小仲馬等。王爾德和愛羅先珂的童話，也是我最喜讀的，中國的小說，我最喜歡看《水滸傳》和《三國誌》。……」「歌德的《少年維特之煩惱》、小仲馬的《茶花女》和蘇曼殊的《斷鴻零雁記》，朱淑真的斷腸詞，成了我最愛的讀物……」。

　　而就在距離父母替她包辦的結婚日期愈來愈近時，剛好北伐軍興，他二哥在報上看到中央軍校招收女兵的新聞後，馬上趕去女師告訴妹妹，要她快去報到，他說：「如果你不參加革命，你的婚姻痛苦解決不了，你的文學天才無從發展，為了你將來的前途，從軍是目前唯一的出路！」身受包辦婚姻之害的二哥是很同情妹妹的。於是謝冰瑩在一九二六年冬天經歷了許多艱難曲折瞞著父母到了武漢，在兩湖書院的中央軍事政治學校第六期女生部受訓。她和兩百多個女同學受了嚴格的軍事和政治訓練，她在文章中寫道：「我們的生活是再痛快沒有了，雖然在大雪紛紛的冬天，或者烈日炎炎的夏季，我們都要每天上操，過著完全和士兵入伍一般的生活，但誰也不覺苦。」一九二七年她隨葉挺的革命軍西征，前去討伐楊森、夏斗寅。行軍、作戰異常艱苦，「平均每天至少要走八、九十里路，晚上有時睡在一張門板上，有時睡在一堆稻草裡。」謝冰瑩的鬥志非常高昂，她寫道：「在這個偉大的時代裡，我忘記了自己是女人，從不想到個人的事，我只希望把生命貢獻給革命，只要把軍閥打倒了，全國民眾的痛苦都可以解除，我只希望跑到戰場上去流血，再也不願為著自身的什麼婚姻而流淚嘆息了。」

　　但不久北伐革命失敗，女生隊解散，謝冰瑩拖著兩條跑腫了的腿，回到家鄉。母親痛罵了她一頓，並且決定儘快地把她嫁出去。為了逃婚，她想盡辦法，一連逃跑三次，但都被抓了回來。最後她只得扮演一次傀儡戲的主角，被人們用紅轎子像綁票似的抬到婆家，拜了天地，但「愛情不能帶有絲毫的強迫性，它是絕對自由的，不能強迫一對沒有愛情的男女結合」。她和丈夫蕭明談了好幾夜，蕭明還算是個善良的人，他並沒有強迫她成婚。她和他就這樣維持著名義上的夫妻關係。不久，蕭明工作的長沙公路局先後打來兩封電報，催他上班。臨別前夕，他淚眼苦面地對她說：「我是絕對尊重你的自由，我正像你一樣，被家庭逼迫著，不能不回來演這

一幕戲，現在一切由你去處置吧，反正我是永遠地愛著你的。」她本想跟他一道離家的，無奈婆婆怕她逃走，堅決不答應，蕭明也不同意，因為他期盼她有回心轉意的一天。蕭明走後，謝冰瑩在蕭家表現得像一個賢慧的媳婦，但她沒有一天不在想逃出蕭家的法子。天無絕人之路，這時她的母校大同女校送來一紙聘書，聘她擔任班主任。她利用應聘任教的機會逃往長沙，到了長沙後，她住在她大哥家裡，她立即給蕭明寫信，要求他同意登報解除婚約。一星期後，蕭明的回信才姍姍而來，信中說了許多不情願的話。謝冰瑩緊接著又寫了一封長信去，直把情理說盡、靈筆寫禿，蕭明總算勉強答應了。當解除婚約的啟事在報上登出後，謝冰瑩高興得像瘋了一樣，在大哥的廚房裡，把兩瓶酒統統灌了下去。

謝冰瑩在《女兵自傳》中提到「鴻是我二哥最好的朋友，他愛我還在奇之前。」其中「鴻」指徐名鴻，廣東揭陽人；「奇」則是符號，本名符業奇，湖北省仙桃鎮人。謝冰瑩說徐名鴻長得魁梧英俊，有演說的天才，體育很好。「我也曾有一個時期非常愛他；後來聽說家庭的環境太複雜，周大姊又在熱烈地向他追求；同時他的性格也和我不相同，他不喜歡我學文學，但我絕對不能放棄文學，寧可犧牲愛情。」謝冰瑩說自從漢口分手後，我們一直沒有見過面，而且彼此不通音信，但徐名鴻對謝冰瑩仍是一往情深。

其實謝冰瑩在軍校時代有三個朋友，他們都是愛好文學的。謝冰瑩說：「三個人當中，艾斯年齡最大，奇最小，莫林是很善於交際的，常常喜歡寫論文，開會時，老被推為主席；艾斯是個研究童話的，他專門喜歡交朋友；奇是個青年詩人，不大說話，性情比較深沉，憂鬱，他們三個人都很喜歡我，我也把他們當做自己家裡的哥哥弟弟一般看待。」其中「艾斯」是谷萬川，據謝美生、鄭新芳的〈從保定一中走出的著名作家〉文中得知，谷萬川一九○五年生於河北省望都縣谷家連青（今名谷家村）。一九二一年以優異成績

考取直隸六中（保定一中前身），一九二四年畢業，考入北京師範大學附屬中學，此間，時常去北師大聽周作人先生講課，並與周作人通信、交往。一九二六年冬，他接受中國共產黨的指示南下武漢，考入黃埔軍校武漢分校。他是最早對謝冰瑩展開熱烈追求的，在謝冰瑩不答應蕭家的婚事而被母親軟禁的那年，谷萬川曾帶著一位女友，冒險從江西到新化去看她。而被軟禁期間，父親不許她對外通信，至於來信也經過嚴密地檢查。符號卻化名為「鳴妹」，以一手娟秀的蠅頭小楷，贏得謝父的賞識與喜愛，謝父還說鳴妹聰明與鳴鳳（謝冰瑩）可稱一對女才子。後來兩人結合後，謝冰瑩還笑著說：「什麼鳴姐鳴妹，那是一曲鶯鳳和鳴，也可以說是一幕梁祝喜劇。」這是後話。

　　謝冰瑩與蕭明解除婚姻關係後，輾轉來到上海，在阿英的介紹下，她考入上海藝術大學中文系。一天，尚在軍隊的符號請了假去上海看謝冰瑩。在此之前，他曾寫了許多抒發情懷的詩寄給她；在行軍途中，他每至一處，都要摘下一片樹葉，或是一朵花，夾在信裡付郵。不知從何時起，她和他已悄悄由一雙朋友變為一對戀人了。而這時谷萬川也在上海，他幾乎天天去看謝冰瑩，他熱烈地追求她。謝冰瑩說：「艾斯知道了我在愛奇，他簡直痛苦得發瘋。有天早晨，我去看奇（他就住在艾斯那裡），艾斯一句話也不說，只是那麼呆呆地坐在那裡望著我們談話。我知道情形不對，只簡單地談了幾句就回學校；艾斯連忙從後面追來了，他一手把我拖住，用兇惡的態度問我：『你為什麼愛上奇？你知道這是絕對不可能的嗎？你如果遺棄了我，我就要殺掉你！告訴你，我愛你愛到這個地步，你再也不要想逃脫……』」。第二天谷萬川意識到自己的行為不對，他流著淚，跪在謝冰瑩的床前，手裡拿著一張他自己畫的畫，那是一個犯罪的人，跪在十字架前懺悔的像，他要求謝冰瑩原諒昨天的過失。一九二八年谷萬川在上海主動離開謝冰瑩，後來謝冰瑩還送他上船

谷萬川主編的「北方左聯」機關刊物
《文學雜誌》

赴天津轉北平求學。在北師大谷萬川組織「人間社」，在《北平益世報》辦副刊〈人間週刊〉、〈旅途〉等欄目。出版《大黑狼的故事》童話集，周作人親為作序。也因此漸與周作人的女兒周靜子相互產生愛意，但周作人並不同意，弄得他精神很痛苦。謝冰瑩回憶道：「聽說後來他的精神反常，拼命追求一位周小姐，有一次還打破了周家的玻璃窗，不久被送進瘋人院，唉！可憐的他，最後到底為戀愛犧牲了！」。在「文化大革命」的一九七〇年中，這位左聯作家卻被以「現行反革命」罪名被逮捕並槍殺。這是後話。

一九二九年五月三十日，謝冰瑩離開上海，輾轉到了北京，先與女作家陸晶清合編《民國日報》副刊，後在黎錦熙先生的幫助下，進了女師大讀書。而此時符號已退伍，在天津招商局做事，他們兩人結合了。

但因為愛得過深，所以猜忌也多；因為追求完美，故而容不得些微瑕疵。而就在一九三〇年一月底，久未聯絡的徐名鴻不顧朋友的勸告，從廣州趕到北京去看謝冰瑩，這個舉動引起謝冰瑩與符號的緊張關係，謝冰

瑩說：「為了怕奇疑心我還在愛鴻，我犧牲了女師大的課不上，就住在那間小房裡，整天日夜陪著他。到了第三天，正是舊曆除夕的晚上，有一個文藝座談會需要出席，同時還要參加同學的聚餐，所以就告訴奇我要去西城，附帶又聲明一句：如果時間來得及，我還要去看鴻一下。他同意了，不過希望我在九點以前回來，因為他的弟弟買了雞和酒，準備在家過年。……哪知事情偏偏那麼不湊巧，電車因為除夕的搭客少，又加之正下著大雪，已經停駛了。我只得叫了一輛洋車；沒想到恰恰又遇到一個跛子車伕，等他一拐一拐拉到目的地時，早已過了約定的時間。……一走進房門，房子裡黑漆漆地只聞到一股刺鼻的酒臭味，地上堆滿了破碎的酒瓶和碗碟之類的碎片；奇已經呼呼地在打鼾，好不容易我摸著火柴盒把燈點起，一看模樣，就知道奇是生了最大的氣。我後悔不該去看鴻，後悔沒有步行回來──那要比跛子的車快多了；更後悔沒有拉著奇和我一同去鴻那裡，現在還有什麼可說？大錯業已鑄成，我只求奇的寬恕與原諒！『你這女人，不是好傢伙，一切我都明白了！你明明愛著鴻還欺瞞著我；他比我漂亮、能幹，比我有錢、有地位，你去愛他吧！』天啊！由奇嘴裡怎麼會說出這樣的話呢？起初我還以為這時是他喝醉了的囈語，所以並不十分責怪他，我仍然不住地向他懺悔，請求他原諒我的過失。漸漸地他的神智愈來愈清醒，言語也愈來愈刻薄了。沒法，為了要表明我的心跡，我決定一死了之；當我拿起一把菜刀想要向脖子上亂砍時，突然刀被奇一手搶去了；當我想狂奔出去臥在鐵軌上讓火車碾死時，也被奇的暴力拖住了。總之：在這個時候，我心中的痛苦是無法表白的，除了立即把自己的生命毀滅，實在無法使奇明瞭我的心跡；更不能使他相信我是愛他而絕不愛鴻。可憐我當時根本沒有死的自由，任我如何詳細向奇解釋其所以遲歸的原因，他絕不相信，而且憤憤地說：『我連自己都不相信，都不瞭解；何況要相信別人，瞭解別人？』就這樣，他終於誤會我了……」。

謝冰瑩

後來他們可愛的女兒出生，取名符冰，又名小號兵。過去的誤會，都在孩子的哭聲中消失了。為了一家三口的生活，符號到天津北方書店去工作，可是沒多久，因這家書店是中共地下機關而遭搜捕。謝冰瑩帶著孩子去探監，符號對謝冰瑩說：「我們是革命伴侶，結婚是沒有條件的，現在我們不能生活在一起，你願意採取什麼樣的生活方式有你的完全自由，我對你的意見是無條件地贊同，包括安頓小孩子的問題在內。」在生活陷入絕境的情況下，謝冰瑩不得不下決心離開北平，南下來到武昌，打算奉養婆婆周慶餘，撫育孩子，等符號一輩子。符號的母親十分歡迎謝冰瑩的這個決定。於是，謝冰瑩日夜拼命寫作，賺點稿費，補貼家用。那時只有《武昌日報》副刊〈鸚鵡洲〉有點稿費，但少得可憐。副刊編輯說，即使全部登載她的作品，稿費也不過拿來作三天伙食。到了走投無路的地步，謝冰瑩說服符母，讓她帶著小號兵回湖南新化娘家去，這樣既可減輕婆婆、小姑的負擔，又可使大家有條件生活。得到符母的諒解，謝冰瑩抱著孩子出了家門。可是，符母空坐家

中，感覺無限的失落與空虛。於是，又追回了小孫女。謝冰瑩孤獨一人，怕回到老家後母親會逼她改嫁，或者把她禁錮起來，她感到萬般無奈，便隻身轉道上海。

來到上海，顧鳳城友愛的手伸過來了。顧鳳城，江蘇無錫人，後來是位小說家。著有《沒落的靈魂》、《落紅》、《期待》、《莉娜之死》等小說集，另外還有《新興文學概論》、《新文藝辭典》、《文學常識》等著作。其實早在一九二八年，謝冰瑩在上海藝術大學中文系讀書時，他們就認識，當時顧鳳城在光華書店編輯部工作。此次謝冰瑩在走投無路時，顧鳳城幫她在江灣找到一個僻靜的住所，她稱之為「黑宮」。「在黑宮，在那間永遠不能忘的房間裡，我花了不到三個星期的光陰，完成了兩部十四餘萬字的著作──《青年王國材》和《青年書信》。我整天日夜不停地寫，忘記了睡眠，也忘記了飢餓。」與她寫作同樣快速的是愛神的箭又向她射來。有一天，她從外面回到住處，發現桌上有一封信，顧鳳城直露而熱烈地向她求愛：「姊姊，奇負了你，他的誤會刺破了你的心，讓我來用這顆赤熱的心，醫好你的創傷吧！」謝冰瑩的心在顫抖，「該不是上天有意在捉弄我吧？剛剛從愛的苦海裡跳出來，兜頭卻又是一張情網在候著我。怎麼辦？怎麼辦？」謝冰瑩說：「說實話，我很討厭紉（案：顧鳳城）恨不得立刻離開他，永遠不見他的面；可是第二天，當他站在我的面前，微笑著和我談話時，我又沒有勇氣躲避他了。無用，無用，女人到底是個無用的人啊！她一輩子也逃不出愛的羅網。」

關於顧、謝兩人的婚禮，謝冰瑩的好友作家李白英這麼回憶：「顧和謝在當時英租界梅白路長康里租了一間樓房，舉行了頗為別緻的結婚儀式，在場五人，除了我和新郎、新娘，尚有主婚人顧的父親，尚有證婚人柳亞子先生。桌上點一對紅燭，顧和謝肅立，由柳讀了結婚證書，新郎、新娘、主婚人、證婚人一一蓋章，婚禮便

算告成。接著，就在房間裡吃一頓便酒飯。過幾天，顧、謝在『杏花樓』舉行兩次婚筵。婚筵分為兩天舉行，第一天是中、『右』派作家，第二天是左翼作家。因為顧給光華書局拉關係，各方面的作家他都認識。第一天我沒參加。第二天我參加了。冰瑩穿著花綢旗袍，受大家的祝賀。丁玲還以『鳳城寒盡怕春宵』為題，叫大家寫詩。我也曾寫過一首七絕給她看，她一看說：『不好！』我也確實覺得不好。」

　　拿到《青年王國材》和《青年書信》的稿費後，謝冰瑩決定用這筆錢去日本留學。顧鳳城起初不贊成，對於熱戀中的人來說，分別不緊緊意味著思念的煎熬和等待的焦慮。可是她決心已下，在無可奈何下，他送她上了開往神戶的皇后號輪船。抵日後不久，「九・一八」事變發生了，屈辱的祖國連帶著它的海外子孫也屢受侮辱。謝冰瑩在日本待不下去了，她帶著顆受傷的心，回到祖國的懷抱，也回到顧鳳城的懷抱。

　　一九三二年「一・二八」的槍砲聲響了，謝冰瑩參加了寶隆醫院的救護隊，冒著槍林彈雨救護傷兵，另外又負責「上海著作人抗日救國會」的宣傳工作。在戰火中她認識了女作家白薇，病弱的白薇儘管連走路都歪歪倒倒的，可是也堅持著要為抗日救亡出把力，讓謝冰瑩十分欽佩。而相對於顧鳳城，謝冰瑩說：「我認識他的真面目，也是在這個時候，所謂『疾風知勁草，亂世識忠臣』，真是一點不錯。我不知從那裡來的勇氣，居然毅然決然地和他斷絕關係了。」

　　一九三二年，謝冰瑩到福建任教期間，徐名鴻也在福建工作。當時他已經和一位廣東護士小姐郁青結了婚，並且生了個可愛的男孩。但徐名鴻並沒有此忘情於謝冰瑩，謝冰瑩說：「我並不高興他這種對妻子不忠實的愛情，倘若我處在郁青的地位，我是多麼傷心啊！既然是過去的事，就應該讓它一切都成過去。從此我就不到他們家裡去了，免得鴻和郁青，因為我的緣故而發生什麼意外。」

　　有次謝冰瑩途經廈門時，偶遇廈門中學校長莊奎章，一談起來，發現彼此竟是師大同學，莊校長當即邀請謝冰瑩去廈門中學任教。就在廈門中學她認識了學校裡兼教生物的教導主任——黃震。黃震又名黃經芳，是福建仙游人，比謝冰瑩年長六歲，一九二六年畢業於北京高師生物系。他們兩人經常躞蹀在金色的沙灘上，拾著美麗五彩的貝殼，靜聽海潮衝擊在岸邊發出的聲響，謝冰瑩這麼寫著：「細沙是這般軟得可愛，好像坐在天鵝絨般的地毯上一般，我和特（案：黃震年輕時酷愛《少年維特之煩惱》，自署維特。）都躺下了」，「我們是這樣快活，毫無牽掛地投入了大自然的懷抱裡」。當時謝冰瑩在課餘外辦了個《曙光》文藝周刊，附在《廈門日報》上，又和集美中學任教的青年詩人方瑋德以及廈大學生郭莽西、謝文炳等創辦《燈塔》月刊，黃震成了謝冰瑩的得力助手，經常幫她校對清樣，在昏黃的燈下，兩人對坐到深夜。

　　一九三三年十一月二十日，「閩變」爆發，謝冰瑩被捲入「閩變分子」上了政府通緝名單，於是她不得不匆忙地與黃震分別，逃往上海。但當她驚魂甫定到了上海，《申報》又登出了通緝名單。在柳亞子的勸說下，她只得逃回湖南避風頭。而和她同樣被通緝的徐名鴻，就沒有那麼幸運了，當他逃回廣州時，被陳濟棠捕獲並槍

謝冰瑩在寫《女兵自傳》

《一個女兵的自傳》書影

伏案中的謝冰瑩

斃了。後來謝冰瑩在寫《女兵自傳》時，特別提到：「首先讓我向那位替我製造悲劇的主角鴻靜默三分鐘誌哀，他離開人間整整十四年了，我不敢想到他死時的慘狀。當我在《申報》上發現他死的消息和他的照片時，我竟暈倒了，如今，墓廬上想已白楊蕭蕭；但不知埋葬何處，幾時能有機會讓我去憑弔孤魂？」。

　　謝冰瑩在長沙時病倒了，黃震適時來到她的身邊，他們就在妙高峰下結合了。當時趙家璧正為良友圖書公司主編中國文學叢書，約謝冰瑩寫一部自傳，就是後來的《一個女兵的自傳》；。而黃震則在湖南省立一中謀到一份教職，兩人各自忙於寫作與上課。一九三五年初，謝冰瑩隻身再赴日本，入東京早稻田大學研究院攻讀。但她仍眷眷不忘留在長沙的黃震，雖然滔滔大洋阻隔，但他倆卻情書不斷。謝冰瑩回憶道：「我曾經一天收過他的五封信」，「在月明如水的夜裡，佇立在富士見莊的電桿下，靜靜地讀著他情緻綿綿、又充滿生命力的情書，……美的夜景配合著我愉快的心情，我忘記了自己還在人間。」三月間，黃震也到

日本，入東京帝國大學學習應用動物學。同時帶去謝冰瑩的十六冊日記和近兩年為她剪貼的幾十萬字的作品。他倆租居在郊區一片爛漫的櫻花林裡，孜孜不倦地學習與工作著。但意想不到日本軍閥的魔爪已暗暗伸向他們，四月十二日他們因反對「滿州國」的言論，被日本軍閥定為「思想罪」，被捕入獄。三週的鐵窗酷刑更磨練他們的鬥志，他們生死與共、相濡以沫，始終保持中華兒女的堅貞氣節。最後幸得柳亞子通過中國駐日大使館交涉，才得以保釋。後來謝冰瑩寫了一本《在日本獄中》，控訴日寇暴行，黃震以維特筆名為之寫「後記」。

謝冰瑩（左）趙清閣（中）與程夢蓮

　　一九三七年抗戰爆發，謝冰瑩和黃震從南昌赴南嶽衡山避暑，謝冰瑩亢奮地對黃震説：「我要再度從戎，奔赴前方殺敵！」於是她立即回長沙組織湖南婦女戰地服務團，奔赴前線為傷兵服務。汽笛聲中，她看到黃震拿著白帽在月台上向她頻頻揮手告別。次年三月，黃震受謝冰瑩激勵，也毅然辭去教職，轉往長沙《抗戰日報》社任記者。他們曾在浙江戰地重逢，但匆促會晤後，又

各奔前程、共赴國難。一九四〇年春，謝冰瑩從婦女戰地服務團復員後，入重慶《新民晚報》編副刊，黃震則在國立編譯館工作。這時西安中國文化出版社來信邀謝冰瑩前往編輯《黃河》文藝月刊，謝冰瑩決計應聘。黃震原要隨行，就在整理行裝時，卻因為一場小小誤會引起爭執，黃震久久不能釋懷，於是謝冰瑩一氣之下隻身西行。以後黃震雖去信請求諒解，並想前往西北，卻又接到母親病危的電報，不得不趕回福建老家料理後事；此後因戰時交通中斷，黃震就一直留在福建工作。重慶一別遂成人生永訣，而七年的共同生活也劃上句點。

一九四〇年謝冰瑩到西安不久，就和燕京大學化學系教授賈伊箴相戀結婚了。婚事由謝冰瑩的三嫂曾憲玲操辦。因為是抗戰期間，一切從簡，只請了幾個親近的朋友辦了一桌酒飯。柳亞子曾寄詩以賀：「十日三傳訊，開緘喜欲狂。冰瑩今付汝，好為護紅顏。」儼然以老泰山自居，一時傳為佳話。

符號在天津受了五年牢獄之災後，回到武昌。到女兒十三歲時，才由母親和女兒作主，同一位老姑娘王桂葉成婚。一九四二年謝冰瑩和符號在桂林重逢，那時他們各自均已結婚。他們共同的女兒小號兵已上中學了。謝冰瑩在環湖酒店設宴，離散的夫妻又坐在一張桌子上，謝冰瑩向符號提出讓女兒跟她生活，符號表示同意，但女兒卻有意見，小號兵在日記記述她在桂林與母親相會的經過：

> 一九四二年三月，謝冰瑩由成都過桂林，特地通過柳亞子先生約我去見面，她要求把我帶走。我在柳家對謝的態度很不好。我自己思想上是矛盾的。想到跟她去可以接近許多作家，更順利地開始我的「文學生活」。但是想到謝已另婚，又生了兩個孩子，我去是不會有什麼優越地位的，顧慮去了以後姓什麼？

和謝的丈夫、孩子如何相處？
也由於捨不得離開祖母，結果
沒有去，內心又覺得有幾分委
屈，感到這是一個犧牲。謝走
時，託亞子先生多照顧我，
……

謝冰瑩的素描

柳亞子很喜歡小號兵，稱讚她有
寫作才能，很像她母親謝冰瑩那樣具
有天賦資質，還曾寫一首七律贈她，
開頭兩句是：「可憐嬌小十三齡，雛
鳳清於老鳳聲。」小號兵最後還是跟
著父親。

一九四八年謝冰瑩應聘到台灣
師範學院（台灣師範大學前身）任教，
賈伊箴隨她同行。謝冰瑩講國文和
「新文藝習作」，賈伊箴任化學教
授。一九五八年夫婦相偕應聘赴馬
來西亞太平市華聯中學任教，兩年
後返台。

晚年的謝冰瑩

一九四九年後符號應章伯鈞之
邀，遷居北京，符兵（小號兵）也
在中央戲劇學院圖書館任管理員。
一九五七年符號被劃為右派分子，送
草甸子農場勞改，符兵則擔起家庭重
擔，督導繼母所生的兩個幼弟的學
業。一九六六年「文化大革命」的狂

風惡浪中，符兵在就因為她媽媽謝冰瑩在臺灣而被凌辱和圍鬥，她忍受不了，從學院建築物頂上躍下自殺了，年方三十六歲。

而符號幾十年身處逆境，都挺得過來，但他漸漸為老友的誤解、為符兵的命運自責、自詛，而不能自拔。尤其在知道謝冰瑩的三嫂不肯把他的中篇小說〈真假夫妻〉轉給在海外的謝冰瑩看，知道謝冰瑩為符兵的死責怪他枉為人父，沒有盡到保護之責時，符號深感再無面目重見故人。當符號獲讀謝冰瑩的〈焚稿記〉後，寫詩道：「知君焚稿了前緣，中夜椎心懺舊愆。勞燕分飛天海闊，沈園柳老不吹棉。」酒闌燈滅，符號再也禁不住情感的打擊，他一病不起，在一九九三年立秋時去世了，死時還呼喚著：「冰瑩，北平；符兵，北京⋯⋯」。

而一九七二年八月，謝冰瑩從台灣乘船赴美探望女兒和朋友時，不幸在船上摔倒，右大腿骨折。在美國治療一年後，於一九七三年回到台灣，由於腿傷未癒，她不得不放棄心愛的教學工作，與執教二十多年的台灣師大告別。一九七四年移居美國，與丈夫賈伊箴居住在舊金山。從此她遠離塵世喧囂，心如止水地過著一種「也無風雨也無晴」的平靜生活。一九八八年賈伊箴去世，謝冰瑩則獨居在百老匯路的一家老人安養中心。二〇〇〇年一月五日她病逝了，享年九十四歲。

她曾是一個「女兵」，又是一個了不起的作家，她勤奮地筆耕了半個多世紀，為我們留下一千多萬字的作品，她一生走過艱辛的道路，也留下她多采多姿的身影。

情難訴

——諜海才女關露的坎坷一生

一九八——年十二月五日，寒風凜冽，大地冰封。在北京朝內大街203號文化部大院裡的一間只有十平方米大的筒子樓宿舍裡，住著一位疾病纏身、孤獨寂寞的老婦人，她滿頭灰白頭髮，一臉憔悴疲憊不堪的神態，彷彿再也支撐不下了。這天是星期天，經常來幫她整理文稿的朋友陳慧芝照例回大女兒家去團聚了。一大早老婦人對請來照料她的保姆金正英說，要放她一天假，讓她去會會老鄉什麼的。在保姆走後，她就緊緊關上了大門，她整理好了床鋪，又整理好自己，在整理好那個陪著她多時的布娃娃，然後從容地將安眠藥放入口中，再從容地抱緊那個布娃娃，就像母親緊抱自己的孩子一般，她平靜地在

關露

那張破舊的單人木板床躺下，很快就昏昏沉沉地睡去，她從此就再也沒有醒過來了。她是女作家關露。

十二月十八日，文化部和中國作家協會聯合召開「悼念關露座談會」，四十多人參加，主要有周揚、丁玲、陳明、艾青、夏衍、梅益、姜椿芳、周巍峙、馮牧、楊沫、嚴辰、王亞平、柳倩等人。還有一個最想不到、但也許是關露最盼望的與會者是王炳南。大家差不多都發言了，講得最動情的是丁玲。她說：「她是一個善良的人，甚至有點傻，總是犧牲自己。她的心靈負了傷，孑然一身，沒有親人，她是很寂寞的。我們的社會主義國家應該充滿陽光，但是陽光照不到她身上。……」王炳南說：「她由於黨的工作需要，深入敵營。但外界不了解她的真實情況。我認為，讓一個已經馳名的左翼作家去當『文化漢奸』，在群眾中造成不好的影響，現在看來，這樣的安排是不妥當的。她是一個忠誠的戰士，為黨做了許多工作。」

關露原名胡壽楣，又名胡楣。原籍河北延慶縣，一九○七年七月十四日生於山西太原。父親胡元陔在山西為官，十歲時父親去世。母親徐綉鳳以當小學教員的微薄收入，撫育幼小的關露及小關露兩歲的妹妹胡壽華（胡綉楓）。關露在太原的師範附小讀書，晚上跟母親學古文，讀四書五經等，從此她愛上了文學。好景不常，十六歲時母親又去世了，關露在生活無著下，只得隨二姨母到南京。關露努力上進，用功讀書，幾經曲折，終於在一九二八年考取了南京中央大學。入學的頭兩年，她唸的是文學系，她有系統地學習了文學知識的理論，並閱讀了大量的名著，奠定了厚實的文學功底。後來她受到宗白華先生的影響，就轉到哲學系去學哲學和美學。在此期間，她經同學鍾潛九的引介，結識當時已在南京文壇初露頭角的張天翼、歐陽山以及途經南京滯留的胡風等人。她開始寫了一些短詩和短篇小說，她還被邀參加由歐陽山主編的文學刊物《幼稚周刊》的編輯工作，從此她步入了文學圈。

　　一九三一年夏天，關露離開中央大學，來到上海。當時鍾潛九已是中共地下黨員了，在鍾潛九的鼓舞引導下，關露也投入了工人運動。不久，又參加了「上海婦女抗日反帝大同盟」的工作。一九三二年春，她被吸收加入了中共地下黨。而在這年她和沈志遠同居了，那是她的初戀。沈志遠，又名沈華生，浙江蕭山人，一九○二年生。一九二五年加入共產黨，次年受上海黨組織的派遣，赴莫斯科孫中山大學學習，主攻政治經濟學、辯證唯物主義、社會發展史、西方革命史、中國革命問題等多種課目，修業期滿後，再入莫斯科中國問題研究所當研究生，並以優異成績畢業。他除了具備深厚的馬列主義理論外，還精通俄、英、德數國語言，在共產國際東方部中文書刊編譯處工作時，參與翻譯出版《列寧全集》六卷集中文版的工作。

　　一九三一年底，他回到上海，很快地成為關露的妹夫李劍華的座上賓。李劍華當時是上海法學院暨復旦大學的教授，他們的家在法租界的西愛咸斯路（現名永嘉路）的慎成里。作為「社聯」的活動據點，李家成為許多人士聚集談天的場所，沈志遠也經常來到這裡。而當時關露住在拉都路（現名襄陽路）租來的公寓房，離妹妹家不遠，所以幾乎天天到李家。經妹夫李劍華的介紹，她就認識了沈志遠。

　　據傳記作家周宗奇的描述，兩人相見恨晚，兩情相悅，讓他們有說不完的話題。聽說麥琪路一家俄國人開的小咖啡館就成為他們談情說愛的去處。在那裡他們談詩，中國的、外國的；談詩人，普希金、葉賽寧、馬雅可夫斯基；談革命，談前程，談世界、社會、家庭、人生……，總之，有談不完的話題。有次他們來到畢勳路新落成的普希金銅像前，關露再也按耐不住一腔激越的詩人之情，她為她的戀人背起普希金的那首名詩：

　　　　我的聲音你聽起來既親切又鬱悒，
　　　　在昏黑的深夜打破了四周的幽寂，

床邊的蠟燭照亮了淒清的長夜。

我的詩句像溪水般淙淙地流瀉，

它傾訴著對你的愛情、情深意長。

黑暗中你的眼睛對著我發亮，

我聽到你低低的聲音，

親愛的朋友，

我愛你，我是你的……

　　很快兩人同居了，這時沈志遠擔任中央文委委員兼中共江蘇省文委委員，還擔任「社聯」常委，參加編輯《研究》雜誌，可說是忙得團團轉；而關露也沒閒著，她正式的職業是歐亞航空公司的英文翻譯，時寄上主要精力仍放在「左聯」。一九三三年十一月，十九陸軍將領蔣光鼐、蔡廷鍇發動了有名的反蔣「閩變」。蔣介石又氣又恨，在上海大肆搜捕抗日愛國人士，到處充滿白色恐怖。此時關露正忙著為聶紺弩主編的《中華日報》文藝副刊組稿，而聶紺弩的住處已被國民黨特務盯上了，關露也在抓捕之列。妹妹胡綉楓接到組織通知後，馬上告知關露火速離開上海。由於事關緊急，關露也顧不得等沈志遠回來，她趕忙收拾簡單的行裝，遠走湖南長沙劉道衡先生家暫住，臨行前只給沈志遠留了一封短信。

　　這一走就是三個多月，直到第二年春天，關露剛回到上海，一對情人尚未好好團聚，沈志遠方面又出事了：他的胞弟突然被捕，一下子就牽連到他。按照組織意見必須迅速離開上海到鄉下去。也許是關露上次的不告而別傷了他；也許是這次胞弟的變故嚇著了他，總之他的情緒低落，總是沉默不語。臨到關露送他上火車時，他才掏出一封預先寫好的信遞給關露，那是一封「絕情信」。火車開走了，所愛的人也走了，原本熾熱的戀情熄滅了，關露的心碎了……她回到住處，一任痛心的淚兒流淌，她寫下〈別了，戀人〉的詩——

淚滴，

繁星，

夜的海洋。

話別時候的嘴唇，

你說，

別了啊，戀人！

……

千百樣的別離情景，

使得你悲咽，

在悲咽中前進。

為了你的生存，

回顧不了那剛從你的臂裡

消失了的微溫；

回顧不了那

秋晨的眼睛，

玫瑰的臉頰，

那酥暖的胸膛，

嫣然一笑的面影。

在一切不回顧的當中你去了，

去遠了！

到如今，

再也不能看見你的背影，

你的一切都不留存，

留下的只是那封信……

關露

　　在三〇年代的上海，才情畢現的關露，在各大報刊上發表了大量的詩歌、散文、小說、評論及翻譯作品。如果不是後來她接受中

共地下黨的另一向工作安排，「關露」的名字是可能和丁玲、張愛玲等女作家齊名的。但由於她接受了這項任務，從此也接受了命運的戲弄，使她在後半生裡飽嚐了難以言宣的磨難與羞辱。

當時組織原本是要派她的妹妹胡綉楓打入汪偽特務機關去做策反的工作。因為關露姊妹和汪偽特工頭子李士群有舊，因此組織才打算讓胡綉楓去接近李士群，但又考慮到她已經和丈夫李劍華好不容易已打入國民黨上層，此時又遠在湖北宜昌，而關露恰在上海，於是便決定由關露代替妹妹打入魔窟「七十六號」。

關露忍辱負重，背著「漢奸」的罪名，出入「七十六號」，與李士群周旋，與大大小小特務的太太周旋，在牌桌、酒宴、舞場上獲取了不少有價值的情報。面對以往同志的任何不理解甚至惡意的攻擊，她都沉默以對。與其說是她堅守對潘漢年的諾言──「我不辯護！」，不如說是她用赤誠忠心表明自己對信仰的近乎癡迷的堅守和維護。

外交才子王炳南在將近半個世紀後回憶說：「一九三六年西安事變後，黨派我到上海工作，關露和王安娜很接近，和我們家常有來往。我經常在報紙、雜誌上讀到她的作品，還讀了她寫的中篇小說《新舊時代》。一九三八年我離開上海到武漢，後來又到重慶，我們在上海的家就交給了關露，很長的時間裡她一直住在那兒。有一個時期由於兩個地區通訊不便，我們之間一度失去了聯繫。後來她介紹一對青年夫婦到重慶來找我，才知道她由於黨的工作需要，深入敵營。但外界不了解她的真實情況，因為她到東京開過會，上海有些小報罵她是『漢奸文人』，這對她的精神壓力很大。」

由此觀之，關露與王炳南的相識應早在一九三七年初，她還沒有投敵之前，兩人曾交往一年多，只是當時王炳南已婚。王炳南一九〇八年生於陝西乾縣，十七歲在三原中學加入共青團，次年加入共產黨，二十歲在楊虎城的十七路軍做地下工作，深得楊虎城之

信任，先資助他赴日深造，緊接著又送他去德國柏林大學攻讀政治學。在德國期間，他曾任德共華語組書記、旅歐華僑反帝同盟主席等職。一九三五年風華正茂的王炳南與出生在西普魯士的同齡女郎安娜利澤（後改名王安娜）在傾心相愛後於倫敦喜結良緣。一九三六年三月，中共駐共產國際代表團派遣王炳南回國作楊虎城將軍的工作。夫婦倆即取道西伯利亞回到西安。王炳南繼續在楊虎城的西北軍做事，公開身份是楊虎城的秘書。

而至於王炳南所說的「她到東京開過會」的事，是已晚到一九四二年的事了。那時組織上級通知關露已經另外派人到「七十六號」去了，她可以不用再和李士群糾纏了，當時關露感到一種前所未有的解脫。怎知，幾天後她又接到通知，要她去日本大使館和海軍報導部合辦的《女聲》雜誌當編輯，在《女聲》社社長、日本左翼女作家佐藤俊子的左翼友人中，暗中尋找日本共產黨，借機搞一些日本的情報資料。而一九四三年八月二十五日，日本在東京舉辦第二屆「大東亞文學代表大會」，關露受上級指示出席了大會，並作了〈中日婦女文化之交流〉的講話，再次頂著「漢奸文人」的帽子出現在世人的面前。

王炳南

王安娜

傳記作家宗道一在文章上說：「令人遺憾的是，抗日戰爭勝刊後，王炳南和王安娜在異國孕育出來的愛情走到了盡頭。十餘年來的情愛，徹底劃上了無可奈何的句號。其實，夫婦間感情縫隙早在抗戰勝利前就已隱隱產生。人們毋須去追索那種種不足為外人道的緣由，也許婚姻的發生和解體從一開始就同時孕育著。二十年後，這位被八路軍最早授予少將軍銜的王安娜女士平靜地回憶了當時的情景：『幾次長談之後，我和炳南決定，與重慶的告別之時，也就是我們的分離之日。這次分手是暫時還是永久，我們還不清楚。使我們分手的因素很多，但使我們結合的原因也不少。所以我們兩人都贊成暫時先分手，它將來也許會導致我們的重新結合，或者到即使決心離婚，我們也不會太難過。……或許，我們重新恢復夫婦關係的確是沒有希望的了，那麼還是趁著我們之間還沒有發生更大的糾紛，像好朋友似地分手好。』」

就在王安娜與王炳南揮揮手、分道揚鑣的時候，關露走進了王炳南的情感世界。抗戰勝利後，關露

天真地以為可以重新回到左翼作家的陣營裡，再次感受來自同志間的溫暖和信任。不料，國民黨政府懲處漢奸的通緝令，赫然有她的名字。周恩來曾建議有關部門將關露轉後到新四軍去。作為與關露已經兩情相許的王炳南，自然更加關心，他找上將赴上海工作的老朋友夏衍，請他務必親自設法把關露安全護送到蘇北解放區。據周宗奇的描述說：「當關露安全抵達新四軍總部所在地，被安排到浙東縱隊文教處工作，並給遠在重慶的王炳南發出平安電報時，據說接報後的王炳南『欣喜若狂』，然後不管工作多忙，一封封的情書便雪片也似地飛往蘇北，終於使關露塵封十年如冬眠般的情感世界漸漸蘇醒，如春回大地，陽光明媚。」宗道一在文章中說：「萬事俱備，只欠東風。王炳南滿懷希望興沖沖來到梅園新村周恩來的辦公室，他萬萬沒有想到出面干預這事的竟是敬愛的周恩來副主席和鄧穎超大姐。當他把自己和關露的一切告訴眼前這位長兄般的老領導時，他看到皺了皺眉頭的周恩來的臉上掠過一絲不易察覺的陰影。幾天後，周恩來鄧穎超夫婦以少有的口吻、語調緩慢深長地對王炳南說道：『炳南同志，關露同志是個好同志。但是由於她的這一段特殊經歷，在社會上已經留下不好的名聲。不少人以為她是文化漢奸……。』『炳南同志，你長期從事黨的外事工作，如果你們兩人結合，恐怕會在社會上帶來不好的影響，這對我們開展工作並不利……』王炳南不知是怎樣走出周恩來的辦公室的，似乎也記不得鄧穎超又交待了什麼。他的心中陣陣絞痛，又好似亂麻。但是王炳南終究是一位獻身革命多年的年輕的『老同志』，漫長鬥爭生涯中，練就的堅強意志，使他很快控制住自己差不多是悲哀絕望的情緒，把一切都埋藏在心底。」

王炳南想通了，他以大局為重，他不能也沒有理由為兒女私情長吁短嘆。於是當天晚上，王炳南就給關露寫信。而當關露接到這封「絕交」信時，不啻是晴天霹靂，一下子把她震垮了。因為這件

事本身成了一大引信，立刻讓當時極「左」思想帶來的整風，有了藉口：好你個關露，沒有問題怎麼會不讓你與王炳南結婚？既然組織上不讓你們結婚，你肯定就是有問題！於是她立即成為重點審查對象，於是要進行「隔離審查」，於是「你要老老實實交待所有問題」！關露就是在這樣內外折磨下患了精神分裂症。所幸潘漢年親自到新四軍當面作證，加上陳毅軍長也作了批文，關露方才度過難關。

一九四九年，關露到了北京。先後被安排在華北大學三部、鐵道部總工會創作組工作。一九五一年她的小説《蘋果園》被文化部電影局負責人陳波兒看中，要她改編電影，因此調到電影劇本創作所工作。一九五五年六月十一日，關露因潘漢年冤案受牽連被捕審查。在牢房裡沒完沒了地寫交待材料，一次又一次地重寫。她苦悶、煩惱，她的精神終於陷入了崩潰的境地，於是她再度精神失常。直到一九五七年才被釋放。

一九五七年四月六日在關露給妹妹及妹夫的信中説：「在監獄中有充分的時間用思想，因此我把好幾年來想寫而構思不成的劉麗珊英雄故事編好了，現在正在寫長篇小説提綱，並且已與青年出版社約好，他們非常歡迎，而且要幫我找材料。我決心而且有信心把劉麗珊寫成一本動人的作品，因為我對她了解的很多，歷史關係很深。」劉麗珊是劉道衡的長女，雖年紀比關露小很多，但卻是志同道合的好朋友，她在抗日戰爭中，被日寇殺害於燕北地區靈丘縣女兒溝。當年關露曾去燕北收集過材料。

文化大革命不久，她再度被捕，關入秦城監獄。在獄中，她被關在單人牢房裡，兩個月才允許放風一次。她只要稍不留神，就會遭到監管人員的辱罵與毆打。在牢房裡洗腳時不小心，在地上灑了一些水，她要被打；未按規定整理好睡鋪，她要被打；審訊時稍一不「老實」，更遭毒打；用巴掌、用拳頭，還用大串的鑰匙打她。有一次放風時，她因鞋子不合腳摔倒在地上，一個監管員過來竟用

皮鞋踩她的手，她痛得大聲喊叫起來，那監管員就更使勁踩她。她在秦城監獄整整蹲了八年，直到一九七五年五月才被釋放。

出獄後一個人住在香山，恢復黨籍，在香山一個農村支部擔任支部書記，拿打了折扣的退休金度日。晚年同他相熟的電影評論家賈霽的夫人劉朝蘭在〈關露的後半生〉中說：「一九七二年以後，許多發配外地的老同志陸續回家，或探親，或看病。關露仍無消息，我都以為她不在人世了。一九七六年初，忽然接到她寄自香山東官二號要我去看她的短柬。我幾乎是跑著爬上她們前那道小山坡，和她緊緊擁抱到一起。近二十年不見了啊！她明顯地見老了。白髮增多，人很消瘦，臉頰上有病態的紅暈，我懷疑她在發低燒。她告訴我，一九六七年七月一日，她第二次被捕入秦城監獄，一蹲八年，去年五月才放出來。和第一次獲釋時一樣，有一個審查結論，同時也留了『尾巴』，估計還是因為潘漢年案的原故。不幸的是，李克農同志早在『文革』前病故，如今還不能找到第二個替她說話的人，她十分茫然。……」。

關露絕口不提往事，也沒有怨恨和不滿，只希望黨組織能給她作一個公正的政治歷史結論。她又重新提起筆來從事文學創作，以實績來回答那些把她整得精神分裂、百病纏身的人們。她要重寫長篇小説《劉麗珊》，要修改中篇小説《新舊時代》，還準備撰文學回憶錄等等。其中《劉麗珊》長篇小説，她從一九五七年動筆，到一九六七年第二次被捕，斷斷續續寫了十年，前後又修改幾次，不幸在一九六七年抄家時被抄走，一九七五年釋放時，只還給她上半部，下半部被丟失了。因此，這部幾十萬字的長篇小説始終未能與讀者見面。

好景不常，一九八〇年五月，她因腦血栓症病發，不僅記憶力受到嚴重傷害，往日的許多事情變得模糊不清或根本記不起來了，而且手也不聽使喚，連拿筆寫字都成了問題。為進城治病，住在香

關露和她的養女

王炳南

山是太不方便了。據周宗奇的書中說：「這事終於驚動了老朋友王炳南，他如今身居要職，乃堂堂中華人民共和國外交部副部長，總算沒忘舊情，與另一位有影響的朋友，中國社會科學院副院長梅益聯手出面，敦促文化部能在城裡給關露安排一個住處。文化部領導還算可以，很快在朝內大街203號文化部大院裡給騰出一間小房子。」

說到王炳南自從被迫與關露「絕交」之後，他很快有了新夫人——張裕雲。一九六四年王炳南升任外交部副部長，「文化大革命」首當其衝，又淪為階下囚。而供職於國務院外事辦公室的張裕雲，也因此畏罪自殺！一九七六年四人幫垮台後，王炳南任中蘇友好協會會長，與秘書長姚淑賢熟絡而相戀而結婚了。姚淑賢的夫君原是前駐朝鮮印度、尼泊爾、蘇聯大使的潘自力，「文革」中潘自力在山西霍縣病逝。「天意憐幽草，人間重晚晴」，王炳南在多年的鰥夫索居後，終於有了溫馨和煦的陽光。

而反觀關露是淒涼而孤獨的，她曾為革命獻出她的一生及她所熱愛的文學生命，但到頭來，她沒有家庭、

沒有孩子，老病雙至，形影相弔，而且換來的還是一身的罵名，無盡的冤屈。生理的病苦一直折磨著她，精神上的孤苦更令她難以承受。但她似乎有股信念支撐著，她要等待平反，正如人們為了等待黎明必需忍受黑夜一般。一九八二年三月二十三日，平反冤案的文件終於由中共中央組織部下達。關露回想自一九四六年來，整整三十六年的不斷被審查、被迫害，如今歷史似乎歸還了她的清白與公正了。之後，她似乎再沒有什麼值得牽掛而放心不下的事了。於是她有了與其身躺在這簡陋小屋的病床上等待死神來召喚，不如自己主動去迎接死神的恩賜。於是她自我了斷她的殘生，太苦了，關露真的活得太苦了！但願在追悼會上老友王炳南的一席話，會是她最好的安魂曲！

訴盡前生不了情

——陸晶清的深情無悔

你的聲音猶在我耳邊，
你的笑貌猶在我眼前，

到今朝，我們別離了才整一百天——

「死」，已把我們分割開人間、黃泉！

從今後，人間的艱辛與誰共？

從今後，溫存愛憐只在夢中，

你逝去了，我的世界於下一個「空」！

往日的歡欣，已是不再現的夢。

知否我旅途聞訊的號慟？

知否我靈前致祭的慘痛？

日月有時滅，我們的愛不終！

海可枯石可爛，此恨啊無窮！

二八，十，八日

　　這是著名的女作家陸晶清用血和淚寫成的一首詩，祭悼她的丈夫王禮錫。字字句句，感人肺腑，斷人肝腸。陸晶清與王禮錫相愛於北平、比翼於英倫，在文壇攜手合作，在反侵略的戰火中並肩戰

鬥，兩心相屬，如影隨形。然而只九年歲月，王禮錫卻與她生離死別，這怎不令陸晶清肝腸寸斷、痛不欲生呢？

　　陸晶清原名陸秀珍，雲南昆明人，是少數民族的白族人。一九〇七年十二月十七日生於昆明一個小古玩商人家庭，父親陸欣酷愛歷史及古典詩詞，在耳濡目染之下，陸晶清從小就對古典詩詞產生興趣。中學時代，受五四新文學影響，開始學習新詩。一九二二年從雲南女子初級師範畢業後，以優異成績考入北京女子高等師範學校國文科。她跟隨同行的三位男同學，離鄉背井地從昆明乘火車沿滇越線到海防，然後買船東渡至香港、上海、天津，再乘車到達北京。剛進女高師的陸晶清因人生地不熟，加上想家，常常躲到沒人的地方掉眼淚。後來在晚自習時聽到幾位同學在唸詩歌，不禁怦然心動。從此每當心裡難過時，總藉讀詩排遣。她還把心愛的詩句抄錄下來，裝訂成兩大本，題上輯名：「我與詩」。別人的詩讀多了，不禁手癢，她開始寫起詩來。漸漸地，北京的《晨報》副刊、《語絲》雜誌經常可以看到她的詩作了。

　　一九二四、二五年間，女師大鬧風潮，陸晶清和同學劉和珍、許廣平都是與女校長楊蔭榆鬥爭的活躍分子。在她們被趕出校門後，一

陸晶清與王禮錫

才女多情──「五四」女作家的愛情歷程

些教授們如魯迅、周作人、沈尹默、馬敘倫等基於義憤和對學生們的同情，在宗帽胡同租了幾間房子作教室，義務為她們授課。陸晶清便是那時候開始與魯迅交往的，她每次寫成新詩，總要拿給魯迅過目，在魯迅提了意見後再寄出去發表。她常說她是在魯迅的指點下進步的。她常與許廣平、呂雲章等，到西三條二十一號「老虎尾巴」去找魯迅，一九二六年八月十二日，魯迅在他的日記中記下這麼一句：「……得呂雲章、許廣平、陸秀珍信。」陸秀珍就是陸晶清。

　　在一九二六年舉世震驚的「三・一八」慘案中，她與劉和珍等挽手並肩上街遊行。劉和珍壯烈犧牲，陸晶清為救護戰友也負了傷。但她並未屈服於當局的淫威，在《京報》發表〈從劉和珍說到女子學院〉，痛斥反動軍閥屠殺學生的罪行。

　　畢存真在〈詩人陸晶清王禮錫伉儷的情感人生〉文中指出，女師大歲月，陸晶清最要好的朋友當屬石評梅和廬隱。她們的出身、趣味和遭遇大體相同，在思想上有著強烈共鳴。是時，廬隱大膽地愛上了有婦之夫郭夢良，不幸的是他們結婚兩年後郭夢良去世了；石評梅正熱戀著高君宇，但高君宇因積勞成疾英年早逝；陸晶清的初戀情人吳湘因革命被捕，病死獄中。她們三人同病相憐，自然成了知交。

　　一九二七年初，陸晶清決意中止學業，到南方參加革命，並受李大釗之託，送一宗重要文件到武漢給當時正在國民黨中央黨部婦女工作部工作的鄧穎超。當時的婦女部是由廖仲愷的夫人何香凝領導的，於是陸晶清被留在婦女部工作。一九二七年「四・一二」反革命政變後，陸晶清被列入當局所謂「准共」的黑名單。幸虧孫伏園將這一消息告訴她，何香凝知道後十分惱火，給國民黨中央黨部組織部寫了個聲明：「我是婦女部長，若認為婦女部裡的人是『共黨』和『准共』，我是她們的頭頭，有事找我，不要為難她們。」這樣，鄧穎超和陸晶清等人才沒有受迫害。

一九二八年的下半年，陸晶清回到了北京，一面在北京女子師範大學完成她的學業，一面在《河北民國日報》編輯副刊。而就在這編輯室裡，她認識了政治見解和文學愛好相同的王禮錫，王禮錫這時在北平一所學校教書，兩人一見如故。王禮錫後來說：「那時我遇著了晶清，每天晚上總有一兩小時沉醉在晶清的編輯室裏的紅色燈光的溫波裡清談。最初僅是清談而已，而狡獪的愛神就悄悄地一天天竄進我們的清談的生活中，好像薜蘿在牆上攀緣，不知幾時就滋蔓滿牆了。」

王禮錫一九〇一年生於江西省安福縣洲湖鄉王屯村。他也是從小喜歡詩詞，十一歲時曾於八步內吟絕句一首，人稱「八步神童」。十七歲考入吉安江西第七師範學校。一九一九年因參加學潮被江西七師開除，轉入三師，畢業於南昌心遠大學。做過中小學教員、報紙記者，主編過《青年呼聲》、《新時代》等刊物。一九二七年當選國民黨江西省黨部農民部部長。時值國共合作，國民政府在武漢建立「湘鄂贛農民運動講習所」，江西省黨部推王禮錫，湖南省黨部推毛澤東，湖北省黨部推張眉宜等為籌備委員。一九二八年初，王禮錫在《中央日報》主編副刊。是年秋，他到北京教書，業餘時間喜歡寫詩。初冬某日，他送稿件到《河北民國日報》副刊，適逢陸晶清在報社當班。她讀了王禮錫的詩作，十分欣賞。

其時王禮錫早已有妻室，且有三個孩子。那是十八歲時，祖父和母親為他娶了一房親事。新娘名叫彭佩姬，出身於安福南鄉龍家村一個望族家庭。幼習詩書，婚前幫助她經商的父親管理帳目。婚後幫助婆婆料理家務，井井有條，堪稱賢慧。她同王禮錫生了三個小孩，長名士忠、次名士信、幼子名士志。

陸晶清與王禮錫很快成為朋友，有天他們和一些朋友應清華學校的一位教授邀請至清華園相聚。午餐後，他們在園中漫步，清華園由於長期少人管理，花樹蕭疏，加之時屆初冬，更顯得有些荒涼。陸晶清在大家的談笑聲中，惆悵寡言，在一個小亭旁，她突然

佇立默然。王禮錫見狀後心有所感，回去後寫了一首七絕，郵寄給她，並懇請她唱和。詩云：「荒園無語立西風，殘照晚天曳晚紅。回首悲歡餘惘惘，寒冰枯木小亭空。」陸晶清接到他的詩後，馬上依原韻和了一首，詩云：「秋色淒怨泣寒風，霜葉晚裝似血紅。惆悵荒園佇立久，夕陽人杳小亭空。」王禮錫接到她印有梅花的素色詩箋，覺得無論在意境、音節、韻律方面都非常貼切，只是對「夕陽人杳」不知寄寓何意？陸晶清説：「這夕陽人杳中的人，是我從家中出來讀書四年唯一的女伴。她好像母親般愛護我，又像姐妹般地安慰我，我的眼淚總是流在她的面前，我的心曲只有她才懂得，我們的友誼與旁人的兩樣，我們差不多在掌著彼此生命的鑰匙。可是，她已先我而去了。」陸晶清指的是女作家石評梅，她們曾同住在一間舊屋，一起編過《薔薇副刊》。後來，她奉李大釗之命去武漢，忍著悲痛同耳鬢廝磨四年之久的石評梅話別，誰知這一別竟成永訣。當她得知石評梅去世的噩耗時，她急忙趕回北京，收埋了石評梅的遺骸，將她葬於情人高君宇的墓旁。

王禮錫

一九三〇年六月，王禮錫赴日治病並組稿，他在「神丸」號上，還寄給陸晶清兩首詩。根據顧一群、王士權、王效祖著的《王禮錫傳》寫道，其中〈海上寄小鹿〉詩云：「屋宇背船飛，男女各揮手，探囊出我中，欲揮向誰某。」「造物一何酷，為人造離別；又為告相思，著此一輪月；圍以碎碎雲，似我肝腸裂。」「回憶石家莊，相見天初白，張目雜驚喜，抱持憂迷失，身外一無知，僅感雙唇熱！」當陸晶清讀到這幾句時，她再也按捺不住奔放的感情，她給王禮錫寄了一封信，告訴他今年冬她將赴日求學。於是有情人終成眷屬，他們在熱海名勝地歡度蜜月。

在蜜月期間，王禮錫仍在籌畫「神州國光社」的出版宏圖，他要陸晶清和他合編期刊，還邀約正在日本留學的胡秋原、朱雲影、賀揚靈、王亞南、汪洪法、梅龔彬等商量期刊的名稱、內容、組織、編輯等事宜。一九三一年二月十七日，他倆編就了四十萬字的大型綜合性期刊《讀書雜誌》創刊號，隨即就攜帶書稿回到上海交「神州」印行。四月，正式成立了「神州國光社編輯部」。

在《讀書雜誌》創刊號印刷過程中，陸晶清的《唐代女詩人》也出版發行。王禮錫在該書的序文寫道：「……每天清早，晶清抱著一大包書來，做她寫《唐代女詩人》的參考，有時還為我帶些寫《李長吉評傳》的參考書，每天寫一個上午，對坐在破方桌的兩旁，低著頭一聲不響地寫，倦了時又來作上天下地的漫談。……」《唐代女詩人》填補了中國女性文學研究的空白，受到文學界、史學界的普遍注意，初版一搶而空。

然後他們在《讀書雜誌》第一卷第二期開闢「中國社會史論戰」專欄，提出「現在的中國到底是一個什麼社會？中國應向何處去？」等若干敏感話題。有人說它是一顆炸彈，點燃了思想界的火藥桶；有人說它是一顆流星，劃破了黑暗的夜空。結果首印五千冊立即脫銷，連印三次，一個月內發行了三萬冊！隨之引來了各黨

派人士的對擂。參戰的有陳獨秀、郭沫若、張聞天、顧孟餘、梅思平、陶希聖、胡秋原、周谷城等名流。《讀書雜誌》成為百家自由爭鳴的論壇。

神州國光社鋒頭甚健，大量出版馬克思主義書籍，王禮錫本人又撰文批評南京國民政府。當局當然要出手打擊，神州出版物在北平、南京、武漢、廣州被查封。最終，神州國光社被藍衣社特務搗毀，王禮錫上了黑名單。對王禮錫這根「嚼不碎的骨頭」，南京政府以為「還是吐出去的好」。於是由鐵道部送給他一個專員的名義，讓其「出洋考察」、「限期出國」，實質是驅逐、流放。

一九三三年三月，王禮錫夫婦漂洋過海，蟄居倫敦。他們只有一間小屋，鼠患成災。王禮錫作詩遣愁，詩前有段小序：「一室兼食宿書房之用，食物與鼠子共之。盤盞俱空，則終夕滋擾，舊書滿架，不屑一顧。因此招之以詩，圖安枕也。」在倫敦他們靠賣文為生。陸晶清寫了不少作品發表在《新中華》雜誌上，她寫了〈新年瑣語〉、〈山居雜記〉等，還有一些譯作。王禮錫寫了〈海外雜筆〉、〈海外二筆〉，並創作了不少詩作，這些詩後來以《去國草》為名結集，他還翻譯了一些社會經濟方面的書籍。

一九三六年九月三日，王禮錫夫婦倆赴比利時首都布魯塞爾參加了「世界和平運動大會」。同年十月，他們赴巴黎參加了「全歐華僑抗日聯合會」。一九三七年盧溝橋事變後，王、陸在倫敦創辦《抗戰日報》，王任社長，陸任主編。說是報紙，實則是一頁八開的油印品。他們自己撰稿、刻印，每天只印200份，向旅英華僑即時報導國內抗戰消息，評述戰爭形勢，報導海外援華運動。如此堅持了一年，產生了廣泛的影響。

一九三八年十月，他們告別客居五年的英倫，回到烽火連天的祖國。次年一月抵重慶。他們的歸來，受到「中華全國文藝界抗敵協會」的熱烈歡迎。王禮錫被選為第二屆文協常務理事，陸晶清當

六〇年代的陸晶清

選為理事。不久,王禮錫又被任命為國民政府立法委員和「戰地黨政會中將委員」。一九三九年這兩個單位聯合組織了一個「作家戰地訪問團」,由王禮錫任團長,團員有宋之的、袁勃、萬一虹、楊騷、楊朔、葉以群、羅烽、白朗、李輝英、張周、陳曉南、方殷等人。出發前王禮錫連續收到特務組織寄給他的三封恐嚇信。信云:如果他甘心受共產黨利用,「不懸崖勒馬」,那就難免「有去無還」。訪問團經成都、寶雞、西安,於七月十三日抵河南洛陽。不久王禮錫卻因積勞成疾又患感冒被送往醫院,在途中,因一「特派」的勤務員給他服「錯」了「藥」,入院後醫治無效,八月二十六日晨五時不幸逝世,終年三十九歲。

而此時陸晶清正在南線慰勞團慰勞將士,她聽到噩耗,痛不欲生。回到重慶後,「老北風」飯館的郝老板將王禮錫託他保存的一隻箱子轉交給她。她打開後見到了特務在王禮錫行前給的三封恫嚇信,又哭得死去活來。她怨,怨禮錫:你怕我擔心,把醜類們給你的恫嚇信對我藏得夠緊;可是你沒有想到,要是你告知了我,

我會給你多兩隻眼睛來提防那從黑暗中向你伸來的魔爪啊！她悔，悔自己沒有鐵下心來隨禮錫去戰地訪問，如果她在身邊，也許他不會因過度勞累而身染疾病。她恨，那些特務，對投身抗戰的人都要加害。但這些怨、這些恨、這些悔，都不能起死者於九泉，真有如輓歌所唱「啊……，北邙山哪，無情地傳出你的噩耗！啊……，秋風哪，挾來病魔，捲去你革命的先導！從今，你這大眾幸福的歌者，永──逝──了。從今，歐陸上再也聽不到你為祖國的呼號！」。

王禮錫的去世，陸晶清痛不欲生。但她沒有沉淪，她負起丈夫未竟的抗戰事業。一九四○年，陸晶清任《掃蕩報》（後更名《和平日報》）副刊主編。作家劉以鬯這麼回憶說：「她是一個和藹可親的小婦人，雖然長得特別矮小，頭腦靈活得很。她的談吐與她的新詩一樣，充滿機智。討論問題，每能切中事理；興致高的時候講幾句幽默話，總會引得大家笑不可抑。」趙清閣回憶說：陸晶清人緣好，她主持的《掃蕩報》副刊發了許多進步作家的作品。徐訏把《風蕭蕭》給她連載。老舍的《四世同堂》已允了別的報紙，她橫刀奪愛，搶在《掃蕩報》首發。

一九四五年春，陸晶清以《和平日報》特派記者身份再度赴歐採訪，報導過一九四六年一月在倫敦召開的聯合國首次大會和同年秋在巴黎召開的「巴黎和會」。一九四八年初，陸晶清返國任《和平日報》副總編輯。是年秋，她被上海暨南大學聘為中文系教授。後來暨南大學與上海商學院合併為上海財經學院，她繼續任教至一九六五年退休。

「文革」中，陸晶清先是被剪成陰陽頭，掛著「現行反革命」的木牌子，戴著高帽子遊街。後來又罰她掏陰溝、掃廁所、清馬路，受盡凌辱……。運動中她被單位紅衛兵「小將」抄了家，還被上海電影廠趁火打劫，搶走了她的一些藏書和資料。就在這場災

難裡，她竟細心機智地把王禮錫在作家戰地訪問團時寫的《筆征日記》手稿，藏在醃菜缸的下部，逃過了劫難。《筆征日記》，這部中國現代文學史上別具一格的日記，就這樣被完好地保存了下來，全文刊發在一九八二年第二期《新文學史料》上，是不可多得的珍貴的抗戰史料。

晚年的陸晶清生活比較孤獨、淒苦。最關心她的是老友趙清閣。趙清閣說：「八十歲以後的陸晶清，健康狀況日益衰弱，步履維艱，目疾白內障已使她視力模糊。」「我勸她買個電視機解解悶，她直搖頭。」「晚年的生活相當清苦，連冰箱也沒有。每天靠鄰居的保姆代燒兩頓飯。」……一九九三年三月十三日，陸晶清以八十七歲高齡走完了她的人生之旅。

陸晶清寫作態度嚴謹，作品不多，比較重要的，有：《素箋》、《唐代女詩人》、《低訴》、《流浪集》。此外，她還編過一本《現代小品文精選》，為「新青年修養叢書」之一。她退休後曾積極撰寫回憶錄，這回憶錄將寫出她與王禮錫的一片深情，所謂「往事都作風煙去，再回首時徒商情。縱使傷情心也願，訴盡前生不了情」，只可惜這回憶錄始終不知流落何方！

同心永結一甲子
——羅洪的文學與愛情

文學評論家鄭樹森在〈讀羅洪小說札記〉中說：「在三〇年代開始發表小說的中國作家裡，羅洪大概是最被人冷落的一位。和她差不多同一時候發表小說的羅淑、端木蕻良、吳組緗、師陀等，都幾乎在初登文壇之際，就成為大家注意的人物。師陀的〈谷〉在一九三六年得到《大公報》文藝獎；端木蕻良的〈鷺鷥湖的憂鬱〉和羅淑的〈生人妻〉在一九三六年間發表後，立即得到胡風大力推介。吳組緗的〈一千八百擔〉在《文學季刊》發表後，也馬上得到不少知名作家的讚賞。但翻閱了多種比較通行的大部頭文學史（包括港、台、大陸三地出版的），都沒有找到對羅洪的任何評介。」鄭文發表於一九八〇年十一月，之後到了一九九〇年北京十月文藝出版社才有《羅洪研究資料》的出現，也僅薄薄的一本，相較於其他作家，羅洪是有些寂寞的。

年輕時的羅洪

羅洪原名姚自珍，上海市松江縣人。一九一○年十一月十九日，生於一個普通職員的家庭裡。她的父親在一所工業專科學校當過化學教員，也當過醫院的藥劑師。羅洪曾這麼說著：「我出生於江南一個不算太小的縣城——松江，這裡雖然離『十里洋場』的上海不遠，可是封建意識卻長期在這裡統治。辛亥革命、五四運動、第一次國內革命戰爭，都沒有從根本上改變這個縣城的面貌。只有世襲的封建地主，在這裡過著優裕、舒適的生活。廣大的勞動人民，特別是農民，卻祖祖輩輩一直受著沉重的經濟剝削和政治壓迫。至於封建思想的枷鎖，則長期以來幾乎一直緊緊地套在每個人的脖子上。我父親是一個普通職員，靠菲薄的工資過日子，生活當然並不寬裕，而且工作也毫無保障。我記得他曾兩次失業，每次都在半年以上，賦閒家居，只好搞一點零星的翻譯工作，以養家餬口。但是比起別的許多人家來，處境還算是好的。在我幼小的心靈上烙印最深的是，離我家不遠處生活在小船上的那些難民，他們是從蘇北逃荒來的，已經在這裡安了家，幹著一些本輕利薄的營生：有肩挑小擔，賣小零食的；有手提小籃，賣小玩具的；有沿街叫賣，也有定點設攤的。而有些地痞流氓，還常借端向他們敲詐勒索，弄得他們更加難以維生。我只看見那些船上的孩子，一年總有半載光著身子，缺衣少食，這光景著實叫人難過。為什麼這些人就如此貧窮困苦呢？從我記事的時候起，這問號就打在我的心上。」而這些景象都成了她日後小說的題材。

　　羅洪進松江縣四德女子小學後，根據閻純德的資料說，有一天發現家裏有一個很大的木箱，打開一看，裏面全是用重磅道林紙印成的大開本雜誌，又厚又重。裏面有《小說月報》、《遊戲雜誌》，作品多是文言，有遊記、談論古今的雜文、講究趣味的短文等，另外還有側重於科學性文章的《東方雜誌》。羅洪翻著這些雜誌，好像進入了神奇的王國，一種強烈的新奇感彌漫了她

幼小的心靈。羅洪，對於文學的愛好，最初就是在這個「百寶箱」裏醞釀的。

小學畢業後的情況，羅洪自己說：「十四歲那年，我離開家鄉，到蘇州女子師範學校唸書，一住六年。我看到了國內軍閥混戰，國外帝國主義不斷侵略我們，內憂外患，滿目瘡痍。後來上台執政的國民黨反動派對內敲骨吸髓，變本加厲地欺壓廣大人民。於是在我年輕的心裡，又翻騰著這樣一個問題：為什麼我中華民族總是讓人欺凌，任人宰割呢？在那幾年中間，我閱讀了不少中外文學名著，特別是我國的新文學作品，大大開闊了我的眼界，引起了我的深思。及至離開學校，踏上社會以後，接觸的人多了，看到和聽到的事也更複雜了。有的人使我同情，有的人叫我憎恨；有的事引起我的悲愴，有的事激起我的義憤。我好像有許多話要說，有許多問題要提出來，有許多感人的事和惱人的事要讓人知道。就這樣，我開始寫起小說來了。」

一九二九年夏，羅洪畢業於蘇州女子中學師範科，回松江縣立第一高等小學任教。之後她業餘開始寫作，並關心當時出版的文學作品及刊物。一九三〇年她從一本期刊上看到蘇州東吳大學學生朱雯等創辦一種文學期刊《白華》的消息。她寫信去詢問刊物，開始與朱雯通信。

朱雯也是上海松江人，生於一九一一年。同為松江人的作家施蟄存這麼回憶著：「彌灑社以後，致力於新文學活動的松江人，屈指可數。我於一九二四年開始新文學創作，稍後一些，徐志摩的學生趙家璧，在光華大學畢業，入良友圖書公司當編輯，從此開始了五十年的新文學出版事業，他自己也翻譯過幾部美國小說，寫過一些外國文學研究和介紹論文。再稍後幾年，朱雯在蘇州東吳大學開始了他的文學工作。他的夫人羅洪，在蘇州女子師範畢業後也漸漸地走上了文學創作的道路。五十年來，從事新文學工作的松江人，

《從文學到戀愛》

晚年的朱雯

連我自己在內，不過四人，這個古老城市的文風，可謂非常衰微了。」

羅洪的第一篇散文〈在無聊的時候〉是由朱雯介紹在《真善美》月刊第六卷第一號發表。而羅洪的第一、第二個短篇小說〈不等邊〉和〈平行線〉，也在《真善美》發表，至於第三篇小說〈校長女士〉則發表於十一月號的《婦女雜誌》。

由於對於文學的共同愛好，羅洪與朱雯的交往日甚一日，一九三一年上海文華美術圖書印刷公司出版他們的情書集──《從文學到戀愛》。羅洪晚年在《往事如煙》（上海古籍，一九九九）的代序〈我和朱雯〉中說：「最近收到中國文聯寄來的一本書信集，其中選了我的一封信──〈致朱雯〉。是的，我們是出版過一本書信集。但經過抗日戰爭，我家保留的一本隨著眾多的書早已化為煙灰。此後再也沒有看到過。現在發現收編了一封，也就急於想看看。」這本書信集，收的是他們一九三〇年認識那年的往來通信。當時朱雯在蘇州，羅洪在家鄉松江，他們的書信，不像白薇、楊騷的卿卿我我，談的竟以文學居多。

在一九三○年五月二十一日朱雯給羅洪的情書中，甚至還包括一首新詩及兩首詞，新詩這麼寫著：

按住我緊張著的心弦，
來到一個郵筒的跟前，
把我手裡的信投了，
姑娘，
朦朧的幻影展現得——
如同一縷飄忽的輕煙。
按住我緊張著的心弦，
來到一個郵筒的跟前，
把我手裡的信投了，
姑娘，
我才想起了是今日，
抱著熱望又挨過了一天。
按住我緊張著的心弦，
來到一個郵筒的跟前，
把我手裡的信投了，
姑娘，
分明已經連發了三信，
可總見不到你賜下的鸞箋。
按住我緊張著的心弦，
來到一個郵筒的跟前，
把我手裡的信投了，
姑娘，
梅雨滴碎了我的心，
捧著碎心我還在郵筒邊。

兩首詞分別是〈蝶戀花〉：

> 社燕方歸鶯已老。一夜東風，吹偃牆根草。柳落千條猶未掃，
> 青榆錢砌殘英道。夢入莊周形未杳。度葉穿花，舞翅蹁躚繞。
> 怪彼不知人懊惱，飛來觸我春懷抱。

及〈荊州亭〉：

> 柳絮旋沾庭院，簾外頻聞鶯喚。雙燕又還家，拂卻桃花片片。
> 夢入莊周未幻，弄翅鞦韆架畔。春去不曾知，忍看驄嘶斷。

這些詩句不管「雨滴碎心」也好，「觸我春懷」也罷，均可看作是
朱雯向羅洪遞送春思戀愁的信息。

而羅洪的反應又是如何呢？我們看她給朱雯的情書中亦夾著詩
句，是這樣寫著：

> 我緊閉著心扉，
> 等待我希翼的來者。
> 一個抬著頭來輕扣，
> 我看見他踟躇的苦笑；
> 一個趨著步來低問，
> 我聽出他遲疑的語聲，
> 如今我的心扉開了，
> 我看見了含淚的深情，
> 我聽到了誠摯的語音。
> 為要看明月的皎潔，
> 我睜著倦眼，獨坐案頭，

為要在靜夜中默想，

我冒著春寒，抑住悲愁。

眼前浮現出一個含淚微笑著的面影，

這面影，正是我心上印著的呀！

睜眼細看時，這面影一下子就沒了，

而那印在我心上的卻顯得格外地分明。

我緊閉著心扉，

等待我希冀的來者。

如今我的心扉開了，

我看見了含淚的深情，

我聽到了誠摯的語音。

　　朱雯曾對羅洪計劃過他們的未來情景：在異國，他倆在熱海的溫泉中共同沐浴，或者在東京租下一間房子，建立一個寧靜溫馨的小家庭，他們在一起不受干擾地讀書、寫作，過著最有意義的生活……這些美好的憧憬使羅洪夢縈魂繞，心嚮往之，她以充滿詩情畫意的筆調對朱雯說：「我幻想到一片田徑的海濱，海水泛著微波，斜陽抹在上面閃耀著金光，我們並肩坐在海灘邊。四野很岑寂，而且富有詩意，我倆海闊天空地暢談著，蒼茫的暮色在為我倆祝福啊，雯，我笑了。」儘管如此，他們並沒有沉溺於戀愛的纏綿中、沒有陶醉於戀愛的幻想裡。他們還有遠大的理想，一個文學的夢。在朱雯給羅洪的信中這麼寫著：「但我假如可能比之為托爾斯泰時，那你一定能比之蘇菲亞而有餘；你非但能鼓勵我而且能幫助我一切——我信任。」而羅洪這樣回覆朱雯：「昨天我翻到一篇俄國三大文豪，托爾斯泰的夫人蘇菲亞真好，她鼓勵他，幫助他一切，偶然看到了，很使我有感想。雯，我在幻想，幻想……」言外之意包含著多少對未來理想的企盼，包含著多少對朱雯的深情與熱

愛！但朱雯與羅洪之間的愛情，並非一開始就一帆風順的，橫亙在他們之間的，有來自社會、家庭等方面的障礙。即使如此，羅洪作為受「五四」新文化運動洗禮過的現代女性，她不灰心喪志、更無半點怯懦退讓。我們看她給朱雯的信這麼寫著：「我倆的事，遲早總會成功的，我執拗地這樣相信，也不知道為了什麼緣故。『有情人終成眷屬』，只要矢志不移，我相信什麼理想都會成為事實。」是的，他們終於成功了。一九三二年春，羅洪與朱雯在上海結婚了。婚禮設在上海三馬路上的孟淵旅館，他們邀請了巴金、沈從文、施蟄存、趙景深、穆時英等熟悉的朋友。

他們婚後住在辣斐德路（今復興中路）桃源村，做了後來成為明星的王瑩的鄰居。當時洪深正為《晨報》主編〈每日電影〉副刊，朱雯被邀約撰寫電影評論和電影藝術理論的文章，羅洪則繼續從事小說創作。同年八月，他們回到松江。從上海回家後，羅洪就動手創作長篇小說《春王正月》（於一九三七年上海良友圖書公司出版），除此之外還寫了一些短篇小說和特寫，多發表在一九三四年黎烈文接編的《申報・自由談》和王統照編的《文學》、施蟄存編的《現代》以及《大公報・文藝》、《國聞週報》等刊物上。據陸正偉的〈羅洪與巴金的交往〉文中說，一九三七年的一天，巴金主動向羅洪問道：「我看你發表了不少作品了，夠出一本集子了嗎？有五六萬字就夠了。」接著又說：「有空把它編起來。」羅洪的第一本小說集在巴金的關心下誕生了，它被收入文化生活出版社短篇小說叢書第五輯中，名為《兒童節》。

一九三八年朱雯到了廣西省立桂林高中任教，並主編文藝期刊《五月》，羅洪並協助編輯工作，還為戴望舒在香港《星島日報》副刊〈星座〉寫稿。當時到桂林的文藝工作者很多，他們和巴金、王魯彥、豐子愷、宋雲彬、白薇、林憾廬等參加過一些文藝界召開的集會。

　　經過一年半艱苦的流亡生活，他們夫婦又回到上海。朱雯在《文藝新潮》發表翻譯作品；羅洪則連載小說〈後死者〉。另外她還在柯靈主編的《文匯報》副刊〈世紀風〉發表〈荒涼的城〉、〈感傷的少尉〉、〈脆弱的生命〉、〈流亡者的悲哀〉等作品。羅洪陸續出版短篇、散文合集《為了祖國的成長》、短篇小說集《活路》、散文集《流浪的一年》。一九四二、四三年間，她以「孤島」為背景的長篇小說《晨》在柯靈主編的《萬象》月刊上連載，後經改寫更名為《孤島時代》出版。之後她又出版了短篇小說集《鬼影》和《這時代》。論者指出這時期的小說思想內容和藝術水平都大大超過她以前的作品，其內容大致可分為三類：（一）對市民社會的表現與批判；（二）揭露、鞭撻了漢奸、賣國賊；（三）反映愛國青年的鬥爭生活。

　　據陸正偉說，解放前後，巴金與朱雯兩家都定居在上海，五十年代初，華東作協成立，巴金任作協副主席，作協下屬的《文藝月報》（上海文學前身）創辦時，羅洪任小說組長。她家住在與作協同一條馬路上的景華新村，巴金家在淮海路上的淮海坊，兩家離得不遠，巴金時常會上朱雯家坐坐，有時與蕭珊同來。大家圍坐在一起，一邊喝著咖啡，一邊談些感興趣的話題，有時也談各自翻譯外國文學作品的感受。早在三四十年代，朱雯在翻譯德國作家雷馬克的長篇小說《凱旋門》、《流亡曲》時，經常寫信與巴金探討，後在巴金的關心下，兩部譯作在文化生活出版社先後出版了。那時，朱雯正潛心翻譯著蘇聯阿‧托爾斯泰的長篇小說《苦難的歷程》（三部曲），所以，他與巴金、蕭珊在一起時，談論俄羅斯文學要多些。當時，朱雯手頭只有一種英譯本，他想找一部俄文版，但走遍各大圖書館都沒找著，無意間與巴金談起此事，巴金聽了也沒吱聲。使朱雯不曾想到的是，巴金下次登門時把一本裝幀精美的俄文版《苦難的歷程》交到了朱雯手中，朱雯一時激動得無以言對。在

翻譯時，他用英譯本和俄文版兩相對照，所以，一九五七年由朱雯譯的《苦難的歷程》在人民文學出版社出版後，受到譯界同行及讀者的好評，被公認為是譯得最好的一種譯本。羅洪後從蕭珊口中得知，搬到武康路新居後，巴金專門闢出邊上的副樓作書庫，只要新書出版，書店按時會送書來，因剛搬家不久，還沒來得及整理，朱雯需要的那本書是巴金從眾多的藏書中翻找出來的。

文學評論家鄭樹森説：「和三〇年代一些作品相比，羅洪比較成功的短篇，在經驗剪裁上，要算乾淨，作者並不囉嗦也相當有控制。在題材和人物上，羅洪算得上是廣闊和多樣的。文字方面，羅洪不時都能避開濫情和『新文藝腔』的毛病，相當樸素簡潔（可惜的是，她這個優點未能貫徹始終）。此外，和新文學時期不少女作家相比，羅洪的作品算是能夠突破所謂『閨秀派』『委婉纖柔』的作風，題材也不限於家庭生活、個人情緒等『茶杯裡風波』。這應該是她比較特出的地方。」而文學史家趙景深這麼評論羅洪，他説：「向來現代女小説家所寫的小説都是抒情的，顯示自己是一個女性，描寫的範圍限於自己所生活的小圈子；但羅洪卻是寫實的，我們如果不看作者的名字，幾乎不能知道作者是一個女性，描寫的範圍廣闊，很多出乎她自己的小圈子以外。……倘若容我説一句臆想的話，那麼我們的閱讀範圍以內，以前女小説家都只能説是詩人，羅洪女士才是真正的小説家。」

年逾古稀的羅洪晚年還創作不輟，雖然文革期間停筆多時，但十年浩劫後她又拿起手中的筆。而朱雯早年亦從事小説創作，重要作品有《現代作家》、《漩渦中的人物》、《動亂一年》、《逾越節》等。一九四六年開始，主要力量則轉一到外國文學的翻譯和研究上，曾翻譯托爾斯泰的《苦難的歷程》和《彼得大帝》，德國作家雷馬克的《西線無戰事》、《凱旋門》等多部長篇小説。數十年來一直在高等院校中從事教學和翻譯，任上海師範大學教授，兼文

學研究所名譽所長，一九九四年十月
七日病逝上海。

朱雯和羅洪

　　羅洪和朱雯的情路可説是萬里迢
迢的：他們在一九三〇年因投稿結識
而共墮愛河，一九三二年共結連理，
直到一九九四年朱雯去世，這對恩愛
夫妻結縭六十二年，除了這段經過烽
火歲月、風風雨雨而恆久不變的情緣
外，他們還是一對志同道合的文學伙
伴，記得他們的情書中，一個若是托
爾斯泰（朱雯最終成為翻譯托爾斯泰的名
翻譯家），則另一個一定是蘇菲亞，
兩人嬿婉同心，歷經一甲子，真是直
得欽羨的！

　　今年已一百零二歲高齡的羅洪，
她的創作生涯已達八十個年頭。作為
從二十世紀三〇年代走來的中國最年
長的女作家，羅洪見證了中國文學近
一個世紀的興衰起伏。往事如煙，百
年滄桑都付笑談之中。女作家還健康
地活著，在上海的尋常巷陌中，被人
不斷遺忘又被人不斷地記起。

羅洪1956年

藍天碧水永處

——蕭紅的愛路跋涉

有人說蕭紅是「命薄如紙卻心高於天」，確實，打從她出娘胎，便置身於以父親為象徵的冰冷家庭和以祖父為象徵的溫暖世界的兩極中。這些在她的作品如〈家族之外的人〉、〈永恆的憧憬與追求〉、《呼蘭河傳》都有述及。後來在祖父的支持下，她終於衝破父親、繼母以及包辦未婚夫家庭的阻擋，離開偏遠的呼蘭縣，來到哈爾濱的第一女中讀書。從中學生活開始，她經歷了祖父去世、逼婚逃婚、受騙懷孕直至陷於哈爾濱某旅館頂樓面臨被賣的絕境，蕭紅經歷了心理上並未成熟為女人但身心均已遭受屈辱的時代。

一九三二年夏天，《國際協報》收到一位女性讀者來信，請求給予幫助，能夠為她寄去幾本文藝讀物，因為她是被旅館所幽禁的人，沒有外出的自由……信是寫得很淒切動人。主編斐馨園便讓蕭軍到旅館看一看情況，是否屬實。這天黃昏，蕭軍帶著介紹信和幾本書找到道外正陽大街南十六道街的東興順旅館。穿過二樓昏暗的長長通道，蕭軍來到名為張迺瑩的房間，敲門，沒有動靜；再敲門，門扇輕輕

蕭紅

地開了，黑暗中出現了個披頭長髮的女人，活像一個幽靈。一張近於圓形的蒼白的臉，嵌在頭髮中間，一雙特大的閃亮的眼精，直視著蕭軍，聲音顫抖著：「您找誰？」，「張迺瑩！」，「唔⋯⋯」。蕭軍走進這斗室，燈光昏暗，黴氣沖鼻。他把老斐的信遞過去，打量起這位姑娘來。姑娘身穿一件已經褪色的藍單長衫，開襟有一邊已經裂開到膝蓋，懷孕的身形，烏髮中，竟夾雜著根根白髮。然而那蒼白的臉是美麗的，一雙大眼精，閃著秋水般的瑩光。

　　姑娘坦率地向蕭軍傾吐了自己不幸的身世和遭遇：她當時二十歲，是個中學生，逃婚在外。未婚夫找到她後，花言巧語地騙姦了她，在旅館已經住了半年。她懷孕後，又被薄情的未婚夫遺棄，現在欠帳無法歸還，被當作人質軟禁在這裡。說罷，她深情地打量這個穿著藍布學生裝的、充滿剛毅之氣的青年。姑娘讀過蕭軍的作品，但沒想到他是這樣隨和的青年！

　　無意間，蕭軍發現了放在桌子上的詩作：

> 這邊樹葉綠了，那邊清溪唱著⋯⋯
> ——姑娘啊！春天到了⋯⋯
> 去年在北平，正是吃著青杏的時候；
> 今年我的命運，比青杏還酸！

剎那間，猶如一道電光石火，在眼前閃爍，蕭軍感到整個世界全變了！出現在他面前的是世界上最美麗的女人！是一顆晶明的、美麗的、可愛的、閃亮的靈魂！於是，他暗暗發誓，要不惜一切犧牲和代價，拯救這位不幸落難的才女！他決心同她結婚，這既是為了愛，也是為了將她從苦海中搭救出來。至於她的被誘姦、懷孕，他完全不去考慮。他愛的是她那驚人的、超凡的才華和她那純美的無瑕的心靈。於是他將自己兜裡僅有的五角錢留給她，又給她寫下了

自己的地址，連夜向老斐匯報去了。
蕭軍與蕭紅（案：張迺瑩就是後來的女作家蕭紅）就這樣認識了。

蕭軍與蕭紅

　　而就在八月初連降大雨，松花江決堤，道外一片汪洋。旅館的老板們都逃命去了，只剩下一個茶房看門。蕭紅乘混亂之際，搭上一條救生船，找到蕭軍住的老斐家，受到老斐一家的熱情接待。兩個文學青年，終於幸福地結合在一起，但也開始了他們艱苦的跋涉。不久，蕭紅產下一女，但因無錢償還住院費、醫藥費，況且他們的生活又沒有著落，於是在出院後，他們忍痛將女嬰送給了別人。

　　生活是艱苦的，但彼此的愛戀支撐著這個新疊的巢。面對著貧乏的物質生活，他們並不氣餒而是努力地想辦法去改變現狀。一九三三年秋，他們合印了第一部作品《跋涉》，收入蕭軍六篇短篇小說及蕭紅的五篇短篇小說。《跋涉》是得到一些友人們的幫助，自費印行的。但是即使印數極為可憐（一千冊）的這本書，也沒能逃脫日本帝國主義和漢奸的眼睛；當書一送到書店的時候，沒幾天便被禁止發售和強行沒收了。

蕭軍與蕭紅

一九三四年六月，他們離開哈
爾濱，來到著名的海濱城市青島。在
青島，蕭紅完成了長篇小説《生死
場》，一舉奠定了她在現代中國文學
史上的地位。魯迅在初版序言中稱：
「北方人民對於生的堅強、對死的掙
扎，卻往往已經力透紙背；女性作者
的細緻的觀察和越軌的筆觸，又增加
了不少明麗和新鮮。」不久，蕭紅、
蕭軍又抵達了上海，並成為魯迅家中
的常客。當時魯迅不僅在文學上熱心
扶持蕭紅，而且在生活上也給予她很
多父愛般的關心。

因《生死場》和《八月的鄉村》
而受文壇矚目的蕭紅和蕭軍，在文學
上取得了巨大成功後，在感情上卻出
現了裂痕。原因在於蕭軍在蕭紅面前
始終是以一種救世主和保護人自居，
他總是把蕭紅放在弱者的位置而成為
呵護的對象。而蕭紅隨著作品的問
世，接觸面的拓寬，逐步發現了自身
價值。但性格粗獷的蕭軍對此全然不
察，這樣就難免會發生碰撞。由於蕭
紅的特殊人生經歷，使她在感情上又
特別敏感、脆弱、細膩，這樣每次爭
吵都會在她心中投下一道陰影。他們
的悲劇便逐步產生了。但他們彼此

的感情又非常深，蕭軍曾多次對蕭紅說：「妳是世界上真正認識我又真正愛我的人，也正為了這樣，也是我自己痛苦的源泉，也是妳痛苦的源泉。」如果互相不是愛得那麼深，也就不會有那麼多的痛苦，真可謂「情到深處悲亦濃」。

於是一九三六年七月十七日，蕭紅隻身東渡日本，不管她當時出走的真正動機是如蕭軍所述的「由於她的身體和精神很不好」，「她可到日本去住一個時期」，「那裡環境比較安靜，既可以休養，又可以專心讀書寫作；同時也可以學學日文。由於日本的出版事業比較發達，如果日文能學通了，讀一些世界文學作品就方便得多了」；還是像蕭紅研究者所推測的是為了「逃避感情上的痛苦」，因為蕭軍在這之前，在感情上有了「外遇」，蕭紅曾寫了一組名為〈苦杯〉的詩，傾訴內心的哀傷：

> 淚到眼邊流回去，
> 流著回去浸食我的心吧！
> 哭有什麼用！　　　　　　　　　　　　〈苦杯・九〉

> 說什麼愛情，
> 說什麼受難者共同走盡患難之路程！
> 都成了昨夜的夢，
> 昨夜的明燈。　　　　　　　　　　　　〈苦杯・十一〉

或者是出於別的什麼原因。蕭紅的內心深處還是深愛著蕭軍。而這次短暫的別離，使他們冷靜、理智地去思考、去回憶那曾經甜蜜、溫馨的愛情生活。為此，蕭軍還去了青島。為的是追尋、回味他們曾在那裡渡過的一段美好的時光，而且還在那裡寫下了充滿愛的回憶的紀實性小說《為了愛的緣故》。裡頭有靈魂的懺悔，有對

以往的愛的呼喚。而蕭紅在日本，也發出了孤寂的呼聲。正如駱賓基在《蕭紅小傳》中所說的：「隔著遼闊的海，兩顆純潔的心靈又擁結在一起了。」一九三七年初當蕭紅回國時，兩蕭的感情明顯有了改善。

然而一九三八年春，二蕭卻在臨汾分手了，這一對在松花江畔定情，在青島、上海等地同甘苦、共患難達六年之久的文學伴侶，就這樣在人生道路上分手了，一對魯迅麾下的「小紅軍」，就這樣訣別所愛了！他們此時除了感情的裂痕外，在思想認識上也發生了分歧。我們看蕭軍後來在〈側面〉中的記載，雙方各執己見地爭吵著，蕭紅首先發難：「你總是這樣不聽別人的勸告，該固執的你固執；不該固執的你也固執……這簡直是『英雄主義』、『逞強主義』……你去打游擊嗎？那不會比一個真正的游擊隊員更價值大一些，萬一……犧牲了，以你底年齡，你底生活經驗，文學上的才能……這損失，豈不僅是你自己的呢。我也不僅是為了『愛人』的關係才這樣勸阻你，以致引起你的憎惡與鄙視……這是想到了我們底文學事業。」「人總是一樣的。生命的價值也是一樣的。戰線上死的人不一定全是愚蠢的……為了爭取解放共同奴隸的命運，誰是應該等待著發展他們底『天才』，誰又該去死呢？」「你簡直……忘了『各盡所能』這寶貴的言語；也忘了自己的崗位，簡直是胡來！……」「我什麼全沒忘。我們還是各自走自己要走的路罷了，萬一我死不了──我想我不會死的──我們再見，那時候也還是樂意在一起就在一起，不然就永遠分開……」「好的。」於是他們分開了。不久後蕭紅和端木蕻良結婚了，而蕭軍也和王德芬結婚了，終其一生，二蕭並沒有再見面了。

而早在一九三七年夏天，《七月》雜誌的籌備會在上海召開，端木蕻良在會議上認識了蕭紅。雖然在一年前，端木在上海法租界的公園裡，見過蕭紅、蕭軍、黃源等四人在一起散步，但還是默默

無名的端木（他的《科爾沁旗草原》要到一九三九年才出版），只能在遠處默默地注視這群已成名的作家。八月，上海「八‧一三」事變起，端木前往武漢，居於小金龍巷，與蕭紅、蕭軍、蔣錫金、葉以群等同住。而根據端木後來的夫人鍾耀群的《端木與蕭紅》書中的描述，後來蕭軍、蕭紅夫妻搬走了，但也常來，有時是蕭紅獨自來。來了就笑端木的髒、亂、差，邊說邊幫他順手理一理，蕭紅見到毛筆、墨盒和紙，高興地鋪在桌上又寫又畫起來。端木這才知道蕭紅也是學過畫的。因為端木小時候也學過畫，很自然地談到一些對畫的看法。談得晚了，蕭紅要端木出去吃飯，端木正趕寫一篇稿子，便說在家吃，要蕭紅嚐一嚐他下麵條的手藝。蕭紅興致很高地說：「今晚月亮那麼好，還是出去吃吧，我請客。」端木看了看窗外，月色確實不錯，挑了一處江邊的小館子，靠窗邊的桌子，要了兩個菜和些零吃，邊吃邊聊，從手頭寫的創作談到各自的理想。蕭紅只想能有個安靜的環境寫東西，當個好作家，就是她最大的願望。端木仍想當戰地記者，只要有機會，他就走這條路。蕭紅聽了直搖頭，說他那樣的身體根本不是那塊料……這頓飯吃了足足有兩個小時。回來路過一座小橋，蕭紅拉著端木在橋上看了會兒月亮。蕭紅依著欄杆，輕聲唸道：「橋頭載明月，同觀橋下水……」，詩明明沒完，但卻不唸下去了。端木覺得蕭紅有些興奮，便說：「不早了，咱們回去吧。」蕭紅說：「好吧！」便挽著端木的胳臂往回走了。走到小金龍巷口，和端木說聲「再見！」便轉身回去了。有一次，端木出去辦事回來，看到桌上鋪著紙，在一些行書草書中間，很明顯地題了幾句詩：「君知妾有夫，贈妾雙明珠。感君明珠雙淚垂，恨不相逢未嫁時。」最後一句重複練習了好幾行。端木知道蕭紅又來練過字了。不過她引用張籍的詩，沒引全。有時蕭軍過來也到屋裡來，提起毛筆在毛邊紙、報紙上揮揮灑灑地練字寫詩。有一天，邊題邊唸出聲來：「瓜前不納履，李下不整冠。叔嫂不親

端木蕻良

蕭紅與端木蕻良

授，君子防未然。」還寫了「人未婚宦，情慾失半」八大字。蕭紅見了，笑道：「你寫的啥呀？你的字太不美了，沒一點文人氣！」蕭軍瞪了她一眼：「我並不覺得文人氣有什麼好！」。其中「文人氣」指的是端木，鍾耀群後來和端木生活了三十多年，她的描述代表端木的回憶，無疑是可信的。而在這當中，我們已感覺蕭紅的心漸漸從蕭軍移向端木了。

一九三八年二月下旬，晉南戰局起了變化，日軍逼近臨汾，而原先在民族革命大學任教的蕭紅、蕭軍、端木蕻良也隨之撤退。端木、蕭紅、塞克、聶紺弩，將隨丁玲的「西北戰地服務團」到西安，而蕭軍卻沒有和他們同行，因為他準備棄文從軍，直接參加抗日部隊打游擊。於是二蕭終於在臨汾分手了，雖然蕭紅最後回答：「好的。」，但在心裡一定是痛苦不堪的，畢竟是六年的患難共處了。後來蕭紅曾含淚告訴聶紺弩說：「我愛蕭軍，今天還愛，他是個優秀的小說家，在思想上是同志，又一同在患難中掙扎過來的！可是做他的妻子太痛苦了！我不知你們男子為什麼那麼大的脾氣，為什麼要拿自己的妻子做出

氣包，為什麼對妻子不忠實！忍受屈辱，已經太久了……。」在蕭軍的大男人主義與過份的保護傾向中，蕭紅感到了附庸的屈辱，這種屈辱對於一個心氣甚高、才華橫溢的女作家而言簡直是不堪忍受的。

一九三八年五月，端木和蕭紅在武漢的大同酒家舉行了簡單的婚宴。但他們的朋友們似乎始終不能接受這個事實，在他們的筆下──蕭軍的〈側面〉、胡風的〈悼蕭紅〉、以及駱賓基、聶紺弩、梅林、高原、蔣錫金的作品裡，端木都變成了「無名氏」，他們不是稱他為「Ｔ」就是「Ｄ」，或者「某君」甚至「××」、「凹鼻子杜」，駱賓基更無視他們「結婚」的事實，而把他們當為「同居」關係。然而端木對這些事似乎不在乎，他認為男女之間的事，外人無需置喙的。對於外界傳言蕭紅的怨，他不能領會也不承認，他認為他對蕭紅好，一如蕭紅對他的好。而對於蕭紅被拋在砲火威逼下的武漢，懷著身孕絆倒在船塢，而他卻先行入川的指責，端木在幾十年後的解釋是武漢吃緊，他們只有一張頭等船票，依規定不能換成兩張次等的票同時去重慶，他要蕭紅先走，蕭紅要他先行，他不肯，蕭紅就生氣，說因她懷有身孕，會有安娥等人照顧她，一定要端木先行入川，端木於是依言先行。端木或許不知道，蕭紅雖痛恨做附屬品，案但在心理上仍是個渴望愛情的女人，假使端木不那麼聽話先走了，或許會惹得蕭紅發脾氣，但蕭紅心裡終究獲得安全感與安慰。但端木以為終於和常常對他悄悄叨念「恨不相逢未嫁時」的蕭紅結了婚，以為接受了懷著蕭軍孩子的她，就表示了足夠的愛。他不懂，真的不懂，一個在感情生活中有那麼多顛沛經驗的，需要的是更多。

在重慶，蕭紅身體不好，情緒消沉。加之端木忙於社會活動和寫作，與她思想交流漸疏，以致蕭紅亦常常有寂寞感。一九四〇年初，原復旦大學教務長孫寒冰邀請蕭紅、端木前往香港編大時代文藝叢書。對重慶沒有好感，迫切想改變環境的蕭紅欣然允諾。這

天，蕭紅與端木從重慶搭乘飛機前往香港。一個月後，蕭軍抵達重慶。一個月的時光，在人生長河中僅僅是瞬間，但蕭紅和蕭軍卻失之交臂，終其一生再沒有一面之緣。

在香港蕭紅似乎找尋到她的樂土，她給友人的信中說：「這裡的一切景物都是多麼恬靜和優美，有山、有樹、有漫山遍野的野花和婉轉的鳥語，更有洶湧澎湃的浪潮，面對著碧澄的海水，常會使人神醉的。這一切不都正是我日夜所夢想的寫作的佳境嗎？」於是她在一九四〇年底完成了著名的中篇小說《呼蘭河傳》，之後還有長篇小說《馬伯樂》和短篇小說《小城三月》。而對端木蕻良而言，也是創作上的豐收，他出版了《新都花絮》、《江南風景》，又發表《科爾沁旗前史》，以及無數短篇、散文、雜文和評論。然而好景不常，一向身體虛弱的蕭紅，卻病情日益加重，她被確定為肺病，得住院治療。

「什麼是痛苦，說不出的痛苦最痛苦。」這是蕭紅在她題名為〈沙粒〉詩中的最後一句。此時的蕭紅正處於這種最痛苦之中。其實他們到香港不久後，作為香港文協研究部的負責人，端木很快就投入到他的工作之中，對體弱多並且多愁善感的蕭紅而言，她特別需要的溫存就少了。蕭紅是在心境很孤獨的情況下勉強寫作的。而一旦當她從創作狀態回到現實，她就不免有一種失落和惆悵。昔日那種令她如癡如醉和夢縈情牽的感覺沒有了，而激發起她無比熱情的心的交流和撞擊消失了。生活失去了應有的光彩，令她感到深深的失望和心碎。而其實蕭紅和端木並不是沒有感情的，關鍵還在於他倆的性格。好友周鯨文就說：「兩人的感情基礎並不虛假，端木是文人氣質，身體又弱，小時候是母親最小的兒子，養成了『嬌』的習性，先天有懦弱的成份。而蕭紅小時候沒得到母愛，很年輕就跑出了家。她是具有堅強的性格，而處處又需求支持和愛。這兩種性格湊在一起，都再有所需求，而彼此在動盪的時代，都得不到對方給予的滿足。」於是他們之間就出現了裂痕。

和蕭紅日趨衰弱的身體形成對比的是，她精神上的渴求更加強烈。她太需要愛，更需要一種依附和寄託。於是，又有一個人走進了她的生活，她就是駱賓基。在蕭紅人生的最後旅途上，駱賓基是她最後的感情驛站。駱賓基是蕭紅胞弟張秀珂的友人，作為蕭紅東北同鄉，他希望能得到關照。蕭紅將他介紹給端木，端木把自己在《時代文學》上連載的《大時代》停下來，發表駱賓基的〈人與土地〉。為了感謝蕭紅夫婦對他的幫助，駱賓基經常去看望他們。特別是蕭紅住院期間，對她懷有敬慕知情的駱賓基則長時間廝守在她身旁，以致護士小姐都以為他是蕭紅的丈夫。病中的蕭紅有著無限的思鄉之情，駱賓基那一口濃烈的東北口音，配上他那娓娓動人的聲調，對蕭紅不啻有種飲甘露而止渴的作用。太平洋戰爭爆發後，九龍已陷於砲火之中，端木既要照顧蕭紅，又要考慮撤退以及籌款事宜，同時還要與文化人保持聯繫，因此他不可能一直陪伴著蕭紅，於是駱賓基自然責無旁貸地照顧蕭紅。

一九四一年十二月二十五日，經過十八天的抵抗，香港終於淪陷了。

蕭紅

駱賓基

十多天後，輾轉躲避的蕭紅被送進跑馬地養和醫院。她被不負責任的醫生誤診為喉瘤，第二天即被送進手術室。蕭紅接受了一次痛苦的喉管切開手術。手術後，蕭紅病情轉劇，身體更加虛弱。由於傷口難以癒合，使她痛苦萬分。一九四二年一月十八日，端木和駱賓基將蕭紅扶上養和醫院紅十字急救車，轉入瑪麗醫院重新動手術，換喉口的呼吸管。蕭紅已經無法再說話了。她用手勢示意駱賓基給她取來紙筆。她寫下：「我將與藍天碧水永處，留得那半部《紅樓》給別人寫了。」最後一句話。

　　一九一一年蕭紅自中國最北方的城市——呼蘭縣走來，一九四二年一月二十三日，她又在中國最南方城市的一角——香港淺水灣寂然歸骨，總共才活了三十一個春秋。對於他人正值青春美麗的年華，而對於蕭紅，那卻是她追求、奮鬥、掙扎而又含恨而終的短暫而痛苦的一生。當日本人佔領香港時，蕭紅在半個月不到的時間裡，輾轉在四家醫院的病床中，捱不盡恐懼與病痛折磨，終於死在法國醫院設在聖士提反女校的臨時救護站，兩個男人——她愛的或愛她的，把她火化了，一月二十五日的黃昏，把骨灰葬在淺水灣的海邊。

　　五〇年代的淺水灣曾是喧鬧而優美的海水浴場，在博浪歡愉之際，人們大概記不起這裡的「藍天碧水永處」，曾經埋葬一顆早醒而寂寞的靈魂。就如同詩人筆下的感謂：

　　……
　　而漫長的十五年，
　　小樹失去所蹤，
　　連墓木已拱也不能讓人多說一句。
　　放在你底墳頭的，
　　詩人曾親手為你摘下的紅山茶，

萎謝了，
換來的是弄潮兒失儀的水花，
淺水灣不比呼蘭河，
俗氣的香港商市街，
這都不是你的生死場……

風雨深情五十年
——鳳子的幾段情緣

鳳子（1912-1996）是名演員，更是名戲劇家。原名封季壬，故又名封鳳子，曾用筆名禾子。籍貫廣西容縣楊梅鎮四端村，一九一二年生於武漢。父親封鶴君是清光緒辛丑科舉人，廣西著名詩人，先後當過湖北師範學堂教員、湖北省通志局協修、蒙古都護副使、湖北省公署秘書、廣西大學秘書長、廣西省通志局局長，解放後被省文教廳聘為廣西文物館籌委會委員。父親一生酷愛文學，著作甚多，有《檗庵詩存》、《鶴君詩文集》等。鳳子幼時耳濡目染，使她和文學藝術結下了不解之緣。一九二六年，鳳子十四歲，在漢口第二女子中學讀書。她思想傾向革命，參加很多進步活動，更剪掉辮子，參加演戲。她最早演出的是田漢的《南歸》、《湖上的悲劇》等。一九三〇年秋，廣西大學校長馬君武邀請他父親回桂，擔任廣西大學秘書長。全家南遷時，鳳子得到父執楊厚卿和馬君武的照顧，在上海讀完初中和預科。之後在廣西大學借讀一季，一九三二年，她考入上海復旦大學中文系。

在中文系的必修課裡，她上了洪深的戲劇概論。鳳子在〈紀念洪深先生〉文中說道：「除了中文系的學生外，不少其他系的學生也選修了這門課，並且還有不少旁聽生，有時課堂擠得難以進出。人們仰慕他是一個方面，更大的因素是洪老師講課非常生動，說得

鳳子

高興就做將起來，他聲音洪亮，又富於表情，善於啟發。」鳳子又說；「復旦劇社是上海幾個大學學校業餘劇團之一，復旦劇社創辦人是洪深先生。復旦劇社定名之前，洪老為了教學實驗的需要，組織了一個A1實驗室，全名是A1 Workshop。A1是教室名，而Workshop是車間的意思。為了教學實驗，洪老教有關編劇、表導演、舞台技術等戲劇的課程時，曾排練過片段戲，這些課程屬於外語系。」著名文學教授鮑正鵠說過，二、三〇年代的復旦劇社，在中國話劇運動史上作出了不可磨滅的貢獻。那時，復旦劇社還培養了一大批優秀的戲劇家，如馬彥祥、鳳子……。

鳳子在一九三四年參加復旦劇社，她說：「復旦劇社排演王文顯著的《委曲求全》大型諷刺喜劇，來約我參加劇中唯一女主角王太太，我接受了這次邀請。王文顯的這個本子是用英文寫的，由李健吾譯成中文，李健吾是劇作家，譯文非常上口。導演是應雲衛，應雲衛導演喜劇有獨到的藝術創造。」該劇從六月七日起在上海卡爾登大戲院公演了兩場。話劇，尤其是學生業餘劇團能夠搬上當時只

演外國電影和戲的卡爾登的舞台，證明了《委曲求全》的演出水平在當時是引人注目的。學期結束時，復旦劇社又把《委曲求全》帶到了南京世界大戲院，引起了南京城的轟動。

一九三四年七月一日，由巴金、靳以主持的《文學季刊》第一卷第三期發表了當時還名不見經傳的曹禺的處女作──《雷雨》。一九三五年九月，在吳鐵翼、鳳子的提議下，復旦劇社公演了這齣戲。邀請歐陽予倩導演，鳳子飾演四鳳，經過兩個月的排練，在寧波同鄉會和新光大戲院公演。洪深也觀看了演出，並予以肯定外，特別稱讚了鳳子的出色表演。《雷雨》之後，吳鐵翼、孔包時、鳳子等人陸續畢業。與此同時，吳鐵翼、鳳子等人在校外自行組織了一個「戲劇工作社」，參加者多為復旦劇社社友。一九三七年二月二日至五日，他們在卡爾登大戲院演出了曹禺的新作《日出》。這是《日出》的首次與觀眾見面，由歐陽予倩導演，鳳子飾演陳白露。但這是一次不完全的演出：導演因為第三幕「奇峰突起，演起來卻不容易與其他的第三幕相調和」，且「南邊人裝北邊窰子不容易像」將「第三幕割愛」。曹禺專程由南京趕來上海觀看，並在靳以的陪同下與演職員見了面，儘管對刪去第三幕表示遺憾，但對鳳子的表演卻十分滿意。

一九三七年春，東京的一部分中國留學生組成「中華留日戲劇協會」，準備排演曹禺的《日出》，但是缺少扮演陳白露這個角色的演員。留日學生中有一位鳳子在復旦時的同班同學林一屏，他知道鳳子演過陳白露，便代表協會來函邀鳳子赴日參加演出。鳳子也想藉機外出遊歷一番，於是向女子書店請假赴日。一九三六年秋，鳳子在復旦大學畢業後，在系主任謝六逸的介紹下便到姚銘達的女子書店工作，並主編《女子月刊》。《女子月刊》在鳳子離滬後，由阿英（錢杏邨）繼續編了兩期。在離滬前，阿英要鳳子帶信給日本的郭沫若。到了東京，同學林一屏陪鳳子到千葉縣見到郭沫若。《日出》

演出的第二天晚上，郭沫若前往劇場觀看，遇見了日本著名老戲劇家秋田雨雀，他已經是接連第二晚來觀看了。秋田誠懇地稱讚道：「中國人的確是天才，像《日出》這樣規模宏大的劇本，日本很少見；尤其是像封小姐那樣的演員，日本是自從有話劇運動以來，從不曾培養出過的。」《日出》「原定演三天，每場可容納七百人，三天公演之後，向隅者不計其數」，當「後來又續演兩天，意外的第三幕被禁，第四天只能演一、二、四三幕，因此第五天索性輟演」。數日後，鳳子等人往須和田拜訪郭沫若時，郭沫若和妻子安娜殺雞買魴熱情款待，並在玉版箋上題了一首七絕贈送給她：「海上爭傳火鳳聲，櫻花樹下囀春鶯，歸時為向人邦道，舊日魴魚尾尚赬。」

在這次演出中，鳳子認識了也在日本東京帝國大學文學部大學院深造的孫毓棠。孫毓棠曾是三〇年代著名的現代詩人，雖然在詩壇活躍的日子極為短暫，但他憑著一首長達八百行的史詩〈寶馬〉，便可在詩壇占有一席之地。孫毓棠生於一九一一年，祖籍江蘇無錫，幼年時代舉家遷往天津定居。一九二五年入南開中學就讀，兩年後遭逢家變，生活頗為艱困，除了接受校長張伯苓的接濟外，十七歲那年，他應聘在南開中學教授一年級古文課程，解決了部分經濟問題，完成了南開中學教育。在這段期間值得一提的是：結識也就讀南開中學的曹禺，彼此間建立了深厚的友誼。一九二九年孫毓棠進入清華大學，主修歷史。一九三二年十一月在《新月》月刊第四卷第四期發表新詩〈船〉、〈燈〉，為新月派詩人之一。這時他結識清華中文系教授詩人聞一多，聞一多對孫毓棠的詩歌創作影響頗大。一九三三年清華歷史系畢業後，曾在天津河北省立女子師範學院史地系任教。一九三五年八月留學日本東京帝國大學歷史學部攻讀中國古代史，後轉該校文學部大學院攻讀文學。

據學者王次澄在〈含著淚要網盡雨聲〉文中說：「據孫先生晚年與友人追述往事：最初似乎是鳳子採取主動，常藉機接近孫毓

棠。孫先生雖然眩於她的亮麗和嫵
媚，但並沒有一見鍾情的悸動，不過
幾經接觸後，他們還是雙雙落入了情
網。鳳子是個活潑外向，生活比較浪
漫的女子。孫先生曾耳聞許多有關她
的緋聞，而且也逐漸知道她熱中政
治，是『左聯』的外圍分子，而當時
孫毓棠專注於學問，並無意介入政爭
的漩渦中。雖然如此，年輕的詩人仍
抱持著愛情至上的信念，接納了鳳
子，並於一九三七年的下半年，與鳳
子在南京悄悄地結為眷屬。」孫毓棠
是在蘆溝橋事變後，放棄了唾手可得
的學位，兼程返國，投入抗戰的行列
的。在抗戰初期，他曾輾轉於上海、
武漢、桂林等地，最後則隨同學術機
構的避難潮，撤退到了昆明。初在雲
南大學教書，當時也在雲大的施蟄存
說：「一九三八年，鳳子也和她的新
婚夫婿孫毓棠來到昆明。她倆在雲南
大學附近租了三間民房。中間是客
廳，東西二間作臥室鳳子和孫毓棠住
在東間，西間讓給獨身的王以中。吳
晗也在雲南大學，我和他同住在一個
宿舍。孫毓棠搬來之後，吳晗就常去
他家打橋牌，每星期總有三四個晚
上。有時我也去參加。」孫毓棠後來

孫毓棠

轉至西南聯大專任講師、副教授，與清華故友共聚一堂，而昆明寧靜宜人的湖光山色，似乎也助長了孫毓棠的詩興，此時他寫了不少詩歌和文藝作品，分別發表在昆明的《中央日報》副刊及《今日評論》上。

據王次澄文中說，在昆明初期孫毓棠和鳳子的生活尚稱美滿。鳳子憑著靈活的交際手腕和出色的容貌，成為山城眾所皆知的人物。但沉寂的山城生活，逐漸使愛熱鬧和掌聲的鳳子感到難耐，為了滿足她的精神生活，孫毓棠也曾嘗試為她撰寫劇本，鼓勵她在舞台上露臉。鳳子加入昆明「聯大劇社」後，曾演出《祖國》一劇，轟動一時，這齣戲的舞台設計全出自聞一多之手，孫毓棠則擔任舞台監督。不久為了慶祝戲劇節，孫毓棠等人又商請曹禺搭機由重慶到昆明，導演《原野》一劇。從一九三九年八月十四日起，由鳳子主演的《原野》在昆明正式公演。公演的廣告在昆明幾家報紙登出後，票子很快搶購一空。儘管開場的頭幾天，每天都是大雨滂沱，但仍然天天爆滿。《原野》演到九月三日，共演了九天。但各界觀眾紛紛來信要求繼續演下去。又連續演了七天，在觀眾強烈要求下，又續演了兩天，場場滿座。有一次，觀眾為購票竟與檢票人員打了起來。這次演出的盛況「在雲南話劇運動史上可算是破天

右起：聞一多、孫毓
棠、鳳子

荒的第一次。」鳳子在這次演出中扮演的「金子」獲得空前成功。
開始，曾有人勸她不要接受這個角色，因為，在別人看來她的性格
柔和，外形又纖弱，不宜演這樣一個「風騷潑辣」的角色。她曾演
過四鳳、陳白露，如今又來嘗試這樣一個角色，未免有些惶惑不
安。但是，她的決心很大，越是自己沒有演過的，她越要試一試。
曹禺是很欣賞她這股勁頭的。她終於成功了。朋友們跑到後臺來祝
賀：「你在舞臺上我們真認不得啊！」「你這樣一個好性子的人，
怎麼能使得出那樣的脾氣來？」她自己也深有感觸地說：「我不相
信，由於外形或性格的『不合』，就可以扼殺一個演員的舞臺創造
和她的藝術前途。舞臺藝術到底不是在臺上表現自己的一種Show
啊！」。

　　這次的演出，除了鳳子飾演「金子」外，連孫毓棠也加入客
串，飾演老頭子，「婦唱夫隨」得到極多的讚譽。據王次澄文中
說：「但這一切仍不能滿足鳳子的表演慾，當曹禺回返重慶時，鳳
子意欲隨往發展其舞台生命，孫毓棠為了成就她的才華，竟然欣然
同意了。於此，詩人表現了無私的感情與深愛；但另一方面，詩人
也擁有個人的理想和抱負，一時無法丟下自己的學術工作，不料此
一別離，似乎就注定了兩人未來分手的命運。鳳子到重慶後，有了
更多演出的機會，而且進入了電影界，聲名如日中天。然而隨之而
來的是：她與曹禺間的緋聞不斷地傳到孫毓棠的耳裡。一個是自己
的妻子，一個是十多年的至交，他的傷痛、難堪與無奈，實非筆墨
所能形容。在無可奈何的情況下，孫毓棠打了電報給鳳子，以自己
生病為由，要她即刻返回昆明。最後鳳子終於回到孫毓棠的身邊，
但見面後，他倆都明白無法再續前緣了，然而他們並沒有立即分
手。一九四一年鳳子曾到香港為共產黨工作，一九四二年又輾轉回
到桂林，後定居重慶。一九四五年九月抗戰勝利之後，他們在平和
無爭的情況下，正式辦理離婚手續。」

一九四一年皖南事變後，南方局在周恩來副主席領導下，有計畫地撤退文化人，鳳子被安排到香港，到香港後，她積極參加「旅港劇人協會」。司徒慧敏是「旅港劇協」組織領導人之一。「旅港劇協」在短短四個月裡，排練、演出了三個大型話劇《霧重慶》、《馬門教授》和《北京人》。另外還排演另一個話劇，于伶的《夜上海》。鳳子並且寫了一些散文，發表在茅盾主編的《筆談》上。直到太平洋戰爭爆發後，香港淪陷，鳳子輾轉逃到桂林。鳳子在《旅途的宿站》一篇題為〈《人世間》的前前後後〉的文章中說：「在桂林的時候，出版人丁君匋來訪，約我在桂林編輯出版《人間世》月刊。當時從香港撤退到桂林的文化人很多，話劇演出、書刊出版很活躍，一時間桂林被稱為『文化城』。我和朋友們研究之後，同意接編這個刊物，但要求改名為《人世間》，以區別於抗戰前在上海出版的近似「禮拜六」派的《人間世》。我們既然要接編這個刊物，當然希望給人一個新的面貌。」

　　《人世間》創刊於一九四二年十月十五日，十六開，是本純文藝雜誌，主編封鳳子，後來參加編務的還有周鋼鳴和馬國亮，顧問徐鑄成，出版人即為丁君匋。當時在桂林的作家大多支持這份刊物，郭沫若、茅盾、沈從文、胡風、李廣田、司馬文森、端木蕻良……均有作品見刊，而田漢的〈母親的話〉、章泯的〈苦戀〉、蕭紅的〈紅玻璃的故事〉、駱賓基的〈幼年〉均刊於此。刊物的前六期，都是鳳子編的，合為第一卷，至一九四四年五月的第二卷第一期，因鳳子離開桂林，由馬國亮接編的這期改為三十二開本，已是《人世間》的終刊號了，桂林版的《人世間》僅出版七期。一九四七年鳳子接受葉以群的意見，向丁君匋取得出版證，於同年三月二十日在上海復刊《人世間》。封鳳子任主編，復刊後改月刊。一九四八年八月出第十三期後終刊。

　　儘管鳳子説「復刊的《人世間》，是一個綜合性刊物」，現代文學收藏家許定銘在〈鳳子和她的《人世間》〉文中説：「但她還是把重點放在文藝上，以第一期為例，二十餘篇文章中，即有馬凡陀的〈詩三首〉、臧克家的〈船〉和徐歌的〈蒲公英〉；小説方面有沙汀的〈煩惱〉、EL的〈憲兵上士何德才〉和唐涵的〈老街坊〉；散文則刊得更多，有李白鳳、鳳子、流金、陳敬容、徐遲、駱賓基、陸晶清、馬國亮、顧一樵……等超過十篇，其餘的多為木刻及插畫等藝術作品，尤其作為編委之一的丁聰，每期負責封面設計，非常醒目。最值得一提的，是一九四七年七月，復刊第五期的《人世間》為聞一多「周年祭」出了個特輯，有編輯部提供的〈聞一多先生遺像及其手跡〉、郭沫若的〈聞一多萬歲〉、鳳子的〈永生的，未死的〉、流金的〈追念聞一多先生〉和王敬的〈聞一多先生和他的家屬〉，都值得一讀，是當年一個很有分量的專輯。丁聰在這期的扉頁繪了幅聞一多的畫像：聞先生側身咬著煙斗凝視著看畫的你，那睿智而深邃的眼神，直看到你的心坎去，令人肅然起敬，是聞一多最佳的畫像，也是丁聰傳世之作。此外，許壽裳的〈亡友魯迅印象記〉、馮亦代的〈書人書事〉、雪峰的〈寓言〉、靳以的〈人世百圖〉亦多發表於此。」。鳳子的文學生涯中還編過《女子月刊》、《劇本》、《海天》、《説説唱唱》、《北京文藝》等刊物，卻以《人世間》最受歡迎，成就最高，是她的代表作！

　　一九四七春天，一個老外沙博理（Sidney Shapiro），帶著200美元，乘坐小客船從紐約來到上海。沙博理一九一五年十二月二十三日生於美國紐約布魯克林一個中產階級家庭，祖上是從俄國移民來美的猶太人。父親是律師，母親是家庭主婦。在三〇年代，美國經濟蕭條之時，沙博理靠打零工完成在聖約翰法學院的學業。在取得律師執照後，他接手幾個案件使他對病態的社會感到失望。

一九四一年十一月，太平洋戰爭爆發，他報名從軍，成為一名高射砲砲手。後來又被分配到康乃爾大學學習漢語。一九四六年，沙博理復原。美軍規定，軍人可根據相應服役時間，免費上大學。於是他選擇在哥倫比亞大學繼續學習中文，後又轉到耶魯大學。

　　到了上海的沙博理手持在耶魯大學戲劇系同學楊雲慧的親筆介紹信，到虹口區一幢破敗的五層樓公寓尋訪正在《人世間》當主編的鳳子。楊雲慧來自上海，是鳳子的好友。在沙博理眼裡，「我覺得挺好看的，她已經三十二歲了，可是很苗條。怎麼說呢？要說她美，她也不是非常美，但她表情很有神，感情很熱烈，叫人很喜歡。我們見面後，印象都挺好的，都覺得還可以。只是說話並不太方便，她的英文水準跟我的中文水準差不多，她是破英文，我是破中文，反正談著談著就明白了。她這人也很熱情，非要帶我去上海一個小飯館吃有特色的菜。後來我們就做了個決定，用中英語言對照來互相學習。那個時候就開始交往了，一個星期見兩三次面，慢慢地時間長了，我們就好了。」而在鳳子看來，沙博理英俊瀟灑、謙虛有禮，對中國有真正的感情，也慢慢愛上了這位美國小伙子。他倆經常一塊兒上劇院看戲，在回家的路上，他們會在一個通宵營業的攤點前停下來，吃上幾塊油炸餡餅，或者來一碗噴香的餛飩。交往時間長了，這個美國人慢慢瞭解到，鳳子正在從事中共的地下文化工作，後來也認識了她的一些同志。通過鳳子，沙博理理解了中國革命。也開始幫上鳳子一點忙。兩人並產生了感情。沙博理說：「我很佩服她，在愛她之前我就尊敬她了。一個年輕的女孩子在國民黨的高壓政策下從事這麼危險的工作，很了不起。」一九四八年五月十六日他們就結婚了。沙博理說：「我們用中文簽寫了一份簡單的結婚聲明，一位司儀、一位介紹人和一位證婚人，也在那上面簽了名。就是這樣，簡單、平靜而莊嚴。我也在上海的美國領事館登記了結婚這件事。」談到結婚當天高朋滿座的情形，

沙博理笑著說：「有幾百人，都是文藝界的。這是馮亦代調皮，開玩笑害了我們。大家都知道我跟鳳子好，可我們還沒定日子。馮亦代他自己說了，為了50塊美金的獎金，把這個消息賣給報紙，就給刊登了。結果文藝界的朋友就都來問我們了，要我們說具體的時間、地點。這樣就把我們弄得很被動，所以只好趕緊找一個地方把大家給請了。」

鳳子與沙博理的結婚照

　　沙博理為了幫鳳子的忙，他的律師事務所就成了地下黨的聯絡點。他們設法通過國民黨封鎖線向解放區運送藥品，還把遭國民黨追捕的革命青年藏在家中。婚後的甜蜜生活很快被打破了，鳳子上了國民黨特務的黑名單，中共地下黨要求他們立刻轉移。沙博理得知後，毅然關閉律師事務所，沙博理說：「我們得到這個消息就決定離開上海。我們想去解放區，想到延安去，組織上也批准了，還託給我們一個美國女青年，叫寒春，她才十幾歲。這樣我們逃亡路上就多一個責任了，還要管她，簡直就是瞎子領瘸子走路了。上到北平，就等著人來領我們到解放區去，拖了很長的時間才來人。我們先從北平去到天津，

然後就開始琢磨怎麼個走法，乘火車還是乘公共汽車？後來組織者決定讓我們坐公共汽車到濟南，再從那兒轉到解放區。為了掩人耳目，我們就演了一齣戲。我是一個美國大律師，要去濟南；鳳子扮演一個丈夫剛去世的東北寡婦，也是要到山東某個地方去。總之我們之間的關係不能暴露，這個是荒唐的。我們頭一天離開天津，被一個國民黨憲兵站發現我們是假冒的。寒春原來有肝炎，剛剛好了，她去解放區怕沒藥，就隨身帶了個大麻袋，裏面裝的都是藥，國民黨看到這麼多藥，就認定我們是走私的，那時候走私的很多。而走私是要給他們錢打點的，我們不懂這個行情，事前也沒人跟我們說，所以沒給他們錢。他們就把我們攔下了，但話說得很客氣，要我們先回天津找美國領事館寫個條子，明天再來。這就完了，我們總不能讓美國領事館知道我們是幹什麼的。我們只好回了天津，在那裏住了一兩天，組織上覺得算了，太危險了，你們別玩這個命了，你們就回北平吧，我們把解放區給你們送到家門口去。後來果然是這樣，很快就解放了。」

一九四九年十月一日，沙博理和鳳子親眼目睹了毛澤東在天安門城樓宣告中華人民共和國的成立，那一刻，鳳子興奮得熱淚盈眶，沙博理也被深深地感動了。不久，沙博理翻譯了反映抗日戰爭的小說《新兒女英雄傳》。該書後來成為美國出版的「紅色中國」第一部小說。在此期間，鳳子寫信給周恩來總理，於是這位美國律師當上了英文版《中國文學》雜誌的編輯。沙博理說：「那以後，我就搞翻譯了，主要是文學作品。開頭就是搞所謂的『革命文學』，像《保衛延安》、《林海雪原》，我也很喜歡，因為很有鬥爭性。後來也讓我翻譯『五四』時候的作品，茅盾、巴金、趙樹理。再後來我就在《中國文學》雜誌社了，在這裡接觸到的就多了，小說、詩歌、戲劇，什麼都有。有時候，我自己也喜歡從古典文學作品中找一兩個片段來翻譯，那時候就已經翻譯了幾個小片段

了，挺喜歡的。真正開始翻譯古典文學是在一九六七年，『文化大革命』已經開始了，上面問我願不願意翻譯整個的《水滸傳》，那我當然很高興了。後來因為『文化大革命』弄得亂七八糟，就被打斷了，所以我翻譯《水滸傳》不是連著的，就這樣做幾個月又停幾個月，直到一九七五年才把它完全翻出來。我原來是美國人，『文化大革命』不是說你裏通外國嘛，你怎麼沒事了？我說一個笑話：『宋江救了我。』因為《水滸傳》的英文翻譯是很光榮的，了不起，我們外文局的派系鬥爭很激烈，一會他掌權，一會又他掌權，翻來覆去，不管誰掌權，都願意往自己臉上貼金，說是他領導下翻譯的《水滸傳》，所以他們都沒有找我麻煩。」

晚年的鳳子

　　一九五二年三月，孫毓棠與王務灼女士結婚了。回想當年，失去鳳子的孫毓棠自然是極端的痛苦，也是從那時起，詩人不再寫詩了，當時有人說：「詩人的歌喉瘖啞了」。我們無法確知詩人封筆的真正原因，但愛情的創痛必不無影響。據孫毓棠晚年追憶：與鳳子分手後，他的感情世界是灰暗的，直到十年之後與王

務灼女士結合，它才重現光與熱。王務灼一九五一年畢業於清華大學經濟系，大學時代曾修過孫毓棠的「中國經濟史」，對老師的學識和風範十分仰慕，經過平淡卻真摯的交往後，她終於以身相許，雖然孫毓棠大她有十六歲之多。後來他們的婚姻十分美滿，患難與共，老而彌篤。孫毓棠在抗戰勝利後任清華大學歷史系副教授、教授。不久應英國文化委員會之聘任牛津大學皇后學院客座研究員。後又赴美任中國出席聯合國代表團社經理事會專門助理、美國哈佛大學客座研究員。一九四八年八月再回清華大學歷史系任教，王務灼是他這個時期的學生。一九五二年八月任中國科學院經濟研究所研究員，不久任《中國近代經濟史資料叢刊》編委。一九五九年一月轉任中國科學院歷史研究所研究員。「文革」後期奉命參與標點《二十四史》和《清史稿》。一九七六年後，負責籌建中國社科院歷史研究所中外關系史研究室和中外關系史學會，並任該會首屆理事長。一九八〇年起主持規劃《中國大百科全書‧中國史卷》，並任「秦漢分卷」主編。一九八一至八二年先後兼任美國德克薩斯州立大學和華盛頓威爾遜研究中心客籍研究員。一九八五年九月五日，在北京病逝，享年七十四歲。

孫毓棠與夫人王務灼

全國解放後，鳳子任北京市文聯
《北京文學》刊物的編委。一九五六
年被選為中國戲劇家協會的理事，出
任《劇本》月刊編委、副主編。除了
編輯刊物外，鳳子還從事散文和文
藝評論的寫作，出版過散文集《廢
墟上的花朵》（香港：商務，1941）、
《八年》（上海：萬葉書店，1945）、
《舞臺漫步》（上海：大陸圖書雜誌，
1945），後來又有《旅途的宿站》
（香港：三聯書店，1985）；長篇小說
《無聲的歌女》（上海：正言出版社，
1946）、中篇《沉渣》（上海：太平洋
出版社，1948）、短篇《鸚鵡之戀》
（上海：文化生活，1947），《飛來的
臭蟲》、《畫像》（北京：人民出版
社，1982）；戲劇隨筆集《台上台下》
（中國戲劇出版社，1985）等。

晚年的孫毓棠

十年浩劫中，鳳子受到相當大
的衝擊。沙博理說：「『文化大革
命』，江青領導的『四人幫』搞了
她。江青解放前在上海做演員，鳳子
那時候也在上海做演員，都相互知根
知底。鳳子非常瞭解江青這個人，包
括她以前的生活和男女關係。所以江
青一上臺首先就打擊這些人，胡編亂
造給他們扣各種各樣的帽子，鳳子也

晚年的鳳子

是受打擊的人之一。她後來雖然沒事了，但這個過程中是很苦的，她受到了審查，還進了『五七幹校』，別人都不太嚴，週六週日還可以回家，但她不行。這麼一來，差不多四年，我們都很少見面。她回不了家，我想我還可以去看她，可同志們又都勸我別去，說那些傢伙都極左得一塌糊塗，我一個美國人跑去幹校看她，那些人就更要亂說了。」

粉碎「四人幫」後，鳳子才被分配到文化部文學藝術研究院工作。一九七九年，她被選為中國戲劇家協會常務理事，主編《劇本》月刊。一九八三年，已經退休的鳳子仍擔任中國戲劇家協會常務理事，《劇本》月刊顧問。沙博理則幾十年來一直筆耕不輟，他翻譯的二十餘種中國現當代文學作品及中國古典名著，使得中國的文化也能在國外的土壤中繼續延伸。此外，他撰寫的《一個美國人在中國》、《中國學者論述中國古代猶太人》、《中國古代刑法與案例傳說》、《馬海德傳》以及自傳《我的中國》（My China）等書，先後在美國、以色列、新加坡及中國出版。沙博理曾寫道：「翻譯中國文學是我的職業，也是我的樂趣。它使我有機會去『認識』更多的中國人，到更多的地方去『旅行』，比我幾輩子可能做到的還要多。」沙博理曾在〈我的愛人鳳子〉一文中這樣描述與自己相互扶持共同經歷了半個多世紀風雨的妻子：「鳳子不只是我的妻子，她是中國不可分割的一部分，是流淌在中國和我之間的一條不斷的溪流，其間流淌著一個民族、一種文化、一個社會的精髓。」

鳳子在她的〈迎接金婚──八十自述之一〉裏講述了與沙博理半個世紀的相知相戀，最後她總結說：「我們愛過、怨過，只有今天似乎才有所相知。才相互瞭解了彼此的為人、脾性、喜怒哀樂。漫長的歲月，戰爭、運動……一次又一次的磨難，人的性情有時幾乎被扭曲了。直到今天，我們似乎才發現彼此的長處和弱點。……相憶相伴幾十年，風風雨雨過來了，互望兩鬢白髮，喜悅的笑容爬

上了滿臉的皺紋。」在沙博理看來這也是鳳子第一次在文章中提到他。「在我們婚後所有這些年的生活中，在她這部回憶錄之前的任何文章中，她從來沒有提到過我。當她寫到我們一起做過的許多事情當中的某件事情時，我簡直就不存在。」是什麼原因，讓鳳子回避公開觸及他們的這種傳奇式的複雜情感；像沙博理一樣，我們無從知曉。也許這種很深的愛情和時代的動盪不安交織在一起，很難單憑藉語言表述，只有等到心靈的波濤完全平息之後，才能淡泊回首。

　　一九九六年一月二十一日，鳳子在北京逝世，享年八十四歲。在她辭世後沙博理出版了她的散文集《人間海市》。儘管鳳子去世已十多年了，但她的照片一直掛在沙博理的寫字檯上方，她的音容笑貌日日與沙博理相伴。他永難忘懷在中國這塊土地上，他遇見了一個聰慧的女子，遇到了自己鍾愛一生的事業。他在他的自傳──《我的中國》中說：「鳳子，Phoenix，鳳凰，我愛上了鳳，也愛上了龍。了解和熱愛中國龍，使我更加熱愛和珍視我的中國的鳳。只是現在，她離去以後，她多方面的大量成就才得到充分認識。除了是一個優秀的散文家，她還是一個舞台上和銀幕上的女演員，

晚年的沙博理與鳳子

一個小說作家，一個編輯，一個戲劇家，一個地方戲的支持者，一個影劇評論家，一個成長中的人才的發掘者，一個能幹的行政管理人。」那是沙博理眼中的鳳子，又何嘗不是我們眼中的鳳子呢！

失去老伴的沙博理

結婚十年原是夢

——蘇青的夢醒時分

蘇青是被中國現代文學史遺忘的一位女作家。早期的中國現代文學史像王瑤的《中國新文學史稿》，根本沒有談及蘇青。其他較有影響的如劉綬松的《中國新文學初稿》、唐弢的《中國現代文學史》、林志浩的《中國現代文學史》、黃修己的《中國現代文學簡史》也都未論及蘇青。而在現代小說史著作中，田仲濟、孫昌熙的版本也沒有蘇青，趙遐秋、曾慶瑞的版本則在評價張愛玲時，附帶提到「在敵偽時期的上海文壇，張愛玲和馮和儀（蘇青）、周鏈霞是齊名的女作家。」但卻無詳係的介紹。蘇青的名字和作品在文壇上似乎沉寂了幾十年了。

在四〇年代的上海淪陷區，蘇青的作品曾受廣泛的歡迎，散文集《浣錦集》出了十版，長篇小說《結婚十年》則在半年內再版了九次，最後共出了三十六版。在當時可說是名噪一時的女作家。一九四五年三月的《雜誌》月刊第十四卷第六號上發表了蘇青和張愛玲的對談記，編者前言有這樣一段話：「當前上海文壇上最負盛譽的女作家，無疑地是張愛玲和蘇青。她們都以自己周圍的題材從事寫作，也就是說，她們所寫的都是她們自己的事。由女人來寫女人，自然最適當，尤其可貴的，似乎在她們兩位的文章裡，都代表當前中國知識婦女的一種看法，一種人生觀……」。另外同時期的女作家張

年青的蘇青

晚年的蘇青

愛玲對蘇青亦有極高的評價，她說：「低估了蘇青的文章的價值，就是低估了現地的文化水準。如果必需把女作者特別分作一欄來評論的話，那麼，把我同冰心、白薇她們來比較，我實在不能引以為榮，只有和蘇青相提並論我是甘心情願的。」這兩段話或許可想見蘇青當年的名氣了。

名滿天下，謗亦隨之。如果說人們對張愛玲的評論是毀譽參半的話，那麼對蘇青則是多年來一直是微弱的「譽聲」淹沒在巨大的「毀聲」裡。在當年張愛玲都曾被罵為「海上文妖」，更何況是蘇青呢？論者指出當「日寇一經驅逐，國民黨政權堂而皇之地前來重建，恢復他們的政文統治與文化壓抑之後，蘇青便被以『落水作家』、『性販子』、『比鴛鴦蝴蝶派有過無不及』的名義大興討伐。」蘇青對這些指責，有她的辯駁，她說：「是的，我在上海淪陷期間賣過文，但那是我『恰逢其時』，亦『不得已』耳，不是故意選定的這個黃道吉期才動筆的。我沒有高喊什麼打倒帝國主義，那是我怕進憲兵隊受苦刑，而且即使無甚危險，我也向來不大高興喊口號的。我以為我的問

題不在賣文不賣文，而在於所賣的文是否危害民國的。否則正如米商也賣過米，黃包車伕也拉過任何客人一般，假如國家不否認我們在淪陷區的人民尚有苟延殘喘的權利的話，我就是如此苟延殘喘下來了，心中並無愧作。」而後來蘇青更在長篇小說《續結婚十年》的扉頁題詞上寫著：「衣沾何足惜，但使願無違。」更有強力辯解的意味。

《結婚十年》

面對此問題，晚近的新文學史家司馬長風的看法，無疑是較中肯的，他說：「當然我們傾心讚賞大義凜然、抗戰不屈的那些作家如李健吾、夏丏尊等，但是對於那些缺乏反抗勇氣的人，筆者不忍概以漢奸指論。殺身成仁、捨生取義，這畢竟是少數仁人豪傑的事情，不能用來衡量普通人。」

蘇青原名馮和儀，字允莊。一九一四年五月十二日，蘇青生於浙江省寧波縣浣錦鄉。她曾這樣描述她的家鄉：「我是生長在寧波城西有一個叫做浣錦的地方，其名稱來歷不知道，我只知道我家的房子很大，走出大門不遠處，有一石橋曰浣錦橋。在幼小的時候，我常常隨著祖父到橋邊去，橋邊石欄上坐著各式各樣的人，

雜誌

他們都在悠閒地談天。」她的祖父馮丙然係清末舉人，父親馮松雨是庚子賠款留學生，在美國哥倫比亞大學獲經濟學碩士學位。母親鮑雲仙畢業於女子師範學校，當過教師。她的愛好文藝正是在這種家庭背景下薰陶出來的。一九二六年蘇青進了中學——縣立女子師範校，次年因參加縣女師剪髮風波，校方迫其休學。一九二八年女子師範改成女子中學，蘇青復學。後來女中又改為男女同校的普通中學，蘇青也因此結識同班同學李欽后，李欽后外貌英俊，英語口語好。有一次學校舉辦文藝會演，排演莎士比亞的《羅密歐與朱麗葉》一劇，李欽后演羅密歐，蘇青則扮演朱麗葉，從此兩人過往甚密。一九三〇年蘇青中學畢業，由於家中窮困，因此與李欽后訂婚，並由李家供她上學。

蘇青進入浙江省立第四中學讀高中部乙組，李欽后也在同一學校，他讀高中部甲組。蘇青學習成績優異，常在校刊上發表作品，被老師和同學譽為「天才的文藝女神」。當時學校常邀請浙江籍名人如陳布雷、張其昀、陳果夫等到學校講學，蘇青眼界大開，接觸到許多新鮮事物。

高中畢業後，蘇青考入南京國立中央大學外文系，而李欽后則因成績不及格，留級一年後才考上東吳大學上海分部法律系。在讀書期間，一九三四年寒假他們就結婚了。蘇青把他們的婚禮稱之為「新舊合璧」，其實新舊合璧不光是婚禮，還包括他們的婚約是母親作主給她訂的。《尋訪蘇青》一書的作者毛海瑩訪問蘇青的妹妹馮和俠（蘇紅）說：「李欽后的父親是個新發財主，道德好，後來成為寧波首富，他看中我們家的門第，一看到我姐姐就喊『大學生，大學生』。說實在的，我母親看重的是財。過年過節時，我常與我哥哥住到李的家裡，那裡專門有廚師，有吃有喝，又有戲看。一句話，我姐姐的婚姻是別人作媒介紹的。」

婚後蘇青生下一個女兒，並因此輟學了。丈夫則仍然在上海繼續他的學業。她生活在重男輕女的公婆及小姑間，不時遭到白眼和

難堪。有一天，她望著還中甜睡的女
兒，不禁生出許多感慨來，心想：
「從此再也不要養孩子了，養的時候
多痛苦，養下一個女的來，又是多麼
的難堪呀！結婚真沒有多大意思，說
到兩個人的心吧，心還是隔得遠遠
的；說到男女間快樂，一剎那便完
了，不過十分鐘，卻換來十月懷胎，
十年養育的辛苦。」這期間她們夫妻
間，沒有狂歡，沒有暴怒，只是「瑣
瑣碎碎地同居」的生活，在蘇青感覺
上有種難以滿足的缺陷。

蘇青

　　一九三五年被公認為「雜誌
年」年。當時上海灘上的散文雜誌
有：《論語》、《人間世》、《宇宙
風》、《文飯小品》、《太白》、
《芒種》、《逸經》等等。其中《論
語》出得早，影響也大。蘇青當時正
過著少奶奶的無聊生活，她非常喜歡
閱讀林語堂主編的《論語》，她覺得
《論語》裡的文章，常說出自己想要
說的話，慢慢她也想提筆來寫寫看，
寫什麼呢？她想起當初生女兒的難堪
和眾人重男輕女的嘴臉，於是寫了一
篇〈產女〉，投寄到當時由陶亢德接
編的《論語》去。很快，這篇散文就
在一九三五年六月十六日出版的第

六十七期的《論語》上發表了、篇名由編者改為〈生男與育女〉，蘇青的處女作便是這樣誕生的。兩個月後，蘇青又在《論語》第七十期上發表了〈我的女友們〉。

一九三五年秋，蘇青將長女留在婆家，隨著李欽后到上海，在北四川路附近某里弄前樓借住。李欽后白天在市內中學任教，晚上去夜大學習。日常開支的來源，除了李欽后的薪水外，就是寧波公婆寄錢來，他們夫妻常因經濟拮据而爭執理論。有一次蘇青因此還被李欽后賞了一個耳光，蘇青受此打擊後，她要證明：女人不需要男人來養活，女人照樣可以自立。她開始為林語堂新辦的《宇宙風》半月刊寫稿，〈科學育兒經驗談〉和〈現代母性〉分別刊登在第一和第二期上。

抗戰爆發，對於蘇青來說，日子同樣艱難。自從大女兒薇薇（李崇孟）在一九三四年出生之後，蘇青又在一九三六年產下次女李崇善（又名李堅），接連生了兩個女兒婆家的人是更不高興了，現在蘇青又第三次懷孕，就在「八‧一三」的隆隆炮聲中出生了。出生的不是時候的三女兒，因逃難寄養在鄉間的農家，沒多久便夭折了。一九三八年蘇青和李欽后由寧波回到上海，經過一段艱苦日子，隨著李欽后在一家洋行找到工作，經濟條件寬裕得多，夫妻之間也平靜了，很少摩擦。後來李欽后更自己掛牌當起了律師。

根據李偉的《亂世佳人：蘇青》一書中指出，一九三九年中秋節，蘇青全家搬到辣斐德路（今復興中路）附近的新房子中，與作家徐訏做了近鄰。李欽后新開張的律師事務所初期生意清淡，後來生意一天天興隆起來。家中生活逐漸寬裕，這是蘇青自一九三四年結婚以來一段黃金時期。物質上不缺，精神上也不寂寞。家裏有小叔李欽若陪伴她，兩人談得很融洽。而徐訏和趙璉夫婦也對她很親近，但是趙璉不滿意徐訏，經常向她訴苦。李欽后和蘇青也經常邀請趙璉來家中玩，特別是蘇青又有了第四個女兒，長得非常可愛像個洋娃娃，趙璉便常常打扮得花枝招展，帶著也打扮了的女兒來

玩。一來一往中，李欽后和趙璉互生好感。徐訏、趙之間的婚變暗潮在滋生著。徐訏的經濟狀況越來越差，夫妻間多次口角，所謂「貧賤夫妻百事哀」。

徐訏

一九四一年十二月八日，太平洋戰爭爆發。上海的日軍攻進租界，一切都變了。李欽后的律師事務所關門歇業。李欽后不當律師，只能辦些非訴訟案件，收入銳減。這時寧波老家的公公、婆婆還有小姑夫婦都來上海，依靠李欽后生活。收入減了，支出增加，生活一落千丈。李欽后常借酒消愁，夫妻間重起干戈。公婆他們又回寧波去了，李欽后常常深夜不歸。蘇青又懷孕了，生計更艱難。鄰居告訴蘇青李欽后常在舞場和一個女的熱絡地談心，這個女的生得很漂亮，她不是別人，正是趙璉，蘇青氣得暈過去。事情果然得到了證實，從李欽后得大衣口袋裏發現了趙璉的照片。一九四二年，徐訏與趙璉離婚，離開上海去了重慶大後方。這時趙璉自己上門來見蘇青，她形容憔悴，半晌不說一句話，蘇青也不提此事。趙璉再也忍不住，流著眼淚說：「我……一時錯了主意……已經有了李欽后的孩子……兩個月

了⋯⋯」兩個完整的家庭都因外人入侵而破碎。事情發展到這一步，蘇青提出離婚，李欽后卻不同意，他不願失去女兒、兒子還有她。趙璉親自聽到這個結果，羞愧地走了，不久墮了胎，悄然離開上海。

對於此事筆者求證於徐訏的兒子徐尹秋，徐尹秋說當時他年紀小，對大人之間的事不甚清楚，至於父母離婚的事，更重要的是「貧賤夫妻」，父親埋首於文學的創作，不管生計，導致兩人間更多的爭吵。徐尹秋更提出他父母後來離婚，辦理離婚手續是由李欽后出面，若是他又是事件的當事人，則似有不通。加之趙璉與徐訏離婚後，據徐尹秋說父親的姐妹、母親等對趙璉還是非常熱絡，若是當時有任何感情背叛之事，在徐訏的親人間是很難得到諒解的。一般論者談到此事（包括李偉、趙柏田等人），主要根據大概出自於蘇青的《結婚十年》，但《結婚十年》是自傳體的「小說」，難免有太多的想像空間，並不能當作證據。

一九四二年三月《古今》雜誌在上海創刊，創辦人是汪偽政府交通部政務次長朱樸。《古今》創刊號出版三天即售罄，以後各期都供不應求。有人說，蘇青的成名是由《古今》捧出來的。蘇青在《古今》上發的第一篇文章是〈論離婚〉，發表於一九四二年十月十六日第九期上。這時候，李欽后不當律師了，家庭生活十分困難，蘇青只能以稿費維持生活。「日間我帶領兩個孩子，晚上寫文章，稿費千字二三十元不等的，我常常獨坐在電燈下直寫到午夜。暑天的夜裏是悶熱的，我流著汗，一面寫文章一面還替孩子們輕輕打扇，不然他們就會從睡夢中醒來，打斷我的思緒，而且等寫完快要到五更了。」寫作的艱苦由此可見。蘇青並因此得了肺結核，這對她而言無異於晴天霹靂，幸而她認識一位叫蘇曾祥的醫學女博士，吉人天相，她的肺病漸漸好起來。在病中，蘇青也未放棄寫作，一家五口要生活的。蘇青的公公這時去世了，李欽后經常離家不歸，蘇青提出離婚，但李不同意，於是兩人分居。

為了生計，蘇青找到陶亢德幫忙，而有機會認識了周佛海和周的妻子楊淑慧，這讓她有個意外的收穫，她見到了汪偽二號人物陳公博。她的〈論離婚〉一文，現在看來自然不算什麼，但在當時頗有些驚世駭俗。陳公博在《古今》雜誌上瞧見了，難免有相見恨晚之感。而朱樸見到主子歡喜，就動員蘇青寫兩篇文章捧捧陳公博。或許迫於現實錙銖的壓力，或許因為蘇青的男子豪爽之氣，她還真寫了，而且寫得還比較肉麻：「陳氏是現在的上海市長，像我們這樣普通小百姓，平日是絕對沒有機會可以碰到他的。不過我卻見過他的照相，在辣斐德路某照相館中，他的十六吋放大半身照片在紫紅綢堆上面靜靜地歎息著。他的鼻子很大，面容很莊嚴，使我見了起敬畏之心，而缺乏親切之感。他是上海的市長，我心中想，我們之間原有很厚的隔膜。及至開始讀他第一篇文章的時候，我的性情改變了不少。他把上海的市長比作 Number one Boy（頭號僕人），這個譬喻便是幽默而且確切，他是個很有趣的人，我心中想，隔膜薄了好些……」這篇文章就是給蘇青塗上色

古今

陳公博

彩的〈《古今》的印象〉。三年之後，陳公博被槍決，這篇馬屁文章自然再不收錄於蘇青的任何集子。

該文，陳公博肯定看見了，但閱讀之後的心情如何，歷史沒有記載，想必舒心得很。文人吹捧政客，簡直像鄰居誇隔壁初生的兒子，做母親的聽見，總是十二分的舒心。倒是他因為聽了周佛海的老婆説蘇青尚存衣食之虞，就給蘇青了寫一封信，信中許諾她做市政府的專員，月薪一千元沒有問題。這種掉餡餅的好事，對於正在和丈夫分居而需要獨立的蘇青而言，她自然拒絕不了。蘇青擔任所謂專員不過僅僅三個月，但畢竟是白璧微瑕，成為人生的污點。蘇青與李欽分居之後，另租房子及買家什，都是陳公博的善舉。

不久，蘇青想自辦雜誌，陳公博得知，自然支持，那年十月，蘇青的《天地》雜誌在愛多亞路（今延安東路）160號601室正式開張，刊物取名為《天地》，乃是談天説地，無所不包，無所不容之意。陳公博、周佛海、楊淑慧（蘇青的好友之一）等人均寫了文章支持，當然，著名文人像周作人、張愛玲、秦瘦鷗、胡蘭成、朱樸、柳雨生、金性堯等均是撰稿人，因此自然喧騰一時。尤其是從第二期開始，幾乎每一期都有張愛玲的文章。張愛玲給《天地》增添了光彩，提高了刊物的知名度。蘇青一個人辦著一個雜誌，集策劃、編務、發行於一身，還依然寫著小説，寫著散文，她名聲大噪，紅遍了上海灘。《天地》一直辦到一九四五年八月，日寇投降，才停刊，前後辦了二十一期。在此期間，上海還成立了偽中日文化協會，自詡有才的陳公博當仁不讓地做了所謂理事長，而蘇青則擔任了該協會的秘書一職。儘管是掛名，有名無實，但還是掛上了名。

蘇青後來寫文章以自辯，大有不談國是只圖謀生之味道。按後來人的回憶及紀念文章，蘇青很世俗；按照她在報章上發表的辯論文章，她既精明又尖鋭。她與張愛玲對政治真正的隔膜是不一樣的，就性質而言，張愛玲只是和一個漢奸文人結了婚，而蘇青，卻

為傀儡政府服務過，因此說她只為謀生而不知落水，實在是說不過去的。而陳存仁醫生在《抗戰時代生活史》一書中說蘇青和陳公博有染，其理由是陳公博做了偽上海市長之後，曾給蘇青配過一卡車白紙。這份配額沒有絕對的面子是批不來的，蘇青大為高興，坐在拉白紙的汽車頂上招搖過市，文化界傳為笑談。通過上面列舉的事實，簡直是情理之中的認定。

一九四四年，蘇青第一本散文集《浣錦集》問世，收編了她八年來所寫的散文。此書兩個多月就出了第四版，後來印到了第十版。之後蘇青又把在《風雨談》上連載的小說《結婚十年》，出版單行本。《結婚十年》問世後，創下了驚人的記錄，最後共出了三十六版。一九四七年，她又接著寫了《續結婚十年》，其中不乏為自己投靠漢奸牟取出路的行為進行辯白的文字，但在民族大義面前，這些辯白文字，是顯得多麼地蒼白無力！

在蘇青事業得意之時，有一件事情特別讓她開心，是她和李欽后結束分居的局面，二人協商離婚，孩子歸李欽后撫養。蘇青擺脫了婚姻的枷鎖，既高興又沮喪，十年青春歲月宛如一場夢。

據周良材的〈追憶蘇青二、三事〉文中說，一九五一年他與蘇青同在上海戲曲界，那年，上海市文化局舉辦過一個戲曲編導班，參加的學員約四十位，蘇青是我們中間年齡最大的一位，她身穿一套半新半舊的列寧裝，一根腰帶緊裹著那已經發福的身腰，嘴上含了一支翡翠綠的煙嘴，上面點著長長的，冒著火花的捲煙，新來乍見，大家就發覺她我行我素，與眾不同，個性十分突出。她隨和熱情，豪爽不羈的個性，與班上同學相處極好，特別是到了最後創作階段，大夥醞釀題材時，蘇青憑著深厚的文學根底，愉快地幫助同學出點子、定選題、製提綱……忙個不停。學習期滿後，蘇青先入合作越劇團，後來進了尹桂芳的上海芳華越劇團，比較有名的劇作有《江山遺恨》、《賣油郎》、《屈原》、《寶玉與黛玉》、《李娃傳》等。

繼《屈原》的大為轟動後，蘇青又著手編寫《司馬遷》，為此她還寫信給上海復旦大學的賈植芳教授請教。賈植芳說，蘇青不施脂粉，布衣布鞋，端莊樸素，給他留下很好的印象。一九五五年因胡風事件，賈植芳被打成「胡風反革命集團」，抄家時發現蘇青給他的信，儘管信中未涉及政治及胡風，但仍難逃受牽連的厄運，於是蘇青在上海提籃橋監獄蹲了一年半。出獄後，《司馬遷》是不能再繼續搞了，原先的單位紅旗錫劇團又辭退了她。

文革期間，她照例又被折騰一番。一九七五年一月，上海黃埔區五七幹校給她辦理了退休，每月只領四十三元一角九分的退休金。一間十餘平方米的房子住著三女崇美和小外孫三代人，顯得十分侷促，相對於文名大噪時的風光歲月，是倍覺淒涼。晚年經常臥病在床的蘇青，與人甚少往來，但和當年的《女聲》半月刊的主編王伊蔚女士多有書信往還：「成天臥床，什麼也吃不下，改請中醫，出診上門，每次收費一元，不能報銷……我病很苦，只求早死，死了什麼人也不通知。」「人生一世，草生一秋。『花落人亡兩不知』的時期也不遠了。」「我的花大都是草本，我想十年樹木也不必了，也不耐煩去服侍名花。」「有兩句話可以包括，『不才明主棄，多病故人疏』，一門關煞，與人不搭界……」似乎可想見她晚年的光景。一九八二年十二月七日，身患糖尿病、肺結核多種病症的蘇青，大口吐血後，結束了她的一生。

據作家謝蔚明（後來成為她的女婿）的〈一個女作家的沉浮〉中說：「在西寶興殯儀館火化之日，只有女兒、小外孫、兒子及其未婚妻、女婿來到靈堂瞻仰遺容，她躺在鐵架車上，面目清秀，烏黑的短髮向後梳，藍布長衫、布鞋，雙目緊閉，神態安祥，彷彿為得到人生最大的休息感到安慰，對坎坷的一生毫無慍色。靈堂裡聽不到哀樂，看不到花圈，也沒有悼詞，送葬的時間只有幾分鐘，主持火化的工人把她送進化屍爐留下骨灰一盒。世事茫茫，難以逆料，

三年以後，蘇青次女和小外孫先後赴大洋彼岸，帶走了蘇青的骨灰盒，重溫祖孫三代生者與死者的團聚生活。人間自有真情在，蘇青如果泉下有知，當會感到欣慰。」

曾經名噪一時，最後卻是晚景淒涼。曾經紅遍「孤島」的作品，今日卻遭人遺忘，或許她是孤島時期的一道閃光吧！注定倏起倏滅。

【附錄】蘇青與作家姜貴的一段情

蘇青的《續結婚十年》第二十小節〈十二因緣空色相〉記載她和「謝上校」的一段戀情，後來兩人還曾賦同居過一段日子。根據蘇青的習慣書中所寫的是「確有其人」也「確有其事」。然查大陸的相關研究書籍及三本蘇青的傳記，均無人提及「謝上校」所指為何人。日前與台灣史料專家秦賢次兄閒聊，秦兄告知他聽聞姜貴的研究者應鳳凰女士提及「謝上校」當為姜貴（日後在台灣文壇鼎鼎大名，寫有《旋風》、《重陽》、《碧海青天夜夜心》等小說。）。於是查了應女士所寫〈姜貴的一生〉（收入於其所編的《姜貴的小說續編》一書），果有「抗戰勝利時，姜貴已是湯恩伯將軍總部一員上校。在上海接收，可說十分風光。他與當時的上海文藝界亦有往來。出版《結婚十年》的當紅女作家蘇青，有篇文章提到『某上校』即是姜貴，這是他親口告訴好友墨人的。而他與蘇青的一段戀愛，經姜貴的『重塑』，清清楚楚寫在另一個中篇〈三豔婦〉之中。」

姜貴（1908-1980）本名王意堅，後改名王林渡，山東諸城人。曾就讀於濟南省立一中，後轉學青島膠澳中學。一九二六年中學畢業，到廣州國民黨中央黨部工作。九一八事變後到北平鐵道學院讀書。一九三五年任職於徐州津浦鐵路。一九三七年將妻子安置於重慶後，就抗戰從軍，抗戰勝利時已是湯恩伯部下一名上校，參與了

1947 年出版的《續結婚十年》封面

續結婚十年

1929年5月19日，姜貴與嚴雪梅在上海舉行婚禮

上海接收。在這期間他認識了蘇青，所以身份是「王上校」沒錯，蘇青寫入書中時習慣改名換姓的。他們兩人相識後就過從甚密，終賦同居。因此當時上海的方型周刊（小報）《東南風》在一九四六年第六期，曾刊有名為「期森」寫的〈蘇青的靠山是一個軍人〉的文章說：「……近聞蘇見漢奸多告復活，久寂思動，結識一某軍人作其保鑣，擬辦一『白話旬刊』，其通訊處為靜安寺路某弄，大事宣傳，毫不知恥，誠怪事也。」。一九四六年姜貴辭去軍職，稍後在上海出任中國工礦銀行總管理處秘書，兼江海銀行總行秘書處長，且擔任永興產物保險公司業務副理。一九四八年十二月舉家到臺灣，住在台南十七年。起初經商，後來經商失敗，逐漸以寫稿賣文謀生。

　　姜貴的中篇小說〈三婦豔〉原發表於一九七一年十二月一日出版的《文藝月刊》第三十期，曾收入遠景一九七七年三月初版的《蘇不纏的世界》一書，一九八七年應鳳凰編《姜貴的小說續編》（九歌出版）又收入此篇，唯改題為〈三豔婦〉。〈三婦豔〉其實也可以說是姜貴的自傳體小

説，描寫他與三位女子的愛戀情結，是為他一生中的三段豔事，故名之為〈三婦豔〉。改題為〈三豔婦〉，似有些名不符實，因小説中任何一位女子都無以當為「豔婦」也。

姜貴在該篇小説中也一如蘇青採用化名的手法，但明眼的人馬上可以看出其中的影射。他説在這三名女子中，有一位名叫「蘇白」，她寫了一部《離婚十年》（案：實際上當為《結婚十年》），她把「飲食男女，人之大慾存焉」改為「飲食男，女人之大慾存焉」，生動妙絕，可謂慧黠之極。她有個短篇集子，題名《飲食男女》……至此蘇青的形象已經呼之欲出，昭然若揭了。

1940年姜貴任政工中校攝於鄂北老河口

我們再看小説〈三婦豔〉中的一段描寫：

> 我與蘇白往來日密。有天晚上我去看她，事先未約定，時間又遲了些。發現她十一二歲的兩個女兒，在地上打鋪睡覺，而大床空著。她一個人還坐著，一燈相對，若有所待。
> 「怎麼還沒睡覺？大牀空著，你是不是等人？」

「是的。」

「等誰？要是就快來了，我馬上就走。」

「等的人已經來了。要是你不走，我等的就是你。」

「怎麼知道我要來？」

「那很簡單，因為我天天都等。」

這使我不覺漸漸著迷。離婚丈夫就住在對面二樓上，也還不曾結婚，如果這邊不拉窗簾，他居高臨下，一目了然。丈夫是律師，為了雙方的某種利益，有人說他們離婚是假的。我問過她，她斷然否認。律師的業務不振，她託南京偽府的陳，替他找過差事。差事不好，幹了一陣辭掉。如此而已。

離婚後的蘇青獨自撫養兩個女兒，前夫李欽后的情況也一如小說中所描寫的，連蘇青的對白都像極了她的個性，這不是曾是「枕邊人」是很難描摹得出的。小說又說：「對於蘇白，說老實的，我已漸漸著迷。她是南京偽府陳（案：陳公博）的一碟青菜，卻是我的山珍海味。……總之，為了和蘇白方便相會，我決定弄個房子。……周君先帶我去看看，我又帶蘇白去看看，中意，一個晚上，就住進去了。」而蘇青在《續結婚十年》中對謝上校的「金屋藏嬌」有細膩的描寫：

有一天，他忽然對我說，有人送給他一幢接收下來的房子，他是不久要回部隊的，房子空著沒有用，不如送給我去住了吧。女人大都是貪小利的，我也自然不能例外，嘴裡儘管說：「這怎麼好意思呢？」心裡也不免覺得高興。

又過了幾天，他說房子家具都收拾好了，不過他是一個武人，恐怕不夠藝術眼光，還是請我自己去看看吧。「等你把一切都

布置好了以後，再去把你的兒女接回來同住吧。」他怪周到地替我設想好了。

就在一個下著毛毛雨的傍晚，他坐著一輛小汽車來接我去了，汽車穿過許多濕淋淋的街道，他欲語又止，我含笑凝視著他，等他說出話來，最後他這才怪抱歉似的一字一句說道：「我……因為……那房子……必須用我的名義才可以接收下來……所以……所以……只得……對他們說……說……你是……」

「說我是怎麼呢？」我恐怕房子有問題，不禁焦急地問。

他俯首不語，半晌，這才抬起頭來向我告罪道：「我很抱歉，好在我明天就要回去了，我只好對他們說你是我的太太。」

我驟然覺得臉熱起來，把眼光移開，他卻獨自微笑了。

姜貴和蘇青的小說兩相對照，相互呼應的地方倒不少，可看出相當大成分的真實性。只是一般讀者還是常常會把它們當小說看，因為他們對當時的時空背景、人與事，沒那麼熟悉，一時沒那麼容易地「對號入座」。而這或許也是姜貴敢於「重塑」這段故事的原因之一。

筆者做為一個史料研究者，當然也不能因此兩篇小說而去百分百斷言某些情事，雖然它是非常重要的一個「內證」，但畢竟它還是小說，很難當十分有力的一手資料。於是我找遍了姜貴的著作，想要從中找到他回憶的文章，或許能窺探出一些蛛絲馬跡，但結果是令人失望的。

而偶然間我在南港中央研究院近史所的圖書館翻閱香港《春秋》雜誌，發現盧大方寫有一文章，說：「事有湊巧，一天在朋友所辦的一張日報，讀到一篇題為〈我與蘇青〉的文字，作者署名謝九，這不用說即是蘇青筆下的『謝上校』了。這位謝九先生官居上校，竟然也能執筆，該是一個文武不擋的人物；所述對象又是我

的舊識，引起我的興趣，因此在讀罷之後，更拿他的原稿剪貼起來，一直保存到今天。」文後附有重排過的謝九的〈我與蘇青〉全文，但沒有記載該文發表於何時、何處，我從謝文中得知該文是發表在香港的《上海日報》，於是在國家圖書館查到有1955-1964年的微捲報紙，在機器上逐頁逐頁翻找，皇天不負苦心人，終於在一九五七年一月十五日發現了謝九的〈我與蘇青〉一文。

謝九在文章也承認他就是「謝上校」。他對蘇青在《續結婚十年》對他的描述也沒有任何的辯駁；而他指出蘇青引用他兩首詩，第一首「後來被收入《續結婚十年》中，「兩」字印成「雨」字，頗與我的原意有距離。」而第二首是一九四四年春，「姬人韓氏逝，我曾寫悼詩四首。虹口居常無事，我寫出來給蘇青看看。她把第一首拿去了，也印在《續結婚十年》中，算作我贈她的第二首，實在不倫不類。」這些細節若非當事者，旁人很難道出。

謝九是「謝上校」殆無可懷疑的，但又何以證明謝九就是姜貴的化名？首先從謝文中說「蘇青生於甲寅，我則生於戊申，按理寅申一沖，不能好和。」若非兩人其中之一人，何以知道蘇青是一九一四（甲寅）年生，姜貴是一九〇八（戊申）年生，兩人相差六歲，命理上是犯沖。謝文又說：「我在北方長到十多歲，然後到上海，去廣州……」，「民國三十四年九月間，我帶著整整八年的大後方的泥土氣，到了上海。我在虹口一座大樓裡擔任一個片刻不能離開的內勤工作。」，「以後，因我常住無錫，虹口的房子被收去了。」這跟姜貴當時的履歷、行止完全吻合。當然這些都只是「外證」而已。

更重要的的「內證」，則是拿晚出十四年的小說〈三婦豔〉（1971）來和〈我與蘇青〉（1957）兩相對照，即可知道同屬一人手筆。例如：〈三婦豔〉中說他回到上海奉命主持一個機構，因機構中的打字小姐而借得《結婚十年》這書，讀完後，按著出版社的

地址，給作者寫了一封信去，後來信轉了幾道手，她才收到。又說：「她為文私淑周作人。周氏昆仲，樹人鋒芒畢露，一針見血，尖刻表裡互見。作人則表面平淡，有似不食煙火者，而鋒芒暗藏，妙在針不見血。蘇白視作人為偶像，崇拜之至。特地作了一套黑色禮服，準備北上專誠拜謁。適逢時局大變，未獲行成，而作人入獄了。」又說：「我不吸煙，而愛小酌。晚上她出來，兩個人飯館裡一坐，我一喝就是一兩小時。她滴酒不飲，一旁陪著娓娓清談，自始至終，毫不厭倦。」〈三婦豔〉又描寫戰敗後的樓下日本人石原，捧著一個唱機和許多唱片，走上樓來，打開唱機，一逕撿一張唱片放上，就唱起來了。這是一種日本的悲歌，其聲悽厲，偶然一聲兩聲，聽得我汗毛直豎。後來石原站起來，鞠躬：「唱機留在這裡，喜歡的時候聽聽。」悄然下樓而去。他的背影消失之後，蘇白立刻把唱機停了，拭淚說：「戰敗，使我對他個人同情傷感。今天，石原君的過訪，是一個淒涼的場面。」「是的，你和我的感受完全相同。」蘇白把唱機唱片放到一邊去，以後我們從未碰過它。諸如以上情節早在十四年前謝九的〈我與蘇青〉一文就出現過，甚至有的句子還一字不差，若謝九和姜貴不是同一人，那姜貴豈不犯了嚴重抄襲之嫌了嗎？

再者就在謝九的〈我與蘇青〉刊畢的一個半月後，姜貴以「姜貴」的筆名在香港的《上海日報》連續刊出方塊文章〈新年如意〉、〈我的春聯〉、〈蘭酒〉、〈論臺灣酒〉、〈長篇罪言（一、二、三、四）〉，難道這是巧合嗎？

至於姜貴何以用「謝九」的化名寫〈我與蘇青〉，一方面是延續蘇青《續結婚十年》中的「謝上校」，讓讀者認為是「謝上校」現身說法，而事實也是如此。當時的盧大方甚至還認為「這位謝上校也到香港來了。我不認識他，遂也無法向他打聽蘇青的消息。」而《上海日報》的編輯也認為〈我與蘇青〉，極具可看性，有當事

者爆料的內容，因此分成十五天刊登，還加上「奇文共賞」的副標題。至於姜貴又何以不敢用姜貴之名發表，筆者推斷姜貴當時是有妻有兒，爆出如此大的緋聞，在當時保守的臺灣社會將會引起多大的非議，對久臥病床的妻子，將情何以堪！因此他用化名，來寫他所知道的蘇青，這一方面是由於他讀了潘柳黛的〈記蘇青〉一文，潘柳黛和蘇青雖是好友，但有些事就不如他這個蘇青的「枕邊人」知道得多，因此他看了潘柳黛的文章，不覺得技癢，不吐不快，於是提筆為文，他甚至還更正了潘柳黛的某些誤記。文章選擇在香港刊登，臺灣看到的人不多，即使看到了，也會如同盧大方般的以為「謝上校」是在香港。至於十四年後他以姜貴之名「重塑」這段情節時，那時他的妻子早已墓木已拱。加上是以小說形式來寫，完全不同於自述文章。自述文章白紙黑字不容狡辯；小說則可以「純屬虛構，如有雷同，皆屬巧合」當護身符，拒絕被「對號入座」，因此他採取用姜貴之名發表。

姜貴巧妙的用「謝九」寫下了〈我與蘇青〉，向歷史做了坦白的交代；同時也躲過當時社會的非議，和自身難堪的尷尬。但遺憾的是這篇文章卻成為他的佚文，不僅盧大方把他剪報剪下來貼在簿子保存了二十一年，到公布時還不知真正的作者是鼎鼎大名的小說家姜貴。甚至連姜貴的研究者都不知有這篇文章，筆者是在機緣湊巧之下，層層地追索，終於找到它的出處，但它已經被雪藏了五十三年之久了！半個多世紀過去了，往事已蒼老！

史地傳記類　PC0192　世紀映像叢書68

才女多情
——「五四」女作家的愛情歷程

作　　者/蔡登山
主　　編/蔡登山
責任編輯/林千惠
圖文排版/陳宛鈴
封面設計/蔡瑋中

發 行 人/宋政坤
法律顧問/毛國樑　律師
印製出版/秀威資訊科技股份有限公司
　　　　　114台北市內湖區瑞光路76巷65號1樓
　　　　　電話：+886-2-2796-3638　傳真：+886-2-2796-1377
　　　　　http://www.showwe.com.tw
劃撥帳號/19563868　戶名：秀威資訊科技股份有限公司
　　　　　讀者服務信箱：service@showwe.com.tw
展售門市/國家書店（松江門市）
　　　　　104台北市中山區松江路209號1樓
　　　　　電話：+886-2-2518-0207　傳真：+886-2-2518-0778
網路訂購/秀威網路書店：http://www.bodbooks.com.tw
　　　　　國家網路書店：http://www.govbooks.com.tw
圖書經銷/紅螞蟻圖書有限公司
　　　　　114台北市內湖區舊宗路二段121巷28、32號4樓
　　　　　電話：+886-2-2795-3656　傳真：+886-2-2795-4100

2011年12月BOD一版
定價：320元
版權所有　翻印必究
本書如有缺頁、破損或裝訂錯誤，請寄回更換

國家圖書館出版品預行編目

才女多情：「五四」女作家的愛情歷程 / 蔡登山作. -- 一
版. -- 臺北市 : 秀威資訊科技, 2011.12
　　面 ; 公分. -- (史地傳記類 ; PC0192)
　BOD版
　ISBN 978-986-221-866-2(平裝)

　1. 女性傳記　2. 女作家　3. 中國

782.22　　　　　　　　　　　　　　　　100020862

讀者回函卡

感謝您購買本書，為提升服務品質，請填妥以下資料，將讀者回函卡直接寄回或傳真本公司，收到您的寶貴意見後，我們會收藏記錄及檢討，謝謝！
如您需要了解本公司最新出版書目、購書優惠或企劃活動，歡迎您上網查詢或下載相關資料：http:// www.showwe.com.tw

您購買的書名：＿＿＿＿＿＿＿＿＿＿＿＿＿＿＿＿＿＿＿＿＿

出生日期：＿＿＿＿＿年＿＿＿＿＿月＿＿＿＿＿日

學歷：□高中 (含) 以下　　□大專　　□研究所 (含) 以上

職業：□製造業　□金融業　□資訊業　□軍警　□傳播業　□自由業
　　　□服務業　□公務員　□教職　　□學生　□家管　　□其它＿＿＿

購書地點：□網路書店　□實體書店　□書展　□郵購　□贈閱　□其他

您從何得知本書的消息？

　□網路書店　□實體書店　□網路搜尋　□電子報　□書訊　□雜誌

　□傳播媒體　□親友推薦　□網站推薦　□部落格　□其他＿＿＿＿＿＿

您對本書的評價：（請填代號　1.非常滿意　2.滿意　3.尚可　4.再改進）

　封面設計＿＿＿　版面編排＿＿＿　內容＿＿＿　文／譯筆＿＿＿　價格＿＿＿

讀完書後您覺得：

　□很有收穫　□有收穫　□收穫不多　□沒收穫

對我們的建議：＿＿＿＿＿＿＿＿＿＿＿＿＿＿＿＿＿＿＿＿＿

＿＿＿＿＿＿＿＿＿＿＿＿＿＿＿＿＿＿＿＿＿＿＿＿＿＿＿＿＿

＿＿＿＿＿＿＿＿＿＿＿＿＿＿＿＿＿＿＿＿＿＿＿＿＿＿＿＿＿

＿＿＿＿＿＿＿＿＿＿＿＿＿＿＿＿＿＿＿＿＿＿＿＿＿＿＿＿＿

11466
台北市內湖區瑞光路 76 巷 65 號 1 樓

秀威資訊科技股份有限公司 　　　收

BOD 數位出版事業部

:::

（請沿線對折寄回，謝謝！）

姓　　名：_____ 　年齡：_____ 　性別：□女 　□男

郵遞區號：□□□□□

地　　址：_____

聯絡電話：(日) _____ (夜) _____

E-mail：_____

U0068230

作者

蔡登山

繁華落盡

——洋場才子與小報文人

繁華落盡（小引）

他們是一群傳統文人，他們的舊學根底深厚，詩、文、書、畫是他們的拿手絕活，而其時科舉既廢，仕宦之途已斷，就在此之際，報業勃興，於是他們紛紛在報紙的副刊上，騁其不羈之才，或寫小說，或寫筆記，或寫詩詞，或談掌故，一時之間，蔚成風潮。其作品也馬上結集出版，他們擁有廣大的讀者群。

一九一九年「五四」運動前，「新文學」興起，新的這批作家（他們更多是大學裡的學者），揭櫫「反封建、反傳統」的口號，自然地要與這批傳統文人劃清界限，在「非我族類」的意識下，甚至要對他們群起而攻之。就如同《新青年》的錢玄同、劉半農等對以寫文言聞名的林琴南的攻擊，又如對「學衡」派的批判等等，不一而足。他們給這批傳統文人戴上了「鴛鴦蝴蝶」派的帽子，是「新文學」的對立面，於是讓人們造成錯誤的觀念，認為「鴛鴦蝴蝶」派的作品是無足觀的，是「通俗的」、「消閒的」。而這頂看似美麗的「鴛鴦蝴蝶」帽子，對他們而言，卻是「生命不可承受之重」，他們幾乎沒有人樂意戴上這帽子，在「文革」期間他們甚至因為這「虛名」而枉送了性命。

而當稍後的「小報」崛起，更有一批文人，投效其間。但他們似乎比「鴛鴦蝴蝶」派的小說家，更不被重視。因為前者還留下數

量可觀的作品，而這些被稱為「小報文人」的除了少數有作品集結的，大半以寫雜文，打油詩等等的作者，都無任何作品結集傳世。

「疾歿世而名不稱」，他們曾經輝煌，他們在文學史上是應該佔有一個角落的，但這許多人，尤其是所謂「小報文人」，卻只留下一個名字而已，其他事蹟，其他「豐功偉業」，都被「雨打風吹」去了。

近年來學者范伯群先生致力於通俗文學的研究，多部著作問世，碩果累累，成就斐然。而學者孟兆臣著有《中國近代小報史》，書中蒐集甚多一手資料。這些都為後學者提供了把臂入林的便利。筆者便是因此啟發，想對這批所謂「洋場才子」及「小報文人」的生平事蹟，做一梳理。他們曾經「繁華」過，曾經「繽紛」過，似不該這樣無聲無息的「落盡」，在「花果飄零」之際，是否也留下了許多讓我們深思的。

目次

輯　一

陳冷血肖像

「外冷心熱」的報人
與小說家陳冷血

胡適在〈十七年的回顧〉文中說：「我那年只有十四歲，求知的慾望正盛，又頗有一點文學的興趣，因此我當時對於《時報》的感情比對於別報都更好些。我在上海六年，幾乎沒有一天不看《時報》的。……我當時把《時報》上的許多詩話筆記長篇的專著都剪下來分貼成小冊子，若有一天的報遺失了，我心裡便不快樂，總想設法把他補起來。」胡適何以那麼愛戀《時報》呢？他說：「我想有兩個大原因：第一，《時報》的短評在當日是一種創體，做的人也聚精會神的大膽說話，故能引起許多人的注意，故能在讀者腦筋裡發生有力的影響。……《時報》對於這幾件事都有很明覺的主張，每日不但有『冷』的短評，有時還有幾個人的簽名短評，同時登出。這種短評在現在已成了日報的常套了，在當時卻是一種文

體的革新。用簡單的詞句，用冷雋明快的口吻，幾乎逐句分段，使讀者一目了然，不消費工夫去點句分段，不消費工夫去尋思考索。當日看報人的程度還在幼稚時代，這種明快冷刻的短評正合當時的需要。……這確是《時報》的一大貢獻。我們試看這種短評，在這十七年來，逐漸便成了中國報界的公用文體，這就可見他們的用處與他們的魔力了。第二，《時報》在當日確能引起一般少年人的文學興趣。……那時的幾個大報大概都是很乾燥枯寂的，他們至多不過能做一兩篇合於古文義法的長篇論說罷了。《時報》出世以後每日登載『冷』或『笑』譯著的小說，有時每日有兩種冷血先生的白話小說，在當時譯界中確要算很好的譯筆。他有時自己也做一兩篇短篇小說，如福爾摩斯來華偵探案等，也是中國人做新體短篇最早的一段歷史。」

胡適在文中提到的「冷」、「冷血先生」，就是陳景韓。陳景韓（1878-1965）又名陳冷，筆名冷、冷血、不冷、華生、無名、新中國之廢物等。江蘇松江縣（今屬上海市）人，家住西城門內。清季秀才。

陳景韓

一八九七年，經好友鈕永建介紹，進入兩湖總督張之洞創辦的武昌武備學堂，接受新式科學和軍事知識的教育，後因參加革命會黨，被清政府偵知，由張之洞飭松江知府捉拿。陳父聞訊，懇請松江士紳設法向張之洞疏通，才得免於緝捕。一八九九年，他隨姐夫留學日本早稻田大學，攻讀文學，一九〇一年參加同盟會，一九〇二年回國，進入革命黨人戢翼翬在上海創辦的《大陸》月刊做編輯。近人劉禺生在《世載堂雜憶》說，戢翼翬，字元丞，湖北鄖陽府房縣人，「元丞利用日本女子貴族學校校長下田歌子資本，欲宣傳改革文化於長江。孫先生亦壯其行，乃設『作新社』於上海。首刊其《東語正規》、《日本文字解》諸書，導中國人士能讀日本書籍，溝通歐化，廣譯世界學術政治諸書，中國開明有大功焉。」劉禺生並認為戢翼翬是中國留日學生第一人、發刊革命雜誌第一人，也是孫中山先生秘密派往長江流域開展革命運動的第一人。而據〈上海出版誌大事記〉記載：「一九〇二年十二月九日，《大陸報》創刊（月刊，後改為半月刊）。戢翼翬、秦力生、楊廷棟、陳冷編輯。曾刊載〈魯濱遜漂流記〉、〈一千零一夜〉等譯作。共出三十四期。」

一九〇四年六月十二日，《時報》在上海創刊。創辦人狄楚青（平子），總主筆羅普（孝高），編撰人陳冷、雷奮、包天笑、戈公振等，日出兩大張。狄楚青，日本留學生，曾與唐才常共謀起義，失敗後創刊《時報》，作「文字上鼓吹」。當年陳景韓在日本留學，狄楚青也到了日本，二人一見傾心，商量到上海來開辦這個《時報》館。狄楚青對陳景韓非常信任，他是《時報》的重要編輯，也是《時報》的開國元勳。

《時報》初成立時，人多目為維新黨的機關報，又謂《時報》經費由維新黨轉移而來。香港的過雨青（筆名）在〈時報之憶〉文中則說：「其實不然，《時報》並不帶有維新黨色彩，文字上亦嗅

不出維新黨氣味。唯在最初一個階段，經費來源與維新黨首領康有為有關則為事實。其時有一個名叫歐陽石芝的廣東人，在上海南京路開設寶記照相館。他的技術是從德國人傳授而來，拍攝沖曬，特擅勝場，營業鼎盛。他不是黨人，但於康有為則極致傾倒。《時報》費用，一部份由他供給，作為康有為的投資。康氏雖不過問報務，卻派其學生羅孝高來館充任總主筆，但不為楚青所重視，所有新聞編輯，另聘陳景韓先生主政。其後康氏以楚青辦報宗旨不合於其意圖，曾委日籍福岡律師向日本領事館申訴，提出拆股要求，將帳冊完全取去，因《時報》成立時是向日領事館註冊也。嗣經調解，拆股以外，楚青另贈康氏四萬元，其事始解，羅孝高亦即去職。由此，《時報》始為楚青所獨有，改在法國領事館註冊。」

《時報》館址初在上海福州路（近河南路），後移入自建新屋，地點在望平街（山東路）口。過雨青說：「楚青辦報，定有原則，論說以『公、要、週、適』為主；記事以『博速真正』為主。人事分配，以陳景韓先生為主筆，楊翼之先生為要聞編輯，林康侯先生為本埠新聞編輯，楊心一、楊蔭杭兩先生任譯電員，夏奇峰先生任駐法國通訊員，黃遠生、濮伯欣兩先生任駐京特派員。今在香港、老而彌健的包天笑（朗聲）先生亦為編輯部中重要人物。其人或為文壇健將，或為留美留東學生，鳳毛麟角，濟濟多才。」包天笑在他的《釧影樓回憶錄》則說：「從前上海的報館，那有現代報館的設備完全，規模宏大。即以《時報》的編輯部而言，最初只有一位總編輯（以前稱總主筆），是羅孝高君。羅君脫離後，實在沒有什麼總編輯名義，編輯部就是三個人主持，一編要聞，一編地方新聞，一編本地新聞。自我進《時報》以後，陳景韓編要聞，我編地方新聞，雷繼興編本地新聞，（那個時候副刊也還沒有咧，狄楚青有些詩話、筆記之類，則附錄在新聞之後），此外卻有一位翻譯，兩位校對，論說是請館外寫的，三位編輯員每人每日寫一

時評，只此而已，但報紙卻每日要出三大張，好像並沒有什麼緊張。」

《時報》雖較《申報》、《新聞報》晚出，但卻以嶄新的面貌問世，自編排以至內容，一掃舊時窠臼。首創社論短評，分版扼要論斷。論說、諭旨、電報、要聞，皆有一定地位。本國新聞以「地」別之，外國新聞以「國」別之。又增闢教育、實業、婦女、兒童、英文、圖畫、文藝等週刊，以適應讀者的需要。陳冷血對於辦報的旨趣，他曾留下兩句話：一是如何才能使人樂於看報？一是如何才能使人看報受益？

胡適對於《時報》的短評，認為是一種創體。這種「時評」雖非陳冷血的創意，但他把時評分版設置，緊密配合時事抒發議論，使之成為報紙的固定欄目，確屬他首創。短評雖極短，甚至短到不足百字，但冷語冰人，則較火辣辣的文章，刺激性反見深刻。例如他在〈誰謂我政府乏財〉這麼寫著：「鏹虧矣！鏹虧矣！而今日乃有鏹餘一千數百萬以上。廣西以災亂而捐，捐之溢款又達百萬以上。奉天以亂離而賑，賑之溢款又達二百萬以上。然則苟有一於國於民不利之事也者，政府必得多金。」在〈是又殺雞駭猴之法也〉則說：「昔人有弄猴者，深恐猴之進退不如我意也，乃置雞與猴於一室，各於其頂置物焉，出室而窺之，雞頂小物易落，猴性動，易取物以去。彼見雞、猴之自去頂物也，乃復入室，當猴之面殺雞，以駭猴。於是猴知所懼焉，於是雖復命猴以何事，而猴不敢逆焉。今政府之處置一般政家，乃用此法。」

除了寫時評外，陳冷血還主編《新新小說》，從一九〇四年九月到一九〇七年五月，共出十期。一九〇九年十月，他又創辦《小說時報》，由他和包天笑共同主編。學者范伯群指出陳景韓在《小說時報》創刊號發表的〈催醒術〉一文，與魯迅的《狂人日記》相比雖然有很大差距，但這篇小說表明了陳景韓的思想站在時代的前

陳景韓肖像及其手跡

列。我們應該承認，中國的「狂人世家」是有一個發展譜系的，同時應該認識到，中國文學的現代化進程早在十九世紀與二十世紀之交就開始了，陳景韓的作品可以為證。從《新新小說》到《小說時報》，陳景韓對中國文學的現代化作出了貢獻。《小說時報》開始為月刊，到十七期起改為四月刊，因為此時他到《申報》去任總主筆，刊物到一九一七年十一月停刊，共出了三十三期加一期增刊。又在一九一一年六月創辦《婦女時報》。他在一九○三年在《江蘇》發表第一篇翻譯小說〈明日之戰爭〉始，至一九○八年間，據日本研究中國清末民初小說的專家樽本照雄的《清末民初小説目録》的統計，陳冷血共用六個筆名，創作小說一五九部（篇）、翻譯小說一○七部（篇）。這些作品多刊於《江蘇》、《月月小

説》、《小説時報》、《小説大觀》、《婦女時報》、《中華小説界》、《廣益叢報》、《大中華》、《繁華報》等報刊。

至於他創作的小説，內容極為廣泛，據邢懿在〈陳冷與他的創作小説〉文中的分類有：1、虛無黨小説，如：《刺客談》、《俠客談》等。2、偵探小説，如：《軍裝》、《名片》、《三五少年》、《某客棧》等。3、時事小説，如：《外交家》、《七妾令》。4、滑稽小説，如：《新西遊記》。而他翻譯的小説有介紹各國的奇聞軼事的，如：《黑手黨》、《吸煙會》、《火車盜》、《食人會》；有講述各國愛國人士的英勇事蹟的，如：《義勇軍》、《祖國》；還有偵探小説，如：《伯爵與美人》、《火裡罪人》、《地中怪賊》等。另外他還翻譯了如莫泊桑、雨果、大仲馬、普希金、契坷夫等人的作品，當然他是藉助於日文本而轉譯的。

包天笑晚年回憶在《時報》時的陳冷血，説道：「初見陳景韓時，有兩印象，一為腳踏車，一為煙斗。我常笑他：他屬於動靜二物，動則腳踏車，靜則煙斗。他不坐人力車，腳踏車又快、又便、又省錢，隨心所欲，往來如飛，文學家稱之為自由車。提起腳踏車，我又見獵心喜了，頗思學習。他説：『好！我來教你。』於是租了一輛車，選一新開闢的馬路，行人較少，每天下午去學習。到了第三天，剛剛能夠不要人扶持，一跤跌在路傍一小溝，滿身污，眼鏡幾乎跌碎，從此就不學習。但景韓説：『要學習，跌幾跤，算什麼事。』再説到煙斗，當他口啣煙斗，腳踏在書桌上，作靜默構思狀，我説你是從福爾摩斯那裏學來的嗎？他也不理我。他所吸煙絲不知何名，我吸之甚不耐此味。我雖吸過國粹的旱煙、水煙，但其時香煙尚未上口咧。某一年，景韓自北京回上海，攜來一頭狼狗，據説原來軍用狗，是北京軍界中的一位姓錢的送給他的。這狗狀甚兇猛，性卻馴善。好像有一個名字，而其名不彰，《時報》館裏的人，都叫它『冷血的狗』。在編輯室中，它老是伏臥在我們書

桌的中間，它頗靈敏，知主人意旨，聽主人命令，此原是狗的本性，而人的愛狗亦在此點。我不喜狗，但也不厭狗，澹然處之而已。起初，它隨著主人出入，跟著腳踏車，亦步亦趨。後來，它可以獨往獨來。有一天，我從館裏出來，正思回家，忽有一巨物，直撲我身，兩腳搭上我的肩頭，嚇了我一跳，卻正是『冷血的狗』。我：在主筆房裏，和它不瞅不睬，何以忽然和我親熱起來？或以為路上忽遇老朋友，也得招呼一下，不能反面若不相識嗎？這條狗，在景韓續絃娶第二夫人時，便送給人家了。」

包天笑又說：「在編輯部（從前叫主筆房），我與景韓同一室，每人同樣一張寫字檯。檯上亂七八糟堆得滿滿的，都是各方通信、投稿、報紙（有些與外埠交換的），雜件等等，有尺許高，從不清理。館中僕役也不敢來清理（狄楚青另外一個房，名曰總理室，他的桌子上，堆得比我們的還要高，有許多書畫、碑帖、古董之類，通常房門鎖起來，要等他來了才開門）。我們房裏的兩書桌，一旦要清理了，我覺得這也不好丟棄，那也應暫保留，遲遲疑疑的。景韓的桌

包天笑

子呢？他看也不看，把桌子上東西，雙手捧起來，向大字紙簍裏一丟。我說：『這一件應當留著吧？』他說：『不要！不要！留此徒亂人意。』這可見我們兩人性情之不同。」

一九二五年也進《時報》（當時已由黃伯惠接辦）的金雄白說：「出類拔萃的洋場才子要數到陳冷血（景韓）了。最初他在《時報》擔任編輯職務，以翻譯小說做他的副業，他的嗜好是拍照，養狗與打麻雀。早期的報館，不像現在那樣地較為嚴肅，編輯部裡打打麻雀是小事，先伯父在清末任《申報》總主筆時，工作時間，居然還飛箋召妓，以後我的一位庶伯母就是這樣娶來的。我進入報界以後，還看到席子佩（原為《申報》主人，《申報》盤給史量才後，又自創《新申報》）所辦的《新申報》裡，公然設有煙榻。陳冷血在《時報》，手一癢就拖了同事拉開桌子，隨時入局。《時報》主人狄平子先生很不為然，寫了一張禁止在館內聚賭的條子，貼在佈告版上。陳冷血看到了老闆的皇皇手諭，竟不加理睬，當天知道什麼時候平子先生要來，先放好了賭桌，湊齊了搭子，等他一進門，不

狄平子

問情由，就拉他一同入局，因為彼此本來是朋人，板不起面孔，平子先生雖心裡萬分不願，也衹好勉為其難了，從此禁令也終於成為具文。」對此包天笑也證實了，他說：「《時報》館還附屬了一個帶有俱樂部性質的息樓。幾位編輯先生在工作的餘暇，常常溜到息樓去，與來賓談天說地。後來息樓裏索性流行了叉麻雀、打撲克，楚青也一持放任主義。可是報紙也照常編得齊齊整整，並沒有什麼歪曲、錯誤，有時也頗多精采之點。」

　　一九一二年秋，史量才得到張謇等實業家的支持，以十二萬元從席子佩手裏買下了已有四十年歷史的《申報》（九月二十三日訂約，十月二十日正式移交）。史量才出身於蠶業學校，對於新聞事業，可說是門外漢，於是他們就想到《時報》館的陳冷血。而此時《時報》很不景氣，狄楚青還負了債。那《申報》的新組織，規模宏大，前途發展更是不可思議，於是幾次三番，便把陳冷血說服了。據說，狄楚青為了不失去這位報壇大將，幾乎要與史量才拼命。幸好張謇、趙鳳昌等清末政壇要人和眾多朋友從中勸解，陳冷

申報館

史量才

血也允承以顧問身份常到《時報》指
導，狄楚青才勉強作罷。陳冷血的缺
由包天笑頂替，直到一九一九年包天
笑離開《時報》，狄楚青再聘任陳冷
血兼《時報》正式總編輯。

　　史量才確實是個精明強幹、善
於處理事務的人才，他於接辦《申
報》時，以編輯部交於陳冷血與張蘊
和，以經理部交於張竹坪與王堯欽，
此四人猶如雙手與兩足，協力同心，
發揮最大的效力。陳冷血為總主筆，
獨攬言論、編輯大權。名報人曹聚仁
說：「冷血對報紙提出三要點：一曰
確（確切，真實），二曰速（迅速，
及時），三曰博（廣見，博聞）。因
此要求記者採訪消息在在不遺漏，然
後能博取，有所選擇，始見精粹。這
一主張，博得辦報有魄力的史量才的
贊同。《申報》記者和訪員不僅本市
有，江、浙小城市有，外地有，而且
在國外也有特派記者。國內外的通
訊、特寫、專稿，成為《申報》特色
之一。」

　　羅萬在〈史量才與陳景韓〉文
中說：「《申報》自遷到漢口路以
後，有兩個大房間，一間是總經理
室，一間是總主筆室。這房子裡只有

張竹平

一張寫字檯和幾把椅子，每室有一個茶房承值。平常鎖起來，每到下午三四點鐘，史、陳兩位來了，然後開門。所以要訪問他們的，必定在這個時刻來。但是在兩室之間，顯見冷暖，量才的房間，總是賓客如雲，景韓的房間，卻是清涼似水。為什麼大家不去呢？原來景韓有些特別脾氣，有時議論風發，有時則緘口不言，人家向他討論什麼事，他也不理。相傳有一天，胡適之去訪問他，坐在他的寫字桌對面，和他談起他的哲學來，景韓口銜煙斗，把腳擱在寫字桌上，口中哦哦，也不說是，也不說非，使胡適之竟不能落場，出而語人曰：『這冷血真冷得使人難受。』實在景韓並非對胡適之傲不為禮，對於別人也是如此的，和他相熟了，也知道他很和易近人的。」

　　一九一三年十二月三十一日，陳冷血在《申報》寫下〈兩年來之結算〉，對民國政府的失敗執政和執政者的昏庸，這麼評道：「民國成立至今已二年矣，此二年中，中國為進步乎，為退步乎？曰：惡是何言？中國仍盤桓於反覆迴旋之中途而已，何進步、退步之可言？新者起，而舊者伏，新者蹶而舊者復起，此兩年來之成績也。讀者勿誤會，所謂新者非新學新法，蓋新有勢力之人也。所謂舊者，非舊學舊法，蓋舊有勢力之人，得勢而今則失勢矣。初則舊有勢力之人失勢，而今復得勢矣。是故二年之中，新舊勢力之互相角鬥而已。」文字一如匕首投槍般地犀利，一針見血。

　　一九二二年，為紀念《申報》創刊五十周年，編撰了《最近之五十年》一書。總主筆陳冷血也撰寫了〈二十年來記者生涯之回顧〉一文，以為志賀。其文曰：

　　……

　　做報之用力，不在一時，而在繼續，繼續又繼續，而至於畢生，則其效驗必視乘興而來，興盡而去者為大，蓋報與時為一體，時無刻不在繼續中，故報亦當如是也。

　　借之與還，為世間不可逃之公例，凡根本之實力不足，而欲以急就之力，收過分之功效者，皆名曰借。故做報而取奮興人心之法，以求銷路之增加，雖能收效於一時，而奮興之力既過，終且日益衰落，此即借之與還也。

　　權者，世間之公器，人在其職，不過代為之運用耳，故一旦權在其手，而取以自便其私，則權必不能久有，故報紙上之記載與議論，記者斷不可因權在於手之故，任以私意侵入其間。

　　辦報之人，絲毫不可有利用報紙之心，然欲不利用甚不易，最下者，因以攫財弋位，其次者藉以報恨雪憤，因皆報紙之賊，即有高尚之人，矜才使氣，意欲自顯其文章經濟，而不暇計及事理者，是亦未能忘情於利用者也。

　　……

　　言簡意賅，可謂他一生從事新聞事業的心得，甚至被後人譽為「治報之定律」。

　　當年上海《商報》記者胡憨珠在《申報與史量才》一書中說：「若論陳景韓在《申報》任做總主筆時代，他的工作情形，實在談不到辛勞兩字，可以稱得為望平街上最寫意的一位報館總主筆。因為他早已不常為《申報》撰寫社論，以館方已特約著名政論家沈金賢、張聞遠，以及留學比利時回國的楊蔭孫等多人，排日輪流撰寫時事社論，他的工作，只把特約文稿審閱一遍而已。不過在初期他每天還撰寫四五百字的一則短評，那是為了《新聞報》的總編輯李浩然日撰一則短評之故；向來《申》、《新》兩報總是唱『你有我

有』的對台戲。日子長久，意興闌珊，後來他連這則短評也懶得動筆了。」

一九二四年，狄楚青因《時報》虧損過巨，加以晚年多病，無心經營。乃由陳冷血居中說合，以八萬銀元售價，盤與黃伯惠。黃伯惠是舊松江府屬的金山縣人，其尊翁公續，家鉅富而廣交遊。陳冷血與黃公續是故交，他自念在《申報》雖居總主筆之高位，而大權則操諸館主史量才之手，久有別樹一幟之意。迨獲悉黃伯惠購買外國橡皮股票，曾獲大利，手有餘資，遂力勸他接盤《時報》，本是利用來向史量才顯示顏色，以增加其聲勢。金雄白說：「黃伯惠接盤《時報》以後，聽從了冷血的意見，廢除了過去稱為『時評』的社論，而代之以『上下千秋』，既非評論，亦非散文，每篇短短三四百字，刊之於第二版，內容頗似現在若干報紙副刊中的隨筆，胥屬不著邊際的老生常談，空泛膚淺，索然寡味。最早冷血自己還動筆寫過幾次，以後索性交由校對房裡一名姓唐的負責撰擬。這位唐某本屬庸才，絕無可取，惟以他是冷血的松江同鄉，又兼有些葭莩之誼，乃以《時報》寶貴的篇幅，竟作為私人示惠之工具。有一次，我斗膽問冷血：『上下千秋，言之無物，我們何貴有此？』他卻說：『報紙不能無評論，但此時既不容昌言無忌，不如留此一格，以待他日之用』，這種強詞奪理的說法，又安能使我心服？平時，黃伯惠幾乎無日不往《申報》，館中事無大小，也必向冷血請命而後行，任何意見，伯惠也靡不奉行唯謹。我們在背後本已稱之為太上老闆，而他在《時報》，並未擔任任何名義，先伯父雖名為總主筆，權力所及，每晚看稿而已，凡有興革，均不就商，我早已為之憤憤不平。有一晚，冷血又照例來至編輯部，我裝作沒有看見，背過身，指著當天的報紙說：『這還叫什麼上下千秋，某段說得莫名其妙，某句又寫得狗屁不通，叫人家出錢來辦報，又如此糟蹋篇幅，實在豈有此理！』以我這樣一個小職員而如此放肆，換了

別人，當然決難容忍，而冷血卻能做到一似充耳不聞，面不改色，不知是涵養，是素性，是陰沉，還是雅量？」

對於後來《申報》小主人史詠賡認為陳冷血常以《申報》的新聞，暗中送給《時報》。當時已在《時報》擔任採訪主任的金雄白特別提出澄清，他舉出一九二五年的某一晚，陳冷血照例到午夜十二時左右在總會裡打完麻雀後，先到《時報》停留幾分鐘，再去《申報》。「我正在埋頭寫作，他走近我的旁邊，輕輕地問：『今天有什麼重要新聞？』那天從得警局方面來的消息，真是什麼事故也沒有發生？我就搖搖頭。而第二天的《申報》上，卻大登南潯富商張石銘被匪綁架的新聞。因為家屬沒有向警局報案，我們自然無從獲得線索。漏了那樣一條新聞，我正有著一肚子的鳥氣，第二天晚上他又來了，過來問我說：『昨天我問你有沒有新聞，你說沒有，倒底是漏了吧？』我說：『那末你已經知道了這一件鉅案了』，他點點頭，我說：『那你為什麼不講呢？』他答得好：『我不是《時報》的採訪主任』，我有些氣了，高聲說：『那末你倒是兼任《申報》的採訪主任吧』，他又一聲不響地走了。」

史量才的內侄孫女龐榮棣在《申報魂：中國報業泰斗史量才圖文珍集》書中說：「陳景韓因同情蔣介石的政治綱領，與史量才反對、抵制蔣的態度距離越來越大，『時評』越來越沒興趣寫，對報業也越來越厭倦。有時，他去四川路中興煤礦辦事處小坐，對他們寫字間生活很感興趣，便於一九三〇年五月辭職，應江浙財團之邀赴中興煤礦辦事處，任副董事長副總經理之職。史量才認為他必定要吃回頭草，所以給他辦了停職留薪的手續，年終分給他四個月紅利。因此，他成了望平街薪金最高、最多的閒人，為同行報人所羨慕、嫉妒。人的命運有時是個謎，其實，陳景韓的為人給同行留下的印象並不好，同人孫恩霖〈回憶申報採訪部及其他〉中提到：『陳冷（景韓）是個自負的人……唯我獨尊，旁若無人之概……他

對新聞學有獨到之處，而於讀書人的所謂富貴如雲卻未能做到。從此，他周旋於達官貴人之中，不再是個局外人，而是個同流者了。』又說：『說他是個利己主義者亦不算過份。他洋氣味十足，喜歡拍照、養狗、拳擊、打靶等等，在一般文人中還是罕見的。他慕洋、仿洋，而沒有反洋。他拒絕賄賂，反對洪憲帝制，而後來沒有反蔣。相反，登廬山，講《孫子兵法》。』」對此金雄白亦有言曰：「從國民政府定都南京以後，內憂外患，交迫而來，當局求治心切，每當局勢到達嚴重關頭之際，就週諮博訪，徵召入京，傾聽各方意見，以為決策的參考。除了各黨各派的首腦人物，以及所謂社會上負有眾望的人士而外，新聞界中人，能獲此殊榮的，就僅得《大公報》的張季鸞與《申報》的陳冷血兩人。」

　　學者劉霞對此有不同的看法，她在文章中說：「對於他一九三〇年離開報界，當上中興煤礦經理的晚年選擇，回憶文章都所談甚少，唯有《申報》老報人孫恩霖提及，說他『周旋於達官貴人之中，不再是個局外人，而是個同流者了』。是否確實，因史料缺乏，無從稽考，但從陳冷一貫的性格來推測，掛上高收入的閒職並非想『同流』，很可能只是『大隱隱於朝』的一種表達。一個人的性格發生大的變化，通常是由於生活中發生大的變故、思想變遷所致。陳冷的生活並未發生大的變故或威脅，『突變』的可能性很小。拒絕成為蔣的御用文人，又拒絕成為已被國民黨CC系統掌握的《申報》的總編輯，足以證明他始終保持著『剛正不阿』的品性，加之他隨性自然，不俯仰隨俗、近於冷漠的性格，更難以讓人相信他會周旋於達官貴人之中。達則兼濟天下，窮則獨善其身，對於陳冷晚年個人生活道路的選擇，我們應該抱以充分的理解。」

　　一九四七年出版的《上海時人志》這樣評價他：「陳冷先生肅穆寡言，頭腦冷靜，總攬社政，守正不阿，筆苛如劍，尤注意社會黑暗面之揭發。凡大義所在，不為利誘，不為勢屈，均能奮勇以

赴。《申報》之超然姿態，獨立風格，殆先生數十年來孕育葆養所致。左右以其資望日隆，力勸從政，而先生唯置一笑，仍堅守其新聞崗位不懈。嘻，如先生者，亦大足風世已！」

對於陳冷血的晚年，名報人曹聚仁這麼説：「解放後，冷血曾任上海市政協委員。五○年代中期，我來滬曾看到他，這位當年筆鋒犀利的老報人已是年逾古稀的老翁，唇齒不清，難於步行了。一九六五年病逝，終年八十五歲。」

陳冷血晚年

小說家兼實業家的天虛我生

在清末民初，他是極為知名的藝文及商界聞人，他身兼小說家、詩人、翻譯家、出版家、實業家、書畫家。他著作等身，成就非凡。他的作品，文辭綺麗，情感纏綿，筆觸細膩，哀婉處能催人淚下，他也此樹立了在文壇的地位，圈內人士和讀者多視他為一位寫情聖手，作家鄭逸梅有詩云：「千金難買才人筆，寫盡閨幃倩女情」。他就是天虛我生。

天虛我生（1878-1940）原名陳壽同，改名栩，字蝶仙，號栩園。浙江錢塘（今杭州）人。天虛我生名字和別名的來源，據他自己在一篇自傳中說：「栩為似木雩之木，其材雖大而不為棟樑」，「莊周自以為醒，而仍在夢中說夢，不求永為蝴蝶，胱然無界似神仙，故號蝶仙」；又「我

天生我生與子陳定山

的上半生花費在學問上，下半生花費在工業上，而一無所成；天生我才必有用，我竟虛生了一世，故別號天虛我生」。陳蝶仙的父親福元，字月湖，是位儒醫，兼擅音律，蝶仙乃庶出，早年喪母，嫡母喜愛說部彈詞，塾師常教以五七言詩，故自幼雅好說部、音律、詩詞，早歲風流自賞，任俠遠遊，著有《新疑雨集》、《惜紅精舍詩》行世。一八九五年，試作《桃花夢傳奇》和《瀟湘雨彈詞》，後登在自辦的《大觀報》上；一八九八年，曾以效仿《紅樓夢》寫出的長篇言情小說《淚珠緣》而轟動上海文壇。

關於《淚珠緣》的成書經過，學者范伯群這麼說：「《淚珠緣》原擬120回，可是現在我們能看到的是96回，因此這是一部未完成卻又自成段落的長篇。一九〇〇年出版的事前32回（一、二集），那時作者年僅十九，是在病中休養期間，用一個半月的時間寫成的。一九〇七年，他又發表了三、四兩集，即33回至64回。情節已經相當完整，原本並不準備續寫了。但事後他寫小說的心思仍然很濃，可又不想另起爐灶，覺得可以在原有的基礎上別開生面，於是奮力續寫五、六集，並修改第一集至第四集，成了現在的96回本，由中華圖書館於一九一六年出版。這96回本情節也可算是自成體系了，讀來並不使人有未完成的長篇之感。」

好友詩人周之盛（拜花）在〈《淚珠緣》題跋〉云：「觀其結構，純仿《紅樓》，而又無一事一語落《紅樓》窠臼。」而陳蝶仙有詩云：「一半憑虛一半真，五年前事總傷神。旁人道似《紅樓夢》，我本紅樓夢裡人。」《淚珠緣》洋洋灑灑計五百餘萬言，在「量」的方面已超過《紅樓夢》的四百餘萬言。陳蝶仙的兒子，也是小說家的陳小蝶（定山）認為《淚珠緣》在「質」的方面，亦勝《紅樓》一籌。他說《紅樓夢》裡的詩水準不一，有些可謂「壞詩」，但《淚珠緣》卻字字珠璣。他舉出一首顧小姐寫給栩園先生的詩為例：

五十三橋天下無
此中人物是姑蘇
郎心若比江中水
斷不分流入太湖

　　據曾永莉〈訪陳定山談陳蝶仙〉
文中說：「栩園先生第一位戀人姓
顧，是位『剛健婀娜』的蘇州才女。
自始至終，兩人均知遲早必將分離，
栩園先生便將這段纏綿悱惻的戀情寫
成長篇小說，即著名的《淚珠緣》。
顧小姐得知栩園先生是為她著書，並
不覺得特別興奮或感動──彼此間是
如何情深密意，她早已了然於心，何
用一本書來錦上添花？因此她讀罷之
後，只淡淡說聲：『寫得不錯！』」
陳蝶仙在十九歲娶妻，夫人朱恕（嬾
雲），長彼一歲，出身書香門第，能
詩，伉儷甚篤。陳蝶仙曾以嬾雲之
名作詩打趣：「人道白雲嬾，卿更
嬾於雲。」「嬾雲女士婚後不久即
告懷孕，而懷胎期長達十二個月，
此期間亦正是栩園先生與顧小姐熱戀
之時。臨盆時，嬾雲女士足足腹痛兩
天兩夜，栩園先生便搬張矮几坐在床
沿，邊陪夫人、邊為情人寫下《淚珠
緣》。」

天虛我生

一九〇一年陳蝶仙開始在杭州創辦實業，開設萃利公司，經售由歐西輸入的留聲機、無聲影片、化學儀器等，但因當時風氣未開，陳定山說，得到的結果卻是親戚朋友們的訕笑，他們說：「蝶仙真成了洋鬼子了，儘把這種怪、力、亂、神的東西搬到我們杭州城裡來。」於是，我們的萃利公司也就跟著輿論的褒貶而破了產。一九〇二年，陳蝶仙創辦當時杭州絕無僅有的圖書館以及一家出版公司「石印局」。他生性勤勉，舉凡排鉛字、油印等等瑣碎工作一概自己動手，但後來因經營不得法而關閉。一九〇四年，潛心化學，延日人為之講授，將「惜紅軒」闢為化學室。一九〇七年，陳蝶仙至上海辦「著作林社」，出版《著作林》月刊，以刊舊體詩詞為主，也發表傳奇小說、文學論文等；一九〇八年十一月停刊，共出二十二期。一九一一年，上海《申報》創始副刊《自由談》，由王鈍根主編，陳蝶仙以許瘦蝶之介，任《自由談》特約撰述，投稿甚多，如《黃金崇》、《玉田恨史》均在副刊上發表。

《著作林》書影

　　一九一二年陳蝶仙代理浙江鎮海縣知事，他見日本貨充斥市場，雖不乏有識之士引以為憂，但均著眼於紗、布等大工業，對於三個銅板一包的牙粉，卻無人留意。陳蝶仙經至海關調查，赫然發現僅日貨的「獅子牌」和「金鋼石」牙粉一年進口的數額即達二百萬元之多，恰為棉紗的五分之一，可謂相當龐大，他當即下定決心自行製造牙粉供應國人，俾使國人稍免於日本的經濟壓迫。一次他去臨縣慈溪訪友，見寧波海灘一帶，烏賊骨甚多，取之無窮，此乃製牙粉之主要原料，乃立即找擔任鎮海警察局長兼罪犯習藝所所長的四弟蓉軒商量，擬由習藝所的人力來從事製造。同時他又急急修文呈請省府要求撥款二千元，交由習藝所製造牙粉，不意竟遭到申斥，陳蝶仙憤而辭職至滬，從此不再踏入宦途，並誓以個人之力為國貨打出一條路來！

　　一九一三年，他與王鈍根合編《遊戲雜誌》月刊，共出十九期。一九一四年，《女子世界》月刊創刊，陳蝶仙任主編，共出六期，內容分圖畫、文選、譯著、譚叢、筆記、詩話、說部、音樂、工藝、家庭、美術、衛生、詩詞曲選等欄。

　　一九一六年以王鈍根之薦，繼姚鵷雛主編《自由談》，接編後第一篇遊戲文章，為〈召請投稿家〉，仿焰口式，每則首句：『一心召請』，藉以博笑。又把來稿，標分甲乙丙三等給酬，就有人開玩笑，抄錄了前代的冷僻文章，試看列入何等，所以不久便把來稿等第取銷。又特闢「家庭常識」一欄，逐日刊登切於家庭實用的文章。他以「天虛我生」之名陸陸續續著作了〈造胰皂法〉、〈漂白法〉、〈造糖法〉、〈造樟腦法〉、〈製醬油法〉、〈製洋燈法〉、〈普通肥料製造法〉、〈製火柴法〉、〈薄荷油製造法〉、〈紙纖維的製造法〉……以及其他飲食、服飾、日用、人體、動植物等方面，凡所有應具備的常識先後介紹給世人。凡此種種後來總輯為《家庭常識》計八集，每集印行均暢銷十數萬冊之譜。這些集

子當時是由《申報》、有正、廣益、「文明」等書局自由印行，陳蝶仙從未取分文稿費和版稅，但「天虛我生」卻從此名揚國內。

陳蝶仙對製造牙粉始終念念不忘，後來他擔任《自由談》主編，經濟上較為寬裕，便開始親自試製牙粉，創業的過程異常艱辛。他發現牙粉的原料除天然的烏魚骨之外，仍需添加護齒劑——碳酸鎂，於是他首先著手研究「鎂」的製造方法。但因經費無著，當時已屆十六歲的小蝶即積極以譯書和撰文的稿費收入，補助父親的化學試驗費。那段時間，《申報》及各大雜誌經常可見「常覺小蝶合譯，天虛我生潤文」的著作，這是父子二人作品見報最頻繁的時期。其中「常覺」本名李新甫，原為陳蝶仙的朋友，民立中學的算術教員，後來即在陳蝶仙所創的「家庭工業社」任經理。碳酸鎂試製成功後，牙粉很快問世，陳蝶仙將其定名為「無敵牌牙粉」（「無敵」為「蝴蝶」之諧音），並在農商部立案，裝牙粉紙袋的一面印上一大蝴蝶，而紙袋的另一面則印上一幅靜物圖案：一個網球，一個球拍。網球與日本國旗相似，象徵日本，其意義是將日貨一網打盡。

由於牙粉的主要原料碳酸鎂、薄荷等是由國外購進，量大、成本高；為此陳蝶仙集中精力鑽研碳酸鎂及薄荷的提煉。他參考了日本有關書籍，化驗其成分及製作方法，幾經失敗，終於將鹽滷與城加以蒸發而提煉成功，遂於一九二〇年在無錫惠泉創辦起製鎂廠，同時他又翻譯了日本《薄荷工業》一書，在太倉南門設薄荷廠，解決了牙粉原料問題，利潤相應的增厚了。但剛開始因無力進行大規模宣傳，有一段時間是無人問津的，面對此一困境，陳蝶仙採取了紙煙店代銷的方法，即將牙粉賒銷給紙煙店。由於有利潤可賺，故紙煙店老闆往往會極力勸顧客購買牙粉。顧客使用後覺得滿意，一般會再來購買。如此，僵局很快就打開了。此外陳蝶仙也不忘廣告宣傳，他在《申報》上撰文介紹無敵牌牙粉，提倡國貨，因之業務發展很快。一九二三年，他向國家有關部門註冊了無敵牌牙粉商

標。此時，其資本總數已達兩萬元，便改為有限公司。並且自辦了製盒廠，不下幾年，無敵牌牙粉質量超過了日本牙粉，聲譽大振，遠銷國外。

無敵牌牙粉成名後，陳蝶仙進一步對家庭化妝品進行了研究試製，花費了他不少功夫，又於一九二六年，在上海西門梅雪路（陸家濱）建造了廠房，擴大牙粉生產，兼產化妝品，生產品牌為西冷霜、蝶霜（至今馳名於世）等雪花膏，很快銷路也遍及全國。

製鎂和提煉薄荷的成功，使陳蝶仙對繼續鑽研化學的興趣大大提高。一九二六年，他看到惠泉的水質清甜，可用來試製汽水，於是便在無錫創辦惠泉汽水廠；由汽水進而造酒，有無敵牌白蘭地、惠詩客（Whisky）、葡萄酒、橘子水，還有無敵牌紹興酒。但陳蝶仙不滿足已有的成果，他又研究桑、麻、竹、草，作改良造紙的實驗，在無錫復創辦「利用造紙廠」，它能製造木造紙、道令紙，供給本廠使用，而以連史紙行銷市場，試圖抵製外貨白報紙。一九二七年，他在鎮江建驅蚊香廠，製成了著名的「無敵牌蚊香」，與日本產品競爭。

此時的陳蝶仙儼然已成為上海四大實業家之一，但他仍不棄他勤勉的本性，據陳定山說，每日清晨五時半即起身，為公司一切營業籌劃，直至深夜十一時半仍不輟。而他的生活亦不改名士之風，非但不利用實業家的身分做為晉身官場之階，對於無謂的交際應酬亦一概避免。除了「家庭工業社」的股票和杭州西冷橋的老屋之外，他並無其他私蓄長物。他的一位老友謝鑄陳先生當時贈了他一個外號：國貨之隱者。陳蝶仙覺得有趣，將這五個字刻成篆文印章，經常使用在工商尺牘上。他在臨終前將這枚圖章交給了陳定山，而謝鑄陳常感慨地對陳定山說：「你父親這個圖章是很難繼承的，因為提倡國貨自是人人有責，但在成功之後仍能做個隱者，卻是千古不可及的。」

然而，幾個廠同時並舉，成績卻不理想。主要由於外國廠商資本雄厚，尤其是日商的廉價傾銷，而且抵製日貨已時過境遷，政府又偏袒日商，這些對陳蝶仙造成很大的衝擊，幾年時間，他創辦的幾個廠都先後停工，只有造紙廠勉強維持。隨後，紙廠由李新甫主持殘局，每年盈利仍有十七、八萬。但令他所始料不及的是，一九三七年，抗戰爆發，陳蝶仙的全部廠房均毀於日軍炮火。上海南火車站梅雪路二十餘畝三層樓寬大的總廠，其中包括牙粉廠、汽水廠、印刷廠、玻璃廠、製盒廠，完全化為灰燼。另外上海江灣路的無敵皂廠，無錫的「利用造紙廠」，也被日軍炸了。陳定山說：「我和父親就在杭州轉向蕪湖，到漢口，到宜昌，到重慶，隨處建立後方工廠，隨處遇到敵人飛機的破壞，最炸得厲害的是重慶的小梁子和通遠門兩廠（按通遠門的廠就是後來的中央國貨商場），使我們不得不再撤向雲南昆明設廠。我們到昆明，江小鶼接到他的『平安第』住。父親又在安寧州改良昆明的鹽（雲南的鹽，是井鹽，缺少『碘』的成分，因此滇人多生『頸瘻』）。」

　　陳蝶仙數十年間雖致力於實業，但仍筆耕不輟，一得空便伏案寫作。他著作等身，據鄭逸梅說，小說有《滿園花》、《鬱金香》、《芙蓉影》、《嬌櫻記》、《紅絲網》、《麗綃記》等，還有《新官場現形記》，也譯有《福爾摩斯探案》，又有劇本八種，如《錯姻緣》、《水中蓮》、《生死鴛鴦》等。又有《栩園詩話》八卷。雜著有《實業淺說彙刊》、《治家酬世全書》、《西藥指南》、《中西樂律同派》、《栩園新樂譜》係風琴譜及自撰曲文，知識面的廣，足以驚人。陳蝶仙的作品，自己疏於撿拾，幸由他的好友周拜花為之收集，編成《栩園叢稿》，稱為香雪樓版，分《栩園詩集》、《栩園詞集》、《栩園曲稿》、《栩園文稿》、《栩園詩賸》、《香雪樓詞》，附入陳小翠的《翠樓吟草》、《翠樓文草》、《翠樓曲稿》共十冊，蔚為大觀。

　　據曾永莉訪談陳定山云，一九三九年冬，陳定山因故至安南開會，一天晚上忽然夢見父親臥筆坐在一小室之中，窗外池塘中的一朵白蓮忽然凋萎。定山倏然驚醒，心中忐忑不安，第二天即搭機返回昆明。當時陳蝶仙正在黑龍潭遊玩，定山追蹤而至，遙見父親在池畔的涼亭內倚欄賦詩，而滿池荷花已在寒冬之中凋零殆盡，只有一朵白蓮危顫顫孤立池中。定山心中不覺大震──因為陳蝶仙的生日是六月二十四日，他別號「後荷花十日生」，如今白蓮凋萎已非祥兆，何況他在杭州曾有「敵人若來，則將以黑龍潭為葬身之地」的表示！正當定山心神紛亂之時，陳蝶仙卻笑著招呼他：「這幾天我一連數夜夢見跟你母親到桃源嶺遊玩，你母親手種的八十三松都長大了，梅花也已盛開。還有，你的三姨丈、三姨母和阿杜也都在呢！」桃源嶺位於西湖，一九三一年間陳蝶仙曾在此自營生壙，而三姨丈姚澹愚一家三口均因染患肺病去世，陳蝶仙將他們安葬在桃源嶺。種種徵兆均令定山心驚，陳蝶仙卻仍遊興不減，出示他的新作給定山看，作品名稱赫然是〈桃源夢〉！

　　不久，陳蝶仙果然染病，久久不癒。他病中思鄉心切，當時珍珠港事變尚未發生，香港和上海之間仍可通行，於是定山偕同家人陪侍陳蝶仙返回上海。一九四〇年三月二十三日夜半時分，陳蝶仙召喚定山和妹妹小翠到床前，牽著兩人的手說：「我明天十點鐘就要去了，我以名士身來，還以名士身去，心中亦無所憾。但我平生仍有兩個心願未了：第一，必須歸葬於桃源嶺。第二，我的著作不可散佚，將來應為我刊行天虛我生全集。」說罷，取出「國貨之隱者」章交給定山。三月二十四日早上十時，陳蝶仙含笑而逝。

　　陳蝶仙之逝，小說家陸澹安輓之云：「公真無敵，天不虛生。」作家朱大可輓之：「齊物逍遙，一夕仙蹤圓蝶夢；儒林貨殖，千秋史筆屬龍門。」

陳定山在一九五〇年三月二十四日所寫的〈桃源嶺十年祭〉
這麼說：……日本無條件投降，消息傳到上海，我就立刻準備運柩
回杭安葬，誰知經過一年的滄桑，游擊隊幾次勝負出入，錢德保已
經故世，墓上八十三松，蕩然無存，百多株梅花，早已被人斫伐成
薪，石亭子也拆了。所幸墓石完好，我看到「未必春秋兩祭掃，何
妨勝日一登臨」的聯句，不覺站著發呆，從今以後，只有祭掃，何
忍登臨？八年抗戰，恍然一夢，但我親愛的父母，再也看不見了。
八十三松，重新補種，他已不是青青如蓋的喬枝，而是憔悴新種的
小樹，石亭子再也建不起來了。梅花隙地，改種了竹，意思是想它
長得快些，可以遮蓋這座墳墓被炮火摧殘的痕跡。誰知八年抗戰，
勝利來得艱難，消逝得卻很容易，地上瘡痍未復，我已到了臺灣，
一年兩年三年，我天天夢著桃源嶺，看見我的雙親，攜手同行，
指點湖上山光水色。但我竟棄了「春秋的祭掃」忘了「勝日的登
臨」。天涯寒食，在臺灣更免不了思鄉的病，今年的清明，到北投
去看季康，正逢著有人在青山裡上塚，這使我生發了無限的回憶，
直到今天纔寫成了這一篇，不知道有什麼方法，或者有一隻飛機可
以替我帶到桃源嶺去化了，這是我的兩首詩：

天虛我生戲猴

北山松粉飄花路，寒食天涯有墓門。
滿地紙灰人上塚，竟無麥飯到中原。

病裡唯堪柱杖親，花前無復戲諸孫。
影堂獨對思前事，四十三年父子恩。

鶴立「快活林」裡的嚴獨鶴

名報人也是小説家的包天笑在《釧影樓回憶錄》中談到報紙的副刊時，説：「記得北京某一家報紙出版副刊，劉半農寫了一個發刊詞，開頭便説：『報紙為什麼要有副刊？這個問題誰也回答不出，但有報必有副刊……』但我敢説副刊是一種自然趨勢，而且還受著小報的遺傳性。因為未有副刊之前，先有小報。最初的報紙，並沒有什麼副刊，可是我見到那些最早出版的報紙，在新聞之後，便有什麼詩詞雜文之類，不過當時是不分欄的，那便有了副刊的萌芽了。到後來可以説把小報的材料吸收了，取其精華，遺其糟粕，於是遂有《申報》的『自由談』，《新聞報》的『快活林』，《時報》的『餘興』與『小時報』。那時候，副刊便成為大報裡的小報了。」

嚴獨鶴遺影

上海當年四大報，《申報》最老，《新聞報》次之，再來是《時報》及《時事新報》。《新聞報》與《申報》在當時並駕齊驅，合稱「申新」，其各自的副刊《快活林》與《自由談》在當時也最負盛名。《自由談》的主編周瘦鵑；《快活林》的主編嚴獨鶴，在當時被稱為「一鵑一鶴」，一時瑜亮，聲勢之大，等同兩報的代名詞。時人玖君在《報人外史》中說：「嚴先生在新聞界的地位，一似梅蘭芳之於菊部，顧曲周郎，沒有不知梅大王的，讀報人士，沒有不知嚴主筆的。報紙副刊，畢倚虹賜嘉名曰『屁股』，嚴先生即以編輯屁股（《新聞報・快活林》）登龍，名滿全國，稱霸報壇……《申報・自由談》之鵑（現掛《春秋》欄名譽編輯之周瘦鵑），曾稱瑜亮外，他人無出其右。」

　　嚴獨鶴（1889-1968）名楨，字子材，別號知我、檳芳館主，獨鶴是他的筆名。關於這個筆名的由來，他的女兒嚴汝瑛說：「父親和我的生母原配盧氏蓉貞結褵，雖相聚時日不長，但伉儷情感甚篤，思念殊殷。後因父親青年時喪偶，他既感悼亡之孤獨，又想人生應有所作為。因此，從痛苦和奮發中，揮毫寫悼詞一篇，他為悼詞中的『不克雙飛，徒守獨鶴之身』句所啟發，決定以『獨鶴』為筆名，終生以之。」嚴獨鶴祖籍浙江省桐鄉縣烏鎮，卻生於上海。父親是上海製造局的文案主任。他四歲時，就在祖母與母親的指導下識字讀書。六歲後學於塾師金先生門下。九歲起從母舅費翼墀讀書，費氏為浙中名士，學問淵博，嚴獨鶴在此打下了深厚的國學基礎。他聰穎好學，十二歲考中秀才，一時有神童之譽。十五歲入廣方言館習英文及數、理、化諸科，原本準備畢業後出國深造的，奈何在十九歲那年，其父不幸亡故，家境陷入窘迫，嚴獨鶴只得謀職以贍養全家。他先任教於上海南區小學，繼而又赴江西上饒廣倍中學教英文。辛亥革命後，他回到上海，在兵工學校當了一年的文牘員。一九一三年入中華書局任英文部編譯員，業餘時間從事文學創

作。一九一四年八月，嚴獨鶴應聘入《新聞報》，開始他長達三十餘年的《新聞報》副刊主編生涯。

《新聞報》的副刊開始叫做《莊諧叢錄》，取的是亦莊亦諧之意，內容比較駁雜，從南社詩詞到幽默笑話，從政論時評到長短小說，一應俱全。嚴獨鶴上任後將其更名為《快活林》，設置的欄目為《諧著》、《小說》、《筆記》和漫畫一幅，內容上力求雅俗共賞，令人耳目一新，在追求趣味性的同時，又兼顧了時代感。他說：「論副刊的性質，簡直是相容並包，要注意到世界國家、社會、家庭、個人各方面，從大事以至小事，隨時有討論的題材，要著眼於政治、經濟、文化教育、科技、藝術各部門，從正面以及側面隨時有寫述的資料。」而他每天撰寫《談話》一欄，刊登於《快活林》版面的首要地位，看似談天說地，漫不經心，實則綿裏藏針，充溢其間的是為真為善。後來也在《新聞報》工作的陳蝶衣認為《談話》「語多詼諧而不忘言責，蓋無異於東方曼倩之譎諫也。」而玖君在《報人外史》中這樣評價嚴獨鶴的《談話》：「當時報屁股，

嚴獨鶴年輕身影

一本正經，不刊詩古文詞，便載風月文章，常識短篇，枯寂沉悶。嚴先生新刪初試，主持副刊，正牌掛出，每日《談話》開鑼戲，一似名伶壓軸，生旦淨丑，五音聯彈，精彩紛呈，叫座魔力，獲意想不到之效力。讀報者打開報紙披閱，不約而同，急找屁股上第一篇《談話》，看他老先生有何高見，什麼奇妙譬喻，麻將賭經如何設局，生花妙筆，寫成屁股文學，同道效顰。二十餘年來，副刊《談話》、《閒話》、《小言》第一篇文字，為編者應有之義，推源其始，嚴先生開山祖師咧。嚴獨鶴的《談話》文字深入淺出，一篇談話，如白居易詩老嫗都解，工商業小夥計，略識之乎。對於自命前進作家編輯的新屁股，普羅文學，民族文學，象牙之塔文學，的嗎呢吧，桀格搓枒歐化白話文，山東人吃麥冬，一懂勿懂。還是禮拜六派嚴先生平鋪直敘談話，如啖諫果，讀之醰醰有味。」

　　他的學生劉嘉猷在〈悼念嚴師獨鶴〉文中說：「報紙的副刊，謔者稱之為『報屁股』，似乎不為士大夫階級所重視，但當時的《快活林》則不然，主要是鶴師的一篇《談話》具有極強的號召力，因為《談話》的取材，往往揭開社會的醜惡面，針砭軍閥的猖狂，和權貴的乖行，而以冷嘲熱諷的筆觸出之，頗有皮裡陽秋之妙，使讀者像是著了迷一樣，一般市民上至闤闠名流，下至各行業的商店夥伴，翻開《新聞報》，均以先睹《快活林》為快。認為鶴師的《談話》，代表了讀者的心聲。……因此，我總覺得鶴師雖為《快活林》的一個園丁，但筆力雄偉，橫掃千軍，他的《談話》為新聞文學寫下了輝煌的一頁。他是一個沒有名流氣焰的文壇巨子，他的創作精神，鞏固了他在新聞界的地位。……他寫《談話》，下筆很是謹慎，字斟句酌，仔細推敲，所以每成一文，字字擲地有聲，乃能負全國輿論之眾望。當時金城銀行行址在江西路，與漢口路《新聞報》館址可謂近在咫尺，所以我在下午五時下班，總到《新聞報》編輯部去，那正是鶴師撰述《談話》的時候，文人吸煙

原屬常事，但他的香煙癮實在太深，幾乎一支接一支的煙不離口，以致口唇被薰得發黃，連鼻尖也顯得微紅，有時文思沉滯，每喜用特備的精製剪刀，修理指甲。《談話》撰成，即與副刊稿一併發排。」

後來成為流行歌曲的名作詞人的陳蝶衣（1907-2007）回憶當年的情景說：「我於十五歲的那一年進入《新聞報》，佐家大人司筆札，供職於推廣部，閒暇之時曾嘗試塗抹，為《快活林》寫些短文及趣味性的《小專電》之類。越數年調職，改隸編輯部，負責校對工作，與獨鶴先生方始有了每晚見面的機會。《快活林》每天刊出諷刺畫（早期尚無漫畫之名）一幅，由馬星馳執筆，署名一個『星』字；這位老先生是山東濟寧人，寄籍上海，單身一個，別無親屬，長年住在一家小客棧裡，除了善畫之外兼亦工書；《新聞報》廣告版的許多廣告木刻，多數出於他的手筆，因此他還兼了廣告校對主任一職。此老染有阿芙蓉癖，體弱多病。當時我少年好弄，偶然也仿效此老的畫筆，——最簡易的是『字中嵌字』以寓諷刺的一種，作為投稿，在《快活林》刊出。後來每逢星馳先生請病假，獨鶴先生不是請丁悚（人稱『江南老畫師』，漫畫家丁聰之父。）代筆，便是命我濫竽充數。我為《快活林》作諷刺畫，用的筆名是『癸弓』二字。（後來星馳先生病故，纔由楊清磬與丁悚輪流作畫，而以楊畫所佔之次數為多。）」

也是小說家的嚴獨鶴經常發掘優秀的通俗小說，在《快活林》連載來吸引讀者。像李涵秋的《俠鳳奇緣》、《戰地鶯花錄》，平江不肖生的《玉玦金環錄》都在《快活林》連載，頗為轟動。當然李涵秋與向愷然的才情橫溢，固然是他們成名的條件，但《快活林》無疑地提供了舞台，幫助他們克享盛名，則是不爭的事實。

一九二九年初，為了擴大張學良的影響，也為了張學良與上海新聞界建立更好的關係，報人錢芥塵出面組織了一個「上海報界北方視察團」，邀請當時上海的不少著名報人參加，嚴獨鶴也在

其中。在北京，嚴獨鶴看到了張恨水正在《世界日報》上連載的《春明外史》，同時看到了張恨水的作品受歡迎的程度，聽到了北京各階層對張恨水作品的好評，使他頓生將張恨水引薦到上海的念頭。於是他通過好友錢芥塵的介紹，認識了張恨水，便當場邀張恨水為《新聞報》寫一部長篇連載小說，張恨水也滿口應承。嚴獨鶴回上海後，又寫信給張恨水，連連催稿。對於來自上海的約稿，對於進入上海的第一部作品，張恨水也不敢怠慢，據說，張恨水寫作很少擬寫作提綱，但《啼笑因緣》這部小說，他不但找了人一起商量人物情節，而且還擬了詳細的寫作提綱，終於推出了一部精心力作。《啼笑因緣》自一九三〇年三月十七日開始在《快活林》上連載後，大受歡迎，獲得了極大的反響，一時洛陽紙貴，當時文壇甚至還出現了各種版本的「續作」。嚴獨鶴在三友書社之後重印《啼笑因緣》的序中寫道：「在《啼笑因緣》刊登的第一日，便引起無數的讀者的歡迎了，至今書雖登完，這種歡迎的熱度，始終沒有減退。一時文壇上竟有『《啼笑因緣》迷』的口號，一部小說能使讀者對於它發生迷戀，這在近人著作中，實在可以說是創造了小說的新紀錄。因為我恭任《快活林》的編者，《快活林》中有了一個好作家，說句笑話，譬如戲班中來了個超等名角，似乎我這個邀角的，也還邀得不錯哩。」儘管張恨水在北邊已成為頂尖的通俗小說作家，但在上海他卻默默無聞。張恨水得以進入上海，並且在上海的通俗文學界一炮打響以至於大紅大紫，不能不歸功於嚴獨鶴。《啼笑因緣》成為最暢銷小說，改編成評彈、說書、話劇、電影。明星和大華兩家電影公司為了爭奪《啼笑因緣》的攝製權還曾對簿公堂。從此，《啼笑因緣》風靡全國，以至影響達於海外。屢屢再版，至今不絕。

嚴獨鶴不但注重長篇小說，他也羅致兩部連載筆記在《新聞報》刊登，一是劉成禺的《世載堂雜憶》，一是汪東的《寄庵隨

筆》。劉成禺早年在湖北經心書院、兩湖書院學習，後曾跟隨辜鴻銘和容閎學習西文，在日本參加過陸軍預備學校，後赴美，入加州大學攻讀，是位文武兼備的人才。他生平交友廣泛，與當時的上層人物大多都有來往，所以他的著作內容廣泛，而且具有很高的史料價值。劉成禺自己評價説：「典章文物之考證，地方文獻之叢存，師友名輩之遺聞，達士美人之韻事，雖未循纂著宏例，而短篇簿錄，亦足供大雅諮詢。」而汪東字旭初，號寄庵，為章太炎弟子，凡經史百家，無不研習，在音韻學、訓詁學、文字學等諸方面，都有創獲。他曾任中央大學中文系教授兼主任、院長。據鄭逸梅説《寄庵隨筆》「所記的，大都是抗戰時期，國府西移，重慶山城的人文之盛，也有一百多則。筆墨風華雋永，更在《雜憶》之上，可惜迄今尚沒有人為之整輯，附諸印行。」（案：後來有出版）

　　嚴獨鶴除主編《快活林》（「一‧二八」事變後，國難深重，無從快活，於是改名為《新園林》。又：《新聞報》增出《新聞夜報》，他又兼任總主筆及副刊《夜聲》之主編。）外，並曾徇世界書局之請，擔任《紅雜誌》周刊的編輯主任名義（執行編輯是施濟群），該刊創始於一九二二年八月，結束於一九二四年七月，共出一百期。之後改名《紅玫瑰》，繼續發行。《紅玫瑰》共出七卷，第一、二由嚴獨鶴與趙苕狂合編，第三卷第一期起由趙苕狂單獨執編，至一九三二年一月終刊。《紅雜誌》、《紅玫瑰》是二〇年代通俗文學的代表刊物。實際上，嚴獨鶴並不負責這些刊物的具體編輯工作，但他德高望重，這些刊物紛紛以他來增強號召力。在一百期的《紅雜誌》上，嚴獨鶴共計發表短篇小説四十五篇。而長篇小説則僅有唯一的《人海夢》一種，最初發表於施濟群、陸澹盦合編的《新聲》雜誌，之後又在《紅玫瑰》連載，曾出版單行本，但始終未完篇。嚴獨鶴精通英語，早在一九一五年間，就為梁啟超主編的《大中華雜誌》譯過不少時政文章。並編過多種英文辭書。他

的翻譯小說以《福爾摩斯偵探按全集》最為著名，該書是由他和程小青、周瘦鵑等十人以文言合譯的，全書十二冊，中華書局於一九一六年初版，重版達二十多次。

陳蝶衣在回憶文章中提到嚴獨鶴素向伉儷情深，他的夫人是以肺病不治去世，中年悼亡，後與北里紅倌人雪兒產生一段戀情。事情經過是：因嚴獨鶴悼亡，奉倩神傷，便有幾位「狼虎會」（狼吞虎嚥的聚餐會）的會員（這個會是由陳小蝶、李常覺、周瘦鵑、丁悚四人發起，之後陸續加入的有嚴獨鶴、王鈍根、畢倚虹、江小鶼、楊清磐、任矜蘋、周劍雲，都是文化藝術界的知名人士。）提議，把聚餐會搬到會樂里的紫瓊、雪兒的妝閣去舉行，好讓嚴獨鶴也得以稍開眉鎖，略寬懷抱。紫瓊、雪兒是當時上海北里的名花之一，陳定山在《春申舊聞》說：「紫瓊眉目飛揚，十分雋美；雪兒則守禮含羞，終日手不釋卷。」而親眼目睹的陳蝶衣更說：「（雪兒）是一位標準的靜女，見人只是靦然而笑，不肯輕於啟齒；宛然是《板橋雜記》中的馬湘蘭、李香君一流人物，而不像是十里洋場的鶯鶯燕燕。」只是這一項提議，因江小鶼的反對而取消了。後來聚餐地點改在二馬路飯店弄堂裡的一家同華樓，而採用「飛箋召花」的方式，邀請北里名花前來侍酒。當時所徵召者有號稱為「小四金剛」的張素雲、蔡紫紅、芳卿、雲蘭方；號稱為「五虎將」的高第、葵雲青、琴寓、徐弟、鏡花樓。此外楊清磐又替嚴獨鶴叫了雪兒與紫瓊；江小鶼則叫了雅秋小妹妹。這一晚的琴樽之會，一時絲管嗷嘈，笑語並作。而嚴獨鶴與雪兒初次會面，即一見傾心，在笙歌如沸中喁喁細語，雙方似乎都有「相見恨晚」之慨。

陳蝶衣又說：「雪兒雖然淪跡風塵，馳名花國，卻是個弱女子、病美人；並且和獨鶴夫人一樣，同是肺病患者。獨鶴先生每與雪兒挑燈夜談，敘述為夫人調糜量藥的往事，雪兒往往沾衣助泣，悲不自勝。這樣經歷了一段時期，雪兒因觸政繁忙，疲於奔命，體

質愈益衰弱;到了深夜,總不免掩唇而咳,雙頰紅得像抹上一層胭脂;甚至咳到後來,還唾中帶血,這也就是病又加深的徵象了!於是在夜深人靜之時,雪兒偎依著公畢後趕來侍疾的獨鶴,不免墮淚如霰,委婉地說出了訣別之詞,許下了來生之願。一番誓言,使獨鶴先生深為感動。有一天晚上,趁著雪兒閉目睡去,便下著決心,悄悄對紫瓊阿九說:『雪兒的病,看來一時難好,我想娶她回去,讓她好好的調養。』紫瓊聞語,既驚且笑,對獨鶴先生說:『儂發痴哉!一個病人,儂討轉去做啥?』雪兒睡去,原是假寐養神,並未入夢;這幾句背後商量的話,被雪兒聽得一明二白,也不免銜感而隕淚,於是過不了幾天,便毅然撤去豔幟,除下牌子;接著,二人的結婚喜柬亦隨即發出,有情人終成眷屬;我也曾登堂拜賀,喝到了他們的喜酒。做了嚴氏婦之後的雪兒,幸賴醫學昌明,肺病有了特效藥,病體居然日漸痊可;這其間夫婿的殷勤調護,自然也耗費了不少心力。我在避地南來之前,曾一度往訪賢伉儷,見到雪兒夫人已面團團如喜姑娘,不再是弱不勝衣的病瀟湘了。」這事在陳定山的《春申舊聞》一書中有〈當年曾唱「雪兒」歌〉一節,記之甚詳。而劉嘉猷也說蝶衣兄所記之紅倌人雪兒,即是師母陸蘊玉女士。她「雖出身平康北里,但毫無風塵氣息,一派大家風範,尤其待人接物,和藹可親,禮數週到,內子有什麼家務事都愛去與師母商量,所以蘊玉師母很受到家人與親友的尊敬。」

　　五十年代初期,嚴獨鶴和原《新聞報》的一些老報人,在有關領導部門的安排下,離開報社,被集中安置到新成立的新聞圖書館工作,由嚴獨鶴擔任主任。一九五二年,上海新聞圖書館與鴻英圖書館合併成為上海市報刊圖書館,嚴獨鶴任副館長。一九五八年十月,上海市報刊圖書館、上海市歷史文獻圖書館、上海市科技圖書館合併到上海圖書館,嚴獨鶴任上海圖書館副館長,並主持《全國報刊索引》編輯及剪報工作。還受命出任過《新聞日報》私股監察

人，被《解放日報》社聘為編輯顧問。曾當選上海市第一至第五屆人民代表，第三、四屆全國政協委員，中國作家協會上海分會理事、上海市文聯委員、中國民主促進會上海市委員會委員。

文化大革命期間，嚴獨鶴幾經抄家，結果抄到一張照片，是嚴獨鶴六十歲生日與門人前《華報》社長朱庭筠等人攝於壽堂的照片，只因該照片有蔣介石所贈「進德延齡」的壽屏，紅衛兵認為他是國民黨的特務，於是進行強迫「交心」，且將種種莫須有的罪名，強栽在他的頭上，如此疲勞轟炸式的「談話說服」，日以繼夜，似乎不達目的，誓不甘休。嚴獨鶴一再地縷述過去的工作情形，以及辦學的經過，同時說明那方賀匾僅是政府對一個新聞從業員工作的鼓勵，如此一遍又一遍的衷心訴說，仍不能使對方滿意，於是他們改變方式，要他寫坦白書，一遍又一遍。嚴獨鶴的兒子嚴祖佑在〈父親嚴獨鶴散記〉文中就這麼寫道：「一九六八年春，我返滬探親前，設法從農場醫院搞到了一張轉診單，從而得以治療為由，在上海住了好幾個月。此時，一輩子

嚴獨鶴六十歲壽辰

以文為生的父親，一拿起筆，手就要發抖，寫的字也歪歪斜斜，不能成行。他最擔憂的就是圖書館造反派要他一個星期交一篇思想彙報。每到週末，他就害怕，不知下星期如何交賬。好在我在勞改場所已經滾了幾年，對寫這類東西早已駕輕就熟。我在滬期間，父親的思想彙報自是由我一手包辦。至初夏，農場數次來函催我速回，我不得已，只好向父親辭行。父親睜著混濁而充滿血絲的雙眼，孤苦無助地望著我說：『你走了，我怎麼辦呢？』我知道，使父親惴惴不安的還是這每星期一篇催命的思想彙報。於是，我在離家前兩天，將原來寫的思想彙報整理了一番，從不同的角度擬就六、七篇適合不同時節、不同形勢要求的範文，交給他，囑其每星期抄一篇交上去，一個輪番後，再依次周而復始。父親接過這幾張紙，神經質地緊緊攥著，就像沉船上的落水者，抓住僅有的一塊木板。」

其實這時嚴獨鶴患有肝腫病，經過如此折磨，病情益形加重。而最毒辣的手段，莫如通令各醫院拒絕其治療，私家醫生又不敢應診，即令親戚中有願意為其診治的，也無法購到應用的藥品，因此他的肝腫病在醫與藥的雙重杯葛之下，病況越來越重，情緒也愈來愈壞。加上一再重複地寫那坦白書，他原有神經衰弱的舊疾，執筆寫字已顫抖到不能成行。有一天，他吃了早點，又開始寫坦白書，但他的手已無法把穩筆，實在寫不下去了，忽覺頭暈目眩，撲倒在書桌上，這位新聞世界的一代巨子，在一九六八年八月二十六日終於「化鶴而去」了。

嚴獨鶴在報界享有很高的威望，是位廣受尊敬的長者。《報人外史》說他：「待人接物，處處慎重，先生天性謹愿，好好先生典型，鑽進新聞圈，一舉成名天下聞，當然知足。對外交際，八面玲瓏，服務《新聞報》近三十年，賓主相得，同事尊敬，友朋愛戴，立身處世像嚴先生般真到處歡迎，滿堂紅人物，爭相訂交，從無仇怨，何怪紫膛臉皮笑瞇瞇。任事《新聞報》，一帆風順，由副刊編

輯而本埠編輯，電訊編輯，副總主筆，一身三要，《新聞報》第一根台柱，求之報人中，像嚴先生般交長生運，常盈無虧的，惟氏一人，別無第二。」誠哉斯言。

自右起後立者為平襟亞、朱鳳蔚、嚴獨鶴、郭沫若、田漢、洪深，前坐者為許廣平、袁雪芬、安娥合影

1964年「星社」合影
自右起：前排坐者為江紅蕉、胡亞光、胡明霞、程小青、姚鳳蘇、陸蘊玉、沈蘋蘋。中排坐者為丁悚、孫籌成、鄭逸梅、周瘦鵑、陶冷月、孫雪泥、嚴獨鶴。後排立者為沈禹鐘、芮鴻初、平襟亞、朱大可、陸澹安、王巨川、徐碧波、管際安。

棄武從文的小說家何海鳴

他以一個文弱書生，始而投筆從戎，繼又操觚宣傳革命，辛亥革命時武漢首義有他，癸丑討袁，他孤軍據守南京二十餘日，名聞當時。後來不幸在種種挫折之後，聲光頓斂，偃蹇滬上，常為諸小報撰文為生，專談風月。他曾說：「予生二十餘年，曾為孤兒，為學生，為軍人，為報館記者，為假名士，為鴨屎臭之文豪，為半通之政客，為二十餘日之都督及總司令，為遠走高飛之亡命客。其間所能而又經過者，為讀書寫字，為演武操槍，為作文罵世，為下獄受審，為騎馬督陣，為變服出險，種種色色無奇不備。」他就是專寫「倡門小說」的何海鳴。

何海鳴（1891-1945），原名時俊，湖南衡陽人。筆名有一雁、衡陽

何海鳴

孤雁、求幸福齋主等。他出生於廣東九龍，當七歲時，英國政府強迫清朝租界九龍半島，次年又鎮壓九龍人民的武裝鬥爭，激起幼年的何海鳴的義憤，他後來常對人說：不知今生還能重見其復為中國疆土否！一九〇六年，十五歲的他已讀畢五經四史及諸子書，下筆千言。他隻身來到武漢，考入兩湖師範禮字齋，不久因無力支付學費，改投湖北新軍第二十一混成協第四十一標一營當兵，隨後被挑選入隨營下士學堂學習。他當了兩年多下士及下級軍官，在軍隊中組織文學社，與當時新軍中的革命黨人蔣翊武（文學社社長，《大江報》領導人之一）一起，謀求推翻清朝政府。後因事洩被迫退出軍隊，任補習學校國文教員及軍操教習，並創青年學社。此時，湖北革命團體主辦的第一張機關報《商務日報》創刊，他被招聘為編輯，由此開始了報人生涯。

不久，他又跟隨蔣翊武到《大江報》任副總編輯，並兼做上海《民吁》、《民立》等報通訊員，繼續鼓吹革命。一九一一年七月十七日，他在《大江報》上發表〈亡中國者即和平〉的短評，激憤地痛斥清政府頒佈的憲法大綱，批駁改良派、立憲派分子企圖利用請願等「和平」方式來抵制革命的反動主張。認定「和平」是「亡中國」之道，是走不通的，只有革命才能拯救中國。在何文發表後九天國學大師黃侃更發表〈大亂者救中國之妙藥也〉，湖廣總督瑞澂以「言論激烈，語意囂張」及「淆亂政體，擾害治安」等罪名，於八月一日查封了報館，報紙被「永禁發行」；詹大悲和何海鳴同時被逮捕。這就是轟動一時的湖北「大江報案」。何海鳴先是被關進漢口的看守所，後因整日編戲詞大罵清政府而被押往禮智司，在慘遭毆打後，被判處死刑。在等待行刑之時，辛亥革命爆發，他被解救出獄，出任漢口軍分政府少將參謀長。

一九一三年宋教仁遇刺案發，中山先生力主討袁。據高拜石《古春風樓瑣記》，敘其事云，黃興於七月十五日入南京，稱總司

令，前後僅十四日，因師長冷遹等受敵方賄買，自臨淮不戰後撤。二十八日，黃興決離寧，行前，海鳴謁黃，並説：「袁氏禍國，公為開國元功，當籌其大者重者，暫赴海外圖大舉，海鳴為激發革命士氣，擬統率所有兵力，和袁軍一拼，以示三軍將士之心，皆與公相同，惟有少數軍官不肖而已」。黃興以其志頗壯，給以萬金，叫他相機行事。海鳴便以此款發動幹部。八月八日，海鳴入居都署，再宣佈獨立，申電討袁。下午第八師師長陳之驥帶衛隊百餘人到都署，陳為馮國璋的女婿，與馮早通消息，他和海鳴素未謀面。一見海鳴，看他身材僅及中人，容貌也不出眾，對之頗為輕視，便大聲道：「你是什麼人？」海鳴道：「我何海鳴也！」之驥迴顧衛隊：「把這革命黨扣起來！」陳衛隊中不少是廣西籍，相顧疑愕，以何海鳴三字與胡漢民音相近，誤以為即胡漢民，出來後，告訴同鄉弟兄：「胡漢民是孫中山先生左右手，怎能讓革命偉人聽人宰殺？而忍心坐視！」這話一傳十，十傳百，立時傳遍軍中，時第八師兩廣籍弟兄在半數以上，韓恢見弟兄們竊竊偶語，查知其詳，便同平常和海鳴接近的那些幹部同志商量，不如將錯就錯，來發動一下。遂率眾百餘人呼噪入督署，一路喊：「釋放胡漢民！」「大家來解救革命偉人！」把陳之驥嚇得跑了，大家擁海鳴出，稱代黃興為臨時總司令，韓恢副總司令。不久，袁軍馮國璋、張勳兩部，自浦口、揚州分道渡江，把南京團團圍住，雷震春諸將也各率各部，從長江順流而下。海鳴倉卒中偕同韓恢並其參謀伏龍三個人，編整所部抵拒敵軍於堯化門，前後凡二十餘日。那辮子軍既殘且暴，張勳又有「攻下南京，任憑自由三日」之言，一個個志在必得。何海鳴孤軍獨戰，補給又感無著，直至八月三十一日，事勢已無可為，海鳴於敵軍進城時，尚匿在草堆中，想乘機化裝脫逃，後因搜查甚緊，避入日本海軍陸戰隊成賢街之駐屯哨所，至九月十日，始化裝乘日輪東渡。他後來回憶道：「癸丑秋，九月一日，金陵城破，集敗軍戰

於雨花台，台陷，兵盡竄，炮彈如雨下，予憩於草地，倦極，歌聲乃作，同輩力止之，此情此景，使人不忘。」

他在日本還繼續從事反袁鬥爭，據說當時袁世凱曾懸賞十萬元購何海鳴之頭，袁世凱死後，何海鳴常以此自炫。他在《求幸福齋隨筆》中說：「流徙東瀛後，閒無一事，欲另編一項羽傳名曰《楚霸王》，以少參考書而罷。一日抑鬱甚，信口吟七律一，其詞曰：『人生如夢復如煙，明日白頭今少年。不向風塵磨劍戟，便當情海對嬋娟。英雄兒女堪千古，鬢影刀光共一天。沒個虞姬垓下在，項王佳話豈能傳？』」。

一九一五年三月，何海鳴以一介閒人身份由日本歸國回到上海。據高拜石說，在上海一段期間，海鳴和戴季陶最接近，時為黨人所營各報撰文。上海本是東南繁盛之區，聲色豪華，當時第一，開國英豪中自也有未能免俗，向此中寄情託興的。海鳴素以風流自賞，時尚未三十，且獨身，遂益無所忌憚，日久遂索性向娼門論起嫁娶了，但對季陶提起，諉說是同鄉世好，季陶信之不疑，並代為安排，約同志中眷屬作儐介。及期，海鳴所邀請來觀禮的，差不多都是北浙江路與蘇州河相近地區的所謂北里姊妹，戴先生初還不覺得，有某君者，本是「馬櫻花下常繫游驂」的翩翩年少，一見兩行紅粉，盡是老五老六小阿媛之輩，笑告戴氏，謂今日應稱「群芳大會」，戴大窘，責海鳴孟浪。海鳴大笑道：「一樣是天地生成就四肢七竅的人，何分貴賤？而且戚串中處境執業，安有盡皆相等者」？……兩人幾鬧不歡。

何海鳴自稱「予流落江湖二十年，惟妓中尚遇有好人」，因此當政治矛盾糾結難解時，「乃又復縱情北里上海一段期間」。他揚言「人生不能作拿破崙，便當作賈寶玉」。不過何海鳴對妓女還是有些同情的。早在一九一六年出版的《求幸福齋隨筆》中提出，「在世界上作人已是一件苦事，而作中國人更苦，中國人固然苦，而中國人中

之女子為妓女者乃苦益無可倫比。予每一涉足花叢，必聞見許多凄慘之事，掃興而退，遂以是為畏途。嗟乎！安得黃金千百萬，盡超脫千百萬可憐之女子出火坑哉！」他還憤怒駁斥了毫無人性的鴇母領家。照她們的說法「我之妓女因我之金錢所購來者，我為資本家而彼為勞動者，是當服從命令與人交接勿厭，以飽我囊橐」。他指責「斯言也違背人道極矣！以美國解放黑奴之例言之，文明國之人尚不以異種人為奴，而自國之人乃反以同胞為販賣品，此應受死刑者也。若言資本家與勞動者之地位，則資本家應保護勞動者，工作尚有時間，應接豈無限制？似彼鴇所為慘無人理，固法律所不能許者也」。

一九二一年底，何海鳴痛下決心，從此獻身說部，鬻文為生。他將一篇倡門短篇小說〈老琴師〉寄給周瘦鵑，並附了一封信說：「我有一肚子的小說，想要做，叫世人知道我不是沒心胸的。」〈老琴師〉在《半月》雜誌刊出後，「頗得閱者讚許，即新文學家亦有讚可者。我遂決心為小說家矣！」

一九二二年八月，何海鳴參加了有包天笑、周瘦鵑、許廑父、嚴獨鶴、李涵秋等二十人組成的小說家社團「青社」。據「青社」發起人嚴芙孫後來記述，何氏此番至上海，耽擱了二十餘天，「與上海各位作家，歡然握手，大家都是一見如故。只是海鳴的外貌，非常瘦弱，分明是書生本色，哪裡瞧得出他在當年曾經掮著槍桿兒上過疆場咧。」

一九二六年何海鳴的〈老琴師〉、〈倡門之母〉、〈倡門之子〉、〈從良的教訓〉、〈溫文派的嫖客〉等五篇小說收入周瘦鵑編輯出版的《倡門小說集》，何海鳴被人稱為「倡門小說家」。論者指出，〈老琴師〉和〈溫文派的嫖客〉都是倡門小說的上乘之作。學者范伯群認為〈老琴師〉「是一篇描寫真善美被毀滅的哀歌，是一篇金錢肆意殘害藝術的血淚控訴，也是一曲老琴師用生命去抗爭那些蔑視人的尊嚴的惡勢力的頌歌。作者是用一種激越沉痛

的聲音，用自己的愛憎去鐫刻的一篇力作。」〈溫文派的嫖客〉篇中文質彬彬的嫖客，不僅玩弄那妓女的肉體，還以玩弄妓女的真感情為快感，當她有了向上的心時卻無情地扼殺了她的希望。何海鳴指出，這些嫖客殘忍的程度較之流氓拆白黨尤甚，是最不人道的「心靈屠殺者」。《中國近現代通俗文學史》書中說，民國的倡門小說與清末的狹邪小說的不同就在於將歐風東漸中的人道主義精神融化到小說中去。她們不是什麼溢美或溢惡的對象，而是同情的對象。在何海鳴的倡門小說中，喊出了「妓女也是一個人」的呼聲，提出了「不能違犯人道，蔑視女子人格」，「還妓女以自由意志」的原則。

除短篇小說外，何海鳴還在《半月》雜誌連載他的長篇小說《十丈京塵》長達兩年之久。《十丈京塵》之後，又在一九二六年出版中篇小說《倡門紅淚》，由上海大東書局印行。

一九二七年春，孫傳芳以五省聯帥開府金陵，抗拒國民革命，聲言「討赤」，何海鳴受孫命，擔任宣傳事宜。之後，又投入張宗昌軍，自隳前途。一九二九年十月十五日出版的《上海畫報》有〈何海鳴潦倒瀋陽城〉的報導云：「求幸福齋主人何海鳴，固曾以文學鳴於時也，惜以潘馨航之介，而識張宗昌，而為宣傳部長……一朝墮落。宗昌失敗，何乃輾轉於青島、大連。馴至貲斧不給，袂被於遼寧日站富士町五番地福興和木器鋪之小樓。自撰小啟，求鬻文字，其啟曰：『浮沉人海，年將四十，鬻字賣文，原我故業。況今天下承平，四民各安其生，不才既別無所能，亦惟有以鬻文字終老矣。』語意力求委婉，其遇彌可哀已。」

一九三二年，他雖還在天津的《天風報》連載他的小說《此中人》與《青黃時代》，但讀者反映不佳，甚至有致函報社要求「腰斬」的。小說創作的失敗，使他少了一條謀生之路，使得他不得不鬻字為生。一九三二年五月，他的朋友為他登出一則消息：「衡陽何海鳴先生，文名震南北，書法蒼勁古樸，似不食人間煙火，先生

矗在南中,求書者踵接,雖有潤例,不過示限制也。近寓析津,知者多按舊力求書,右乃先生所寫《心經》立幅,係白宣畫朱絲欄寫《心經》全部,計二百六十字,並可題上款。有欲購求者,每紙十元(紙在內),如另書在泥金或紅色屏條,須加五元,又扇面寫此經,(金面不書)潤例六元,均五日取件。天津法租界三十一號路益安里十四號何寓。每日午後收件,先潤後書。」此時的何海鳴經濟上的拮据,可想而知了。

「九一八」事變時,中國民眾群情激憤,何海鳴在此後的一段時期,也曾連續發表了不少政論,反對日寇侵略,不料五年後,他竟出任天津《庸報》社論主筆兼文藝部長,成了附逆的文人。《庸報》原是董顯光和蔣光堂在一九二六年在天津創辦的報紙。該報很受知識份子的歡迎,在天津報界的地位僅次於《大公報》和《益世報》。日本侵略者為了達到製造反動輿論,破壞中國人民團結抗戰的目的,一九三五年由茂川特務機關指派臺灣籍特務李志堂出面,以五萬元秘密收買了《庸報》,李志堂任社長。從此《庸報》刊載的內容多為日本同盟社和日本報刊提供的稿件,其觀點完全站到了日本侵略者的立場上,《庸報》因此受到社會輿論的譴責。報社中原來留下的報人紛紛離去。此時賣文鬻字均告失敗,生活拮据又渴望過上「幸福」生活的何海鳴於是在李志堂的威脅利誘下,加入了這個漢奸報的班底。

倪斯靈的〈從辛亥功臣到附逆文人〉文中,說何海鳴「除與原《中美晚報》的岑某輪流撰寫每日社論外,還與其他漢奸文人組成隨軍記者團,配合日軍宣撫班下鄉進行宣傳,並參與組織了所謂『名流』赴日『觀光訪問』。在其一系列社論中,他不僅親筆寫文章,主張『大東亞共榮』、『中日親善』,而且還在一九三八年十月日寇侵佔漢口前,於報上懸賞徵求預測漢口陷落日期,藉以大肆宣染日軍的淫威。與此同時,作為文藝部長,他還將報紙副刊辦得像模像樣。在戰前以寫雜文、隨筆著稱的報人宮竹心,在天津淪

陷後，困頓風塵，生活無著。何海鳴見狀遂連矇帶騙，邀其為報紙寫小說連載。宮為生存，只得應允。一九三八年初，宮竹心便將自題為《豹爪青鋒》的長篇武俠小說第一章送到報社。何海鳴閱後認為書名純文學味太濃，大筆一揮，遂按書中主人公的綽號，易名為《十二金錢鏢》。宮竹心見狀，心中雖怒，但未敢言，歸家後大罵其無知、庸俗，並對家人言：『我不能丟姓宮的臉，寫《十二金錢鏢》的，姓白名羽，與我宮竹心無關。白羽就是一根輕輕的羽毛，隨風飄動。』這便是民國著名武俠小說家『白羽』之筆名及其成名作《十二金錢鏢》書名的來歷。此小說在何海鳴的策劃下，於一九三八年二月在《庸報》連載，旋即引起轟動。」

一九三八年，日寇為了加強對輿論的控制，在天津一面取消了《大公報》、《益世報》等半數以上報刊和所有私人通訊社，只保留《庸報》、《東亞晨報》、《新天津報》等幾家報刊；另一方面糾集剩餘各報負責人及編輯、記者，組織「天津新聞記者協會」，內定何海鳴為偽「記協」理事長。

一九四〇年日本在太平洋戰場上陷於不利地位，不得不壓縮後方的開支，集中力量支撐戰局。一九四四年採取了華北報紙統一管理的方案，在北京成立《華北新報》，其他城市成立分社。一九四四年四月《庸報》也被改名為《天津華北新報》。由於日方各派系之間的相互傾軋，何海鳴被日寇遺棄了。

不久，他遷居南京，深居簡出，閉門思過，在這一時期他寫了不少考據的長文，如〈猴兒年說猴〉、〈三六九說〉、〈神道之火與民生主義〉、〈中國鞠躬禮〉、〈中國的數字談〉等，他又恢復了賣文為生的生涯。他在一九四五年初，開始撰寫回憶錄《癸丑金陵戰事》，但未及完篇，於一九四五年三月八日在貧病交加中死去。他以辛亥革命的功臣，後來棄武從文，成為小說名家，但晚年卻投敵，成為附逆文人，旋又遭日寇遺棄，終至貧病而死。

從《禮拜六》
到「園藝專家」的周瘦鵑

民初報壇有「一鵑一鶴」之説，「一鵑」指吳門周瘦鵑，「一鶴」指桐鄉嚴獨鶴。周瘦鵑主持《申報》的《自由談》凡二十年，嚴獨鶴主持《新聞報》的《快活林》（後改名為《新園林》），時間更長。當時「自由之鵑」與「快活之鶴」各領風騷，並稱為一時瑜亮。

周瘦鵑（1895-1968）原名祖福，字國賢，蘇州吳縣人，出生於上海，父親是上海招商局的一名職員。六歲時父親因病去世，靠母親為人縫補維持家計。先後就讀於上海儲實兩等小學和老西門民立中學。一九一二年中學畢業前患病，毛髮脱光，得校長器重，留校任教，為初中英語教師，但他認為教書非其所長，一年後辭去教職。他在中學時代即開始從事寫作，最早的作品是發表於一九一一

青年時代的周瘦鵑

年六月出版的《婦女時報》創刊號的短篇小說〈落花怨〉，同年又用筆名「泣紅」，在商務印書館出版的《小說月報》上發表了話劇《愛之花》。之後，他開始用瘦鵑的筆名，先後翻譯了柯南道爾的小說《軍人之戀》，發表在《婦女時報》第七期上，這在中國是比較早的介紹柯南道爾的作品。他也曾翻譯介紹過馬克思論婦女的短文《婦女之原質》，刊登在《婦女時報》第八期上。

一九一四年六月六日，王鈍根創辦《禮拜六》，至一九一六年四月二十九日，滿一百期停刊。周瘦鵑為該周刊的台柱，創作、翻譯小說甚多。可說前百期的《禮拜六》培養周瘦鵑，也因此讓他走紅文壇；但相對的周瘦鵑也為前百期的《禮拜六》立下不少的汗馬功勞。他在《禮拜六》上，將托爾斯泰、大仲馬、狄更斯、莫泊桑等世界名作家的短篇小說，介紹給中國讀者。一九一七年他結集出版《歐美名家短篇小說叢刊》（其中包括高爾基作品中最早的中譯）。魯迅當時任教育部「通俗教育研究會」小說股主任，在與周作人合擬的評語，稱讚周瘦鵑的翻譯「所選亦多佳

《禮拜六》雜誌

作」，「用心頗為懇摯，不僅志在娛悅人之耳目，是為近來譯事之光。」「當此淫佚文字充塞坊肆時，得此一書，俾讀者知所謂哀情慘情外，尚有更純潔之作，則固亦昏夜之微光，雞群之鳴鶴矣。」並由教育部頒發獎狀。

自一九二〇年起，周瘦鵑任《申報》副刊《自由談》編輯，直到一九三二年底，由黎烈文接編。一九二一年三月十九日，停刊五年的《禮拜六》，復刊了，出到二百期（一九二三年二月十日）終刊。在前三十幾期，是由王鈍根和周瘦鵑合作編輯的。周瘦鵑晚年在〈閒話禮拜六〉文中曾追憶道：「我是編輯過《禮拜六》的，並經常創作小說和散文，也經常翻譯西方名家的短篇小說，在《禮拜六》上發表的。所以我年青時和《禮拜六》有血肉不可分開的關係，是個十十足足，不折不扣的《禮拜六》派。《禮拜六》是個周刊，由我和老友王鈍根分任編輯，規定每周六出版；因為美國有一本周刊，叫做《禮拜六》晚郵報，還是創刊於富蘭克林之手，歷史最長，銷數最廣，是歐美讀者最喜愛的讀物。所以我們的周刊，也就定名為《禮拜六》。民初刊物不多，《禮拜六》曾經風行一時，每逢禮拜六清早，發行《禮拜六》的中華圖書館門前，就有許多讀者在等候著；門一開，就爭先恐後地湧進去購買，這情況倒像清早爭買大餅油條一樣。」而對於當年「文學研究會」對《禮拜六》的攻擊，周瘦鵑在這篇文章中，是有所辯白的。他說：「現在讓我來說說當年《禮拜六》的內容，前後共出版二百期中所刊登的創作小說和雜文等等，大抵是暴露社會的黑暗，軍閥的橫暴，家庭的專制，婚姻的不自由等等，不一定都是些鴛鴦蝴蝶派的才子佳人小說，並且我還翻譯過許多西方名家的短篇小說，例如法國大作家巴比斯等的作品，都是很有價值的。其中一部份曾經收入我的《歐美名家短篇小說叢刻》，意外地獲得了魯迅先生的贊許。總之《禮拜六》雖不曾高談革命，但也並沒有把誨淫誨盜的作品來毒害讀者。

至於鴛鴦蝴蝶派和寫四六句的駢儷文章的，那是以《玉梨魂》出名的徐枕亞一派；《禮拜六》派倒是寫不來的。當然，在二百期《禮拜六》中，未始捉不出幾對鴛鴦、幾隻蝴蝶來，但還不至於滿天亂飛，遍地皆是吧？當年的《禮拜六》作者包括我在內，有一個莫大的弱點，就是對於舊社會各方面的黑暗，只如暴露，而不知鬥爭，只有叫喊，而沒有行動譬如一個醫生，只會開脈案而不會開藥方一樣，所以在文藝領城中，就得不到較高的評價了。」據學者范伯群的統計，在二百期的《禮拜六》中，周瘦鵑供稿一四七期，共發表各類文章一五二篇，極大多數是短篇小說，其中創作八十三篇，翻譯六十九篇。不可謂不多矣。

一九二一年九月，周瘦鵑主編《半月》雜誌，整整四年，九十六期。一九二二年六月，他還創辦個人的小雜誌（六十四開本）《紫蘭花片》，從頭到尾都是他一個人的作品，共出二十四期，為時兩年。一九二三年周瘦鵑編《新小說叢書》、《偵探小叢書》、《名家短篇小說集》、《紫羅蘭庵小叢書》、《紫蘭集》等，均由大東書局出版。一九二五年畢倚虹創辦《上海畫報》，到七十期，畢倚虹患病休養，由周瘦鵑接編。出到一二〇期時，畢倚虹亡故，周瘦鵑出《畢倚虹追悼號》。一九二五年九月，周瘦鵑編《紫葡萄畫報》，共出十七期。同年十二月改《半月》為《紫羅蘭》，他説：「《半月》結束，《紫羅蘭》繼起，頗思別出機杼，與讀者相見。版式改為二十開，為他雜誌所未有。排法亦力求新穎美觀，隨時插入圖案畫與仕女畫，此係效法歐美雜誌，中國雜誌中未之見也。以卷首銅圖地位，改為《紫羅蘭》畫報，以作中堅。圖畫與文字並重，以期盡美，此亦從來雜誌中所未有之偉舉，度亦為讀者所歡迎乎！」《紫羅蘭》一直辦到一九三〇年六月結束，整整四年九十六期。一九四三年四月周瘦鵑又復刊《紫羅蘭》，共出十八期，至一九四五年三月結束。張愛玲的〈沉香屑：第一爐香〉

和〈沉香屑：第二爐香〉便是發表在復刊的《紫羅蘭》的第二期及第三期的。

　　一九三一年，周瘦鵑遷居蘇州，在王長河頭闢「紫蘭小築」，人稱「周家花園」。一九三二年十二月一日，黎烈文接編《申報》副刊《自由談》。陳彬龢在〈我和《申報》〉文中提到他革新《申報》副刊的經過，他說：「我又於副刊方面著手改進，作全面的革新。副刊在上海的渾名叫『報屁股』，似為人所輕視，其實它的分量絕不在社論之下，讀報的人儘有不讀社論而專在副刊著眼的，就教育意義而言，關係極大。《申報》副刊『自由談』，沿襲舊制，滿幅盡是遊戲文章。天地之大，似除風花雪月外，無一可談，陳舊尚為餘事，最要不得的如張資平所寫的三角戀愛連載小說，浪漫頹廢，尤足使讀者迷惘。因此我寧冒不韙，先將張資平的小說，予以『腰斬』。此時，黎烈文先生適從法國回到上海。他在法國專攻文學，與史先生又有世誼，由史先生提出由黎烈文接替周瘦鵑先生，論人論事，確屬佳選。……黎烈文主編『自由談』後，史先生在商言商，為

紫羅蘭創刊

節省開支，擬將周瘦鵑先生辭退，但我不同意。這因遊戲文章雖不合時宜，而在當年則有助於《申報》的銷路推展，在人情上不應得魚忘筌。重以新舊交替之間，老一輩猶迷戀於舊文學，俳體諧文，看來津津有味，為了銷路，亦應投其所好，攬住這些老讀者。因此商定另闢一欄，題名『春秋』，請周瘦鵑先生主編，公私兼顧。」周瘦鵑因此往來於蘇州與上海之間，繼續負責《申報》的《春秋》副刊。直到太平洋戰爭爆發，日軍佔領租界，周瘦鵑辭去《申報》副刊編務，回到蘇州家中。

也是小報文人的陳蝶衣說：「民國二十二年（1933年），我在上海創辦《明星日報》，有一個長篇連載章回小說，篇名《沉醉東風》，採取集錦方式，每一回請一位名作家擔任執筆名義，以資號召，而實際上則由我的鄉先輩漱六山房主人張春帆先生（《九尾龜》小說作者）一手包辦。第一回由嚴獨鶴先生出面，第二回輪到周瘦鵑先生，其時瘦鵑先生已退居吳門，過著隱士生活，我便帶著張春帆先生捉刀的《沉醉東風》第二回原稿，乘著火車作了一次蘇州之行，親訪先生於『紫蘭小築』。『紫蘭小築』門上四字榜書，集的是北宋詩人黃庭堅之字，木刻陰文，髹以綠漆。有女傭應門，我道達來意後立即延我進入客廳，然後瘦鵑先生出見，歡然把晤之下我說出了專程拜謁的原因，並呈上了小說原稿，請先生過目。先生認得出春帆先輩的字跡，連聲道好，約略看了一遍，隨即把筆署名，表示允准，接著便引導我參觀園中花木，一一為我指點解釋。首先映入我眼簾的，自然是列於廳外階前的紫羅蘭盆栽，不下十餘盆之多，這是『紫蘭小築』的主花，而我也恰有紫色之癖好，自不免要多看幾眼。所以我在懷周瘦鵑先生詩中，有『籠階豔說苦情花』一語。紫羅蘭是維納斯女神眼淚滴下之處所茁長，曾見先生撰文自述，故以『苦情花』為言也。」

晚年周瘦鵑在〈一生低首紫羅蘭〉文中說：「我之與紫羅蘭，不用諱言，自有一段影事，刻骨傾心，達四十餘年之久，還是忘不

了；因為伊人的西名是紫羅蘭，我就把紫羅蘭作為伊人的象徵，於是我往年所編的雜誌，就定名為《紫羅蘭》、《紫蘭花片》，我的小品集定名為《紫蘭芽》、《紫蘭小譜》，我的蘇州園居定名為『紫蘭小築』，我的書室定名為『紫羅蘭盦』，更在園子的一角疊石為臺，定名為『紫蘭臺』，每當春秋佳日紫羅蘭開放時，我往往痴坐花前，細細領略它的色香；而四十年來牢嵌在心頭眼底的那個亭亭倩影，彷彿就會從花叢中冉冉地湧現出來，給予我以無窮的安慰。……」。

陳蝶衣又說：「除了紫羅蘭『主花』之外，瘦鵑先生與林和靖同有愛梅之癖，園中所見，有『梅丘』又有『梅屋』，種有梅樹甚多，並且種類不一，而先生最寶愛的則是盆栽的『義士梅』。……我拜訪瘦鵑先生是抗戰以前的事，這株『義士梅』尚未歸屬紫羅蘭盦。」

周瘦鵑在〈記義士梅〉文中曾記述得此梅的經過，花了十年的工夫，他說：「……有一天見護龍街的自在廬骨董舖中，陳列著好幾盆老梅，內中有一株，鐵幹虬枝，更見蒼古，似是百年以外物，那時正開著一朵朵單瓣的白梅花，很饒畫意。我一見傾心，亟欲據為己有；誰知一問代價，竟在百金以上，心想平日賣文為活，哪有閒錢買這不急之物，只得知難而退。後來結識了主人趙培德，相見恨晚，常去觀賞骨董，說古論今；有一次偶然談及那株老梅，據說是從山塘五人墓畔得來，培養已好幾年，好似義士們的英魂憑依其上，老而彌健。他見我對於這老梅關注有加，願意割愛相贈。我因趙君和我一樣有和靖之癖，不願奪人所好，因此婉言辭謝。過了兩年，趙君去世，而老梅卻矯健如常，由一位花丁周耕受培養著，每逢梅花時節，我還是要去觀賞一下。不料『八一三』日寇陷蘇，周的園圃遭劫，他也鬱鬱而死；這老梅輾轉落入上海花販陳某之手；那年年終，和其他盆梅陳列在南京路慈淑大樓之下，將待善價而

沽。我得了消息，忙去問價，竟要索一百二十金，這時我恰好給人做了一篇壽序，得潤筆百金，就加上了二十金，把它買了回來。十年心賞之物，終歸我有，有如藏嬌金屋，歡喜無量。」

一九四六年起，周瘦鵑再度隱居蘇州，閉門研究盆景。他藝花之勤，時時見之於吟詠，例如：

「不事公卿不辱身，翛然物外葆天真；
　　長年甘作花奴隸，先為梅花忙一春。」

「或像螭蟠或虎蹲，陸離光怪古梅根；
　　華堂經月尊彝供，返璞還真老瓦盆。」

「刪卻枝條隨換土，瓦盆培養莫相輕。
　　殘英霑袖餘香在，似有依依惜別情。」

「養花辛苦有誰知，雨雨風風要護持；
　　但願來春春意足，瑤花重見綴瓊枝。」

這四首七絕，概括他惜花的心事。

一九四九年後，周瘦鵑留居吳門，初時頗受各方面的尊重。陳毅、周恩來、葉劍英等都前去拜訪。他的「園藝」生涯，被視為「勞動」榜樣，於是他在蒔花種竹之餘暇，抽毫騁思，先後發表有關花草園藝、遊記的散文集《行雲集》、《花花草草》、《花前瑣記》、《花前續記》等。據他在《花前瑣記》一書中透露，他在一九五〇至一九五四年之間，曾先後參加過在蘇州青年會、拙政園、怡園、文化宮等處舉行的許多次園藝展覽會，因而博得了「園藝專家」的榮譽。甚至還有不少國際友人，每當去往蘇州遊覽之

時，也會慕名登門，以一睹周瘦鵑的園藝成就為快。

　　一九六五年一月，周瘦鵑應老友花王周之請，為他的《花樹情趣》一書寫了篇序文——〈寫在《花樹情趣》前頭〉，這篇從蘇州寄到香港的文章，成了周瘦鵑的絕筆。原稿後來由花王周送給陳蝶衣，是周瘦鵑集子失收的佚文，今特轉錄如下：

生平愛好花樹，足足有四十年的歷史，簡直已成了痼癖，戒除不掉；因此四十年來，除了結習難忘，有時仍要弄弄筆頭外，幾乎把下半生的時間和心力，全都消耗在栽花種樹這個玩意兒上了。為了愛好花樹，也就愛讀有關花樹的文章，覺得和觀賞奇花嘉樹一樣的津津有味。前年偶然在港報上讀到一篇〈花樹情趣〉的小品文，作者署名「花王周」，很為別緻，我想起了天津的泥人張和北京的烤肉李，就斷定這位朋友跟我倒是五百年前共一家，同樣姓周，而也跟我同樣是愛花的。但他自稱為王，未免狂

周瘦鵑與盆景

了一些，像我這麼愛花栽花四十年，自以為是花的奴隸，只敢稱為花奴罷了。後來忽從一位廣東朋友口中得知：花王實在並不是王，在廣東是通稱花工為花王的。但我仍然不知這位愛花的姓周朋友畢竟是誰，好生納悶。有一次忽有一位旅港的老友，從報上剪下了花王周《花樹情趣》的另一篇大作〈周瘦鵑的四盆寶樹〉寄給我；讀了之後，我纔恍然大悟，原來這位花王周，就是三十餘年前在上海跌宕歌臺舞榭間的那位老朋友，真的是久違久違了。他的這篇文章中，提起我當年培植的四盆老樹椿，說是可與蘇州光福鎮司徒廟的清、奇、古、怪四老柏相媲美；他還在惦起著這四個樹椿是否健在，老實說：我早已記不起來了。現在我的小園地上，卻另有四株盆栽的老柏，也就稱之為清、奇、古、怪，雖是具體而微的冒牌貨，而蒼翠古樸，倒還楚楚可觀；可惜這位老朋友漂泊海外，我可沒法兒讓他欣賞一下啊！

說也奇怪，三十年不見一面，三十年不通一信，而在一九六四年最後的半個月裡，不知是甚麼好風兒，突然吹來了一封信，而我又恰恰不在家，到得一九六五年一月七日回到蘇州纔讀到這一封突如其來的信，一時喜出望外，真的如見故人顏色。他除了略述別後情況外，就是報導他的《花樹情趣》已編成專集，準備出版了，要我給他寫一篇序，為他張目。我因為先前只讀過了一二篇，有如雲煙過眼，覺得沒有多少話好說：一連挨呀挨呀的挨了好多天，還是下不了筆，交不了卷。最後怕他望穿了眼，要打起一口南京白來罵山門，只得拉拉扯扯地寫了這麼一篇東西，就濫竽充數，作為序文吧。我回想這位老朋友本來是富於情趣的，三十餘年前的聲音笑貌，歷歷如在目前。他現在雖已老了，料想情趣

還是不減當年；而他那枝生花妙筆寫出來的這本《花樹情趣》，也一定是情趣盎然，使人不厭百回讀的。

一九六五年一月，周瘦鵑寫於紫羅蘭盦第一枝開放的紅梅花畔。

遺憾的是，周瘦鵑筆下的美滿生活，為時十分短暫，不旋踵間，「紅衛兵」之亂即起，周瘦鵑苦心孤詣培植成功的許多盆景，在昔名之曰「園藝」，此際忽然變為「資產階級的玩意」，而不再是「勞動的果實」。在「紅衛兵」的造反口號之下，不僅園中的花木盡遭摧殘，連帶紫羅蘭盦的歷年藏書，以及文玩書畫之類，也全都焚燬砸爛，蕩為劫灰。至於周瘦鵑命脈所繫、最為心愛的紫羅蘭花，自然也同罹浩劫，無一倖免。殫數十年精力培養孕育的名卉珍木，轉瞬之間化為烏有還不算，甚至一本國際友人到來參觀的《嘉賓題名錄》，也被指為罪證，因而遭遇了殘酷的清算。

在一九六八年八月十二日那個悶熱得透不過氣來的深夜，周瘦鵑不堪再忍受無止盡的凌辱與摧殘，他在花園中徘徊半夜之後，摸到了花園中央那口無沿井的旁邊。他沿井坐下，兩腳懸入井內，他百感千迴地坐了好久，末了，他雙手將身體撐起，向前挪動，眼一閉，手一鬆……他投井身亡，做了懷沙自沉的現代屈大夫。「花落人亡兩不知」，愛花成痴的周瘦鵑，終於與花同殉了，年七十四歲。在香港的陳蝶衣聞知周瘦鵑的死訊，寫下〈悼周瘦鵑前輩〉的中說：「偶因邀約醉東風，旨奧知猶究未窮。只道言行尤悔寡，豈應酷恨茹銜同。迳凶直是逢簽爪，納訟何嘗見咄箝。料也曾拼啼血盡，籠階滴遍紫蘭叢。」

周瘦鵑・張愛玲・紫羅蘭

張愛玲的《小團圓》中，有寫到「湯孤鶩」這個人，明眼人會猜得到他是周瘦鵑。一九四三年春，年僅二十三歲的張愛玲，攜帶〈沉香屑：第一爐香〉和〈沉香屑：第二爐香〉的稿件和母親遠房親戚園藝家黃岳淵的信去拜訪周瘦鵑。而這次的相會，由於周瘦鵑的識珠，造就了現代文學的一顆巨星的冉冉升起。

我們先看周瘦鵑對此次見面的描述：「一個春寒料峭的上午，我正懶洋洋地困在紫羅蘭庵裏，不想出門，眼望著案頭宣德爐中燒著的一枝紫羅蘭香裊起的一縷青煙在出神。我的小女兒瑛忽然急匆匆地趕上樓來，拿一個挺大的信封遞給我，說有一位張女士來訪問。我拆開信一瞧，原來是黃園主人岳淵老人（闢園於滬西高安路，著有《花經》一書行世）介紹

周瘦鵑

一位女作家張愛玲女士來，要和我談談小說的事。我忙不迭的趕下樓去，卻見客座中站起一位穿著鵝黃緞半臂的長身玉立的小姐來向我鞠躬，我答過了禮，招呼她坐下。接談之後，才知道這位張女士生在北平，長在上海，前年在香港大學讀書，再過一年就可畢業，卻不料戰事發生，就輾轉回到上海，和她的姑母住在一座西式的公寓中，從事於賣文生活，而且賣的還是西文，給英文《泰晤士報》寫劇評影評，又替德人所辦的英文雜誌《二十世紀》寫文章。至於中文的作品，除了以前給《西風》雜誌寫過一篇〈天才夢〉後，沒有動過筆，最近卻做了兩個中篇小說，演述兩件香港的故事，要我給她看行不行，說著，就把一個紙包打開來，將兩本稿簿捧了給我，我一看標題叫做〈沉香屑〉，第一篇標明「第一爐香」，第二篇標明「第二爐香」，就這麼一看，我已覺得它很別致，很有意味了。當下我就請她把這稿本留在我這裏，容細細拜讀。隨又和她談起《紫羅蘭》復活的事，她聽了很興奮，據說她的母親如她的姑母都是我十多年前《半月》、《紫羅蘭》和《紫蘭花片》的讀者，她母親正留法學畫歸國，讀了我的哀情小說，落過不少眼淚，曾寫信勸我不要再寫，可惜這一回事，我已記不得了。我們長談了一點多鐘，方始作別。當夜我就在燈下讀起她的〈沉香屑〉來，一壁讀、一壁擊節，覺得它的風格很像英國某名作家的作品，而又受一些《紅樓夢》的影響，不管別人讀了以為如何，而我卻是深喜之的了。一星期後，張女士來問我讀後的意見，我把這些話向她一說，她表示心悅神服，因為她正是該作家作品的愛好者，而《紅樓夢》也是她所喜讀的。我問她願不願將〈沉香屑〉發表在《紫羅蘭》裏？她一口應允，我便約定在《紫羅蘭》創刊號出版之後，拿了樣本去瞧她，她稱謝而去。當晚她又趕來，熱忱地預約我們夫婦倆屆時同去參與她的一個小小茶會。《紫羅蘭》出版的那天，鳳君（案：瘦鵑夫人，胡姓）因家中有事，不能分身，我便如約帶了樣

本獨自到那公寓去，乘了電梯直上六樓，由張女士招待到一間潔而且精的小客室裏，見過了她的姑母，又指著兩張照片中一位太太給我介紹，説這就是她的母親，一向住在新加坡，前年十二月八日以後，杳無消息，最近有人傳言，説已到印度去了。這一個茶會，並無別客，只有她們姑侄倆和我一人，茶是牛酪紅茶，點心是甜鹹俱備的西點，十分精美，連茶杯與碟箸也都是十分精美的。我們三人談了許多文藝和園藝上的話，張女士又拿出一份在《二十世紀》雜誌中所寫的一篇文章〈中國的生活與服裝〉來送給我，所有婦女新舊服裝的插圖，也都是她自己畫的。我約略一讀，就覺得她英文的高明，而畫筆也十分生動，不由不深深地佩服她的天才。」

我們再看三十多年後，張愛玲在《小團圓》一書中回憶當時的場景：

> 有個二〇年間走紅的文人湯孤鶩又出來辦雜誌，九莉去投稿。楚娣稍稍的笑道：「二嬸那時候想逃婚，寫信給湯孤鶩。」
>
> 「後來怎麼樣？」九莉忍不住問。「見了面沒有？」
>
> 「沒見面。不知道有沒有回信，不記得了。」又道：「湯孤鶩倒是很清秀的，我看見過照片。後來結了婚，把他太太也捧得不得了，作的詩講他們『除卻離家總並頭』，我們都笑死了。」
>
> 那時侯常有人化名某某女士投稿。九莉猜想湯孤鶩收到信一定是當作無聊的讀者冒充女性，甚至於是同人跟他開玩笑，所以沒回信。
>
> 湯孤鶩來信説稿子採用了，楚娣便笑道：「幾時請他來吃茶。」

九莉覺得不必了，但是楚娣似乎對湯孤鶩有點好奇，她不便反對，只得寫了張便條去，他隨即打電話來約定時間來吃茶點。

湯孤鶩大概還像他當年，瘦長，穿長袍，清瘦的臉，不過頭禿了，戴著個薄黑殼子假髮。

他當然意會到請客是要他捧場，他又並不激賞她的文字。因此大家都沒多少話說。

九莉解釋她母親不在上海，便用下頦略指了指牆上掛的一張大照片，笑道：「這是我母親。」

橢圓彫花金邊鏡框裏，蕊秋頭髮已經燙了，但還是民初的前劉海，蓬蓬鬆鬆直罩到眉毛上。湯孤鶩注視了一下，顯然印象很深。那是他的時代。

「哦，這是老太太，」他說。

九莉覺得請他來不但是多餘的，地方也太偏仄，分明是個臥室，就這麼一間房，又不大。一張小圓桌上擠滿了茶具，三人幾乎促膝圍坐，不大像樣。

藏書家謝其章在文章中説：「《小團圓》真實的成分遠遠多於虛構，某些細節對不上，想來也是張愛玲的誤記（或存心誤記），畢竟隔了三十多年，她在美國一個人寫回憶，誰也幫不上她。」謝其章就指出像周瘦鵑這些事是既對得上人也對得上事還對得上細節的。謝其章説：「張愛玲看人準，落筆就準。」又説：「張愛玲但凡對某人沒好感，這個人的容貌便先遭殃，挖苦是免不了的，既使周瘦鵑前輩亦未能倖免。《小團圓》寫到周瘦鵑不足五百字，其中還夾有這樣的話：『湯孤鶩大概還像他當年，瘦長，穿長袍，清瘦的臉，不過頭禿了，戴著個薄黑殼子假髮。』當著禿子不説光，這起碼的人情，張愛玲亦不領，還不必説周瘦鵑是最早稱讚她的編

輯。……『他又並不激賞她的文字』，這也許就是張只給了《紫羅蘭》雜誌一部稿子的緣故，張愛玲是敏感的。」

張愛玲是敏感的，沒錯。但她後來在《小團圓》中說周瘦鵑「又並不激賞她的文字」，則有失公道的。這其中是另有隱情的，據王羽在她的《張愛玲傳》中認為，周瘦鵑在續登〈沉香屑：第二爐香〉時，初登文壇又才情噴湧的張愛玲，曾要求周瘦鵑在一期把該小說刊完，而周瘦鵑卻捨不得一次刊畢，以致雙方產生芥蒂，年輕氣盛的張愛玲從此不再為《紫羅蘭》撰稿了，而找到了柯靈接編的《萬象》雜誌了。周瘦鵑在一九四三年八月十日出版的《紫羅蘭》第五期〈寫在《紫羅蘭》前頭〉中說：「張愛玲女士的〈沉香屑〉第一爐香已燒完了，得到了讀者很多的好評。本期又燒上了第二爐香，寫香港一位英國籍的大學教授，因娶了一個不解性教育的年青妻子而演出的一段悲哀故事，敘述與描寫的技巧，仍保持她的獨特的風格。張女士因為要出單行本，本來要求我一期登完的；可是篇幅實在太長了，不能如命，抱歉得很！但這第二爐香燒完之後，可沒有第三爐香了；我真有些捨不得一次燒完它，何妨留一半兒下來，讓那沉香屑慢慢的化為灰燼，讓大家慢慢的多

紫羅蘭

領略些幽香呢。」是可得到證明的。周瘦鵑是太喜歡張愛玲的文字的，兩爐香共分五期刊登，做為主編的他是有些商業考量的，但與當時「成名要早」的張愛玲想每篇一次刊完，是立場不一的。

　　關於周瘦鵑，名作家陳定山在《春申舊聞》中還這麼説道：「周瘦鵑少時，美丰儀，與畫師丁悚、汪亞塵，同有璧人之目。瘦鵑幼攖奇疾，迨癒，而鬚眉盡脱，深以為恨。時尚無生毛劑，乃剪烏金紙貼兩眉，終年不去冠，立而望之，固仍偏偏美少，而學校頑生則私諡之曰：『無眉美男子』。時方執教於民立中學；民立女中（案：當為務本女學）與校密邇，瘦鵑上課時每過女校，輒與一女生遇，向之嫣然。其笑，蓋知瘦鵑為無眉美男子，而鵑以為鍾情。於是風雨無阻，必凌晨而起，先至女校門立。此女入校，見其癡態，則彼一笑，鵑因其傾倒，私諡之曰Violet（紫羅蘭）；而不知娟娟此女，亦方諡以Mr. Eye-browless（無眉人）以為同學笑樂也。」

　　而晚年周瘦鵑在〈一生低首紫羅蘭〉文中説：「我之與紫羅蘭，不用諱言，自有一段影事，刻骨傾心，達四十餘年之久，還是忘不了；因為伊人的西名是紫羅蘭，我就把紫羅蘭作為伊人的象徵，於是我往年所編的雜誌，就定名為《紫羅蘭》、《紫蘭花片》，我的小品集定名為《紫蘭芽》、《紫蘭小譜》，我的蘇州園居定名為『紫蘭小築』，我的書室定名為『紫羅蘭盦』，更在園子的一角疊石為臺，定名為『紫蘭臺』，每當春秋佳日紫羅蘭開放時，我往往痴坐花前，細細鎮略它的色香；而四十年來牢嵌在心頭眼底的那個亭亭倩影，彷彿就會從花叢中冉冉地湧現出來，給予我以無窮的安慰。……」。

　　周瘦鵑文中所説的「一段影事」，是指當年他的初戀，而他所説的「那個亭亭倩影」就是當年務本女學的學生周吟萍。據鄭逸梅説：「某次，務本女學開校慶會，演新劇，吟萍任劇中主角，粉黛飾容，羅綺彰體，演來纖細入扣，婉轉動人。這時，瘦鵑亦在座，這一下，給了他更深的印象。有時相遇於途，覺得羞於啟齒，默默

無言，他忽地發了狠，試投一信，表達衷情，過了三天，吟萍居然覆了一簡，許締交誼。她有一西名Violet，作書署名VT，作為隱諱。書簡往還了數次，她把校中所作文課〈探梅賦〉一篇寄給瘦鵑閱看。瘦鵑一讀之餘，尤為傾倒。從此通翰頻頻，涉及婚姻問題。不料吟萍父母，認為瘦鵑是個窮書生，堅決反對。後被其父母強迫許配一富家子某，某不學無術，精神不很正常，瘦鵑也相識的。吟萍固一弱女子，在封建家庭壓迫之下，沒法抗拒，只得暗中飲泣。當吟萍和某結婚，瘦鵑還去吃喜酒，隨著賀客參觀洞房，見吟萍低鬟默坐，手撫其所御的淺色絲手套，原來這副手套，便是瘦鵑往日贈送她的，無非脈脈示意罷了。」

周瘦鵑與名畫家丁悚（右）

紫蘭花片

對於這段纏綿悱惻的戀情，當然還有後續，一九四三年周瘦鵑在《紫羅蘭》雜誌上，發表了近百首的〈記得詞〉，在每首詩後都有註解，從這些註釋中，我們可得知這段戀情發展的梗概：

在吟萍嫁給富家子的一年間，她還守身如玉，希望以後慢慢在作道理。而此時周瘦鵑的母親見他鬱鬱不

歡，於是命他別娶胡鳳君，當結婚之日，吟萍亦來觀禮，眉黛間有楚苦色。周瘦鵑說：「翌日，忽以書來，謂昨宵觀黛玉葬花於某劇院，心緒惡劣，為林顰卿一掬同情之淚云云。微旨所在，自不難探索而得，顧予惟有引疚，無以為慰。」兩年後，吟萍懷有身孕了，她給周瘦鵑來了一信說：「我雖守過了一年，而你已與人結婚了，這也不能怪你，我深悔不曾向你有所表示，這都是我不肯多說話的害處。總之，這樣一來，我很灰心，以為你是沒有真情的人，（現在我已不是這樣想了），心中一懈，就此前功盡棄，這便是我作為今生和你無緣的證據了。」後來吟萍因不願與富家子同居，毅然到南京去謀職。抗戰軍興，秦淮河畔，風鶴頻驚，婦孺紛紛避難，但吟萍並沒有離其職守，周瘦鵑雖寫信勸其回到上海，她還是沒有接受。不久，周瘦鵑舉家逃難到南潯，又寫信要她到南潯避難，但吟萍回信堅持如故。周瘦鵑說：「予雖惶急萬狀，亦無如之何。後此音問遂絕，徒縈夢想，翹首雲天，為之迴腸九轉矣。」後來南潯又告急，周瘦鵑買舟赴杭，輾轉至皖黟之南屏村，等到三個月過後，上海趨於平定，周瘦鵑回到上海，就去拜訪吟萍的母親，探問她的消息，才得知她由南京到了漢口，再由漢口到了四川，煢煢弱質，萬里投荒。而不久周瘦鵑得到她的來函，除了縷述其歷劫遠行之經過，最後還說蓬泊萍飄，歸來不之何日，今生未了之緣，惟有期之來世云云，周瘦鵑覺得「語多哀怨，令人不忍卒讀。」後來吟萍因有「失怙之痛」，才匆匆歸來，但已不及見老父一面，她為之一慟幾絕，周瘦鵑說：「雖麻衣如雪，脂粉不施，仍不能掩其瓊花璧月之姿也。」

又周吟萍有個女兒，長得姿致清揚，像極了妙齡時的她。周瘦鵑一直想讓吟萍的女兒許配給他的兒子周錚，彼此聯姻，結為親家。吟萍亦欣然允諾，只是周瘦鵑多所顧忌，一再因循，迄未成為事實。有一天，他邂逅吟萍之女於街頭，看到她已有男朋友偕行，

於是向平之願又成畫餅，徒呼負負。後來周錚娶了在戲曲評論界和演藝圈都十分活躍的梅花館主鄭子褒的女兒鄭玉帶。

周瘦鵑之妻胡鳳君，固屬賢妻良母，後因積勞成疾，不治而逝世。周瘦鵑營奠營齋，神傷逾恒，曾寫下了不少詩篇，以記永矢弗諼的伉儷之情。周瘦鵑中年喪偶，而周吟萍亦已守寡，這時周瘦鵑頗有與之結合之意，奈何吟萍卻以年華遲暮，不欲重墮綺障。周瘦鵑鰥目不暝者若干年，方始由媒妁之介，覓得了另一位齊心耦意的伴侶俞文英女士，因而膠弦重續，締結良緣。

三〇年代周瘦鵑還特地將名作家張恨水請到「紫蘭小築」，取出他與周吟萍所有的信件，詳細介紹自己的戀愛經過，請張恨水以此為原型創作一部小說，這就是後來張恨水發表在《申報》上的《換巢鸞鳳》。而當周瘦鵑在編輯《紫蘭花片》時，他擷錄前人詞中有銀屏二字者，闢《銀屏詞》一欄，連續刊載，無非把「銀屏」諧聲「吟萍」，以示不忘。

周瘦鵑〈記得詞〉其中有一首云：「王生祇合為情死，痛哭瑯瑯未

周瘦鵑晚年與夫人俞文英

算癡。記得平生多涕淚，篋中盡是斷腸詞。」他自注曰；「綜三十餘年所作抒情之説部、散文及詩詞等，十之七八均為彼一人而作，雕肝鏤心，不以為苦，徒以恬管難張，哀絃不輟，偶檢篋衍中舊稿讀之，殆一一皆斷腸文字也。」和周瘦鵑極為稔熟的鄭逸梅説：「他的左手第四指上，經常戴著一金戒指，上面鐫著西文Love，即吟萍給他的紀念物。瘦鵑又積存吟萍寄給他的書札，凡數百通，裏以羅帕，裝入錦匣，經戰亂隨身攜帶，幸無損失，直至十年浩劫，付諸蕩然，瘦鵑也含冤而死了。」

　　陳定山（小蝶）曾説：「瘦鵑多情人也，平生所為文，言情之作居十九，然多哀艷不可卒讀……辭旨頑艷，花月為愁，益覺令人於邑不歡，為贅小詩以歸之。」有詩云：「彌天際地只情字，如此鍾情世所稀。我怪周郎一枝筆，如何只會寫相思。」又云：「細寫柔情淚未乾，滴來紙上太心酸，鮫綃搵後還重搵，啼殺紅鵑夜欲闌。」是的，他「一生低首紫羅蘭」，奈何「記得雲英終嫁去，鸞情鳳想盡成虛。」然而戀情的不遂，卻造就了他「哀情聖手」的纍纍果實。此幸歟？亦乎不幸歟？

「夜上海」的作詞者范煙橋

夜上海　夜上海　你是個不夜城

華燈起　車聲響　歌舞昇平

只見她笑臉迎　誰知她內心苦悶

夜生活都為了衣食住行

酒不醉人人自醉

胡天胡地蹉跎了青春

曉色朦朧　倦眼惺忪

大家歸去　心靈兒隨著轉動的車輪

換一換新天地　別有一個新環境

回味著夜生活　如夢初醒

「金嗓子」周璇運腔使調，透過天籟般的聲音，將燈紅酒綠的都市風光，香醇濃郁的海派風情，唱成了永恆。〈夜上海〉這首歌在一九四七年六月號的《青春電影》上這麼記載：「茲據百代唱片公司的負責人某君談起唱片的銷路，也說逢到外地來購買唱片時，他們都異口同聲指定要周璇

范煙橋

灌唱的影片《長相思》中的〈夜上海〉、〈黃葉舞秋風〉等片，銷路之暢，突破以前各片記錄。就是舊的，也是她占最大多數，單單她的版權收入，一年也要近兩千萬之數。」「歌仙」陳歌辛作曲，范煙橋作詞的〈夜上海〉，寫出大上海的紅粉流鶯，被周璇輕輕淺淺的唱了個完滿，任以後多少人翻唱都唱不出那種涼而不悲乍喜還憂的韻味兒。范煙橋的詞，寥寥幾筆就是一幅前緣後果的畫卷，它正顯示出范煙橋的才華橫溢。他雖是中國的舊式文人，但卻是樂於接受新鮮事物的作家。在文史研究與小說、電影、彈詞、詩歌、作詞、猜謎等雅俗新舊文學領域多有建樹。筆者根據吳江市文學協會理事徐宏慧提供的生平，參考鄭逸梅及其他資料，梳理出他跌宕起伏的一生。

范煙橋（1894-1967），名鏞，字味韶，別署含涼生、鷗夷、萬年橋、西灶、喬木、愁城俠客等。因敬慕南宋詞人姜夔，取其詩句「回首煙波第四橋」（〈過垂虹〉）中的「煙」、「橋」兩字，合而為號。一八九四年七月三日，范煙橋出生於吳江同里的一個書香門第。其父親范葵忱為江南鄉試舉人。在其年幼時，囑其讀經書，但范煙橋不喜經文，卻愛讀母親嚴雲珍所藏的彈詞和小說。

一九〇七年，十四歲的范煙橋就讀於同川公學，成為金松岑的學生之一。金松岑是清末四大譴責小說之一《孽海花》前六章的作者，後來他的學生曾樸，接過老師無心寫下去的小說，而暴享大名。金松岑除教古典文學外，也講解梁啟超翻譯的《十五小豪傑》、包天笑翻譯的《馨兒就學記》。范煙橋說：「因授課甚嚴，常須勤讀，故得文章奧竅。」好友鄭逸梅說：「他在同里，從耆宿金鶴望（松岑）遊，喜發表文章，和同鄉張聖瑜發行油印新聞紙，初名《元旦》，繼改《惜陰》，又擴充為《同言》，經二三載，地方人士竟視為輿論所寄，且改用鉛字排印，為吳江報紙之首創。」有人考證，油印的《元旦》為三日刊，《惜陰》是日刊，但俱佚。

改名《同言報》並用鉛印，始於宣統三年（1911）五月間。由此推算，范煙橋辦油印小報《元旦》的時間當在一九一〇年或更前一年，年齡只有十六歲。

一九一一年，范煙橋以優異的成績考入吳長元公立中學（蘇州草橋中學前身）。這時，同學少年，才俊雲集，有後來成為歷史學家的顧頡剛、文學教育家的葉聖陶、畫家的吳湖帆與陳俊寶、書法家的蔣吟秋、作家的鄭逸梅、小說家的江鑄（紅蕉）等。范煙橋因仰慕陳去病、柳亞子等人成立的南社，也與徐平階、張聖瑜等人在先賢袁龍復齋共創「同南社」。一個「同」字表明旨意與南社相同；另一方面表明是同里人主辦的以文會友的文學團體。一時上海、無錫、鹽城、海寧等地，大江南北入社者有五百餘人，影響很大。范煙橋所辦的刊物為《同南社社刊》，兩年後，油印改為鉛字排印，每年一冊，直至十冊，格式也仿《南社叢刻》分錄文、詩、詞三部分。稍後，范煙橋由柳亞子介紹加入了南社。

一九一二年，蘇州草橋中學復課，范煙橋到蘇州繼續讀書，因學校發生學潮，校方與學生相持不下，范煙橋輟學回鄉。秋天轉入杭州之江學堂，翌年改入南京民國大學，二次革命爆發，學校遷上海，范煙橋沒有隨去，自此結束學生時代。一九一四年，范煙橋到吳江八坼第一小學任教，此後任八坼鄉學務委員、吳江縣勸學所勸學員、吳江縣第二高等小學歷史教員、第一女子小學國文教員等。

在此期間，他向上海《時報》副刊《餘興》投稿，得到主編包天笑的賞識，約其寫稿，范煙橋就寫了彈詞《家室飄搖記》十回，諷刺袁世凱欲做皇帝夢，這是范煙橋第一次向外投稿，並獲成功；幾乎同時，范煙橋也學寫小說，他向王西神的《小說月報》投了幾篇短篇小說，後來發表了，從此開始涉足小說領域。而繼《同言報》後，范煙橋於一九二一年元旦改辦《吳江報》，八開四版，始為半月刊，後為週刊，辦報宗旨是廣開言路，活躍思想、抨擊黑暗

社會、改良社會。其間共歷時五年餘，出了二三一期。它是吳江縣創辦較早的報紙之一，也是一張有地方特色的報紙。

　　一九二二年范煙橋隨家遷居蘇州，同南社社務遂告停頓。在蘇州期間，他與蘇、滬、錫報界文人密切交往。他說：「時上海報刊風起雲湧，嚴獨鶴主編《新聞報》副刊《快活林》及《紅》雜誌，周瘦鵑主編的《申報》副刊《自由談》及《半月》雜誌，畢倚虹主編的《時報》副刊《小時報》，江紅蕉主編的《新申報》副刊《小申報》，先後約余寫短篇小說及小品文。《小說叢報》、《小說世界》、《紫羅蘭》、《遊戲雜誌》、《星期》、《紅玫瑰》、《家庭》、《紅》雜誌等咸來約為撰述，日寫數千字以應。」這是范煙橋創作勃發的時期。

　　同年，范煙橋在蘇州與趙眠雲組織文學團體「星社」，他在〈星社感舊錄〉裡追憶當時的情景：「當民國十一年間我離開故鄉，移居吳門時，首先和趙眠雲相識。那時他正是張緒翩翩，而且在胥門開著趙義和米行，不是寒酸的書生。既然臭味相投，自然一見如故，便接連著酒食爭逐了好幾回。在七夕的那一天，他約我和鄭逸梅、顧明道、屠守拙、孫紀于諸君以及族叔君博到留園去。我和姚賡夔（蘇鳳）及舍弟菊高同去，在涵碧山莊閒談。大家覺得這一種集合很有趣味，就結成一個社。我說：『今夕是雙星渡河之辰，可以題名為星社。』星社就這樣有意無意之間誕生了。……（成立後）常作不定期的集合，所談的無非是文藝而已。同聲相應，同氣相求，自然陸續有人來參加，我們並無成文的章則，只要大家話得投機，也就認為朋友了。」他們編《星報》，共出二十五期。一九二三年夏季，改出《星光》雜誌，三十二開本，是不定期刊物。《星光》分上下二集，約十萬言，計刊短篇小說二十四篇。上集所載的小說十二篇，作者是：范煙橋、程小青、王西神、何海鳴、袁伯崇、畢倚虹、姚賡夔、俞天憤、徐卓呆、姚民哀、王天

恨、張慶霖。下集為周瘦鵑、江紅蕉、徐枕亞、程瞻廬、吳雙熱、貢少芹、許指嚴、范菊高、顧明道、范佩萸、鄭逸梅、蔣吟秋。封面題簽趙眠雲，由胡亞光繪仕女。編輯者范煙橋、趙眠雲，且每篇附有作者照相和小傳，這是很別緻的。「星社」從開始的九人發展至一百餘人。在星社十周年之時，《珊瑚》第八期上，范煙橋寫一紀念文：「我們星社始終能精神團結，比旁的文藝團體悠久而健全，社友們這幾年來在文藝工作上都能相當的努力」。

星光編輯室

《星光》封面

一九二六年，范煙橋去濟南助編《新魯日報》副刊《新語》。一九二七年回蘇州，期間斷斷續續用了三年時間，完成二十餘萬字的《中國小說史》，十二月由蘇州秋葉社出版，小說林書店經售，此書出版影響很大。它收羅的範圍較廣，包括戲劇、彈詞、鼓詞等講唱文學，翻譯小說，新文學與舊派小說及電影等藝術形式。范煙橋這書明顯受到他的老師金松岑的影響，因為金松岑認為：「小說實包括戲曲彈詞也。蓋戲曲與彈詞，同肇於宋元之際，而所導源，俱在小說。」

《珊瑚》創刊號

一九三二年范煙橋受聘到東吳大學講授小說課程。為了講課方便，他撰寫了作講義用的《民國舊派小說史略》十萬字。他把小說劃分為兩大類：一類是舊派小說，包括鴛鴦蝴蝶派、武俠小說，代表人物周瘦鵑等；一類是新派小說，即是政治小說、平民小說，代表人物魯迅等。一九六一年整理定稿後被魏紹昌編進《中國現代文學資料叢刊（甲種）》。同年，范煙橋與小說林書店主人葉振漠合辦《珊瑚》半月刊，范煙橋任社長和主編，自一九三二年七月一日至一九三四年六月，共出四十八期，由上海民智書局發行，還發行到日本、朝鮮、緬甸。書為三十二開本，封面每期只換顏色、數字，不換圖案，但刊名《珊瑚》兩字的書法題簽，則逐期更換，如于右任、陳去病、柳亞子、金松岑、吳瞿安、胡樸安、侯疑始、葉恭綽、陳石遺、陳樹人、邵力子、鄧邦述、吳湖帆、王西神等，都曾為題簽。范煙橋在《珊瑚》的發刊詞〈不惜珊瑚持與人〉中指出：「國難未已，隱痛長在，那裏還有心緒談那不急之的文藝，這是應有的責難。可是仔細想一想，這話也未必盡然，因為救國不能專持著鐵與血，世界上有把文化來作為侵略工具的，那麼我們可以把文化來救國！但是珊瑚半月刊雖有這偉大的抱負，實際上覺得力量太微細，只好竭我們的心力，盡我們的責任……。」范煙橋《珊瑚》創刊在「九一八」事件後，刊登了〈抵抗日記〉、〈國難家仇〉、〈紀念九一八〉等抗日檄文。

一九三三年，范煙橋以歷年筆記整理成專集《茶煙歇》，由中孚書局出版。《茶煙歇》由章太炎、吳湖帆題字作扉頁，范煙橋的題辭是：「酒力醒；茶煙歇，四十年聞見從頭說。等閒白了少年頭，講壇口舌；文壇心血。」本書收集了范煙橋近四十年的見聞，兩百多篇隨筆，很多人物軼事，如況周頤、石達開、翁松禪、胡雪巖、陳蛻庵、蘇曼殊、汪笑儂、畢倚虹、吳湖帆等；另有小說家言，如《孽海花》、《三笑》、《珍珠塔》、《儒林外史》、《品

花寶鑒》等；還有飲食之道和典故，如談拙政園、燕子礬、瞻園牡丹、莫干山日出諸景物，述碧螺春、雞頭米、麥芽塌餅、閔餅、狀元糕、鴨餛飩與喜蛋等。

一九三六年，范煙橋至上海，任明星影片公司文書科長，是他與影劇界接觸之始。一九三七年抗戰爆發，明星影片公司停業，范煙橋回到同里避難。一九三九年，他根據葉楚傖的小說《古戍寒笳記》改編為電影劇本《亂世英雄》，這是為國華影業公司所編。一九四〇年任金星影業公司文書，那段時間他與張石川導演合作，改編電影劇本《秦淮世家》、《西廂記》、《三笑》等。其中《秦淮世家》是根據張恨水的同名小說改編，當時金星影業公司因拍攝《李香君》耗去公司資本的一大半，如果《秦淮世家》再不能賣座，公司勢必倒閉。因此范煙橋在改編劇本時，傾注了許多心力，再加上張石川的導演功力深厚，影片上映之後，賣座率超過了戰後上映影片的紀錄，連續放映了三百多場，轟動一時，使瀕於倒閉的金星影業公司轉危為安。《西廂記》、《三笑》都是國華影業公司出品的，都由周璇主演。鄭逸梅說：「時金嗓子周璇參與電影工作，在古裝片《西廂記》中飾紅娘一角，『拷紅』中有一段唱詞，即由煙橋編撰，嬌喉婉轉，大有付與雪兒，玉管為之迸裂之概。且灌了唱片，因此男女青年，都能哼著幾句。」「夜深深，停了針繡，和小姐閒談，就聽說哥哥病久。我倆背了夫人到西廂問候。他說夫人恩作仇，教我喜變憂。他把門兒關了我只好走，他們心意兩相投。夫人，你能甘休便甘休，又何必苦追究……」是曾經風靡一時，時至上世紀八十年代，街頭巷尾還不時飛來〈拷紅〉之歌，真可謂一曲〈拷紅〉傳千古也。電影除了〈拷紅〉外，還有〈月圓花好〉、〈蝶兒曲〉、〈嘲張生〉、〈團圓1〉、〈團圓2〉、〈長亭送別〉都是范煙橋作詞，周璇演唱的。《三笑》是根據程瞻廬的小說《唐祝文周四傑傳》改編，寫才子唐伯虎的風流韻事，其中以歌

曲代替一部份對白，最有名的是〈點秋香〉，由周璇、白雲、白虹演唱，以尖酸刻薄的口氣惹人笑、又討人罵，表現出范煙橋詼諧的一面。

一九四一年范煙橋又創作了電影劇本《無花果》，採用蘇州評彈音樂做為影片主題歌，首次大膽嘗試，取得了很大的成功。此後他還寫過古裝影片《釵頭鳳》的主題歌〈籠中鳥〉。又編寫電影劇本《解語花》，由周璇主演，歌詞仍由范煙橋所寫，其中插曲〈天長地久〉最為人所熟知，歌詞極長，一韻到底，分為眾人唱（周璇的聲音很突出）、與男（姚敏代男主角白雲唱）女對唱及大合唱。一九四七年，所撰電影劇本《陌上花開》，經洪深、吳仞之修改，由香港大中華影業公司攝製，易名《長相思》，由周璇主演。片中有〈燕燕于飛〉、〈黃葉舞秋風〉、〈花樣的年華〉、〈夜上海〉、〈星心相印〉、〈凱旋歌〉、〈童歌〉等歌曲，均為范煙橋作曲，周璇演唱。學者洪芳怡在《天涯歌女──周璇與她的歌》書中說：「這部電影中周璇的演技不算出色，影片受歡迎的關鍵在於為數眾多的歌曲之品質。歌曲內容以『夜上海』點出賣藝歌女的矛盾，描述歌女外表的光鮮、對照內心的掙扎與辛酸，貼切地映照著影片中女主角的困境，期待著告別糜爛、朝向光明的未來；用字典雅，音樂部分有著豪華的質感。」

范煙橋是擅於寫歌詞的，聽說一九四八年夏天江南流行兩首歌。市上賣的紙團扇一面印的是仕女風光，另一面是兩首歌中的一首：不是〈四季美人〉就是范煙橋作詞的〈三輪車上的小姐〉。歌詞是：「三輪車上的小姐真美麗，眼睛大來眉毛細，張開了小嘴笑嘻嘻，淺淺的酒窩叫人迷。在他身旁坐個怪東西，年紀倒有七十幾，胖胖的身體大肚皮，滿嘴的鬍子不整齊，一身都是血腥氣。你為什麼對他嗲聲嗲氣，她憑什麼使你那樣歡喜。這究竟是什麼道理？真叫人看了是交關惹氣。」風靡的程度，連小孩都能唱。

　　張永久在〈范煙橋的苦悶〉文中這麼說：「一九四九年是范煙橋人生中的一個轉捩點。四月二十七日，解放軍渡江南來，進入蘇州城，范煙橋手搖一面小彩旗，擠在歡迎的佇列中，面含微笑。但是他的內心卻是疑惑的，最隱秘的深處甚至還有一絲惶恐不安，他不知道自己過慣了的那種舊式文人的閒適生活，將在新的社會裏如何延續；大地上熱火朝天的紅色浪潮，能否容得下溫家岸那個恬淡的書齋。經歷了短暫的沉靜，范煙橋還是加入了大合唱。一九五〇年，他先後為評彈演員唐耿良寫《太平天國》，又為《新民晚報》副刊寫反映新人新事之短篇評彈與開篇。范煙橋不擅長那種『歡樂頌』式的政治抒情，便利用彈詞試圖參與到寫工農兵的行列，他把這些創作自嘲為『舊瓶裝新酒』。可是在新文學陣營的眼裏，范煙橋的『新酒』卻是一瓶壞酒，品味不純，連范煙橋自己也覺得不合適宜。而在另一方面，他的一些流落海外的舊時友人又面露疑惑：范煙橋如今握在手中的，可還是寫〈夜上海〉、〈花好月圓〉、〈拷紅〉的那支筆？此後他轉向歷史尋找詩意，創作的作品有《唐伯虎外傳》、《李秀成演義》、《韓世忠與梁紅玉》等。正像其友人回憶的那樣：在新文壇上，他並沒有那麼活躍，也不大參加社會活動，大部分的時間悄悄用在整理舊稿上，很少為報刊寫應景的『豆腐乾』，有時候礙於面子答應下來，也始終難得見他交稿，編輯催稿時，他總是恭謙地彎腰應答：『實在抱歉，最近工作忙……』一臉的笑容可掬，難掩內心的苦澀。接下來，范煙橋的那隻舊瓶，更是不敢輕易再裝新酒了，直至走完他的一生。」

　　「文革」期間，范煙橋與周瘦鵑、程小青被列為鴛鴦蝴蝶派的「三家村」而成為批判的對象，受盡折磨和凌辱。聽說他為避免釀成更大的災禍，把他一生視為心血的所有著作，包括從一九一五年起五十年沒有間斷的日記、手稿、信札、書籍在園中假山洞裡付之一炬，火連續燒了三天！著作、藏書沒了，范煙橋的魂也沒了。哀

莫大於心死，他從此沉默寡言，半年多後的一九六七年三月二十八日在憂鬱中因心肌梗塞病逝在蘇州寓所，終年七十四歲。

對於當時的喪禮，鄭逸梅這麼説：「煙橋交遊甚廣，一定素車白馬，弔客盈門，豈知不然，除家屬外，往弔者僅周瘦鵑一人，瘦鵑深歎涉世如蜀道之難！人情比秋雲之薄，實則其時株連羅織，哪裡有人敢來執紼，敢來奠觴。不久，瘦鵑被迫投井，除家屬外，弔者並一人而無之。」真是令人不勝噓欷！

陸小曼打官司

——怒告平襟亞始末

一九二七年十二月六日，美術家江小鶼因為要慶祝天馬會成立十周年，舉行一次盛大的平劇公演，兩天公演的戲碼，都派定陸小曼唱大軸。第一天《販馬記》要現學現排，原來由唐瑛飾趙寵，可是唐瑛有幾句唱詞轉不過調來，一氣之下就不學了。要俞振飛代替，俞振飛原來已在《群英會》裡飾周瑜，他不願捨此就彼，於是就想到崑劇、京劇俱佳的翁瑞午來代替，小曼的風流韻事，也從此推向另一個側面。第二晚唱《三堂會審》，陸小曼演蘇三，翁瑞午演王金龍，江小鶼演藍袍，而紅袍一角則由陸小曼硬拉著徐志摩去演。徐志摩為此在十二月二十七日的日記寫下了一段無奈而苦澀的文字，他說：

陸小曼

翁瑞午

「我想在冬至節獨自到一個偏僻的教堂裡去聽幾折聖誕的和歌，但我卻穿上臃腫的袍服上舞台去串演不自在的『腐』戲。我想在霜濃月淡的冬夜獨自寫幾行從性靈暖處來的詩句，但我卻跟著人們到塗臘的跳舞廳去艷羨仕女們發金光的鞋襪。」指的就是此事。據說徐志摩因對京劇完全是外行，在舞台上出了點洋相。演出時，他坐在桌後，可是他穿著靴子的雙腳，總是不由自主地伸到桌帷外面，大概是因他寫詩時養成的習慣。

陳定山在《春申舊聞》裡也記載了此事，他說：「小曼身體也弱，連唱兩天戲，舊病復發，得了暈厥症。瑞午更有一手推拿絕技，他是丁鳳山的嫡傳。常為小曼推拿，真能手到病除。志摩天性瀟脫，他以為夫婦的是愛，朋友的是情，以此羅襦襟掩，繆手撫娑之際，他亦視之坦然。他說：這是醫病，沒有什麼避嫌可疑的。瑞午本世家子，父印若歷任桂林知府，以畫鳴時，家有收藏，鼎彝書畫，累篋盈櫥。」而據翁瑞午的女兒翁香光說，她的祖父也就是翁瑞午的父親翁綏琪當過桂林的知府，與畫家吳湖帆的祖父吳大澂一起參加過甲午海戰，

又是個名畫家。父親幼承庭訓，通曉書畫，在香港英國皇家學院肄業，回上海後，從丁鳳山學推拿醫術，十八歲已成了推拿名醫，還學氣功，給病人醫病時，就運用內功，便手到病除了。

翁瑞午時時袖贈名畫，以博小曼歡心。並有一身推拿絕技，常為小曼推拿，還真能手到病除。據陳定山說翁瑞午還教小曼吸食阿芙蓉（但據翁香光說小曼會抽鴉片是得自小曼的母親，她是抽大煙的。），試之疾立癒，於是小曼大喜，常常和瑞午一榻橫陳，隔燈並枕。瑞午以阿芙蓉為小曼治疾，而終能掌控小曼之身體，亦如同當年志摩要小曼寫日記，而終能驅之於小曼之心靈。這又何嘗不是造化小兒的戲弄，亦或志摩無可擺脫之宿命乎？

而就在同年十二月十七日，《福爾摩斯小報》刊出一篇署名「屁哲」的文章〈伍大姐按摩得膩友〉云：「詩哲余心麻，和交際明星伍大姐的結合，人家都說他們一對新人物，兩件舊家生。原來心麻未娶大姐以前，早有一位夫人，是弓叔衡的妹子，後來心麻到法國，就把她休棄。心麻的老子，卻於心不忍，留那媳婦在家裏，自己享用。心麻法國回來，便在交際場中，認識了伍大姐，伍大姐果然生得又嬌小，又曼妙，出落得大人一般。不過她遇見心麻以前，早已和一位雄赳赳的軍官，一度結合過了。所以當一對新人物定情之夕，彼此難免生舊傢伙之歎。然而傢伙雖舊，假使相配，也還像新的一般，不致生出意外。無如伍大姐曾經滄海，她傢伙也似滄海一般。心麻書生本色，一粒粟似的傢伙，投在滄海裏，正是漫無邊際。因此大姐不得不捨諸他求，始初遇見一位叫做大鵬的，小試之下，也未能十分當意，芳心中未免憂鬱萬分，鎮日價多愁多病似的，睡在寓裏納悶，心麻勸她，她只不理會。後來有人介紹一位按摩家，叫做洪祥甲的，替她按摩。祥甲吩咐大姐躺在沙發裏，大姐只穿一身蟬翼輕紗的衫褲，乳峰高聳，小腹微隆，姿態十分動人，祥甲揎袖捋臂，徐徐地替大姐按摩，一摩而血脈和，再摩而精

神爽，三摩則百節百骨奇癢難搔。那時大姐覺得從未有這般舒適，不禁星眼微餳，妙姿漸熱，祥甲那裏肯捨，推心置腹，漸漸及於至善之地，放出平生絕技來，在那淺草公園之旁，輕搖、側拍、緩拿、徐搖，直使大姐一縷芳魂，悠悠出舍。此時祥甲，也有些兒不能自持，忙從腰間挖出一枝短笛來，作無腔之吹，其聲嗚嗚然，噴噴然，吹不多時，大姐芳魂，果然醒來，不禁拍桌歎為妙奏。從此以後，大姐非祥甲在傍吹笛不歡，久而久之，大姐也能吹笛，吹笛而外，並進而為歌劇，居然有聲於時，一時滬上舉行海狗大會串，大姐登臺獻技，配角便是她名義上丈夫余心麻，和兩位膩友：汪大鵬、洪祥甲。大姐在戲臺上裝出嬌怯的姿態來，發出淒惋的聲調來，直使兩位膩友，心搖神蕩，惟獨余心麻無動於中。原來心麻的一顆心，早已麻木不仁了。時台下有一位看客，叫做乃翁的，送他們一首歪詩道：詩哲當台坐，星光三處分，暫拋金屋愛，來演玉堂春。」

　　文中，余心麻是影射徐志摩，伍大姐是陸小曼，汪大鵬是江小鶼，洪祥甲是翁瑞午，海狗會是天馬會。這篇文章，寫得實在太肉麻了，引起租界巡捕房的干涉，以妨關風化為名予以檢舉，由臨時法院處罰示做。志摩夫婦和江小鶼、翁瑞午，覺得這處罰還是太輕了，便延請律師，向法院提起刑事訴訟。起訴的對象是《福爾摩斯小報》的主編吳微雨，還列有平襟亞。

　　平襟亞是何人？現在的讀者都有所不知。其實他就是臺灣「皇冠」出版集團老闆平鑫濤的堂伯。平鑫濤在自傳《逆流而上》中說：「年輕時期的張愛玲和我堂伯平襟亞先生的《萬象》雜誌結下深厚的文學之緣，而後又和『皇冠』合作，前後五十年，與兩個平氏家族的出版事業緊密攜手，這樣橫跨兩代的淵源，也許正如她第一本書的書名一樣，可說是另一則『傳奇』吧。」

　　平襟亞（1895-1980）名衡，筆名秋翁、襟霞閣主、網蛛生。江蘇常熟人。一八九五年九月二十八日生。早年入私塾，十三歲在

南貨店當學徒。喜讀小說，自學成才。當鄉村小學教員。隻身到上海，靠為報刊投稿為生。他根據社會傳說加上筆記小說的資料，寫成《中國惡訟師》，饒富趣味，頗適合小市民口味，出版後竟一鳴驚人。後來辦《開心報》，因刊載名女人呂碧城的私生活，被呂向法庭起訴，潛往蘇州。寫長篇小說《人海潮》，一年後重返上海，在沈知方慫恿下，開辦中央書店，將此書印行，銷路很廣。後又出版《人海新潮》、《人心大變》、《惱人春色》、《名家書簡》、《作家書簡》、《書法大成》、《李鴻章家書》、《秋齋筆談》，又向世界書局沈知方借來《江湖奇俠傳》的紙型重印，列入一折八扣書，極為暢銷。後來大家提倡晚明文學，他又印《袁中郎集》，並搜羅了《說頤》、《五雜俎》、《小窗幽記》、《群芳清玩》、《雪濤書》、《紫桃軒雜綴》，凡十多種，作為《國學珍本文庫》裝箱發行，薄利多銷，頗受歡迎。後來又創辦《萬象》雜誌，起先請陳蝶衣擔任主編。當時主編與發行人合作之初，曾有過君子協定，主編得分享經濟利益。當期刊的銷售越佳，雙方的矛盾也就尖銳起來。最後，陳蝶衣拂袖而去，急得平襟亞到處託人推薦編輯高手，唐大郎說：「何不請柯靈出山，准行！」於是平襟亞就找到了柯靈。柯靈是一九四三年五月開始接編《萬象》的。太平洋戰爭爆發，因中央書店有反日作品，平襟亞被日本憲兵逮捕，關押幾十天，又被罰款，從此書店一蹶不振。中共建國後，中央書店參加通聯書店，後來公私合營。平襟亞後來任上海評彈團的顧問，從事彈詞寫作，先後編創的長篇彈詞有《三上轎》、《杜十娘》、《情探》、《陳圓圓》、《借紅燈》、《錢秀才》等多部，均曾演出於書台，其中部分並成為保留書目。又被聘為上海文史館館員，「文化大革命」中受衝擊，喪失記憶力，雙耳失聰，靠僑居盧森堡的兒子經常匯款接濟。一九八○年八月五日逝世。

　　據平襟亞的〈兩位名女人和我打官司〉一文說，當時他尚在上海法政大學讀書，還未當律師，空閒時在小型報名《福爾摩斯》

三日刊上寫些風花雪月的文稿，聊以消遣。《福爾摩斯》小報創刊於一九二六年，由胡雄飛任經理、吳微雨任編輯、姚吉光主持內政。經常寫稿者有吳農花、胡憨珠、陳存仁、秦瘦鷗、平襟亞、陳聽潮、沈吉誠等人。關於此篇文章的由來，平襟亞曾告訴陳則民律師說，在一個月以前的某一天，《福爾摩斯》報主編吳微雨等同他到夏令配克戲院觀看陸、徐、翁、江（另有一人已忘了）合串京戲《三堂會審》，看後回到報館閒談，有人說陸小曼的蘇三演得很不錯，據說是翁瑞午一手教她的，翁原是個名票，曾和梅蘭芳配角演出《白蛇傳‧斷橋》，翁不但演小生拿手，早年也演過旦角《花田錯》。又有人插嘴說：「徐志摩自從英國回來後，與前妻張嘉玢（幼儀）離婚，和小曼在上海同居，儼然夫婦，可是，志摩是個忙人，上海和北平常來常往，未免使小曼感到寂寞，尤其是小曼經常有病痛，有人介紹翁瑞午替她按摩，同時教她學習京戲，迄今年餘，她和翁的情感已不正常，志摩竟置若罔聞。」另一人說：「今天的戲，理應志摩起王金龍才對，為什麼

福爾摩斯小報

讓翁瑞午起王金龍，志摩起崇公道，那就彷彿把愛人牽上堂去給別人調情，這個穿紅袍的江小鶼也是志摩的朋友，居然也胡得落調，他們簡直是出醜出到戲臺上大庭廣眾之間去了。」

平襟亞説：「當時是隨便談談，誰知道吳微雨綜合他人的談話，寫了一篇文章，就在第二天送給我修改，我把中間黃色的句子刪除，真姓名也全部改換，陸小曼改作伍大姐，徐志摩改作余心麻，翁瑞午改為洪祥甲，江小鶼改為汪大鵬，又在草稿上題了個『伍大姐按摩得益友』的標題。當時我交還了他，好多天沒有見登出，直到我回蘇州去後，他仍然照他的原作刊登於《福》報，而標題則仍用了我親筆寫的，只把『益友』改為『膩友』，去刻了木戳用在報上。所以這篇東西不能説完全不知道，但是文責應當由該報主編者吳微雨負擔，為什麼偏生要告起我來呢？」。

律師告知平襟亞，此事主動的是陸小曼，實際上她和翁瑞午的情感的確不正常，若給報上揭露之後，她怎麼還有臉孔見人？因此，她必須出全力辦你處徒刑，才好藉此洗刷自己的名譽。平襟亞問律師道：「不知可能和原告和解化干戈為玉帛嗎？即有條件，亦可磋商，何必使我代人受罪呢？」陳律師堅決地説：「和解不成，惟有想對策，使本案不成立，讓他們去碰壁，奈何不得你，也就算了。」於是平襟亞的另位律師詹紀鳳説：「我們該出奇兵致勝，力避正面衝鋒，我們要想出一個『明修棧道，暗渡陳倉』的妙策，包管他們措手不及，撞個鼻青嘴腫。」

於是只隔一天，平襟亞接到法院傳票，巡捕房提起公訴，控他散佈猥褻文字一案，要在第二天上午九時刑一庭開審。平、吳兩人去找詹律師，卻若無其事的説：「你準時而去好了，這一案法律上沒有處徒刑的，只罰幾十塊錢，怕些什麼，根本用不著我律師，你明天退庭後，只要把這一張傳票交給我，我還得派用場。」第二天在法庭上，平襟亞站在被告欄，巡捕律師便將《福》報呈堂，

並說：「平襟亞寫作〈伍大姐〉一篇文字，內容涉於猥褻，刊登在《福》報上，行銷給讀者看，足以妨害善良風化，顯然構成刑法上散佈猥褻文字一罪，請庭上依法處罰。」庭長把文章看了一遍，當向被告先問姓名、年籍，再問下去道：「平襟亞，這篇〈伍大姐〉的文章，可是你寫的？」平襟亞回答「是的！」又問「捕房告你散佈猥褻文字，你承認嗎？」平襟亞回答：「承認的。」庭上便立即判決，向平襟亞宣告說：「處你罰金三十元，服不服？」平襟亞回說：「服的。」立即退下，由吳微雨把三十元交給法院庭丁，便由庭丁在傳票上寫明「本案審結，處罰金三十元收訖。」平、吳兩人拿了傳票作為收條，交給詹紀鳳律師。

又過了三天，平襟亞接到陸小曼等四人自訴告他妨害名譽等罪的傳票，並指定第二天上午九時在法院第四刑庭審理。詹紀鳳律師告訴平襟亞明天在庭上拒絕發言，行使「緘默權」，一切由他應付。

開審當日，法院第四刑庭擠得水洩不通，原告有陸小曼、徐志摩、翁瑞午、江小鶼、原告律師張一鵬，被告人平襟亞，被告辯護律師詹紀鳳，此外還有原告帶來的證人，至於觀眾有社會聞人、電影明星、戲劇名伶、交際花、名妓等。而當時高座在堂上的庭長又是徐志摩的一位族弟，加上張一鵬又是名律師，陸小曼有些志得意滿，認為這場官司必然穩操勝算。

開庭時，庭長首先問了原告的姓名、年齡、籍貫，和訴狀上核對無訛，然後問被告。平襟亞閉口不答，庭長震怒，擊桌呵斥他道：「被告，你為什麼裝聾作啞，不回答問話？」平襟亞依舊不答。詹紀鳳律師當即起立聲明道：「請審判長注意，本案已經過巡捕房提起公訴，由鈞院傳訊被告，判處罰金在案（並將上次傳票一紙呈堂上作證）。依據刑事訴訟法程序上的規定，『一案不再審，一事不再罰』，所以今天再審，同一件事，同一被告，假如罰了再罰，是違反法律上的規定。被告人平襟亞他正在法政大學讀法律，

既不聾，也非啞，因非法審理，他拒絕發言，正是維護鈞院的守法精神，假如一定要審理本案的話，被告得堅持不發一言。請審判長加以考慮！」這時辯方律師張一鵬起立辯稱：「公訴是屬於妨害風化罪，今天自訴人告他的是妨害名譽罪，根本兩件事情，不受法律規定的拘束，儘可以審下去，是合法的。」詹律師駁他說：「文字只有一篇，犯罪的行為，只有一個，不能分為兩案審理，作出兩個判決的。哪有分別處罰之理。本案自訴人應當在巡捕房提起的公訴開審時，參加訴訟，使法院合併審理，作出一個判決，才是合法的。如今公訴早已審結，被告已處罰金，原告只能作為放棄自訴權利。」張律師又辯稱：「在巡捕房提起公訴，開審的時候，自訴人哪裡會知道，怎樣參加訴訟呢？」詹律師又駁他說：「法院在第一刑庭上公開審理，自訴人不能推諉為不知。法院沒有通知自訴人前來參加訴訟的義務。張律師全無理由，請審判長依法處理。」庭長認為「一案不再審，一事不再罰」，法律有明文規定，因此，別說族弟不能幫族兄的忙；就是兒子也幫不上父親的忙，他只好硬著手腕提起筆來下一個裁決，只有五個字：「本案不受理。」

　　平襟亞算是打贏這場仗，全身而退。事後陳律師還是有些不明瞭，法院的公訴，怎麼會在前天開庭的呢？詹律師回答他道：「不瞞你說，這是我花了錢叫巡捕房稽查員把這篇文字交給捕房律師，立即向法院起訴，開了一庭，罰了三十元，種下了根，那就利用程序法取得勝訴。」平襟亞說：「今天我在庭上始終沒有開口，正是『不著一語，儘得勝訴。』本人經過三場官司，勝讀十年法律，做被告不以為苦，只當作實習，歷練一番，獲益匪淺。古人云：『久病成醫』，我將要『久訟成師』了。」當時還在法政大學唸書的平襟亞，果然在畢業後，取得律師執照，以平衡之名掛牌開業了。

　　與平襟亞有半世紀交往，曾創辦《海報》的金雄白說，《海報》擁有兩枝罵人的健筆，一位是唐大郎，另一位是平襟亞。他

説：「我與他（平襟亞）真是五十年的朋友，在戰前不時同逛長三堂子（上等妓院），也一直在旅館所開的長房間中每晚大談其洋場風物，往往直到天明。他把聽來的一切趣聞艷事，寫成社會小說，以『網蛛生』的筆名出版過《人海潮》與《人心大變》兩部說部，都曾風行一時，與以『百花同日生』為筆名的張秋蟲，都稱得上是道地的洋場才子。他與我是兩重同業，新聞界外，他也以平衡的名字，懸牌為律師。又在上海麥家圈開了一家『中央書店』，專門翻印舊小說，以一折八扣的廉價大量傾銷。他為《海報》撰稿，用的是『秋翁』筆名，以尖酸刻薄的文筆，無日不罵人，也且無篇不罵人。一次，寫了一篇〈海上兩富孀〉，指的是李士群夫人葉吉卿與吳四寶夫人佘愛珍，李、吳都是赫赫有名的『七十六號』（案：汪偽特工總部）中人，在那個時候，試問有誰敢去捋她們的虎鬚，襟亞就認為她們不會對我怎樣，竟然予以大肆譏諷。士群夫人就因此而恨我切骨，佘愛珍現在也在日本，這位未亡人亦且早已蟬曳殘聲，再嫁給自命為吳四寶生前好友的胡蘭成，在日偶爾相見，她從不向我招呼，可見其餘恨猶在。襟亞罵別人到也罷了，他又寫過一篇〈海上兩豪客〉，罵我與我的另一位朋友（案：《申報》社長陳彬龢），指我享用豪奢，浪費無度。主要原因是為了面對跑馬廳的國際飯店，已經算得上是上海當年最豪華的所在，其十四樓稱為『摩天廳』，是上海的高等社會宴舞之所，那時在十八樓又另闢了一處『雲樓』，專售法國菜，取價極昂，而我卻幾乎日日在那裡邀約朋友宴敘。他的罵我，或係為此。而我反躬自省，自思確有其可罵與應罵之道，讀後不僅一笑置之，還有些悚然赧然之感。」平襟亞犀利的文筆，一如當年。

心高氣傲意難平

——呂碧城與平襟亞的「狗官司」

百餘年來，「足以擔當女詩人而無愧」（柳亞子語）的女子實在不多，而旌德呂碧城實乃其中翹楚。文學名家潘伯鷹稱讚她的詞「足與易安俯仰千秋，相視而笑」；林鵾翔、錢仲聯稱讚她為「三百年來第一人」、「近代女詞人第一」。章太炎夫人湯國梨亦讚歎曰，「冰雪聰明絕世姿，紅泥白雪耐人思。天花散盡塵緣斷，留得人間絕妙詞」。確實呂碧城可說是「才冠群英」，許多「第一」的桂冠都和呂碧城的名字連在一起：「近代女詞人第一人」，「中國第一位女編輯」，「北洋女子師範學校第一位女校長」，「近代教育史上女子執掌校政第一人」，「中國近代第一位系統提出女子教育思想者」，「第一位系統進行佛經翻譯的中國女

平襟亞

性」，「第一位在世界保護動物大會上進行廢屠演講的中國女性」等等，真是琳瑯滿目。學者劉納說：「她曾經年少得志矯然不群，她曾經風流倜儻廣交名流，她曾經孤身長旅漫遊歐美，她曾經名滿天下謗亦隨之。而後，她又皈依佛教，宣傳護生。死後，她的骨灰和麵為丸，投諸海中，結緣水族。」綜觀其一生，「才華橫溢，特立獨行」，似乎是呂碧城一生的最佳註腳。

呂碧城曾問學於近代思想家、翻譯家嚴復，嚴復授以名學（logic），並「為書『明因讀本』四字於課卷」。呂碧城感激這位名師，「遂以『明因』為字」。查《嚴復日記》自一九○八年八月初「碧城來謁，談間多自辯」之語始，至次年十月為其議婚清駐日公使胡惟德不諧止，師生間曾經過往甚密。嚴復曾在日記上說：「此女心高意傲，舉所見男女無一當其意者；……恐不壽也。」也道出呂碧城自視清高，孤傲偏執的性格。

而《大公報》創辦人英斂之可說是使呂碧城名聲大噪的第一人，他對呂碧城一見如故，親邀與其夫人同居，且委以《大公報》編輯一職，呂碧城的作品得以借傳媒的力量廣泛傳布，產生影響。英斂之想呂碧城之所想，圖呂碧城之所願。他在一九○四年九月十六日日記中說：「此次辦女學，因無著人力幫忙，故事多製肘，一人勞已，又兼三弟婚事在爾，必須攜內人同去上海，故愈形忙迫。學堂已有頭緒，而嚴朗軒忽從中辭總辦職，他人因皆裹足，而中途意復著忙矣。」他為呂碧城的興辦女學，可謂積極籌畫，上下呼籲，殫精竭慮。然而由於呂碧城在對人、對事刻薄有餘，寬容不足，兩人的關係後來漸趨緊張，瀕於破裂邊緣。學者李保民認為「蓋因碧城性情孤高，於英斂之、傅增湘輩皆不甚佩服，對此輩一切陳腐之論不啻唾之，又多裂綱毀常之說，遂為守舊勢力深所嫉惡。且碧城極有懷讒畏譏之心，而英斂之等又往往多加評騭，此雙方交往難以善終之根由。」

呂碧城

　　呂碧城尤其不能容忍別人對自己的不實之辭，一九〇八年《大公報》載有〈勸女教習不當妖豔招搖〉一段文字，呂碧城以為影射自己，甚為憤懣，旋於津報刊登駁文，並致函英斂之，予以分辯。至此遂不復往《大公報》館，並與英斂之幾近於絕交。

　　鄭逸梅在《味鐙漫筆》中談到呂碧城的剛愎成性時說：「……其姊美蓀，亦有詩才，惟不多見，或謂工力在碧城上。姊妹以細故失和。碧城倦遊歸來，諸戚勸之毋乖骨肉，碧城不加可否，固勸之，則曰：『不到黃泉，毋相見也。』時碧城已耽禪悅，空中懸觀音大士像，即返身向觀音禮拜，誦佛號『南無觀世音菩薩』。戚友知無效，遂罷。其執性剛愎有如此。」

　　而一九二六年，上海文化界鬧了一場沸沸揚揚的大風波，那是呂碧城控告鴛鴦蝴蝶派的小報人平襟亞的官司。

二十年代中期，平襟亞還是個小編輯，正忙著為滬上各小報撰稿。上海世界書局創始人及總經理沈知方，因緣認識他並與之訂交，他為拉攏平襟亞為其幫手，拿出兩萬元另設一家出版機構位於上海山西路口，名為「共和書局」。讓平襟亞與李春榮兩人主管業務，但不滿半載，只出版李涵秋和向愷然（平江不肖生）的兩種章回體長篇小說。為了為世界書局、共和書局的出版物做宣傳，他們同時出版了一種四開小型三日刊的報紙，名為《開心報》。

平襟亞是《開心報》名義上的編輯，在一九二六年三月的某一天，刊登了王小逸署名「捉刀人」的〈李紅郊與洋狗〉一文，文中說：「上海有一位女文豪李紅郊，她每天的清課，總是一早拿了她的一本詩集，叫汽車夫往各處文人家裡拜訪，同時送詩集，請求指教。直到晚上回來，親自把她的一條心愛的蘇格蘭種洋狗，放入浴缸，替牠洗澡。」作者明顯地用「李紅郊」影射「呂碧城」，呂碧城的確自己出版了一本詩集叫《信芳集》，每天一早上開了汽車去送給朋友，而且家裡果然畜有洋狗，每晚上要替牠洗澡的。

呂碧城當時寓居上海，她的洋房別墅座落在上海靜安寺路（今南京西路）同孚路（今石門一路），可謂富麗堂皇。內部陳設也俱為歐式，鋼琴、油畫點綴其間，並雇有兩名印度籍僕役，出入則以汽車代步。她生活前衛，自然頗為引人注目，尤其她當時還是單身。談到她的擇偶，鄭逸梅在《藝林散葉續編》中說，「某次，葉遐庵（恭綽）約呂碧城、楊千里、楊雲史、陸楓園諸人於其家懿園作茗敘，無意中談及碧城之婚姻問題，碧城云：『生平可稱許之男子不多，梁任公早有妻室，汪季新（精衛）年歲較輕，汪榮寶（汪東之兄，國會議員）尚不錯，亦已有偶。張嗇公（張謇）曾為諸貞壯作伐，貞壯詩才固佳，奈年屆不惑，鬚髮皆白何！我之目的，不在資產及門第，而在於文學之地位。因此難得相當伴侶，東不成，西不合，有失機緣。幸而手邊略有積蓄，不愁衣食，只有以文學自

娛耳！」聞民初，費仲深（樹蔚）曾以袁克文（寒雲）徵求碧城意見，碧城微笑不答，是日亦提及，謂：『袁屬公子哥兒，只許在歡場中偎紅倚翠耳』」由此可見其擇偶標準之嚴，也因此她終身未婚。

佳偶難覓，於是呂碧城轉而喜歡動物，晚年護生弘法之舉殆出於此。呂碧城最喜養狗，曾養一犬名曰杏兒，杏兒一次在馬路上走，不慎為西人摩托車所輾傷。碧城大怒，馬上聘請律師致函對方，同時把愛犬送到戈登路（今日之江寧路）滬上最好的獸醫院治療。愛犬不久乃癒，碧城這才作罷。

〈李紅郊與洋狗〉刊出三天後，有位與書店頗有交情的探員潘連璧，氣急敗壞地來到書店說：「你們店裡出了亂子，卓領事他親自交下一份《開心報》，說報上罵他是條洋狗，著我們捕房立即出拘票，把主編的負責人和寫稿的『捉刀人』拘案嚴辦。現在拘票已出，怕立即要來捉人，三十六著走為上策。」何以事情變成如此嚴重呢？那是因為呂碧城與當時領事團的首席領事卓領事交往親密，卓領事又在會審公堂當裁判官，正是炙手可熱。於是呂碧城不用大動干戈請什麼律師向公堂提起訴訟，僅僅只消拿了這份《開心報》到卓領事公館去，哭訴一番。據事後一位翻譯說，呂碧城去哭訴時這樣說：「有《開心報》的記者，名『捉刀人』，他在報上罵我；還連帶罵你，說你是一條蘇格蘭的洋狗，我替你洗澡，還有種種不堪的話。」卓領事聽了大怒，於是下令巡捕房嚴辦。

據亞公（平襟亞的化名）的文章說，當時平襟亞還不知為了哪一篇文字，正在把最近所出版的刊物仔細的檢查。突然有外國人探長薩乃文，帶領了探員二人，到書店裡捉人，平襟亞當時來不及逃避，虧得其中一個探員薛子良，也認得平襟亞的，他竟然裝作不認識，聲勢洶洶的問平襟亞道：「這裡有個叫平襟亞的人，現在哪裡去了？」平襟亞立即回答他說：「你問姓平的嗎？他今天早上到蘇州去了，有什麼事情呢？」薛子良假作信以為真，不再問下去了。

他們三個人抄查了許多報紙，捆載而去。臨走之時，留下一張拘票，上面寫著平襟亞第三天上午九時自行投案，到會審公堂刑一庭審問。

第三天早上九時，平襟亞躲起來，先由李春榮代替上堂，說明平襟亞到蘇州去了，等他回來後投案。「捉刀人」是一個投稿的，一時找不到他，請庭上改期再審。當訊問李春榮時，李被押入被告欄站立，忽見原告欄內站立的那個人，頭戴西洋式草帽，帽沿上還插了二根黑色羽毛，扣了一朵紅花，身穿洋服，腰圍絕細，下面長裙委地，鼻上架起了墨晶眼鏡，唇點朱紅，絕似一西婦。李春榮原以為她是卓領事的夫人，直至點名時才知道是呂碧城。當庭丁呼喊被告平襟亞時，李春榮急切聲明道：「本人是共和書局的經理李春榮，被告平襟亞是我店雇用的，由他負責主編《開心報》，我店接到拘票時，平已去蘇州探親，人不在上海，本人為了尊重公堂法紀，特地上堂來向庭上聲明原因，請庭上改個期，讓平襟亞回滬後，叫他前來投案應訴。」當時陪審官關絅之，待要拿起筆來寫「准予改期」字樣，不料原告呂碧城向庭上發言說：「他說的全是謊話，平襟亞人在上海，昨天還有人見到他。」那時候，卓領事他便在捕房介案單上寫了一行洋文，授與關絅之，關看得呆若木雞，只好高聲說道：「李春榮，欺騙公堂，關捕房三個月，立即執行。」當時便由巡捕把李春榮押下。原告亦即退庭，翩若驚鴻，一瞥而去。

仍在上海的平襟亞聽聞此消息後，不忍老友因其而陷於縲絏之中，原要出面投案，後經好友相勸，加之他若出面，探長一看就是當日在書店之人，則探員薛子良有「縱放」之實，也要被關起來。為此平襟亞只得逃到杭州，在小旅館裡隱姓埋名地住了下來。

三個月後，平襟亞再也住不下去了，偷偷地回到上海，連夜攜同妻子女兒搬到蘇州去落戶。他在蘇州調豐巷租賃一套房子，

改名為沈亞公（原來他的夫人姓沈，他是入贅沈氏的），平日裏閉門不出，只得寫小說以自娛。他發憤寫作，日夜筆不停揮地寫了一部長篇社會小說，即是後來由好友鄭逸梅介紹出版的《人海潮》。鄭逸梅對此事回憶道：「這時吳中有一星社，那是一個文學組織，我是該社發起人之一，參加的都是文藝界老成持重之輩，每月雅集一次，以相切磋。恰巧這一屆由我當值，我知道襟亞蟄居悶損，便邀他也來參加，並告於他，這些社友，無不處事審慎，守口如瓶，在這方面，無可疑慮，襟亞也就放膽來臨，在杯籌交歡之際我進言勸止：乘此閒暇無事，何不重溫筆墨，有所述作留待他日之需，益為遣悶計。居然撰寫一長篇小說，用以諷刺社會，針砭世俗，取名《人海潮》。凡半年書成，承他不棄，委我校勘一過，我讀而善之，引為晚近說部之佼佼者。」

平襟亞逃走，呂碧城聞之益怒。徵得平襟亞照片以後，致信滬上各大報館，要求自費刊登大幅廣告，通緝平襟亞。這期間上海的老友沈知方、李春榮曾去探望他，沈知方並帶來《神州日報》給平襟亞看，上頭廣告寫著：「呂碧城懸賞緝拿逃犯平襟亞」，中間又指出：如有人通風報信，因而捉到該犯，本人願將珍藏已久之慈禧太后親筆所繪觀世音菩薩像名畫一幅奉贈。平襟亞對此廣告作苦笑，說：「本人與呂碧城未謀一面，素不相識，她這廣告，好像和我有殺父之仇，真是何苦如此呢。想我是個窮書生，如今身價居然也值一幅名畫，可稱異數。」沈知方臨別時勸慰他說：「呂的靠山就是卓領事，因此，你只要足不進租界一步，便毫無危險了。如今你身在蘇州，她的勢力範圍所不及，莫說觀世音畫像，便是玉皇大帝的畫像也嚇唬不倒人的，你放心就是。」平襟亞感激不盡，與他們分別後，依然日夜寫作不輟。

一九二六年秋，呂碧城離滬赴美時，將小犬杏兒贈與好友尺五樓主。後來每次通訊，必詢及杏兒。一次得知杏兒死去，惆悵不

已，「小犬杏兒，燕產之。金髮被體，狀頗可愛，余去滬時贈諸尺五樓主。昨得來書，謂因病物化，埋之荒郊，為悵惘累日，賦此答之。『依依常傍畫裙旁，燈影衣香憶小窗。愁絕江南舊詞客，一犁花雨葬仙龐。』」她的愛狗成癖，由此可見一斑。

而這官司如何了結呢？據鄭逸梅的的回憶說：「而事有湊巧，那位報界老前輩錢芥塵，素廣交遊，既識碧城，又稔襟亞，他出於熱忱，以魯仲連自居，經他老人家調停，雙方前嫌盡棄，訟事遂告和解。襟亞欣然返滬，租得李家圈一屋，辦起書店，發行這部《人海潮》。我亦為之色喜，這時我的內兄周梵生，受彰德養壽園袁氏之聘，為西席教授，教寒雲的諸子讀書，因此便代索寒雲為《人海潮》題簽。出版後，此書風行一時，襟亞把書店遷至福州路，大事擴充，名中央書店，出版了很多的圖書，那中央書店，成為上海私辦書商的巨擘。」

據亞公文章說，一九二七年五月，北伐軍到了上海，上海的會審公堂收回了，改作臨時法院，領事裁判權同時取消了。上海局面大變。那時候平襟亞挺起腰板到上海，把《人海潮》小說交給沈、李二人去出版。同時又由老友錢芥塵的介紹，委託鄭毓秀女律師寫信給呂碧城，信上說：「平襟亞前曾通緝在案，你是原告，有案可稽，現在此人在本律師事務所當秘書職務，如你要涉訟，可催法院傳訊，倘一星期內不經催訊，本律師得向法院請求撤銷以前的通緝命令。」呂碧城此時因為靠山已倒，接信後置之不問。鄭律師當向法院聲請，撤銷了前項通緝平襟亞的命令。一場「狗官司」經過了一年又三個月的時日，至此總算結束了。而《人海潮》出版後轟動一時，短短七個月內，狂銷達五萬餘本，一舉奠定了平襟亞在文壇的地位。平襟亞可說是因禍得福。

遊戲於「市井文化」的王小逸

報人金雄白説：「洋場才子中有兩人確是值得欽佩的，其一為王小逸，他以『捉刀人』筆名每日為大小報紙十餘家寫小説。下筆如春蠶食葉，頃刻而就。他的容貌恂恂如三家村學究，但筆下旖旎風流，近乎淫穢，而佈局每多想入非非，引人入勝。我辦《海報》時，他為長期撰述者之一。有一次，我特地請他寫四篇中篇小説，筆調要一學紅樓，一仿西廂，一追三國，一效水滸。十日之內，居然全部交稿，雖未必能説完全可以亂真，但一讀即可脱口而出曰，這是三國筆調，這有紅樓韻味。可見其不僅生有才智，亦可見學有淵源。他每日寫十餘篇，向壁虛構，而書中情節，能絲毫不亂，不可謂非奇才也。」

王小逸（1895-1962）名次鑫、鑫，字榕生、雄聲、小逸，上海南匯縣川沙鎮人。筆名很多，主要有捉刀人、春水生、愛去先生、何家支、乙未塵等。據時人玖君的〈報人外史〉形容他，説：「愛去先生，高高個子，胖胖身材，紅紅臉色，訥訥談吐，目架靉靆，外表近似南貨店阿大，糧食店經理，書香子弟，無文弱書生氣息。」一九一二年，十七歲的王小逸是上海東亞法科大學的學生。這年冬天，他寫出了第一篇處女作《癡情花》。不久，大學畢業，他沒有找到與法律相關的職業，於是執教於上海豫園萃秀堂的一個小學。他和張恂子同事，張恂子任教務長，王小逸任四年級級任，

兩人都是文學青年，教學餘暇向報刊投稿，他與張恂子、呂夢吾還成立了文友社，出版了月刊。他在這月刊上發表了一些亂話式的幽默文章和詩詞，尤以《海濱竹枝詞》為最佳。並和張恂子、顧佛影被人稱作「浦東三傑」。後來文友社搬到上海市區，他聯合顧佛影、吳覺迷等浦東同鄉，辦了一份《浦東旬報》。玖君說：「張任主幹，王為主筆，名雖浦東的地方十日刊，大本營卻築於上海，編輯部，萃秀堂教員室也，發行部，菜市街王春山也（王為著名小報發行人），印刷所，小南門南洋印刷所也。對開篇幅，頗具規模，兩人興致很好，王工作吃重，論說、新聞、談話、小品、小說，甚至校對，一手包辦。」「《浦東旬報》和《新浦東》一對姊妹花，五縣人士，爭先快睹，每期銷行三千餘份，不愧地方報冠軍了。」王小逸在《浦東旬報》上發表了《海西花絮錄》的長篇連載小說。

不久，《浦東旬報》改名為《浦東星報》。一九二四年六月七日創刊小型報《顯微鏡》，每三日出一張，館址設在望平街，由顧佛影編輯。羮羮在〈近年來上海小報滄桑錄〉文中說：「《顯微鏡》創刊於甲子端節後一日而終於是月之二十七日，僅僅乎八期也。而此八期之報，至今日彌可珍貴，其內容之豐富，實可與《晶報》並駕齊驅，長篇如王小逸之《人海妖風》，顧佛影君之《如此銷魂》等莫不聚精會神，而張恂子君等之著作，更見精彩，南通土皇帝之珍聞秘史，尤見價值，其後以西子湖水戰聲，及不靈機數篇文字而停版，論者惜之。」而據鄭逸梅的《民國舊派文藝期刊叢話》說，《顯微鏡》的內容，除此之外，還有化名「教書匠」的《學界現形記》。雜作，如張恂子的《本事詩》，奚燕子的《倦眼看花記》，虛聲的《留東別史》，破衲的《軍閥寫真》等。該報出至第八期止，後改為《銚報》。長篇繼續登載，風格也是一循舊觀，增加了孤山藥樵的《湖海飄零錄》，石才的《醫林軼話》。有若干短篇是穢褻的。十六期停刊，這時是一九二四年八月二十八

日，壽命之短，可想而知。一九二四年十月十日，三日刊《海報》創刊，由朱瘦菊編輯。王小逸有長篇小說《眾生相》刊於其中。在這同時，王小逸加入了《金鋼鑽月刊》和《金鋼鑽報》的通俗文人圈子，並參與《金鋼鑽報》的附刊「金鋼扶輪會」的具體編務，據鄭逸梅說，它是由施濟群、許息庵、王小逸、孫玉聲、張恂子、火雪明、鄭逸梅、施叔範、何立三、黃南丁、陳蝶衣、尤愛梅等輪流編輯的。

　　一九二五年十一月周瘦鵑創《紫羅蘭》半月刊，同年年底王小逸在《紫羅蘭》上連載長篇小說《春水微波》，連載至一九二六年三月，因其棄文從軍而中斷。隨著生活的逼迫和時勢的發展，他從軍擔任了北洋政府淞滬警備司令部辦公廳參議，並以這段生活見聞為題材寫了短篇小說《軍中婦人》。一九二七年夏隨軍至贛、粵，一九二八年隨軍返滬。不久，他脫離軍界，到了天津當上了中華電訊社的分社主任，結識了後來在北方紅極一時的武俠小說大家宮白羽，那時宮白羽是分社的外勤記者。王小逸在〈寫作四始〉一文中說：「我在

王小逸的《春水微波》的插圖

天津多暇，便把在《紫羅蘭》上一部發表而中斷的《春水微波》，一口氣續完，郵寄周瘦鵑先生，等我從天津回滬，《春水微波》已然由大東書局出版單行本了，以後中央書店的《神秘之窟》和《金鋼鑽》的《眾生相》，隨之出版，所以《春水微波》，是我出版單行本小說的開始。」《春水微波》一出，轟動不小，范煙橋曾評價說，這部小說是從慾開始（金錢慾和肉慾）展開描寫，反映了市民的「新人學」，故此小說被時人譽為「自李涵秋、畢倚虹之後」的「警人名著」，當時的廣告謂其「能使社會群眾心弦飛揚；能使青年情侶神經緊張；能使薄命女兒涕淚滂沱；能使失戀男子吞聲苦笑。」。

孟兆臣的《中國近代小報史》說：「王小逸成名後，便引起了小報界的注意，來嵐聲是這時的小報界名人，他本是通易銀行的職員，手下卻辦有《世界晨報》和《時代日報》，還有一書局，名『震華書局』。來君手下負責社會版的朱惺公，很賞識王小逸，請他在兩報上撰寫小說，王小逸便以『捉刀人』的筆名寫了《歪嘴吹燈錄》、《王公館》、《蝶戀花》、《迷人詞》、《亂紅飛絮》等多部香豔小說，他也是從這時開始使用『捉刀人』這一筆名，除了在兩報連載外，來嵐聲的震華書局出版了大批王小逸的小說。」

三○年代王小逸在上海定居後，居住在滬南路何家支弄，家中有人口十一，分別是父親、姨母、弟弟次炎夫婦、妻陸氏、女爾安、爾白、爾南、爾慶和子爾基。生計都依賴他和弟弟維持。他一方面在清心中學教書，一方面代上海各小報寫稿。一九三七年抗戰爆發，王小逸一家分居五處，生活不堪其憂。其弟弟的暴卒，更使他只能用一支筆獨力維持大家庭的生活重擔。王小逸在《明月誰家》一書的〈序〉中說：「民二十六秋，大戰起。余倉皇自滬南何家支弄避難。拆家人為五處，母妹返王溪繼志橋故宅；長女爾安挈其二妹爾白爾南，投鐵沙西南外家陸氏；內子率次女爾慶、兒子爾基舍於馬浪路金君家；弟次炎與其婦，仍留何家支弄；余則奉父

至名遠旅館。……余語之曰：『苟有不幸，無五處共遭不幸之理也。』後數日，望月有感，念月在碧空，普照大地，我望月，散處之家人，亦必望月，因潸焉出涕。白詩：『共看明月應垂淚，一夜鄉心五處同。』古人已先我言之。其後毛君創《小說日報》，陳君主筆政，刊余舊作《儁侶榜》畢，謀所以為繼者。余憬然於向之望月有感，乃拈『明月誰家』為篇名與之。自此日撰四五百言，絕少中輟，凡是一年而又若干月而畢，《小說日報》亦停版。又逾年，春萌書店主人陳君輒請付之，因有單行本之發行。然五年來已盡人事之變遷矣，先大夫棄養，長女遠嫁，爾基生一歲而殤，去歲，同母女弟次梅卒，余扶其遺孤爾答以為子，其後吾弟復暴卒，……五年，一瞬耳，其不可測也已若是，及今望月，月其在誰家耶？固之月之無所不在也，然其為歡為愁，又何如耶？」

　　孟兆臣的《中國近代小報史》說：「蟄居孤島，小逸創作低落，意志消沈。閒居無俚，小逸常到大東茶室小坐，一次巧遇《社會日報》的陳靈犀，陳君勸慰他一番後，邀他為《社會日報》寫稿，小逸便打起精神，寫《鸞和散輯》（諧音「亂話三千」），連載後，大受歡迎。據筆者的不完全統計，他從民國二十七年到三十三年，在《社會日報》上共發表了十九部連載小說，居其各報發表小說數之首。據筆者的不完全統計，除發單行本的小說不算，他共為三十五家小報，寫了近一百部連載小說。」而魏紹昌也說：「鴛鴦蝴蝶派以寫小說起家，能手不少，但最能適應海派小報要求的，唯『捉刀人』為首。淪陷時期的《申報》、《新申報》等大報也約他寫連載小說，在《申報》他化名何家支，在《新申報》他化名馮軼。前者如《風雨同舟》和《明月誰家》，後者如《同功繭》，連載後都出單行本。」

　　范煙橋說：「敵偽時期，市民階層生活在緊張、混亂、腐朽、糜爛的氣氛中，在戰爭已成持久形勢並且戰場遠離身邊的情況下，

又看不到進步報刊，感到苦悶無聊，只好看些中間性、軟性的刊物及小說消遣，於是新的綜合性雜誌和小型報便應運而生。」王小逸可說是恰逢其會地在這時產生，尤其是人們在看夠了比王小逸還早的一批鴛鴦蝴蝶派的作品後，對王小逸所寫的身邊小人物和香艷的筆調，深深吸引。另外王小逸更熟稔市井的語言，他將市井小民即興的諧謔「生動」地做為人物的對白，充滿了「性」暗示，也就是范煙橋所說的「『語帶雙敲』的『風情』描述」。例如說：「一個女孩子家，便是火藥庫，只要射著一些火星，便會發作。和姑爺住在一塊，誰保得定奶膀子與小肚子兩處不生變化。」又他在短篇小說〈笑痕〉有段描寫說，史小姐原來的情人之一的鍾氏靠裙帶關係當了部長，史小姐找上門去重續舊歡，以此為自己的丈夫閨謀得一監督的差事。丈夫有滋有味地準備上任，「百忙之中，又趕緊奔入繡房裡，想慰勞慰勞這位官太太，未免更做出文武不擋、混亂俱全有些急不待緩的樣子。史小姐道：『且慢，你這個監督是哪裡來的？』閨監督道：『是鍾部長委的。』史小姐笑道：『非也，非也。』閨監督道：『是太太給我的。』史小姐笑道：『非也，非也。』閨監督道：『那究竟是哪裡來的？』史小姐用手一指道：『此處非別，乃是產生官吏之所，製造官吏之場，任用官吏之路，薦舉官吏之門。你別瞧是個小小的所在，實乃大大的機關。你能三不知亂來的嗎？』閨監督聽他夫人身上安設機關，便不敢亂闖，只得鞠躬如也，告退。……官是幾個錢一斤，太太是幾個錢一斤？二者不可得兼，寧取官。便上任去訖。」等都得之於市井語言。這種語帶雙關而具地方色彩的風格，被稱做「亂話」，而「亂話」更構成整部小說的滑稽風格。

　　從題材到語言，王小逸確實掌握到市井小民的喜好。學者李楠就說：「初入報界的王小逸是一位地道的鴛蝴文人，自二十年代末，他漸漸揚棄了鴛蝴文人所剩無幾的名士氣，將市民意識和商

業屬性發揮得越來越淋漓盡致，成為最受歡迎的通俗海派作家。」尤其是在他之前鴛鴦蝴蝶派的作者不是揚州籍就是蘇州籍，他們寫的多是吳語小說，而王小逸是道道地地的上海人，他的「上海白」（上海方言）小說一出，無疑地佔了先天的優勢，難怪當時有「有報皆『捉』（捉刀人），無刊不『愛』（愛去先生）」之說。鄭逸梅更說：「那時小型報紙競爭很烈，大都崇尚一些春情麗婉的小說，那些小型報紙編者都要羅致小逸的小說，他也就寫些媚俗趨時的長篇說部，於是甲報寫了，乙報也要這樣寫，丙報丁報都有同樣的要求，最多的時候，他擔任了十家小型報寫同一類型的長篇小說。但類型雖同，而機杼各具，花樣翻新，這的確是很不容易的。並且他日間有課，沒有功夫寫，直到課畢，才到各報館，即在編輯室裡寫數百字交給編輯先生。因為長篇小說每日登載，不能間斷的，甲報交卷了，再跑乙報丙報丁報，同樣是急就章，一一交卷。後來他覺得這樣跑，費時費力，他知道各小型報都集中在牯嶺路某家印刷所排印，他索性跑到印刷所去，據帳房間中半隻桌子，雖印刷機隆隆作響，帳房間進出的人又很嘈雜，他卻無所謂，奮筆疾書，連寫有賡續性的小說十篇，每篇小說各有人物線索，他有條不紊，從不纏誤混淆，這一點別人都做不到，他卻應付裕如。」

對於當時王小逸的小說，所以一紙風行。阿英（錢杏邨）在一九三八年的一篇〈論新的色情小說〉中說：「捉刀人作品之所以風行一時，實由於投合了我軍退出淞滬後一般幻滅頹廢讀者的心理。他們對於戰爭勝利前途的信念發生動搖，走上了消沉享樂的路。捉刀人作品，恰好是迎合了他們的需要，使他們在跳舞、跑冰、玩女人之外，更能得到一種文字的享受，一種性的新刺激。」但阿英也不否認王小逸的寫作技巧，他說：「捉刀人的寫作技術，確有足以吸引讀者，而又不同於舊色情小說的所在。作品的內容，雖仍不免於摭拾舊作，雜湊成章，但它卻能運用一種新的技巧，而

加以表現。」阿英指出王小逸，「是善於運用一切新舊的，以及從軍政到日常生活的術語，而使之色情化，就是把一切的名詞，運用來形容性行為，使讀者能得到一種新奇的感覺。」但阿英認為王小逸的作品是「新的色情小説」，甚至指稱他的《鶯和散輯》和《今雜事秘》是「新性史」，則不免過於誇張和武斷。論者周允中就指出，過去，完全將王小逸斥之為黃色或者色情小説家的思維模式和批評，恐怕過於直截了當和膚淺浮躁，現在看來並不完全正確。學者劉祥安認為「概而言之，王小逸在敵偽時期的通俗作品，可分為三類。《石榴紅》是一類，直接寫『孤島時期』的上海郊縣，『飛鷹隊長』巧取豪奪終至被刺的故事；《北雁南飛》、《明月誰家》、《蝶戀花》是一類，仍以性關係為基礎，寫社會生活，但筆墨更多田園氣息；《同功繭》等等是一類，大致可以稱之為『色情小説』。」

四十年代自《萬象》、《春秋》、《大眾》等大型刊物出版後，王小逸更成了當紅的作家，似乎每本雜誌的每期刊物上，都有他的作品。一九四四年，王小逸和謝啼紅一起創辦了《大方雜誌》，雜誌為旬刊，每月逢五出版，十六開，二十四頁。闢有周小平主持的「電影之頁」，魏新主持的「話劇」，黃也白執編的「漫畫特輯」以及「作家自傳」、「書壇」、「社會特寫」、「小説連載」等。王小逸在《大方》上發表了《捉刀人自傳》、長篇小説《三婦之家》，但內容和文筆已經是強弩之末，了無新意了。

四十年代後期，刊登捉刀人小説的報刊雜誌，有八九家之多，使王小逸一個月的稿費收入，竟達三、四百元之多，一個大學教授的收入也不過如此。而當時的市民讀者卻對王小逸的寫作格調產生了厭倦，於是，《鐵報》的編者向他提出寫作「別裁」小説的要求。王在《鐵報》裏曾經撰文説道：「編輯先生要我重做馮婦，寫類似別裁一般的小説，我不得不答應下來，可是推陳出新的技巧，實在感到有些不夠，結果是『管他娘』，換了鈔票再説。」

一九五二年後，因已無小報生存空間，王小逸只能棄筆從教，在上海市南中學任教，一九六二年卒。

雜誌介紹王小逸的專頁

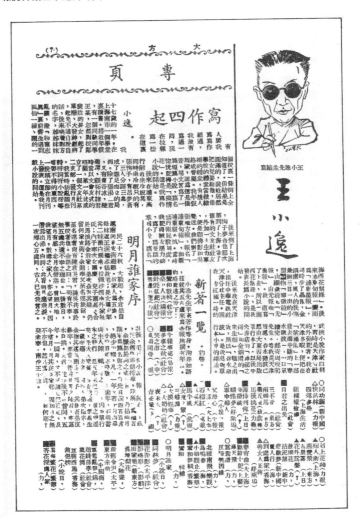

難忘《秋海棠》的秦瘦鷗

在二十世紀三〇年代中期他以譯作《御香縹緲錄》聲名鵲起；四〇年代初又因創作長篇言情小説《秋海棠》而走紅全國，《秋海棠》曾被譽為「民國第一悲劇」、「民國第一言情小説」、「民國南方通俗小説的壓卷之作」，它感動了千千萬萬多情男女，也奠定了秦瘦鷗在中國現代文壇中的地位。張愛玲發表於一九四三年十一月的《古今》半月刊的〈洋人看京戲及其他〉一文也極稱讚《秋海棠》，她説：「《秋海棠》一劇風靡了全上海，不能不歸功於故事裡京戲氣氛的濃。……《秋海棠》裡最動人的一句話是京戲的唱詞，而京戲又是引用的鼓兒詞：『酒逢知己千杯少，話不投機半句多。』爛熟的口頭禪，可是經落魄的秋海棠這麼一回味，憑空添上了無限的蒼涼感

秦瘦鷗

慨。中國人向來喜歡引經據典。美麗的，精闢的斷句，兩千年前的老笑話，混在日常談吐裡自由使用著。這些看不見的纖維，組成了我們活生生的過去。傳統的本身增強了力量，因為它不停地被引用到新的人，新的事物與局面上。」但由於人們長期以來對於通俗文學的歧視與鄙視，而將秦瘦鷗歸入了鴛鴦蝴蝶派作家使其長期受到了忽視。學者楊劍龍認為：「中國現代文學應該是精英文學與通俗文學雙翼齊飛的文學，自二十世紀九〇年代以來，通俗文學已逐漸受到重視，通俗文學被寫入中國現代文學史也已經成為了一個不爭的事實，秦瘦鷗的創作逐漸被關注被重視，《秋海棠》也被載入了文學史，但是對於秦瘦鷗創作的研究仍然未得到應有的重視。對於這樣一位一生勤勉創作翻譯的作家，應該有更為深入全面的研究和關注。」

《秋海棠》在《申報》連載首天

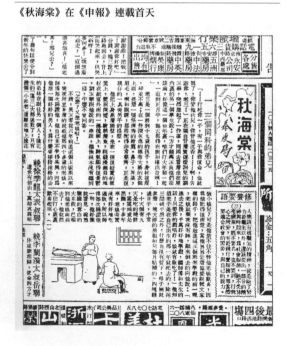

　　秦瘦鷗（1908-1993）江蘇嘉定縣（今屬上海市）人。原名秦浩，學名秦思沛，筆名計有：劉白帆、萬千、字遠、陳新等，早期他還用過「怪風」的筆名。他六歲時就來到上海求學，讀完小學，進入上海澄衷中學，中學畢業後即進入中華職業學校讀商科。又考入上海商科大學，畢業後，他先後在京滬、滬杭甬鐵路局工作。秦瘦鷗雖讀的是商科，但他對文學十分酷愛，在大學期間就開始為報紙寫文章，還寫了第一部小說習作《恩・仇・善・惡》。他曾擔任《時事新報》的助理編輯，一九二八年二十一歲就在《時事新報》副刊《青光》發表長篇章回小說《孽海濤》，得到了讀者的讚譽。據中醫師陳存仁回憶，一九二九年間，經他介紹，秦瘦鷗認識《新聞報》副刊《快活林》主編嚴獨鶴，並向其投稿的情況，說：「幾個月之後，他寫好一篇小說叫做〈秋海棠〉，署名怪風。厚厚的一疊稿箋，面交獨鶴。不料，從此音訊全無。隔了三個月之後，獨鶴把〈秋海棠〉原稿交還給我，說：『現在《快活林》正在刊登李涵秋的長篇小説，登完了之後，由報館當局通過要登張恨水的《啼笑因緣》，怪風的〈秋海棠〉，因為著作人的名氣與地位還夠不上，而且怪風這個筆名，登在大報上也有些不雅。』其實，在這一段時期，怪風三天五天，都帶一盒蛋糕或朱古力糖送給獨鶴，已經花了不少錢，一聽到原稿退回的消息，頓時嗒然若失。」

　　這次的挫敗，並沒有擊垮秦瘦鷗的寫作之路。一九三三年間他開始翻譯德齡的《御香縹緲錄》（Imperial Incense），並因陳存仁的建議，他把筆名改為「秦瘦鷗」。他說：「德齡的原著出版後不久，我的老朋友倪哲存兄從美國郵寄了一本給我。在獵奇心理的驅使下，我即著手翻譯，並通過文壇前輩周瘦鵑先生的推薦，於一九三四年四月中旬起，在當時上海《申報》的《春秋》副刊逐日連載。」陳存仁說：「最初刊登時，編輯部同人還有人認為秦瘦鷗不是小說名家，貿然刊出這一篇長稿，有損《申報》報格。不料連

登了二十天以上，讀者的反應良好，紛紛到報館來補報，發行部、廣告部都向報館當局反映，最好能從每天刊載一千字，擴展到一千五百字左右，從此『秦瘦鷗』三字，一舉成名。」

秦瘦鷗對譯述此書，態度是嚴肅而認真的，晚年他還回憶道：「在一邊譯一邊發表的過程中，我察覺到由於德齡對晚清的歷史知道得太少，且長期僑居國外，更不熟悉國內情況，以致在敘述中間不少錯誤，漏洞很多。她的原著是英文，讀者都是外國人，馬虎一些還能矇混過去；但我譯出來給國內的讀者看，顯然是不行的。坦率地說，當時我自己的歷史知識水平也並不太高明，幸而是在國內，有機會可以去查閱各種書籍，於是我就臨渴掘井，搜來了趙爾巽等編撰的《清史稿》、黃鴻壽所著的《清史紀事本末》、胡思敬的《國聞備乘》、費行簡的《慈禧傳信錄》、金梁的《四朝軼聞》等一二十種舊書，匆匆進行的校閱。同時又碰巧得到亡友唐雲帆兄的幫助，結識唐寶潮將軍夫人──德齡的胞妹容齡女士，以及他們的二哥、年逾花甲的勳齡先生，不時

秦瘦鷗（右）與陳存仁的女兒

陳存仁與秦瘦鷗（右）

向他們求教，才使我有可能給德齡的
原著，多少做了一些綴補和彌縫的工
作。但我的加工畢竟改變不了《御香
縹緲錄》的原貌，説得更正確一些，
我只是盡其所能，幫助德齡圓謊而
已；甚至反而加強了這部書的欺騙
性，使讀者越發真假莫辨，心中無
數。例如對於那樣一個思想頑固的慈
禧，德齡從個人感情出發，竟在書中
多處加以美化，把她寫得很像一個富
於人情味的老太太，即使對她的紊亂
朝政、擅作威福等等，也解釋為由於
慈禧早年飽經憂患、情緒惡劣所致，
或者看作老年人的怪脾氣，大大減輕
了她的罪過。」秦瘦鷗又説：「這類
真偽參半的歷史雜著的大量發行，必
不可免地產生了一些不好的副作用。
尤其是對於青年人，他們既沒有足夠
的識別力，又得不到正確的輔導，難
免玉石不分，造成思想混亂。大學歷
史系的學生在寫論文時，竟有引用
《御香縹緲錄》等書中的記敍作為依
據而寫畢業論文的，使我知道後極感
不安。」

　　《御香縹緲錄》在《申報》連載
完畢不久，即由該報印出了單行本，
自一九三六年至一九四九年，再版約

御香縹緲錄

七八次，加上各地私營書店所印，總發行數估計超過了五萬冊。這數字在當時算是很多的了。

《御香縹緲錄》將近連載完時，《申報》總主筆，也是小說家的陳冷血，特別關照副刊編輯要秦瘦鷗再譯一部清宮的秘史，於是秦瘦鷗再找來德齡的《清宮續記》》（Son of Heaven），那是專門描寫慈禧後半世虐待光緒的情況，秦瘦鷗的譯名叫做《瀛台泣血記》，又在《申報》刊出。

一九三七年上海淪陷後，秦瘦鷗開始在《大美晚報》、《大英夜報》、《譯報》等報社任編輯。據同在《大英夜報》的胡漢君說，秦瘦鷗原本主編《大英夜報》副刊，後來由於要聞版主編朱雲光另有高就，就由他繼任，但不久他又辭職他去。

陳存仁說：「《瀛台泣血記》登完之後，報館方面要求他再寫一部小說，他就揀出舊稿〈秋海棠〉把它重新整理，悉心改寫。」而秦瘦鷗在〈《秋海棠》的題外之文〉中說，這小說最初是想給《大公報》的。「可是『八‧一三』的事跟著就爆發了，《大公報》和其他各報都臨時加出號外，取消副刊，多登載戰時消息，於是《秋海棠》的事便擱了下來」。在後來的三四年間，秦瘦鷗不斷修改，自一九四一年一月六日至一九四二年二月十三日，在周瘦鵑主編的《申報‧春秋》上連載，引起相當轟動。據香港作家劉以鬯說，他的祖母便是「秋海棠」迷，每天《申報》一送進門，她老人家便取走副刊，誰也不許和她爭。一九四二年七月，金城圖書公司馬上發行單行本。同年十二月，由秦瘦鷗與顧仲彝改編為話劇劇本，由費穆、黃佐臨等導演，石揮、喬奇、沈敏、英子、張伐、穆宏、白文等合演的話劇，在上海連演四個半月一五〇餘場，竟打破話劇界從來未有的賣座紀錄。石揮就是因演《秋海棠》成功而紅出來的，並在一九四三年奪得「話劇皇帝」的桂冠。據陳存仁說：「最初一兩個月，來看的都是衣冠楚楚的中上階級，後來連中下階

層的男男女女也來看，據戲院中掃地的人說：『向來卡爾登的觀眾很少有垃圾丟在地下，現在一場戲下來，全是橘子皮、香蕉皮、花生殼、瓜子殼等。』其實那時的觀眾，不限於上海的人，有很多是來自京滬、滬杭兩路的觀眾，其轟動竟然如此。」學者邵迎建也說：「消息不脛而走，轟動波及鄰近城市，人們從蘇州、杭州、南京趕來觀看，戲票一月前就被訂購完，只好以配給方式預購。演員因體力不支，相繼倒下，A角石揮倒下B角張伐上，B角張伐倒下C角喬奇上，哪怕臨時改換演員，仍無人退票。」

而一九四三年十二月，張善琨的華影公司出品，馬徐維邦編導，李麗華、呂玉堃合演的電影，也相繼推出。陳存仁在《抗戰時代生活史》書中說：「秦瘦鷗對《秋海棠》的成功，很是滿意，對各劇種的演出也都很稱心，祗是沒有拍成電影，認為還是遺憾，於是由黃寄萍介紹和張善琨接洽，張善琨明知這戲有號召力，但是口頭上說：『這部戲已經演到濫了，所以不願再拍。』秦瘦鷗聽他這樣說，心中暗暗著急，談到最後，張善琨勉強答應了，但是劇本費出得不多，總算簽了合約。豈知張善琨在簽約後，竟大規模籌劃一切，由呂玉堃演秋海棠，拍成電影之後，賣座又打破了紀錄。」

另外當時說書最紅的女彈詞家是范雪君，當時住在陳存仁的診所隔壁二十號，范雪君初期出來行道鬻藝，闖走江湖，但她所獻演的還是老書，開說新書，還是陳存仁向她建議的。陳存仁說：「我的太太是范雪君的老聽眾，而范雪君卻是我的老病家，所以我們相當廝熟，往來既頻，友誼殊厚。有一次對她建議，我說老書說得好到若何程度，還不足以號召新聽客。因為那些『坐狀元檯』的老聽客，試思人壽幾何，他們要老病死去的。范小姐，那你應該開說新書，培養新聽客，便能戰勝同業，自站於不敗之地。」又說：「那時她在謝葆生所辦的仙樂書場（即仙樂舞廳，日間改書場），也想說《秋海棠》。范雪君問起我：『《啼笑因緣彈詞本》的編寫人陸

澹庵，你熟不熟？』我説：『陸先生是我學校時代的國文老師。』於是她就託我轉請陸老師吃飯，當面商量此事。陸澹庵一口答應説：『你要全部彈詞，須等許多時日，不如我寫一段你説一段，稿費不收，不過，有一個條件，你白天在仙樂唱，晚上要和我兄弟辦的一個大華書場來彈唱一場。』兩人如此談判就算成局。仙樂書場的老闆謝葆生原是個游俠兒，蠻橫得很，他見到范雪君一登台竟然十分轟動，不許她再在別個場子説夜場。因此形成一場糾紛，陸澹庵本來想不再寫下去，後來想想又恐怕得罪了謝葆生，會生出許多麻煩，也就由她在仙樂唱到底。」范雪君加上陸澹庵，真可謂名家聯手，是足資號召的。

魏紹昌説：「周瘦鵑和女兒阿瑛看了石揮的話劇之後，父女兩人為秋海棠最後跳樓自殺而痛哭流涕，非常難受，女兒一定要父親續寫《秋海棠》，將他救活，父親欣然捉筆，就在一九四三年復刊的《紫羅蘭》月刊上連載。周瘦鵑寫的《新秋海棠》，從第一章〈九死一生〉起，到第十二章〈皆大歡喜〉結束。周瘦鵑早年以寫哀情小説著名，作品中的男女主角都是雙雙殉情而亡，至少其中之一必死無疑。到了晚年卻大發慈悲，竟將秋海棠救活，《新秋海棠》寫成喜劇的結局了。」但這個「續書」顯然沒有得到成功，到了八〇年代秦瘦鷗對此還有微言，他説：「早年也有別人給《秋海棠》寫過續集，但都失敗了。我認為第一是他們不熟悉這類題材，第二是他們硬要把秋海棠救活過來，再當主角，這一情節缺乏真實感，所以讀者接受不了。」儘管如此秦瘦鷗在八〇年代卻自己動手寫續集，打算寫成「梨園三部曲」。可是只寫了第二部曲《梅寶》（秋海棠女兒的故事），在上海《解放日報》上連載後出書，卻再也引不起當年的盛況，第三部就寫不下去了。

上海淪陷後，秦瘦鷗流亡到桂林，從事抗日救亡活動。他以日軍進攻桂林形成百萬人大流亡的情況，寫成《危城記》。在此之

前，秦瘦鷗始終被認為是「鴛鴦蝴蝶派」的一員大將，在《秋海棠》上舞台、上銀幕，讓他名利雙收之後，他決心改變筆調與格局，藉以洗刷「鴛鴦蝴蝶派」的顏色。可惜《危城記》這部小說的銷路並不怎樣好。

一九四四年夏，日軍突襲湘、桂、黔，秦瘦鷗從桂林倉皇奔逃。十月初，途經貴陽抵達重慶。十一月張友鸞應友人之邀，到《時事新報》主持編務，他聽到張恨水提到新近來重慶的秦瘦鷗身陷困境，便立即邀請他一道去《時事新報》工作，並推薦為主筆。曾和他在重慶再度重逢的胡漢君說：「他那時候正以主筆名義在《時事新報》主持編輯部，而他又厭倦夜生活。我則正以失業漢的身份在重慶無所事事，他一半是同情我，一半是為了他自己可以耍個金蟬脫殼，徵得我的同意向《時事新報》總經理張萬里兄推薦我繼任他的職位。我與張萬里兄本來熟識（初到重慶時曾在《時事新報》主編過短期的國際新聞版），所以水到渠成，我們在《時事新報》又成了同事。但同事的時間並不長，他轉任經濟部甘肅油礦局（局本部設重慶）任秘書。甘肅油礦局是事業機構，在當時可說是待遇優渥且過於國家銀行。」據秦瘦鷗說在離開《時事新報》後，多蒙張恨水、張友鸞二位先生的提攜，我先進了《新民報》，捧到了一隻飯碗，但住處仍無著落。由於一個偶然因素，經同學介紹，又進了資源委員會所屬的甘肅油礦局，配到了一間二十多平方米的宿舍，晚間則仍去《新民報》。

抗戰勝利，離川東歸，胡漢君說：「但是在勝利後我們仍然成了同事，他轉任經濟部的秘書，派在駐滬辦事處工作，而我兼任《益世報》和《大英夜報》的總編輯，白天和晚上都得埋頭苦幹，心力漸有不支之感。為了給我分勞，他屈就《大英夜報》的副總編輯，利用中午休息的兩小時，來報社幫忙，並對版面的改進，不時提供極有價值的建議。以後他轉任台灣金銅礦業公司（屬經濟部）

副局長兼駐滬辦事處主任，事情多了，才因抽不出時間而從此脫離新聞事業這個圈子。」秦瘦鷗在文章中說：「一九四七年下半年，曾留學法國，專攻有色金屬冶煉專業的施家福被調任台灣礦務局局長。在重慶時，我和施已是很熟的朋友，他感到缺少一個能抓業務和財務的助手，便再三慫恿我去台灣。……一九四八年夏天，我暫時以『臺銅』客人的身份，渡過海峽，去了金瓜石。……在整個礦區中心，有著一所寬敞精美的招待所，據說當初是為了迎接日本皇太子（就是今天的明仁天皇）而特地興建的，前有庭園，後有高爾夫球場，儘管都是日本格式，但設備相當齊全，環境整潔，使我一住十幾天，猶戀戀不捨。後經孫越崎先生（案：油礦局總經理）同意，我便正式成了『臺銅』的副局長，分工負責遇事向南京資源委員會請示聯繫，採購器材原料以及招待往來於海峽兩岸之間的職工和客戶等事務，因而大部分時間我仍留在上海。」

一九四九年四月，國民黨政權已面臨瓦解，乃使盡手段，脅迫各方面的知名人士和專家學者隨他們出逃。這時施家福來了兩次電話，催秦瘦鷗去台灣。於是他就匆匆挾著行李上了飛機，飛抵台北。秦瘦鷗說：「我糊里糊塗在台北逗留了幾天，很快已到月底了，『臺銅』照例要向中央銀行借一筆錢，以供月初發放工資之用。施家福看我閒得無聊，就叫我代他去銀行接頭。因為是例行公事，錢一下就借到了，臨別時，銀行經理提醒我：『你們礦務局今年該出的第二批金子可別耽誤啊！』他還讓我看了上海中央銀行發去的一份電報，我回去一問，施家福也說有這件事，金子已準備好了，只因向來負責押運黃金的業務處長家在台北，看到戰局那麼緊張，害怕到了上海回不來，從此與愛妻永別，拖延著沒起身，我頓時靈機一動，表示願意代勞。」於是在一九四九年五月中旬，做為台灣金銅礦務局代表的三個人，在上海解放前夕（五月二十五日上海解放），奉命押運千兩黃金抵達上海。秦瘦鷗說：「那天下午是

在龍華飛機場上把黃金直接點交中央銀行人員的，他們所交出的收據立即由其中的二人收起，搭乘下一航班飛回台北。……尚有一人留在上海，這個人就是我。」

全國解放後，秦瘦鷗應邀到香港任香港《文匯報》副刊部主任，創辦了集文出版社，兼任總編輯。一九五六年調任上海文匯出版社任第一編輯室主任，後在上海文藝出版社、上海出版文獻資料編輯所、上海辭海出版社任編審。

「文化大革命」中，秦瘦鷗受到批鬥，曾想與老舍、傅雷一樣以死抗爭。在一次野蠻的街頭批鬥會之後，人群中有一個老人走到他身邊低聲勸慰，秦瘦鷗從讀者的理解和愛護中得到安慰，終於走出了絕望的泥沼。在幹校勞動時，他常偷偷地在香煙盒背面或練習本上寫小說草稿，這就是後來由花城出版社出版的《劫收日記》。吳承惠在回憶秦瘦鷗的文章中說，一九七九年他在上海文藝出版社當編輯，開始籌備創辦《藝術世界》雜誌，「擬定約稿對象，很自然地就想到了秦老。便託畫家章西堐先生代為致意，秦老欣然答應，還擬了三個題目，請我們編輯部任擇其一。像秦老這樣久負名望的老作家肯給我們寫稿，還不是寫什麼我們就登什麼，但他卻如此謙虛，先來徵求一下我們的意見，聽一聽編輯部的要求再落筆，這種誠懇合作態度是很值得我們後輩學習的。」吳承惠又說：「一九八二年《新民晚報》復刊，我被調回負責副刊的編輯工作，與秦老的合作的機會就更多了。他不但自己寫稿，還幫我們發現新作者，像被秦老愛稱為『咪咪』的華文漪，就給我們寫過一個時期的藝術生活小品。還幫我們審看讀者投來的長篇連載，看後必附來密密麻麻的兩紙，上面寫著故事的梗概，審看的意見，是用還是不用的建議。」

一九八二年，秦瘦鷗遷入法華鎮路淮海大樓新寓。他雖步入耄耋高齡，又身患頑症，仍經常參加街道里弄活動，替鄰里向街道或

區政府寫信，反映民情、民意，還為近鄰莘莘學子輔導高考作文，指導寫作，並給收入低微的里弄清潔工阿姨以接濟，受到居民們稱道。每從報上得知某地發生災情，某部隊戰士生了重病，他總是捐獻幫困。有一次，他將一件定做的新鴨絨衫捐出，說：「要捐，就要捐好的。」秦瘦鷗還擔任家鄉嘉定京昆藝術研究會、七色文學社等文化團體的顧問，並將收藏的文史資料和書畫捐贈給家鄉的文化機構。

除了創作之外，秦瘦鷗還從事文學翻譯工作，據說中國第一本《茶花女》也是由他翻譯成中文的，他從法文版《茶花女》直譯過來，由春明出版社出版，可見得他還懂得法文，可惜連他的家人至今仍未能見到這個譯本。除此之外，秦瘦鷗的譯著還有《華雷斯偵探小說選》早已在一九三二年左右出版，共九本，又可惜這幾本譯著秦瘦鷗都無家藏。文革前，千方百計找回了這九本譯著，其中一本還是他女兒秦嘉的同學在地攤上看到的舊書「淘」來給她的，然而，文化大革命一來，全被抄家抄得不見了蹤影。致使文革後很多出版社來找秦瘦鷗意欲重出版書，秦瘦鷗竟拿不出一本來，後來還是花城出版社千方百計從圖書館藏中找到秦瘦鷗的譯著，於一九九九年出版了其中的《萬事通》、《天網恢恢》、《蒙面人》三本。

儘管秦瘦鷗以後還寫過不少膾炙人口的作品，如：長篇小說《危城記》、《劫收日記》、《梅寶》、《第十六樁離婚案》；中篇小說《婚姻大事》、《劉瞎子開眼》、《患難夫妻》、《婚姻大事》；電影文學劇本《江淮稻粱肥》；散文集《晚霞記》、《海棠室閒話》、《戲迷自傳》等等，然而，每當人們提起這位海棠室主的時候，總是忘不了要說一句：他的《秋海棠》了不起啊！

一九九三年十月十四日秦瘦鷗走完了他的一生，與世長辭，但是，他的「秋海棠」卻永遠活耀在舞臺、銀幕上。

輯 二

玩世不恭的小報奇才張丹斧

說起張丹斧，今人都不熟識，其實他是上個世紀二三十年代上海報界的著名人物。有「補白大王」之稱的掌故作家鄭逸梅就曾經這麼描述張丹斧，他說：「談起張丹斧，幾乎眾口一辭的加他一個徽號『文壇怪物』，在筆端提到他，腦幕中兀是浮現著胖胖的軀幹，穿著青布袍子，外加著一件背心，頭戴羅宋帽，白髮飄疏，容顏卻很紅潤，手裡摩挲著古泉漢玉，口頭禪常有什麼『奇談』、『好東西』的印象來。」

張丹斧（1877-1937），本名張辰，又名張延禮，筆名丹翁，晚號後樂笑翁、無厄道人、張無為等。江蘇省儀徵縣人，世居揚州。儀徵張氏，書香門第，丹斧父為廩膳生，是一循循儒者。丹斧幼年，聰慧過人，讀書十行並下，故在其十一、二歲時，已讀畢四書五經，詩文操筆立就，清晰可誦，一時有神童之稱。然其個性詭譎機警，尤善惡作劇，同塾學童無不為之欺凌，甚至塾師有時亦不免為其侮弄。如此頑劣行為，層出不窮，愈演愈烈，塾師無法教讀，因往告其父，令其退學。後來其父與老友吳恩棠商量，使丹斧從其讀，吳恩棠為儀徵廩生，文名重一時，性豁達，灑脫不羈，尤喜詼諧，無頭巾氣，被稱為揚州三狂人之一。他雖明知丹斧行惡劣，但愛其聰慧，欣然允諾。自丹斧從讀後，吳恩棠不但不嚴予管束，每於課後，師生對坐相談，上下古今，甚至涉及戲謔。丹斧因受其師

人格感化及薰陶，習性大變，一反往昔所為，對於其師，固極尊敬，對於他人，亦無任何惡劣行為。埋首攻讀，日夜不輟，所學大進。惟其好為戲謔成性，始終不改。

　　張丹斧早年曾中秀才，後入新式學堂，畢業於天津客籍學堂。據一九三七年十一月二日《晶報》鎮冠的〈回憶張丹翁先生〉文中說：「端方督兩江時，選派留學日本，丹翁亦在其列。而丹翁不願往，在滬補習英語，嘗於數星期中，讀畢英文法程二本，但不久即又盡忘，不屑更讀。要之丹翁固當時之一維新學生也。」他曾入南社為社員，又曾出仕為官「曾任山將軍之高級參謀，陸建章都陝時之秘書」，他還曾為商務印書館編輯者兩年。據錢芥塵回憶：「光緒三十一、二年間，杜天氏在鎮江《揚子江報》，渠與汪子實先生及丹翁同館辦事。……杜氏逝世，《揚子江報》停辦，丹翁乃入劉廉軒氏所辦鎮江《風人報》為編輯，不久應其在天津客籍學堂肄業時之同學管西園先生聘請，至滬助編一種文藝圖書報紙，自此即居海上。宣統年時，改就《競業旬報》，胡適之先生，時亦為該報編輯之一。」迨民國成立，芥塵先生辦《大共和日報》，聘丹翁編副刊。據一九三七年十一月二十六日《晶報》觀蠡的〈哀張丹翁先生〉文中說：「所作小評，有語必諧，無字不雋，特以四號字（似是三號字），排四五欄大長行，圈點之式，亦與俗殊，每字旁加一大圈，如筆管式，此為吾國報紙之別裁，愚腦中留有深刻印象，至今未忘，為時已將三十年。《大共和報》輟刊後，丹翁之文，雖仍又讀，而此大圈圈則不可復睹矣。當時與之同見於《大共和》副刊者，一為李涵秋之說部《廣陵潮》，一為吾鄉孫靜庵先生之筆記《棲霞閣野乘》，二者與翁文並重於世。」

　　胡適在其日記上曾說，《競業旬報》「主筆前後共三人：傅君劍（鈍根）、張無為（丹斧），及余也。」其中傅君劍即是曾任《長沙日報》的總編輯傅熊湘，他是「南社」有名的社員之一，光

緒三十二至三十四年，他在上海主編《競業旬報》，胡適之曾為這本雜誌寫過不少稿子。後來由張丹斧接任主編，而從二十四期（1908年8月）起，方由胡適任主編。又上海《新聞報》的汪漢溪聘張丹斧為編輯，主編其副刊《莊諧叢錄》。據鄭逸梅說，後來汪漢溪覺得不生動，不活潑，吸引力差，對丹斧頗有微詞。丹斧名士氣重，拂袖而去，所以後來丹斧在《晶報》經常挑《新聞報》的眼，那是有原因的。民元錢芥塵在上海創辦《大共和日報》，丹斧主編該報副刊。錢芥塵主持下的《大共和日報》政論方面遵循章黨（章太炎）方針，時時與孫中山、黃興作對。關林在〈錢芥塵其人其事〉文中說：「作為一種政治意識很強的《大共和日報》即使這樣也時時遇到經費支絀的困窘，也因此使章太炎在沒有認清袁世凱稱帝的野心前，曾經並非十分情願地接受過袁世凱的二萬元『贈款』。正是基於有此『贈款』，袁世凱稱帝後傳話錢芥塵。非要《大共和日報》改稱《大中華報》，以示擁護洪憲帝制。早先也曾說過袁世凱好話的章太炎、錢芥塵，至此則都清楚『復辟』的不得人心，絕無前途，於是斷然決定《大共和日報》停刊，時在一九一五年夏。」

鎮冠的〈回憶張丹翁先生〉文中又說：「民國六年，芥塵先生接辦《神州日報》，丹翁復來海上，又詼諧文妙詩。民國八年，《大報》出版，丹翁遂為駐館記者，每期撰稿，且十八年半而無間斷。其間雖曾為舒舍予先生，編極小型之《小日報》四十期，又為陳布雷先生編《商報》附刊者一載，但仍以本報（案：指《晶報》）為主也。丹翁常稱半生混跡報界，壯而老，行將終身為《晶報》執筆。」

《晶報》本來是《神州日報》的附刊，當時凡購買《神州日報》者，附送《晶報》，不加分文。而到一九一九年三月三日起，余大雄就把《晶報》從《神州日報》附刊上脫胎出來，開始成為獨立的一份小報。《晶報》的作者班底其實是透過余大雄、張丹斧等

人的關係網絡而構建起來的。名報人包天笑就說：「《神州日報》
那房子，既舊且窄，《晶報》這小小一間編輯室，也就是他的會客
室。有時少長咸集，群賢畢至，余大雄的朋友，張丹斧的朋友，
朋友帶來的朋友，如樑上之燕，自去自來，談天說地，笑語喧嘩，
吃飽了自己的飯，閒管著別人的事，討論辯駁，是白非黑，而他就
在此中可以汲取材料了。」學者季宵瑤認為藉由人際網路的建立，
《晶報》旗下聚集了一批涉足各個領域的文化人士，既保證豐富的
稿件來源，又使該報的內容呈現多元化的面貌，故張丹翁將《晶
報》比作一鍋「任何作風皆有」的「大雜燴」。秦紹德將《晶報》
定義為「熔新聞、文藝、知識、娛樂為一爐」的綜合性小報。

　　早期的《晶報》有兩位主筆，一位是袁寒雲（克文），他是
名義上的主筆，因為他是袁世凱的次子，用他的名義來應付外界
的。另一位就是張丹斧，所有外來文稿，都由他過目、潤刪。特別
是余大雄寫的稿子，都由丹翁筆削潤飾過的。其實早在民國四、五
年間，袁寒雲因反對其父的帝制，逃避至滬，此後即在滬定居，丹
斧為其座上客，與寒雲談論詩文小學之外，並共同鑑定其所收藏的
古銅器，以及古錢、古鏡、古瓷器、書畫、碑帖、宋元明版等書
籍。袁寒雲對收藏情有獨鍾，舉凡銅、瓷、玉、石、書畫、古錢、
金幣、郵票、香水瓶、古今中外的秘戲圖、光怪陸離的稀世珍品，
無一不好。他為自己陳列收藏的「一鬟樓」自做長聯，道是：「屈
子騷，龍門史，孟德歌，子建賦，杜陵詩，稼軒詞，耐庵傳，實父
曲，千古精靈，都供心賞；敬行鏡，攻胥鎖，東宮車，永始斝，梁
王璽，宛仁錢，秦嘉印，晉卿匜，一囊珍秘，且與身俱。」足見他
當時收藏之盛況。除此而外，他還致力於珍本名稀圖書收藏，特別
求購宋元佳本尤多。很短的時間，他便萃集宋元版名著百數，特築
藏書樓曰「百宋書藏」，當宋版書增至兩百部時，又改樓名為「皕
宋書藏」。宋版書到明代時已按頁論價，兩百種宋本，其價值顯然

是不言而喻。袁寒雲收書時間並不長，然其聚書之速，藏書之精，令一般藏書家望塵莫及。而張丹斧在此之前曾為某洋行英人鑑定所收購之古物字畫，並隨同該英人至蘇、皖、魯、豫、平、津、關外各地，收購古物字畫，自己亦乘機收購。迨甲骨發現，大批為英人及羅振玉等所購外，丹斧亦購得少許，因不時以考訂甲骨文字登諸報端，並為人專書甲骨文而以甲骨專家相標榜。

袁寒雲有一癖好，凡其所喜愛之物，與其所喜愛之如夫人同，在未為其所有時，不惜煞費任何氣力，千方百計，謀為其所有。迨為其所有後，積久生厭，棄之如遺，不予一顧。陳定山在《春申舊聞》書中曾說：「丹翁有古錢癖，而玩世不恭，嘗以『牙笏』售於袁寒雲，云經考據，確是『唐段太尉擊朱泚笏』笏上殷血斑爛，作紫褐色如漢玉出土者，可以證也。寒雲以『唐長孫皇后一捻指痕錢貞觀通寶』易之，得而喜極不寐，置床頭，一夕摩挲數百遍。忽為阿芙蓉所沾，拂拭不去，命姬人以水滌之，笏著水，忽呈軟化，急取淋漓，不成片段。俯察之有穢氣，乃登

袁寒雲

厠草紙，摺疊而成，加漆焉。寒雲大惑，馳詢丹翁。翁大笑曰，前日拙荊，適有霞飛鳥道，月滿鴻溝故事，製成此笏，以禦洪水，僕以為製作甚古，特轉假以呈高明耳。寒雲大窘，然亦無如之何。索貞觀錢。翁曰：『適向燈下細看，此錢亦不似真，已付朱高士換酒矣。』其滑稽多類是。」但有論者以為「以婦人經期後所棄之紙，斷無仿製殷墟古物之可能。且縱使能予仿製，寒雲非盲目者，其紙筋畢露，知其非殷墟古物，而不受其欺矇，此為顯不合情且不可能之事，丹斧反自稱有此事，蓋因寒雲墓木已拱，無可對證，藉此以炫其能。」而與袁寒雲同為在青幫「大」字輩大佬阮慕白説，彼在寒雲家，見丹斧持一古錢，向寒雲謂係在揚州鄉間所購得。寒雲見而認為係在古泉家多年搜求而未得之珍品，當時喜極欲狂，欲其相讓。詎丹斧竟支吾謂已有一日人與之相購，價已談妥，特攜來以供鑑賞。後經再四相商，方肯以宋版書一部，所藏清宮流出郎世寧所畫屏條一幅、摺扇一柄相易。丹斧將所易得寒雲宋版書悉予出賣，獲得鉅款。

　　張丹斧藏有漢陶瓶，係一九一四年他在西安任陝西督軍幕僚所獲，上有朱書漢熹平元年（漢靈帝年號，公元172年）字樣，是極為難得的珍品，張丹翁視為鎮室之寶。袁寒雲聽説了，睡不安枕。他想出了一個讓張丹斧不得不讓給他的辦法，有一天，余大雄適巧在他那裡啜茶品茗，見他正在寫一部長篇《辛丙秘苑》，出於職業敏感，余大雄希望能在《晶報》連載，經商懇，得袁寒雲應允。余大雄樂不可支，即在《晶報》上大吹特吹地登載預告，並把《秘苑》的序文先行披露，讀者莫不以先睹為快，報紙銷數激增。然而連載到第十六篇時，戛然而止，袁寒雲不再供稿。情急之中，余大雄發揮了「腳編輯」作用，一再登門求索。大出余大雄的意料，袁寒雲卻提出了條件，要張丹斧的陶瓶作為酬報。余大雄迫於無奈，只得商之於張丹斧，最後三方言明，陶瓶歸於袁寒雲，寒雲必須撰《秘

苑》十萬言，而余大雄則以最優厚的稿酬給張丹斧以為回報。袁寒雲獲得陶瓶之後，十分高興，也以其平素最寶貴的三代玉盞、漢曹整印、宋蘇軾石鼓硯，和漢玉核桃串存張丹斧處為質，期限一百天完稿，逾期議罰。然而令余大雄、張丹斧瞠目的是，《辛丙秘苑》寫到第二十八篇又停了，這次是為了袁寒雲的如夫人唐志君的妹妹唐志英去世，協助辦理喪事，無暇執筆，且向張丹斧暫時收回三代玉盞，以貯酒來奠祭小姨。但張丹斧認為《秘苑》僅交萬言，才不及十分之一，玉盞絕不放手。於是彼此弄得很僵，玉盞不歸，《秘苑》不續。到了約期將屆時，張丹斧寫信向袁寒雲催稿，袁寒雲怒而寫篇〈山塘墜李記〉揭發張丹斧的陰私，張丹斧也寫一篇〈韓狗傳〉回罵袁寒雲。袁寒雲又以洹上村人署名，寫〈裸體跳舞〉，談霜月家醜事，以霜月隱射丹斧，丹斧立致寒雲書：「……小說妙絕，僕之逸事，得椽筆寫生，且感且快，僕顏之厚，不減先生，而逸事之多，恐先生亦不減僕也。一笑。草草佈頌洹上村人撰安，霜月頓首。」寒雲覆之：「不佞以道聽途說，偶衍成篇，但覺事之有趣，而不論所指為誰，假拈霜月二字以名之，竟有自承者，奇矣！而自承者又為我好友丹斧，尤奇！迷離惝恍，吾知罪矣。寒。」如此一來一往，急壞了余大雄，他低聲下氣一面分別向兩位爺磕頭作揖；一面費盡口舌，乞請一位巨商幫忙，貸了一筆巨款，他將款付給張丹翁，預先償還了陶瓶的時價；再把質押在張丹斧處的三代玉盞還給袁寒雲；另兩件寶物典押給那位巨商。結果，袁寒雲答應續寫，但不再受限期的束縛，此後斷斷續續寫了幾篇，終未能完成全稿。而寒雲與丹斧兩人的交誼，久久不復。後來，張丹斧獲得漢趙飛燕玉環，袁寒雲艷羨得不得了，結果張丹斧與之交換其他古物，兩人乃言歸於好。

張丹斧在《晶報》專寫類似時評的《小言》。並特約當時所謂名作家包天笑、李涵秋、孫癯蝯、侯疑始、畢倚虹，等為該報撰

述，該報因此頗風行一時，每期《小言》，既均丹斧所撰，標題亦均為丹斧所書，或為篆籀，或為甲骨，或為漢隸，或為怪體草字；其意蓋欲使人知其博學多能。所寫《小言》，大都利用時日，迎合一般人心理批評時事，指摘當代人物，嬉笑怒罵、冷嘲熱諷，皆具有刺激性，閱者不乏其人，因此丹斧在《晶報》頗擁有一部份讀者。丹斧擔任《晶報》撰述，有十多年歷史，和袁寒雲、包天笑、李涵秋、孫癯庵，稱為「五毒」。寒雲為虎，天笑為蛛蛛，癯庵為蜈蚣，涵秋為癩蝦蟆，丹斧為蛇。因此丹斧有時撰稿，竟署名張蛇。

　　鄭逸梅說張丹斧：「在報刊撰作，常署丹翁，有人把丹翁譯為白話：『通紅的老頭子』。更有捉狹的人說：『丹者赤也，翁者老也，那麼丹翁不如直捷痛快地改為赤老吧！』在蘇滬人士的口吻，『赤老』是『鬼』的別稱，他聽了付諸一笑。有時竟自署『赤老』，大有郭橐駝名我固當之概。那時無錫有位吳觀蠡，主持《錫報》，筆調也很鋒利尖刻，有『無錫張丹斧』之號。他知道了，就自稱『上海吳觀蠡』，有時簡稱『海蠡』，吳觀蠡撰文，也就簡稱『錫丹』，相印成趣。」鄭逸梅又說：「丹斧有時且挑撥人家開筆戰，他老人家卻處於第三者地位作壁上觀。這時《晶報》上很多評劇家的劇稿，丹斧就慫恿汪仲賢（新劇演員，藝名汪優遊。）化名『戲子』，寫了一篇〈敬告評劇家〉，把評劇家貶得很低。評劇家不服氣，群起進攻，可是『戲子』筆極犀利，大有一以當百之概。那姚民哀（江蘇常熟人，名肖堯，曾隸南社，善著黨會小說。）平時也喜評劇，和評劇家很多往還，大為不平，寫了一篇〈痛斥戲子〉。『戲子』回擊，把說書者歷來犯案吃官司的，列成一表，披露報端，以辱民哀。因民哀操柳敬亭技，在書壇上唱《西廂記》的朱蘭庵便是他。民哀更怒氣填膺，搜考伶人犯案坐牢逐出租界者，也列成一表，藉以報復，並在文字中毀詆及於梨園祖師。伶界方面，大動公憤，聲言要抓住民哀，痛打一頓。民哀大懼，結果由雙

方都相熟的孫玉聲（別署海上漱石生，著有《海上繁華夢》，曾辦過戲院。）出來調解，民哀在梨園公所點香燭，向祖師請罪才罷。」

張丹斧曾任《神州日報》編輯，當時編輯室極為窄隘，夏天揮汗執筆，確實不好受，於是他就寫了一篇〈太陽曬屁股賦〉。他又仿歐陽修〈秋聲賦〉寫有〈尿聲賦〉。雖係為遊戲諷刺之作，但廣徵博引，滔滔不絕，非博覽群書腹儉者所能為。又清末有汪某者，本寠人子，善於鑽緣，得為淮鹽場商，因結交官場，納資捐為後補道。子某為青幫「大」字班，鄉人呼幫會中人為「青皮」，丹斧因作一聯以嘲之，其聯為「阿爹紅頂含鹵汁，大少青皮比糞香」。鄭逸梅說他，寫得一手好書法，但他不肯好好的寫，往往天師畫符似的應付人。有一次，某富商備了厚潤請他寫楹聯，他看不起那個富商，拒絕不寫，卻寫了一副送給對面裁縫舖老闆。他的詩雅近唐韋應物，清雋得很，他又不肯好好的做，做則胡謅打油，自己密密加圈。所寫小品文，善於挖苦人家，使人家讀了哭笑不得。他行動也很詭秘，儀徵有個家，蘇州有一個家，在上海八仙橋雉妓叢集之處又有一個家，人家稱他「狡兔三窟」。

張丹斧作為近代揚州文人，他和胡適、郭沫若等名流都有筆墨交往。據學者吳福輝說，當時《小日報》創刊前，主編張丹翁寫信給胡適，請他為之撰文。一九一九年三月二十一日，胡適回信說：「丹翁：你的來信，我應該遵命，但是此時忙，倘有工夫，我一定做點『小文』字送來。《小日報》出版時，請送我一份。」張丹斧將該信刊發在創刊號首版（這是不是胡適佚文？）。從中可見《小日報》為了銷路也善於利用新文學作家的名聲。而一九二一年七月，商務印書館張元濟、高夢旦幾位先生，把胡適之請到上海來，胡適在七月十七日的日記中說：「……晚間到《神州日報》館看張丹斧，皆不遇。」七月二十一日：「張丹斧介紹許文聲君來訪，許君在七月二十日《商報》寫有〈胡老板登台記〉。」「今天去看張

丹斧，他是一個頑皮的玩世家。」而一九二九年間，丹斧與揚州老鄉畢倚虹共同編輯的《上海畫報》上，曾寫了〈捧聖〉一首詩云：「多年不捧聖人胡，老友寧真怪我無。大道微聞到東北，賢豪那個不歡呼。梅生見面常談你，小曼開筵懶請吾。考據發明用科學，他們白白費功夫。」胡適因此也在《上海畫報》回了的一首〈答丹翁詩〉曰：「慶祥老友多零落，只有丹翁大不同。喚作聖人成典故，收來乾女盡玲瓏。頑皮文字人人笑，憑賴聲名日日紅。多謝年年相捧意，老胡怎敢怪丹翁。」詩後有跋：「丹翁忽然疑我怪他，不敢不答。」從詩中可以看出，他與胡適是多年的老友。

張丹斧和郭沫若也有過文字往來。學者陳福康說，在一九三一年九月七日上海出版的左聯週邊刊物《文藝新聞》第26號第2版《每日筆記》專欄中載：「郭沫若在所著《甲骨文字研究》上，論『祖』『妣』為『牡』『牝』之初字。上海無聊小報之代表《晶報》編者張丹翁見之，為賦一歪詩《讀〈釋祖妣〉》曰：

　　一抹讀之若有味，略翻數葉淡可記。
　　他說牡牝是祖妣，讀者以為確之至。
　　既云古初拜生殖，之二者究像甚器。
　　盍求土音從何來，證我發明之文字。

張丹斧亦好金石骨董，且懂一點古文字學。他雖然寫「歪詩」調侃郭沫若，郭沫若並沒有生氣，後來他們還常常通信。張丹斧對郭沫若其實是很佩服的，他在《晶報》上撰文稱：「並世研甲骨文字者，以郭沫若氏聰明為第一。郭頗不以雪堂（指羅振玉）捨此種學問而參偽政為然，可以知其志趣矣。」

張丹斧年雖甫滿五十，但白髮如霜，舉步蹣跚，形態龍鍾，當時人都尊其為前輩，丹斧亦復藉此倚老賣老。其時上海方面，公司

揭幕、新店開張、平伶登台、影星拍
戲、結婚做壽，無不以盛筵招待記
者，成為風氣，丹斧均皆參與，且以
前輩自居，席間大都均由其致詞。

　　張丹斧曾擔任《繁華報》編
輯，兼為《鍾報》、《光報》、《大
報》、《小日報》、《紅豆報》、
《星光報》、《世界小報》的特約撰
述人。一九三七年抗日戰爭開始時，
因敵機亂擲炸彈，受驚致疾而死，終
年六十一歲。他的學問很雜，他擅長
詩詞、對聯，還有詩鐘，但留傳的甚
少。他又善篆刻，和吳中朱竹坪很莫
逆。竹坪善治印，丹斧常在報端捧
他，稱為「朱高士」。

　　我國最早的漫畫刊物《上海潑
克》（Shanghai Pack）創始人沈泊
塵，曾經出版畫集《新新百美圖》，
每幅畫皆標明「泊塵畫」與「丹斧
題」字樣，其中張丹斧題詩有四五十
首之多。這些畫當時在《大共和日
報》刊出時，是張丹斧自告奮勇，
每圖題寫一詩。丹斧以為泊塵的畫，
合著他的詩和書法，真是相得益彰。
豈料沈泊塵並不領情，他認為丹斧畫
符般的書法，打油般的詩，簡直破壞
了他的畫面。他本以為偶一為之，

沈泊塵畫張丹斧題詩

沒想到張丹斧卻欲罷不能，他便去找編輯余大雄理論，聲色俱厲地大罵張丹斧，不料卻被隔室的張丹斧聽到，丹斧素來很自負的，出來和泊塵爭鬧，兩人差點演出全武行，最後是由余大雄勸開。畫集後來由錢芥塵彙集成書，石印線裝二冊，於一九一三年三月初版。張丹斧有序曰：「挾一技以遊世，初不懼乎無所鳴。沈郎泊塵，冠玉少年，擅場繪事，所圖仕女，未見可敵，準陰陽向背之理，相離合近遠之勢，中穠纖修短之度，探中外古今之秘。唐寅其鬼或靈，必為異時之嘆；仇英朽骨再榮，且真可畏之喟，同輩畫伯，夠斯在下。吾友嘉興錢芥塵，顧好其術，乃輯所為《大共和報》新新百美圖，重付精印，妙裝盛飾，以餉嗜痂。使我題識，贊其藻采。今之詩家，樊山健者，自況不逮，焉稱其服，或曰見獵，侈以當仁，按幅著筆，忽焉成冊，弁乎篇首，未可無言，聊復書之，以誌好弄。張丹斧並書。」

鄭逸梅說：「張丹斧生平著作雖多，但什九為遊戲文章和打油詩，大都含有時間性，過後便成明日黃花，所以從沒有彙刊成集。他的單行本，只有《拆白黨》小說一種，由國學書室出版，現早絕版了。」

張丹斧序

小報界的「教父」錢芥塵

在二〇年代，一提起錢芥塵，可說是大名鼎鼎，尤其是在報界可說是炙手可熱。「補白大王」鄭逸梅還稱錢芥塵為「報壇耆宿」。錢芥塵早年就進入報界，從《警鐘日報》、《大共和日報》到《神州日報》可說都是「大報」；然而錢芥塵最有功績的是在「小報」上，他催生了《晶報》、促成了《小日報》、接辦了《上海畫報》，在上海的諸多小報背後經常可見錢芥塵的身影，當時

錢芥塵

有人說「錢先生在朋友之間，與人交接，從不媒孽人短，且春風口角，隨地揄揚，獎掖後進，尤不遺餘力。」可見其「大老」級的地位與身份。

錢芥塵（1887-1969）原名家福，後取「芥子須彌」之意，改署芥塵，號須彌。祖藉浙江嘉興。錢芥塵幼年喪父，由祖父錢理甫督教成人。有人

以為錢理甫是其父親，誤也。錢芥塵的父親錢熾昌是理甫之次子，錢芥塵的同鄉好友朱其石在《錢理甫先生家傳》（石印本，譚澤闓題簽，朱彊村撰文，葉公綽手書）題跋中寫道：「昨過芥塵，許出贈渠之王父（案：祖父）理甫先生家傳數冊。愚識振海、振鐸、芥塵叔姪垂二十年，可謂累世通家。振海遠涉重洋，居美未返。芥塵棲隱海隅時獲接譚，每與論故鄉掌故，月旦人物輒興滄桑之感。即理甫先生敬惜字紙，愚在童年嘗數數見之，猶縈腦際如昨日事。朱其石讀竟附識。」可證之。錢芥塵因出身於仕宦之家，自幼攻讀，以求功名。他十七歲應嘉興府鄉試，考中第一名秀才。清朝末年，海禁既開，種種新說奇事紛至沓來，錢芥塵受到感染，在一九〇四年前後入上海法政學堂習法律。

一九〇四年，蔡元培在上海主持《警鐘日報》，積極進行反清宣傳，筆墨犀利。此時正在上海求學的錢芥塵，是其熱心讀者，又不時寫稿投寄。蔡元培對其文章甚為賞識，邀之晤面，相談極為投契，便邀其參加《警鐘日報》的工作。錢芥塵身兼報紙的撰述、編輯、校對以至發行數職，成為蔡元培的得力助手。一九〇五年三月，《警鐘日報》被清廷封禁。不久，蔡元培赴德國留學，錢芥塵於是返鄉。在家鄉嘗試「實業救國」與鄉人合資創辦小火輪公司，但因經營不善，負債累累，後由其祖父償還欠款後，他賦閒家居，以詩文自娛。

辛亥革命成功後，由蔡元培之介，他得識章太炎。那時「統一黨」要辦機關報，時提倡五族共和，即名《大共和日報》。該報為一四開大報，陣容堅強，如黃季剛、張季鸞、胡政之、王伯群、余大雄、張丹斧、汪旭初、談善吾都分任輯務，推章太炎為主編，馬敘倫為總經理。後來在馬敘倫去職之後，錢芥塵擔任總編輯，不久又兼任總經理。關林在〈錢芥塵其人其事〉文中說：「作為一種政治意識很強的《大共和日報》即使這樣也時時遇到經費支絀的困

窘，也因此使章太炎在沒有認清袁世
凱稱帝的野心前，曾經並非十分情願
地接受過袁世凱的二萬元『贈款』。
正是基於有此『贈款』，袁世凱稱帝
後傳話錢芥塵。非要《大共和日報》
改稱《大中華報》，以示擁護洪憲帝
制。早先也曾說過袁世凱好話的章
太炎、錢芥塵，至此則都清楚『復
辟』的不得人心，絕無前途，於是斷
然決定《大共和日報》停刊，時在
一九一五年夏。」（鄭逸梅也表示他
曾聽聞錢芥塵講過「贈款」之事。）

之後，錢芥塵進入《神州日報》
擔任經理，並邀張丹斧、余大雄等
進入《神州日報》。鄭逸梅說：「余
穀民（大雄）是個活動份子，擔任協
理，此後芥塵以經理付託穀民，穀
民動了腦筋，辦一三日刊名為《晶
報》，芥塵力助之，撰稿甚多，化名
為道聽、炯炯等，穀民拉稿的本領很
大，他拉稿必親自登門拜訪，一次拉
不到，二次三次繼續拜訪，非達目的
不罷休，人們因給他一個綽號『腳
編輯』，所以《晶報》寫作陣容，
比任何報刊都強，芥塵又為之邀約李
涵秋、張恨水為寫長篇小說，又特邀
皇二子袁寒雲撰《辛丙秘苑》、《新

袁寒雲為錢芥塵書扇

華私乘》更轟動一時。《晶報》本附屬於《神州日報》的，未幾即獨樹一幟，設《晶報》館於望平街，《神州》銷數下降，反賴《晶報》資助。芥塵在此情況下，才把《神州》讓給蔣裕泉改革續刊，未幾又復易主。」

　　錢芥塵接辦過《神州日報》兩年，後席子佩創辦《新申報》，聘錢芥塵任總主筆，孫東吳為編輯主任。鄭逸梅說：「時邵力子在滬辦《民國日報》經費困難，常來《新申報》社，私看電報，默記以供《民國日報》之用，日久，被孫東吳所發覺，遂與芥塵相商，擬辦交涉，芥塵謂：『我與邵力子友好有素，不可以此傷害友誼。』芥塵與北方名流張弧（岱杉）相識，介紹邵力子與岱杉通訊，岱杉給邵力子津貼，以支持《民國日報》。」據關林說，邵力子比錢芥塵年長近五歲，錢、邵之結識，當在《警鐘日報》時期。錢芥塵接任《神州日報》總經理兩年，此時邵力子一度也在該報任編輯。此所以兩人交情匪淺。

　　此後，因包天笑在天津辦《華北新聞》，邀錢芥塵同往。因張弧之推薦錢芥塵在天津結識了奉系軍閥張作霖，張大帥求賢若渴，錢芥塵也傾才相助，從而成為深受張作霖、張學良兩代東北王賞識、信任的江南「客卿」。後來在一九二七年，錢芥塵替張作霖在瀋陽創辦了《新民晚報》（與上海的《新民晚報》無關），但因他正在上海忙著主編《上海畫報》，具體的編輯事務，是委託《晶報》的王益知負責，因此《新民晚報》也成為一分與《晶報》風格近似的東北小報。

　　一九二五年六月六日，小說家畢倚虹敏銳地覺察到新聞圖片和攝影報導的重要性，創辦了一份介於日報和月刊、半月刊之間的新型畫報，每三日出刊一次，圖文並茂，名為《上海畫報》。一九二六年五月十五日，畫報出到一百十二期，畢倚虹病逝。畫報由四合公司出面接辦，具體主編是錢芥塵，而真正後臺則是東北軍

閥張作霖、張學良父子。此後錢芥塵便在《上海畫報》增加大量吹捧張作霖、張學良父子的內容，使該刊成為「東北王」在華東的主要喉舌。一九二八年春，蔣介石從江南起兵再次北伐，就曾以「張作霖在滬坐探」的罪名，公開通緝錢芥塵，迫使錢芥塵潛逃至天津。之後，接手《上海畫報》編務的是周瘦鵑、張丹斧、黃梅生、余空我、秦瘦鷗、舒舍予等人。

據學者張偉說：「《上海畫報》從一九二五年六月六日創刊一直出到一九三三年二月二十六日，八年間共出版858期，論出版時間之長、發行期數之多，影響報壇之廣，當時眾多畫報無出其右。它開創了一種新穎獨特的畫報形式，其發表的近二萬篇文章，一萬餘張照片，為那個時代留下了一部忠實的圖文寫真集！八十餘年後的今天，已很難找到一套完整的《上海畫報》了。一九九六年，嘉德拍賣公司以24200元拍出一套；二〇〇五年，錢芥塵本人保存的一套《上海畫報》也由其後人提供給北京某拍賣公司上拍，底價僅1萬8千～2萬5千元。其實，這是全國少有的一套堪稱齊全的《上海畫報》，且附有不少當年的原照，價值遠不止此，不知最後落入誰家囊中？」

據關林說，錢芥塵當時被蔣介石通緝時，錢妻致信隨蔣介石行動的邵力子設法營救，邵力子先是致函主管上海警備事務的軍長錢大鈞給予通融。繼又聯合蔡元培、戴季陶、吳稚暉並自己共四人，向蔣介石作保，得以請蔣下令撤除對錢芥塵的通緝令。錢芥塵一直將此視為邵力子的救命之恩。未久，知道錢芥塵熟知張學良東北軍情況的邵力子，希望錢芥塵提供能夠推動張學良「易幟」、歸順蔣中央的方略。為報答邵力子的救命之恩，錢芥塵便把「將領之中，誰是重心人物，貢獻給邵先生聽」，於是，張學良的心腹人物于學忠、周大文，分別被蔣介石任命為平津衛戌司令和北平市長，張學良的胞弟張學銘被任命為天津市長。張學良由此認為蔣介石夠朋友，信得過自己，終於決心「易幟」。

與錢芥塵有忘年之交的何戌君說：「張學良駐軍北平，邵力子兩次到錢芥塵家探聽東北軍消息，錢力言于學忠是東北軍重心人物，後來于學忠果然出任平津衛戌司令。筆者素知錢與邵力子、張學良交往親切，去年（案：一九八〇年）至錢家訪問，詢問有關錢芥塵生前留下的遺物，其子錢祖讓出示張學良致錢芥塵書信二封，其一曰：

> 芥塵兄大鑒：手教祇悉。良日來公私過忙，又加精神不爽，身體不快，致兄久候。力子如能來平一遊，良深表歡迎，但須兄將前後情況及所行目的，詳為力子兄言明，商得本人同意方可。否則有關種種，不只不能達到兄之原意，反恐更多不便，諒兄必能思及也。滬津貼一事，昨晚已同能毅兄（案：張學良的機要處長沈能毅）談及，由彼設法，不致使兄從中為難。為良之事，諸多累及，實覺不安。茲奉上番佛二千，請收用為荷。此復，敬請近安！
>
> 張學良頓首
> 五日

張學良出關以後，駐軍北平，錢芥塵在上海受張學良的委託，與滬上新聞界聯繫，各大報主要成員都由張學良發給津貼，此事由錢芥塵從中聯絡。一九二九年初，錢芥塵出面組織了一個「上海報界北方視察團」，成員為各大報總編輯名記者，《申報》代表為張蘊和、戈公振；《新聞報》代表為張繼齋、嚴獨鶴；《民國日報》為管際安；《時事新報》為潘公弼、程滄波等，到了東北由張學良親自招待。鄭逸梅說：「……路過北平，邵飄萍夫人代表《京報》，設宴款接，梅蘭芳和錢芥塵也設席招待，張恨水得晤獨鶴，即在此時。獨鶴和芥塵是老友，無話不談，及談到《新聞報》副刊

上的連載小說，行將結束，擬物色一新作，芥塵說：『貴報所載長篇，大都把南方作為背景，不妨變易一下，把北方作為背景，換換口味，定受讀者歡迎。』獨鶴頗以為然，芥塵立即推薦著《春明外史》的張恨水，一經說項，獨鶴深為喜悅，即約恨水相會，二人一見如故，恨水即以精心結構的《啼笑因緣》給《新聞報》連續登載，一時膾炙人口。」後來嚴獨鶴在《啼笑因緣》刊印單行本上有一序，道及芥塵往事，云：「我和張恨水先生初次會面，是在去年五月間，而腦海中印著『小說家張恨水』六個字的影子，卻差不多已有六、七年了，在六、七年前，某出版社出版了一冊短篇小說集，內中有恨水的一篇著作，雖是短短的一篇，而描寫甚為深刻，措詞也十分雋妙，從此以後，我雖不知道恨水到底是什麼人，卻已有相當的認識了。再近幾年來，恨水所作的長篇小說，散見於北方各日報，《上海畫報》也不斷載著恨水的佳作，我忙於職務，未能一一遍讀，但就已經寓目的而論，總覺得恨水的作品，至少可以當得不同凡俗四個字。去年我到北平，由錢芥塵先生介紹，始和恨水從文字神交結為友誼，並承答應我的請求，擔任為《快活林》撰著長篇小說，我自然表示十二分欣幸。在《啼笑因緣》第一天刊出，便引起了無數讀者的歡迎。」

　　四〇年代，錢芥塵主編《大眾月刊》，當時是很受社會歡迎的。《大眾月刊》於一九四二年十一月創刊，至一九四五年七月休刊，共出三十二期。錢芥塵在〈發刊詞〉中說：「我們今日為什麼不談政治？因為政治是一種專門學問，自有專家來談，以我們的魯鈍，實無從談起。我們也不談風月，因為遍地烽煙，萬方多難，以我們的魯鈍，亦覺不忍再談。我們願意在政治和風月以外，談一點適合於永久人性的東西，談一點有益於日常生活的東西。我們談話對象既是大眾，便以《大眾》命名。我們有時站在十字街頭說話，有時亦不免在象牙塔中清談；我們願十字街頭的讀者，勿責我們不合時宜，亦願象牙塔中的讀者，勿罵我們低級趣味。」為新舊

並存，文白兼收，錢芥塵在編《大眾月刊》並無明顯的內容風格，不論哪派作家，只要稍有點名氣的，莫不拉攏為《大眾》寫稿。因之《大眾》不同於《小說月報》和《萬象》，表現在它的「雜」。鄭逸梅也說：「連載之作大都出於一時名流。如張一麐的《不知老之將至室隨筆》、包天笑的《秋星閣筆記》、張叔通的《余之記者生涯》、丁福保的《余之書籍癖》、范煙橋的《寄琐教葉》、屈彊山的《望絕自紀》、孫夢蕉的《民國開國野乘》、胡樸安的《病廢閉門記》，都是文史掌故，可讀性很強的。長篇小說，有包天笑的《拈花記》、程小青所譯的《咖啡館》、張恨水的《京塵影事》和《過渡時代》、劇本有姚克的《七重天》、《清宮怨》、短篇小說，也連載了潘序祖的許多記，如《尋燕記》、《埋情記》、《拒婚記》等。……我也撰了《蕉窗硯滴》、《談藝胜筆》、《負疴散記》、《銷寒漫筆》等，……芥塵喜提掖青年作家，如程育真、湯雪華等，後來都享盛名。其他如顧明道、徐卓呆、孫了紅、秦瘦鷗、王小逸、張毅漢、徐碧波、呂白華、錢公俠等都是芥塵的朋好，群力為助，充實內容。」又說：「當時《大眾》，由大眾出版社發行，有人欲參觀大眾出版社的，芥塵導至其居室後一間小屋，笑著說：即此便是，原來他苦心孤詣，獨力為之，所有約稿、編輯、發排、校對、以及付郵等役，他一人擔任，不假助他人，以節開支。」據也曾在《大眾》投稿的何戌君說，《大眾》有一特點，與別的期刊不同。稿子送去，錢芥塵一數字數，即吩咐辦事員劉台開一稿費收據，立即付清稿費。此舉大受窮作者歡迎，因此它的積稿比他刊為多；得力的作品，大家也願意交給《大眾》發表。

　　上海淪陷期間，對於錢芥塵的角色，報人徐鑄成在《舊聞雜憶續編》書中這麼說：「新聞界當時被『除奸』的，一是《申報》的錢華，二是《晶報》的余大雄。聽說，這兩個人，背後有一個同一牽線人。此人就是錢芥塵。也和妓院的老鴇一樣，他可以說是新

聞界的人販子。聽說在『九一八』後,他就和日本報導部有密切聯繫,上海新聞界曾先後組織『東北參觀團』和『赴日參觀團』,都是他一手布置,自己卻不參加。他拉人下水的辦法是投人所好,就湯下麵。經濟困難的餌以金錢,愛名的給以吹捧,兩者都不貪的,他還有一個『絕招』:他搜集影印了不少《金瓶梅》一類的古本,對於某些自命清高的對象,登門拜訪,拿出一些『珍本』請求『法鑑』。某些假道學如果投其所好,那就一步步被他的羅網沾住了。聽說以編《英語週刊》聞名的周越然,就這樣被他拖下水的;周與久居香港的葉某(案:指葉靈鳳),是同以收藏洋文性愛之類的書出名的。錢華和余大雄之流,卻是被錢誘進魔掌的。當然,也有他們的主觀原因。」而關於錢芥塵,作家周劭(周黎庵)晚年在〈雪夜閉門讀禁書〉一文中,也提到:「我現在要說的是另一個中國奇人,也是繼承葉德輝的衣缽廣為刊印這類禁書的,則在今日已鮮為人所知。此人叫錢芥塵,他出現在上海是四〇年代初期太平洋戰起之後,我不詳悉他的生平,大概是浙西一帶人,所謂是錢武肅王的後裔,生得南人北相,高大魁梧,猶似直魯大漢。他在上海辦了一個雜誌,自己並不出面,從雜誌的文字上看不出有什麼背景,據說在來滬之前一直在東北,居張作霖幕府,和楊宇霆、莫德惠、張作相等是老友,張學良則是他的後輩,所以對東北和奉系人物熟悉得很,娓娓談來,如數家珍。他善於交際,酷喜請客宴會,時常招集一些並不相識的人在酒樓盛宴,我也曾被他輾轉託人請去叨光過兩次宴請。他不但盛宴招待賓客,並且席散時還每客贈送禮品,那禮品好怪,竟是三四十本小冊子,內容一律是禁書,大都是翻印葉德輝『雙梅景闇叢書』的,而開本奇小,大概是128開,煙盒子那麼大小,真是內容豐富,無所不有,其中尤多連名稱都未聽到過的秘笈。錢芥塵為什麼要廣事交際和贈送那類書籍,我實在百思而無以索解。」

對此種説法，關林有不同的看法，他説：「『太平洋戰爭』之後，上海全市為日軍佔領。這期間錢芥塵利用與汪偽政權中幾位舊友的關係，搞到出版許可證和配給紙，在自己家裏辦起了《大眾》月刊。不少講究民族氣節的上海通俗文學作家，如包天笑、徐卓呆、程小青、鄭逸梅、徐碧波、孫了紅等等，都為這份刊物提供稿件，有些人更是錢芥塵家中的聊談常客。徐鑄成先生談到戰時的錢芥塵，説他是一個專門誘人落水的角色。徐先生是過來人，他的説法當然也是後人瞭解錢芥塵的可供參考的一家之言。然而，包天笑、徐卓呆、鄭逸梅等先生也是過來人，他們對錢芥塵的瞭解至少不會比徐先生淺，如果錢芥塵當時真是徐先生所説的那種角色，包天笑等人怎麼會再與錢芥塵常有來往呢？」

　　錢芥塵有閱讀書報的習慣，早先所閱報刊，多為各家贈閱，日積月累，家中存留報刊堆積如山。據護龍〈報人印象錄〉説：「吾人果過錢先生所居，則必見其床頭擺有當日報紙盈疊，備每日在未盥洗前細讀者，數十年如一日，就此一點觀之，錢先生孜孜兀兀，可謂『不二價』之報人矣。」

　　關林的文章説，解放初期，唐大郎在一次晤談時，同錢芥塵説到夏衍勸他出來辦報，他有些顧慮。錢芥塵即對唐大郎説：「國民黨不會再來，你放心辦報好了。國民黨要是回來，我情願到跑馬廳槍斃。」唐大郎聽後表示：有你的支持，我就辦好了。不久唐大郎創辦的《亦報》就問世了，錢芥塵也成為該報的特約編輯，並加入該報工會。錢芥塵一改多年疏於撰文的習慣，重操筆墨，為《亦報》寫了不少文章。為此，唐大郎當時在一篇文章中特別提到錢芥塵，説在《晶報》和《上海畫報》之後，「他不大寫了，難得寫寫，……倒是在解放後的小報上，寫得非常起勁。」不僅如此，錢芥塵又為《亦報》聯繫了不少外稿，像王益知化名「舊燕」所寫的《張學良外紀》，張恨水的小説《玉嬌枝》等，能在《亦報》連

載，均得於錢芥塵的邀約。《玉嬌枝》未及寫完，張恨水生病不得持筆，而《亦報》連載又不能等待，結果這部小說的收尾是由錢芥塵代勞的。此前，錢芥塵辦的《大眾》上，也連載有張恨水的小說《京塵影事》，這篇小說的結尾也不由張恨水完成，而出於錢芥塵之手。

據其子錢祖讓先生說，錢芥塵在一九五三年得為上海文史館的第一批館員，與邵力子的推薦有關；錢芥塵在一九五五年被捕入獄後於一九五八年獲准保外就醫，也與邵力子的說情有關。這都由於他們兩人幾十年以來建立的深厚交情。

鄭逸梅說：錢芥塵「『文革』受屈，幸尚古山房主人丁浩及姚吉光暗為維護，得免過度勞役，然已老態龍鍾，不堪其苦，卒於一九六九年八月，享壽八十四歲，本擬輯生平著述，刊印《三到集》，稿亦散失無存了。」

《晶報》的「腳編輯」余大雄

在二〇年代在上海街頭報販的叫賣聲，總是「老《申報》要哦？」「小《晶報》要哦？」，此起彼落。當時《申報》是上海數一數二的大報，而《晶報》是剛剛竄起的小報，居然能和它互別苗頭，這實在不能不歸功於余大雄這個身兼社長主編及記者的傳奇人物。

《晶報》本來是《神州日報》的附刊，《神州日報》於一九〇七年四月二日在上海創刊，創刊人為于右任。之後一再易主，當錢芥塵任經理時，聘余大雄為協理。一九一八年，錢芥塵將經理權託付給余大雄，余大雄動了腦筋，辦了《晶報》。它是三日刊，以三個「日」字，湊成一個「晶」字。當時凡購買《神州日報》者，附送《晶報》，不加分文。而這一附贈的《晶報》是充滿內幕新聞而著重文藝雜碎的消閒性文字，誰知出刊後卻為讀者所喜歡，於是每逢附有《晶報》的日子，《神州日報》便銷數大增。後來《晶報》也單獨徵求訂戶，全年收費二元，每月二角。《神州日報》銷數一天比一天少了，而《晶報》的銷數卻不斷地上升，在《神州日報》難以為持的情況下，就依靠《晶報》的收入來貼補開支，應了一句上海俗語「兒子大似娘」了。而到一九一九年三月三日起，余大雄就把《晶報》從《神州日報》附刊上脫胎出來，開始成為獨立的一份小報。

余大雄原名詢，字毅民，有時署名寶鳳、神獅。他是安徽人，早年留學日本。據玖君（王定九）的〈報人外史〉說余大雄：「原籍安徽，一隻徽駱駝，春秋四十八歲。舉學歷頂呱呱老牌留日學生，戊戌政變失敗康梁亡命三島，那時候，余公方是莘莘學子，早稻田大學政治科一年級生。在留學生中很會活動，辦報姻緣，亦導源於斯。他眼見康梁學說唯一時髦，傾動中東，乃亦效梁啟超筆調，作維新論文，投稿『保皇會』東京分會，康梁所辦之《留東新報》。主筆湖南志士劉鐵魂，接稿驚佩余公才具卓凡，修書招致，一見如故，抵掌談天下事，天生瑜亮，私衷互佩，長日過從，頓程莫逆。康梁東渡，劉首介余氏，刮目相看，錄為入室弟子。《留東新報》改組，委余經紀，是為三日大王海外辦報處女期，附龍從雲之始。」又說：「余攻讀早稻田二年，亦因康老夫子膺慶應大學支那文學史講席，而轉學該校，與當時『六君子』之一唐才常介弟有壬同窗。余光緒三十一年畢業回國，直詣故鄉，當時抱負頗大，私意宦海得有奧援，終有出人頭地之一日。當時鍍銀留學生，極是吃香，官場中稱『硬班子』，一似翰林散館做百里侯，稱『虎頭牌』，留學生到京稍有門路，某某部堂官，某某司某員，某某行走，某某見習，穩照牌頭。余有康梁兩隻硬腳膀，當然五色頂子隨己揀，平步青雲沒稀奇啦！豈知世事無常，宦途多變，余公到了京都，豪氣凌雲，原想效蘇秦上國策，費半月撰底稿，耗二晝夜，繕奏章，擬龍目賜誓，好一國封相。誰知徑軍機處投文，大碰釘子，咫尺天顏，英雄無用武之地。余氏脫穎不出，只屈居末僚，暫居七品小京官（內閣中書），在職三年，正想拾階超升，已是辛癸前夜，革命爆發，清廷遜位，余公官夢粉碎，憔悴京華啦！」「民國成立，北洋軍閥竊柄，袁世凱企圖借屍還魂，余公亦充跑龍套，出入『籌安會』。後來段祺瑞當權，小扇子（徐樹錚）主持『安福俱樂部』，他又搖旗吶喊做小嘍囉。可是官星照命，左右不逢源，跑

在人前,卻落人後。不過,會耍筆桿,留東時期,曾辦機關報的一段經歷,寓京數年,各報投稿迨遍,文名倒鵲起,上海《民立》、《中國》、《中外新聞》等報,聘為北京特約訪員,每日拍發專電,記者身份進出各機關,無上便利,北京記者界中,一個活躍的人物咧!」「余大雄離京抵滬,加入《神州日報》,余大雄與《神州日報》,淵源有自,在他留學日本的時候就任《神州日報》東西文譯務,兼撰時論。民國三年還國,被聘為《大共和報》編輯,仍兼為《神州日報》撰文,錢芥塵一度為《神州日報》經理,聘大雄為協理。民國七年,芥塵以經理權付託大雄,明年,大雄便辦《晶報》了。」(轉引自孟兆臣著《中國近代小報史》)

余大雄常言「凡是大報上所不敢登的,《晶報》均可登之;凡是大報上所不便登的,《晶報》都能登之;凡是大報上所不屑登的,《晶報》亦好登之。」因此《晶報》的新聞來源於非正規渠道,它不雇用訪員,也不依靠通訊社,余大雄交遊廣闊,其中不乏律師、醫師、報紙編輯、通俗小說家、自由職業者、海上寓公、洋場才子,他為徵集稿件不憚四處奔波,他拉稿例必親自登門拜訪,一次拉不到,二次三次繼續不斷的拉,非達到目的決不罷休,人稱「腳編輯」,無非說他不怕奔走之意。有人戲稱其「搜括朋友著作,狠於官場之刮地皮」。

鄭逸梅說:「他個子不高,目近視,常戴眼鏡,人很精明幹練,四處拉稿,大都不出稿費,即長篇稿費也很菲薄。袁寒雲對於該報很賣力,寫了許多作品,也不過月致三十元;這錢寒雲不拿,由其小舅子唐采芝(唐志君之兄)取用。」又說:「甚至如徐卓呆給他寫了一年稿,到了年底,大雄只送了一幀月份牌就算酬報了。既然這樣,為什麼一般弄筆墨的肯源源不絕地幫他的忙呢?那是有原因的,第一還是余大雄不怕奔走的拉稿,其次他拉到的稿,從不竄改刪節,原原本本的登出來,這是寫作者最為樂意的。且你

喜歡罵罵誰，他也不怕出亂子給你發表，找麻煩代人受過無所謂，寫作者覺得很夠味，又得借此通通聲氣，所以稿子愈來愈多，有時《晶報》上容納不下，分一部份登在《神州日報》的『神皋雜俎』欄內。《神州日報》既易主，多餘的稿子，只得自用，便佔到第一第四版，〈馮玉祥的日記摘要〉、錢文選的〈天目山遊記〉、劉恨我長篇小說《煙霧花都》、黎明暉的〈愛神的箭〉、老漁的〈海上敲鐘記〉、仲芬的〈日本衣食住與民性〉等，都是雜在廣告版披露的。」

《晶報》與《神州日報》相比，雖然每三日才出四開大小一張，論文字、論篇幅，都比《神州日報》小太多了，但余大雄卻使出了獅子搏兔般的精神，全力以赴。《晶報》雖屬小報，但它的作者群比任何大報都強，包括有：張丹斧、袁寒雲、何海鳴、孫癯媛、李涵秋、包天笑、畢倚虹、馮叔鸞、馮小隱、宣古愚、周今覺、徐凌霄、宋春舫、錢芥塵、張春帆、徐卓呆、周瘦鵑、姚民哀、江紅蕉、宋小波、黃轉陶、姚鵷雛、侯疑始、步林屋、王削穎、嚴獨鶴、王西神、談老談、范君博、汪子實、俞逸芬、胡寄塵、陳小蝶、邵飄萍、吳觀蠡、張慶霖、朱天目、歐陽予倩等人。其中以張丹斧和袁寒雲堪稱兩枝健筆，而且深具號召力，因有「兩高人」之稱。孫癯媛的〈《晶報》兩高人歌〉開頭就說：「寒雲不讀唐後詩，丹翁不識漢後字，是為晶報兩高人，高人乃各有奇致。」而還有位署名「無聊客」的把這批作者以十二生肖稱之，他說：「小隱鬼鬼祟祟，如鼠。凌霄龐然自大，如牛。馬二先生氣唬唬，如虎。小坡一瞥即逝，好吃瓢兒菜，如兔。海鳴常見首不見尾，如龍。丹斧刁刻惹不得，惹便一口咬見骨，恰如蛇。寒雲頗不羈，然有時亦受人籠頭，著鞭愈速，如馬。涵秋描兒女口吻畢肖，有些娘娘腔，白白淨淨，如羊。癯媛一名老孫，再名花果山人，總不脫猴子口吻，是天然的一個猴。天笑以平話描寫社會齷齪，令人

警醒，彷彿如雞。少卿近人而吠，如狗。大雄好吃懶做，如豬。」
除此而外，還有沈泊塵、丁慕琴、黃文農、張光宇、葉淺予、楊清磐
等作畫。《晶報》初期的漫畫，每期一幀由沈泊塵負責；沈患肺
病逝世後，由丁悚負責。當時丁悚在英美煙草公司畫廣告，很忙，
故請謝之光、張光宇、楊清磐等分期擔任，到後來又邀請杭樨英、
黃文農繼任。黃文農人極矮小，有「小東洋」的稱號，他的漫畫，
諷刺性特強，生動潑辣，獲得社會好評。

　　談到《晶報》的編排及內容，鄭逸梅指出，在編排上最初是
分門別類的，如什麼「小月旦」、「俏皮話」、「歌舞場」、「新
魚雁」、「鶯花屑」、「小說」、「筆剩」等。後來改變排列法，
略作長短行的區別，又闢三個門類，一「衣食住」，更注重男女衣
著的流行變遷，由沈淪泥執筆，沈以事中輟。又「新智囊」，託
周瘦鵑擔任，但瘦鵑忙得很，寫了〈瀛瓠〉若干則，也沒有繼續寫
下去。又「燃犀錄」，請《時事新報》撰〈黑幕彙編〉的錢生可撰
寫，但錢生可在《時事新報》上寫得太久太多，資料枯窘了，也就
不了而了。又採用西洋人搜集親朋手翰，羅致社會人士的字畫，每
期刊印一幅，特闢一欄，名「三日一人」，後易名「各有千秋」，
那就不是每期必載了。更闢「字紙籠」，所載無奇不有，如〈洪憲
告示〉、〈科考傳票〉、〈蘇州商會入會證〉、〈光復的上海糧
串〉、〈清季調查戶口門牌單〉、〈張勳復辟時軍用票〉、〈栩樓
詩鐘社請帖〉、〈民國三年大總統府司閽處通知單〉、〈蘇州妓院
之轎飯票〉、〈江浙戰爭中之無錫通行證〉、〈一九一五年奧國人
在天津發行洋房彩票〉、〈民國二年嚴修自倫敦寄袁世凱總統書函
及袁手批〉，雖片楮零簡，卻有文獻價值。

　　鄭逸梅又指出，《晶報》刊載的作品，以短小精悍見稱，但
連載長篇也不少，大都屬於小說和筆記方面，如李涵秋的《愛克
司光錄》、《沁香閣筆記》、《新廣陵潮》（未刊完）。包天笑的

《一年有半》、《冠蓋京華》。姚鵷雛的《槐淘絮語》、《夕陽紅檻錄》。林琴南的《畏廬雜錄》。李菊儕的《百丑圖》。漱六山房主人的《最新九尾龜》、《秋星淚語》、《巾語》、《漱六山房日記》。張恨水的《錦片前程》。袁寒雲的《辛丙秘苑》、《新華私乘》、《賓筵隨筆》、《食貨小志》、《雀語》。唐志君的《陶瘋子》。孫癯蝯的《寶蓋圖宮秘史》、《談摭》、《俳吟一噱》。老匏的《春江花事》。天倪的《人海憶語》。何海鳴的《京華花事談》。畢倚虹遺著《霞樓懺語》。胡說博士的《上海大變》。拈花的《記張謇與余沈壽事》。專講泉幣的，有余大雄的《泉鑑》，袁寒雲的《貨腋》、《龜盦雜詩》。丁福保的《古泉雜記》，這種文字中且有拓本，一般有古泉癖的很感興趣。講印的有《斝齋雜詩》，也有拓本。講郵票的有周今覺的《郵話》，袁寒雲的《談郵》。關於戲劇、說書、灘簧方面，有姚民哀的《歌場贅語》，鄉下人的《南技雜談》，宋小坡的《雪齋劇話》，袁寒雲的《窺妝樓劇談》，馮小隱的《海上歌舞之狀況》，馬二先生的《都門客思錄》，垂雲閣主的《春明歌舞》、《京伶百評》。由此觀之，《晶報》的內容在北里豔屑、闤闠秘聞、軍閥逸事、勝國遺韻之外，兼談文史掌故、金石書畫，不但言之有物，而且文字雅馴，確是第一的消閒讀物。

《晶報》作為一小報，小報的優點「乃在能記大報所不能記，能言大報所不能言，以流利與滑稽之筆，寫可奇可喜之事」，但其缺點也很明顯，「往往道聽塗說，描寫逾分，即不免誨淫誨盜之譏，若夫攻訐陰私，以尖刻為能，風斯下矣。」據鄭逸梅說：「《晶報》因登載穢褻文字而被當時的租界總巡補房刑事稽查處向公共公廨起訴，先後有好幾次。第一次，因登載署名護法軍所撰的〈花國總理行香〉一文，科罰現金二十元，後有李涵秋在《愛克司光錄》說部的第三回中，描寫張三丰新台故事，討論地理，即就肢

體間隨意指畫，也傳余大雄到庭應訊，罰款了事。以後又有兩次，一是亭雲寫的〈續鞭記〉，乘化寫的〈司古魯僕歐記事〉均被控訴，由畢振達律師出庭巧為辯護，得免罰款。畢振達就是小說家畢倚虹，而倚虹曾經寫過一篇〈韓莊一炮記〉，內容很黃色，轟動一時，刊出後居然風平浪靜。」

　　然而有幾件事，也顯示出余大雄的不畏強權的作風。首先是余大雄居然敢捋虎鬚惹惱黑幫老大黃金榮。二十世紀三〇年代，上海黃金榮、杜月笙、張嘯林號稱「三大亨」，都是青幫頭目，誰也不敢得罪他們。余大雄卻敢在太歲頭上動土。當時黃金榮在上海開有一家共舞台戲院，戲院中有位女伶名叫露蘭春，生得極為美艷，黃金榮視為禁臠，打算納為小老婆。誰知富商薛寶潤之子，亦對露蘭春大為垂青，並展開銀彈攻勢。這下子惹惱黃金榮，他命令門徒將薛寶潤之子痛歐一頓。此事上海各報都不敢刊登，唯獨《晶報》報導。黃金榮大怒，原本要余大雄「好看」的，幸經黃老闆門下的文化人出來調解，余大雄登門道歉了事。

　　南通張謇在民國初年也是炙手可熱的名人，他和「繡聖」沈壽之間的戀情，讓沈壽的丈夫余覺認為有奪妻之恨，於是余覺在沈壽去世後，撰寫《余覺沈壽夫婦痛史》，指責張謇與沈壽的關係，認為張謇「矯命霸葬，誣死蔑生」。包天笑在《釧影樓回憶錄》中說，當時余覺在憤恨之餘，寫了一冊《痛史》，登載了張謇的親筆情詩，精楷石印（他本是書家，擅楷書與草字），來找他，要他介紹這《痛史》登上海各報。包天笑沒有接受，並且告訴余覺，以張謇在江蘇的名望，上海各報是沒有一家肯登的。後來余覺找上《晶報》，逐日連載，果然《痛史》一出，上海灘為之轟動。當時袁寒雲很同情余覺的，在《痛史》刊出之前，他有一封覆余覺的信，公開在《晶報》上云：「冰人先生辱覆，悲感沉痛，欷歔久之。以尊夫人之才藝，竟遭此厄，冒終身不白之冤，抱彌天長恨而死，人神

同泣，江海永哀，天下聞之，應為憤慨。若某老倫，人首獸心，妄竊時譽，三百年後，自有公論，秦奸鑄鐵，當世未嘗不赫赫也。真投彼豺虎，豺虎不食之徒。尊夫人在天有靈，必有以誅。亟望見過，暢言其詳，弟雖不才，尚能以口筆布遠其惡，使天下後世毋為所欺焉，兄以身受之痛言之，自足昭重，溫犀秦鏡，奸不可遁矣。……」大罵張謇。

　　至於余大雄最為叫座的一場筆墨官司，莫過於〈聖殿記〉了。所謂「聖」指聖人康有為，至於「殿」乃是指「臀」也。那是有一個德籍醫生希米脫，到上海來推銷他的返老還童之術，連自稱聖人的康有為都去注射（打屁股），文章除了諷刺康聖人之外，也把希米脫挖苦一番。這位德國醫生覺得這將嚴重影響到他的生意，於是聘請上海著名的外國律師，以誹謗罪起訴余大雄，要求賠償名譽和經濟的損失。好友都勸余大雄在租界裡同洋人打官司，總是中國人吃虧，乾脆疏通律師道歉了事。但余大雄堅決不妥協，要與他周旋到底。他說康有為都不計較了，希米脫算什麼。官司結果：判決被告余大雄賠償希米脫一元。聽到判決，希米脫一路怒吼衝出會審公廨，希米脫的發財美夢告吹，悄然離開上海。而余大雄卻因禍得福，《晶報》的銷量因這場官司，又猛增幾千份。

　　余大雄除了辦報之外，還經營茶葉，〈報人外史〉說：「余公長袖善舞，辦報餘暇兼營『久大茶號』，不設門莊，介產銷二者之間，博取傭金。他具國際貿易目光，茶葉出口，預測市價漲跌很準，因此獲利較他家優厚。」而鄭逸梅也說因為余大雄會說日語，便與日本人和當時的偽政權發生關係，做了管理江浙茶稅的官職，江浙茶稅是個肥缺，覬覦者甚多，因而被殺。但事實恐非如此單純，有論者指出，到後來余大雄為日本特務所收買，《晶報》漸有為敵張目之勢時，軍統才決定加以制裁的。陳存仁在《抗戰時代生活史》一書中說：「余大雄這人工於心計，表面上從不暴露輕狂囂

張的姿態，他又善於理財，常常為了一篇揭露社會名流的稿件，敲上一筆竹槓，數目不大是不要的，尤其是販賣烟土或是走私方面的著名人物，給他按月發津貼，因此他早已成為一個殷富的報人。他因精通日文，早和日本人拉上關係，待到八一三炮聲一響，若干報紙都停頓下來，他就潛入新亞大酒店，替日本人做工作，這是日本軍部方面紅極一時的文人。」

　　據報人徐鑄成在《舊聞雜憶續編》書中說：「新聞界當時被『除奸』的，一是《申報》的錢華，二是《晶報》的余大雄。聽說，這兩個人，背後有一個同一牽線人。此人就是錢芥塵。也和妓院的老鴇一樣，他可以說是新聞界的人販子。聽說在『九一八』後，他就和日本報導部有密切聯繫，上海新聞界曾先後組織『東北參觀團』和『赴日參觀團』，都是他一手布置，自己卻不參加。他拉人下水的辦法是投人所好，就湯下麵。經濟困難的餌以金錢，愛名的給以吹捧，兩者都不貪的，他還有一個『絕招』：他搜集影印了不少《金瓶梅》一類的古本，對於某些自命清高的對象，登門拜訪，拿出一些『珍本』請求『法鑑』。某些假道學如果投其所好，那就一步步被他的羅網沾住了。聽說以編《英語週刊》聞名的周越然，就這樣被他拖下水的；周與久居香港的葉某（案：指葉靈鳳），是同以收藏洋文性愛之類的書出名的。錢華和余大雄之流，卻是被錢誘進魔掌的。當然，也有他們的主觀原因。」

　　「八一三」抗戰既起，余大雄眼見國軍西撤，他認為中國已是萬劫不復，於是轉向替日人工作，但為了安全起見，他匿居於北四川路橋邊的虹口新亞酒店，那是日本人戒備最森嚴的特務大本營內，據說他地位很高，私人辦公室以外不但有日本憲兵站崗，還有日本女秘書像下女一樣的服侍他，平時如非相熟的人，經他特許，等閒無法進入這樣一個銅牆鐵壁的魔窟。而當上海淪陷以後，日本侵略者起用漢奸梁鴻志在上海成立維新政府，蘇錫文在浦東組織

偽大道市政府，陸伯鴻等在南市組成南市地方自治委員會。一時，漢奸活動十分猖獗。於是戴笠下令軍統上海區暗殺一些上海漢奸的頭面人物。上海區即成立了兩個行動組，由趙理君和林之江兩人分別擔任組長，專門進行暗殺漢奸活動。當時被上海區打死的漢奸有周鳳歧、陸伯鴻、陸連奎、張嘯林和唐紹儀等人。後來朱嘯谷代理上海區區長，便是由他執行暗殺余大雄的計畫。朱嘯谷幹過新聞記者，而且曾在上海的《立報》工作，大概就在那時，他便奠定了和余大雄相識的基礎，因為他們還帶有一層同鄉關係，攀交情更覺親密。案發之日，軍統特工深入虎穴，將余大雄斬斃在浴缸之中，而後揚長而去。

從《新聲》到《金鋼鑽報》
的施濟群

從編輯《新聲》雜誌到《紅》雜誌到後來的小報《金鋼鑽
報》，做為一位編輯人，施濟群的角色是極為重要的。但就
如同許多小報文人、小報報人一般，他們沒有得到應有的重視，甚
至連生平小傳，都無從稽考了。據鄭逸梅的文章說，施濟群別署花好
月圓人壽室主，是道道地地的上海人。世居城南，和豫園、城隍廟近
在咫尺。曾從名岐黃家盛茂祥學醫，得其薪傳。施濟群學醫成，懸壺
於市，又創製腳腫丸，治病有奇效。因此他後來編《金鋼鑽報》時，
也被嘲諷為「腳編輯」（另一個「腳編輯」是《晶報》的余大雄）

金鋼鑽月刊

新聲　第三期

新聲　第五期

　　施濟群雖嗜小説，但又如何辦起《新聲》雜誌來，鄭逸梅在《民國舊派文藝期刊叢話》一書中説：「原來那時的大世界遊戲場，有《大世界報》，是海上漱石生主編的，該報崇尚文藝小説，在一般遊戲場報中是突出的。漱石生是小説界老前輩，以文會友，因此一些筆墨朋友，自然而然的集合攏來，為它寫稿，並且有一個打燈謎的大組織叫做『萍社』，社員相近千人。漱石生是『萍社』的中堅分子，所以時常在大世界中懸著謎條，備著獎品，大家興高采烈的到這兒來玩玩，濟群也愛好這個玩意兒，成為大世界的老遊客，那很自然的認識了漱石生、天台山農、陸澹庵、朱大可一班人。同時大世界放映電影，是寶蓮主演的《毒手》，那是轟動一時的偵探長篇，濟群、澹庵連續去看，看得很有勁，濟群就提議請澹庵把《毒手》編成小説，由他擔任印資，付印出版，澹庵果然花了一星期的時間把它編成了書，濟群設法刊行，居然銷數不錯，除了印刷紙張裝訂費外，竟賺了些錢。濟群高興得很，他就想進一步辦一雜誌來試試，但辦雜誌和編印一本小冊子是不

同的，必須備有較濃厚的資金，否則出了一期，本錢尚不及收回，即連續再出，會週轉不靈的。他卻抱著決心和勇氣，他是一個學醫的，沒有錢，但在邑廟附近有兩間祖傳的市房，他就毅然把它賣掉來做資本。一方面請澹庵幫他的忙拉稿和編輯，一方面又請嚴諤聲協助，好得這時是雜誌界沉寂時期，寫稿的朋友比較空閒，便拉了很多的稿來。社址即設在諤聲家裡，居然辦雜誌的意圖成為事實，創刊號於一九二一年元旦出版。」

《新聲》創刊號封面題簽出自袁寒雲的手筆，但杜宇為繪仕女畫。內容分有「思潮」、「名著」、「美術」、「談薈」、「諧鐸」、「戲言」、「花語」、「叢話」、「説海」、「餘興」等，每欄的專題，都由名家題繪，題字的，有張丹斧、袁寒雲、許東雷、李浩然、宋小坡、葉楚傖、劉微雨、嚴慎予等。繪畫的，有錢病鶴、但杜宇、丁悚、張光宇、張眉孫、謝之光、楊清磬、金麗生、趙藕生等。

對於《新聲》雜誌，學者范伯群認為施濟群是想搞一個新文學樣式與通俗文藝的拼盤。「《新聲》是一九二一年元旦創刊的，與《小説月報》的改組是同一時間。《新聲》的確發出了許多新的信息，它説明在『五四』以後，一部份通俗作家受了新思潮的影響，也是想改弦易轍的，但是後來卻沒有成功。如果要説《新聲》的總的面貌，那麼可以説它像半革新時期的《小説月報》，甚至比半革新的《小説月報》更多些『新聲』。」

《新聲》只辦到第十期，因其中有脱期，又因印刷廠遭火災，因此第十期出版已是一九二二年六月一日。在該期的〈本雜誌結束通告〉施濟群説：「惟是急流勇退，古訓昭昭。本雜誌既已最先發行，亦當最先告退。且濟群先生已受世界書局之聘，與獨鶴先生合任《紅》雜誌編輯事宜，無暇顧及，故於本期起，宣告終止。」鄭逸梅説《新聲》寫作陣容很堅強，又復豐富多彩，何以只辦到第十

期，那是因為該雜誌給善動腦筋的世界書局主持人沈知方瞧見了，他見獵心喜，也想辦一種雜誌，於是便拉施濟群進局，請他規劃新雜誌，同時再延嚴獨鶴為編輯主任，以資號召，但實際編輯工作，由施濟群負責。而施濟群這方面考量自己辦雜誌，要防虧損的，現在有了後台，且有固定收入，何樂而不為呢！乃毅然就職了。

關於沈知方和世界書局，當年曾經在那裡出過書的喻血輪在《綺情樓雜記》第三集中說：「自民國八年以後，中國人無不知有世界書局者，其在中國文化界地位，幾可與商務印書館、中華書局並駕齊驅焉。按世界書局創辦人為沈知方，浙江紹興人，清末在餘姚習書業，旋至滬與陸費伯鴻創辦中華書局，在發行部任職。沈為人精明強幹，眼光敏銳，其最為大膽而卓越者，則為辛亥未起義前，彼即料定中國革命必成功，嘗慫恿中華書局總經理秘密編輯共和國中小學教科書，總經理從之。及武昌起義成功，南京政府成立，中華書局首以共和國國中小學教科書送教育部審定，教育部以清末教科書正不適用，見稿大喜，立予審定，商務印書館尚未著手擬稿，而中華書局已出書矣。故民國初年，全國各學校幾全為中華書局教科書。此一事不獨使中華書局壓倒商務印書館，且能獲致豐厚之盈利，而沈亦一躍而為中華書局總經理矣。顧沈自恃才氣恢宏，好為投機事業，自任總經理後，復經營其他事業。……顧沈雄心勃勃，決非久於雌伏，因於民國六年在蘇州組織學術研究會，由其姪駿聲出面。駿聲時方在滬經營大東書局，文藝界舊友甚多，乃約予及其他十餘人至蘇州，為學術研究會任事，既至蘇，始知學術研究會，實一雛形書局編輯部，其工作為著作小說及註解舊書。沈生平讀書無多，而獨能透悉社會潮流及讀者心理，經其計畫編出之書，無不行銷。予所著《芸蘭日記》、《林黛玉筆記》、《蕙芳秘密日記》，諸小說，即成於是時，一年中皆銷至二十餘版，其他各書，亦風行一時，當時係用廣文書局名義出版，由大東書局代為發

行。至民國八年，已出書三四十種，獲利甚豐，沈遂親至上海，專心擘劃，盡力展布，將廣文書局改組為世界書局，加強編輯部，擴充印刷廠，其神通之廣大，往往使人吃驚。迄民十以後，凡中國各省會各商埠，無不有世界書局分局。所出書籍，新舊皆備，大小集均有，尤能迎合文化潮流，努力於教科書之出版。不十年間，其發揚光大，使商務、中華亦皆為之傾服。」

沈知方是書業巨子。他熟悉一般市民讀者的閱讀趣味，有著良好的嗅覺和過人的膽識。一九二〇年代初、中期，正是鴛鴦蝴蝶派作品大行其道的當口，世界書局或是將舊小說加以整理，用新式標點排印後廉價發售；或是許以高額稿酬，將張恨水、平江不肖生（向愷然）等受讀者歡迎的作家作品「買斷」，很是出版了一些影響面大、行銷範圍廣的通俗性暢銷書。另外，沈知方採用書刊互動的出版策略，在出書的同時又出版相關雜誌。當時沈知方旗下就有五種鴛鴦蝴蝶派的消閒性刊物，如李涵秋、張雲石主編的旬刊《快活》，嚴獨鶴、施濟群主編的週刊《紅》雜誌，嚴獨鶴、趙苕狂主編的週刊《紅玫瑰》，江紅蕉主編的月刊《家庭雜誌》，施濟群、程小青主編的半月刊《偵探世界》，均在世界書局的強大宣傳攻勢下，一時風行海內外。世界書局也因此成為當時最為主要的鴛鴦蝴蝶派出版陣地，獲得了不少經濟利益。

早期的世界書局把店面油漆成大紅色，稱為「紅屋」，和法式西菜館稱紅房子一般，成為當時福州路文化街上的一道風景。既有「紅屋」，即出《紅》雜誌以符其名。《紅》雜誌週刊，創始於一九二二年八月，結束於一九二四年七月，共一百期，又紀念號一期，增刊一期。在一九二〇年到一九二四年間，創刊的通俗文學刊物如雨後春筍般地有三四十種之多，但很多都倏起倏消，能夠維持兩年甚至更長的時間的，也只有《半月》、《紫蘭花片》、《紅》雜誌、《小說世界》等五、六種。《紅》雜誌所以能維持一百期，

在編輯內容及行銷策略上，都有他用心之處。首先施濟群為了防止雜誌脫期，從創刊號起，每期預先印好，備足四期，然後發行，因此沒有「等不到米下鍋」的窘境，也可見其稿件是充足的。但僅此還不能維持雜誌的「長」壽命，雜誌的長銷還是在於內容要如何吸引讀者，因此《紅》雜誌一如《新聲》，它擁有陣容堅強的「名家」高手。其中長篇小說，有平江不肖生的《江湖奇俠傳》、海上說夢人的《新歇浦潮》，頗能吸引讀者。嚴獨鶴每期撰一短篇小說，他如程小青的《紅寶石》，王西神的《秋水人情》、徐枕亞的《記女俠劉燕聲》、李涵秋的《瓷菩薩》、程瞻廬的《巧小姐》、吳雙熱的《洪姥姥的鴻運》、胡寄塵的《人生之一幕》、何海鳴的《小說家之妻》等，也受讀者歡迎。至於施濟群也寫了《文壇趣話》。

除此而外，《紅》雜誌還有其相當成功的行銷策略，它以某些篇幅讓讀者來參與，例如有徵文競賽的「奪標小說」，由讀者票選；有編輯先做上半篇，由讀者續寫下半篇的「懸賞小說」；有對小說故事或結局由讀者來的猜測等活動，無一不是要讓讀者來參與，然後透過讀者的熱情參與讓雜誌更增加吸引力。另外還有外加的促銷活動，每期隨書附贈一顆紅色心型圖案的「紅心」，讀者集齊連續八期或十六期後，黏於書中指定頁寄往編輯處即可獲贈獎品。因此吳靈芝在研究文章說：「作為連續出版物，刊物每期都在展示自身形象，《紅》雜誌不是一廂情願地發稿件，而是更注重讀者的參與和反饋，並及時做出回應。用語上既不是表情冷漠的介紹，也不是居高臨下的說教，而是和氣、謙恭，如家常對話一般。細緻入微的態度利於提高自身的知名度和美譽度。誠信的面孔和商業的動機相結合，刊物的形象塑造和賺錢牟利相輔相成，這不能不說是市場環境下刊物的一大變化。」《紅》雜誌出滿了一百期，改名為《紅玫瑰》，繼續發行，由趙苕狂負責編輯，自第四年起，改為旬刊，共出七年。

鄭逸梅説，民國以來的小型報，倘使把《晶報》作為第一位，那麼第二位，當然要推《金鋼鑽報》了。但《金鋼鑽報》的產生，可説是完全被《晶報》給硬逼出來的。因為《晶報》的主持人余大雄是好事之徒，筆墨又很尖刻，動輒在《晶報》上指桑罵槐，被罵的人因為沒有地盤可以回罵，因此陸澹庵、朱大可、施濟群、孫玉聲等十人集資在一九二三年十月十八日創辦一個三日刊小報名叫《金鋼鑽報》，以金鋼鑽可以剋「晶」之謂也。果然，《金鋼鑽報》第一號出版，就猛烈向《晶報》進攻，寫《晶報》主人余大雄為蹩腳編輯，《晶報》特約撰稿人畢倚虹為蹩腳律師。畢倚虹馬上還擊，寫《金鋼鑽報》的編輯施濟群為「腳編輯」，因為他曾賣腳氣丸為生。後來《金鋼鑽報》又派陸澹庵出馬，罵畢倚虹從前閨房私事及新近結婚的太太，文中以西門慶影射畢倚虹，以其住在西門恆慶里之故。而畢倚虹馬上回擊，陳定山在《春申舊聞》中説：「而陸澹庵方捧綠牡丹（京劇名青衫黃玉麟），倚虹遂捨澹庵綽槍驟馬，直攻玉麟。澹庵怒，併舉倚虹隱私而亦攻之，筆戰於以大開。步林屋繼起辦《大報》加入筆戰，右倚虹而攻澹庵，長圍鉅鹿，如火如荼，各路諸侯皆袖手作壁上觀，稱之曰：『西門慶大戰潘金蓮。』此一場廝殺，歷半載始已。」

一九二四年三月三十日《金鋼鑽報》刊載歡笑室主的〈痛三受創〉是最具典型的一篇對余大雄和畢倚虹的人身攻擊：「那天我在街上閒遊，看見一個塵垢滿面底畢三（編者按這個畢三，能夠得方二公子的寵幸，一定是眉清目秀，怎說他塵垢滿身呢。）牽了一隻大雄狗挨戶求乞。到一家門口，便命那隻大雄狗，玩幾套狗戲，自己唱幾支不入調的揚州小曲，有人給他錢，他爬在地上磕一個頭，稱謝而去。要是不給他錢，他就信口謾罵，恣意的糟蹋人家。大家因為他是一個畢三，和他爭論，恐怕失了自己的人格，所以任他去罵，大都不去睬他，當他是放屁，就完了（編者按放屁還有些

臭氣，像他這種罵人，連放屁二字都夠不上哩）。他跑到一家公館模樣的門前去，仍舊做他底老勾當。那公館裡的人，看了這種醜態，大笑不止。這畢三還以為這幾位老爺少爺們讚賞他底藝術，做得格外起勁，鬧了半天，又伸出手來要錢橫求豎求，半個錢都沒有討到。畢三大發牢騷，又辱罵起來，誰知別家門口，可以隨你猖獗，在這家門口胡鬧，真是到泰山頭上去動土了。畢三正在罵得起勁的時候，恰巧公館裡走出來一位天神般的少年來，不問情由，向畢三一記耳光，打得他跌了十七八個筋斗，那大雄狗見主人被打，向那少年狂吠起來，惹得少年性發，飛起一足踢在狗頭上，那大雄狗頓時腦漿迸裂，死在地上。畢瘤三見勢不佳，只得腳下明白，一溜煙的逃走了。在旁看的人都道，這個鳥瘤牽了一隻大雄狗到處蠻橫，今天算他倒霉遇著了對頭，打得要死，這也是他自作自受呀。」

《金鋼鑽報》初創時，並沒有指定誰負責編輯事務，那十位發起人都是寫作者，他們合在一起，等於是個編輯組，共同負責編寫任務，誰有時間，誰就集稿編發；文稿不夠，大家執筆補充。他們最初的目的，無非是以文為戲，借此出出胸中之氣，並不準備長久辦下去的，沒想到卻因此爆紅。但陸澹庵、朱大可等都是另有職務的，於是就交由施濟群獨辦下去。該報先後登載很多部長篇小説，如張恨水的《鐵血情絲》、陸澹庵的《落花流水》、顧明道的《龍山王》、王小逸的《天外奇峰》、張恂子的《虎窟雙雛》、汪仲賢的《惱人春色》、胡梯維的《黃熟梅子》等等。

一九三三年九月一日，施濟群又創刊《金鋼鑽月刊》。這是匯集《金鋼鑽報》十年來所刊各種無時間性而較有價值的文章編成的，當然有些連載的作品當時沒有寫完的，都請原作者續成全璧。另外還採用了海上漱石生主編的《大世界報》刊登過的較好的筆記，由海上漱石生的助手徐行素加以剪取刊登。施濟群是善動腦筋

的，據鄭逸梅說，這時社會上發行某種獎券，按月開獎，施濟群的
《金鋼鑽月刊》，凡訂閱半年或全年者，亦附送號單，隨著獎券開
獎，唯獎額僅獎券若干分之幾，可是雖為數無多，卻也有號召力，
訂閱者紛紛。《金鋼鑽月刊》第一卷共出十二期，第二卷出至第四
期停刊，其時為一九三五年四月。另還有《金鋼鑽小說集》，是仿
《南社小說集》，由施濟群主持，這小說集特地排成書頁式，且打
紙型，此後即印為單行本出售。

　　《金鋼鑽報》一直辦到抗戰前夕，該報自創刊迄停版，先後經
歷十四個年頭。施濟群後來的情況，據鄭逸梅說，曾一度移居滬西
小桃源路。不久，他帶了家屬轉入內地，抗戰期間，顛沛流離，他
死於旅途中。

施濟群（後排左三）

「補白大王」鄭逸梅

他是清末民初著名的文史掌故大家，著作等身，在文壇筆耕八十年，發表了近兩千餘萬字的文稿。到了九十八歲臨終之際，還寫了七千字的長文〈畫家潘天壽〉。他就是被稱為「補白大王」的鄭逸梅。

鄭逸梅（1895-1992），本姓鞠，名願宗（學名際雲），號逸梅，別署「紙帳銅瓶室主」。名畫家吳湖帆曾繪了《紙帳銅瓶室圖》贈給他，他懸掛在他的書室內作為標識。他有時也署「拙鳩」，又署「大迂居士」，因這「迂」字，他就自諡「文迂」，請人刻了一方印章「鄭文迂公」，常鈐用在信箋上。他說：「在封建時代，諡法看得十分隆重，凡高官顯爵，死後由朝廷賜他一個諡法，如文正、文忠、文襄、文恪等類；生前如果沒有祿位，而在鄉里卻有些

鄭逸梅

資望，則也可由門生故舊給以諡法，這名私諡。無論是公諡或是私諡，都是死後才有，我迂拙成性，這個『迂』字是確切不過的，至於『文』字，我塗抹一生，這『文』字可說也有了著落，因之『鄭文迂公』稱號也就當之無愧的了，我認為與其死後方得，何不生前先用？」。

　　他是江蘇吳縣（今蘇州市）人，出生於上海江灣。父鞠震福，營米業，母鄭瑞娥。四歲時，父親去世，依靠外祖父鄭錦庭為生，由於外祖父的兒子國齡早亡，因此把他在名義上作為國齡的嗣子，改姓鄭，自此改稱外祖父為祖父，由祖父啟蒙，教以認字，並講述《三國演義》給他聽。稍長入讀私塾，隨顧師慰若讀書，從小愛書如命。一九〇五年，入「上海五金公所」開設之敦仁學堂，學堂介於私塾與學校之間，採取新式教育方法。他每次考試都是名列前茅，屢次受到嘉獎。一九〇九年，鄭逸梅隨祖父來到蘇州，考入蘇州草橋頭長（洲）元（和）吳（縣）公立高等學堂。同窗中，有顧頡剛、吳湖帆、葉聖陶、王伯祥、范煙橋、江小鶼、江紅蕉、龐京周等，皆一時俊彥，頗得切磋之益。而當時商務印書館創刊的《小說月報》，成為他閱讀文藝雜誌的開始。

　　民國元年，他考入蘇州江蘇省立第二中學，中學二年級時首次署名逸梅，將英文課本中之一篇遊記譯成中文，取名〈克靈湖遊記〉，參加《民權報》副刊徵文，獲甲等獎，編輯吳恤還來信嘉獎，說：「如此文章，多多益善。」，受到這樣的鼓勵後，鄭逸梅信心大作，於是開始走上了畢生的寫作道路。《民權報》後因反對袁世凱，被封禁後，改辦雜誌《民權素》，月出一期，鄭逸梅繼續寫稿，闢有專欄《慧心集》每期連載，這是他為雜誌寫稿的開始。同時，鄭逸梅又為《小說叢報》、《小說新報》寫稿。其後不久，上海的報刊風起雲湧，《申報》、《新聞報》、《時報》為滬地報刊三鼎足。這三家報紙的副刊，鄭逸梅都任特約撰述，長期為之寫

稿。另外，還為《上海繁華報》、《笑畫》、《最小報》、《心聲》半月刊、《快活》旬刊、《星光》雜誌、《紅雜誌》等刊物寫稿。鄭逸梅説：「這樣月計有數萬言……。我寫的文章往往是很短的，多則數百言，少則十數字……。這樣的文章，與那些鴻篇鉅著自是不同，但它小巧、玲瓏，鑲嵌於其他長文的尾末，『補』了版面的『白』，久而久之，人們就名之為『補白體』，而鄙人姓鄭，於是，『鄭補白』之名就不脛而走了。」其後徐卓呆（傅霖）稱之為「補白大王」，因此有「無白不鄭補」之概。《小説叢報》創辦人之一劉鐵冷回憶説：「任何雜誌之分類文字，可以延專家撰述，唯補白一項，雖附屬各篇之後，然文筆非精峭，趣味非雋永，不合補白之用。當年《叢報》中，補白精且多者，首推我友鄭逸梅，彼讀書既多，筆亦短小精悍，此『補白大王』封號之所由上也。」可見「補白大王」之稱謂，並非隨便可以當之，它不僅量要多，而且質還要精彩，兩項都要具備。

鄭逸梅在〈我的自述〉中説：「從草橋學舍畢業後，我經同學袁丕烈的介紹，設館於其族袁寬夫家，教寬夫子女讀書。這是我為人師表的起點。數年後（案：一九一九年），辭袁家教館就教於蘇州閭門外楊家濱馬氏館。後來馬氏親戚郁氏辦惠有學校，聘我主持教務。此後，雖然更換了不少學校，但我一直執著教鞭。」

一九二〇年冬，鄭逸梅與范君博、趙眠雲（復初）編輯蘇州《遊戲新報》，僅出一期。一九二一年五月，與趙眠雲任《消閒月刊》編輯主任；同年翻譯《福爾摩斯探案》。一九二二年八月，與趙眠雲、范君博、姚蘇鳳、范煙橋（鏞）、顧明道、孫紀于、屠守拙、范菊高等八位蘇州作家於「留園」茶話，發起成立「星社」。「星社」後來雖為持十五年之久，但其盛況只在前四、五年間，顧明道在一九三三年八月為范煙橋的小品集《茶煙歇》所作的序文中，就慨嘆説：「然而時異勢遷，人事無常，其後諸子相率走海

上，或教育、或電影、或經商、或入政門、或輯報、或執律，留居吳下者寥寥焉。洎乎今日，歲時集會亦不易覯，有昔日之盛，乃有今日之衰，回首當年閒情逸致，嘯傲園林之樂，誠不禁感慨繫之矣。」

鄭逸梅説：「一九二六年，我的第一種單行本著作《梅瓣》（案：當為《梅瓣集》）問世，由孫玉聲開辦於福州路的上海圖書館出版。之後若干年來，曾為數十種報紙、雜誌寫稿，如《上海繁華報》、《明報》、《太平洋畫報》、《新新日報》、《新上海》、《紫羅蘭》、《新月》、《鍼報》、《世界小報》等等。又擔任《金鋼鑽報》、《華光半月刊》等的編輯工作。在寫作之外，我當時還翻譯過英國柯南道爾名著《福爾摩斯探案》多則，由世界書局出版；也曾編過電影劇本五種，如《國色天香》、《三生石》、《萬丈魔》等等，均拍成電影上映。在三四十年代，我以教書為主，除擔任多所高等院校文學教授外，又兼任國華中學校長，以及一些中學課程，寫作略為減少，但仍在十數家報刊長期撰稿，如《上海報》、

范煙橋（上）與鄭逸梅（下）

《新上海月刊》、《珊瑚半月刊》、《萬象》、《樂觀》、《大上海》、《大眾》、《春秋》、《古今》、《快活林》、《鐵報》、《小報》、《力報》、《新上海》等等，又編輯《明星日報》、《永安月刊》，到一九四九年，我除了為數十家報刊寫稿外，當時日盡三五千言，不足為奇，常在燈下寫到深夜，另外還得批閱學生課卷，十分辛苦，後來則另請外面代課教師專門批改卷子。我在一九四九年以前共出版單行本著作二十二種，發表於報刊的散稿則不計其數，估計有五百萬言以上。」

鄭逸梅又說：「一九八〇年以後，各地出版社又紛紛前來約稿，我已八旬老翁，乃再重操寫作，為紀念辛亥革命七十周年，次年，我出版了五十四萬言的《南社叢談》，這是我在『文革』後出版的第一部著作。接著，每年平均出版單行本作品二至三種，截至一九九〇年末，近十年內單行本著作共出版了二十二種，約四百餘萬言，即相當於我從事寫作前近似十年的書籍出版數量。……至於近年發表於海內外諸報刊的散稿，更不計其數，我至今仍每月固定向海外發稿萬餘言。台灣歷年來亦經常翻印出版我早年著作；日本東京二玄堂邀我撰寫〈吳昌碩和沈石友的友誼〉長文，並譯成日文，為中日文化交流，作些小小貢獻。我的《藝林散葉》著作，也將譯成日文，在日本出版。至於香港、美國、日本各地學者研究中國近代文學史，出版各類書籍，時時也都摘引我的許多著作中內容。」

鄭逸梅的作品，概括一個字是「雜」，而這「雜」字絕非指其雜亂無章，而是說其談論的範圍之「廣」。因為舉凡金石書畫、版本目錄、雕刻塑像、詩文辭翰、技工巧匠、才媛名流、戲劇電影、醫藥氣功、飲食烹飪、名勝古蹟、花木禽魚等等，他都可以娓娓道來。學者陳子善在〈人淡似菊品逸於梅〉文中曾指出：「鄭老的補白多則數百言，少則十餘字，文字精煉，耐人玩索，吉光片羽，足

資啟迪。他寫人物，只描畫其一眉一目，一笑一顰；記事件只擇其涉筆成趣的精彩部分加以渲染；抒情懷，也是含蓄濃縮，以格言點綴其間。如最短的一條『許地山擅彈琵琶』，寥寥七字，就把許地山鮮為人知的特長和盤托出。這種『補白』被論者稱之為『鄭公體』，即繼承了六朝劉義慶《世說新語》和清代張潮《幽夢影》的傳統，又有鄭老自己的創造和風格，推陳出新。」因此早在二〇年代，由於他作品的知識性、趣味性強，雅俗共賞，就深得廣大讀者喜愛而蜚聲文壇了。而他最喜歡的是寫人物掌故。他在自己的選集引言中說：「所述以人物掌故為歸，這是我始終一貫的作風，而以『舊聞記者』自號。」當時還有一個喜寫人物掌故的陸丹林，名聲也很大。因此南社詩人陳仲陶有「掌故羅胸得幾人？並時鄭陸兩嶙峋」的詩句。

　　鄭逸梅掌握的材料似乎用之不盡，寫之不竭，對此，他說：「我所有資料，大致來自兩個方面，……一是書本，我喜歡剪報，平時做些索引，……我具備的各類書籍較多，因之也不必向圖書館去借閱，但這些尚屬死資料。二是活資料，我過去經常拜訪一些德高望重的耆宿，他們都是淵博廣洽，且又經歷了不少時代，一肚皮的文史掌故，樽酒談笑之間，充實我的見聞，我則頓如聚斂者錙銖捃拾，得了不少豐富的活資料，先草草記些片段，謄於手冊上，有了這樣一個概況，今後看了就可憶及，我認為稗官小說，十之有九是空中樓閣，不如筆記較為可靠，因之我搜羅各種筆記，比稗官小說，多若干倍。再以書本所載相互配合，以古證今，以今考古，兩相融合，……」鄭逸梅藏書極多，他在文革抄家時，將彼「畢生所藏書畫文物，悉數滿載七車駛出弄外」。而到了晚年，在他十一、二平方米的斗室裡，櫥裡架上、床底、屋角，到處都堆滿了書，他把它比做「陸放翁的書巢」，戲稱為「書堆一地，斯文掃地」。鄭逸梅生平以讀書為樂，他說：「不論春之朝、秋之夕、酒之後、

茶之餘，或雨晦風瀟，或日煦景淑，都是讀書的好時光，讀未見
的書，如得良友；見已讀的書，如逢故人。」如此廣泛的閱讀，讓
他腹笥極豐。加以他喜歡集藏名人尺牘，認為信札可以積小見大，
舉凡政治經濟、社會現象，積累起來，便是可珍貴的史料，尤其是
一些名人，他們所接觸到的，更不同一般。有些官書上認為忌諱，
不直登載的，卻在信札上可以找到一鱗半爪，作為追探史實的線
索；即使是談論一事一物，似無關宏旨，但當時的習俗風尚，物價
市面，也可作今昔的對照；而且信札限二人之間，不會板起面孔說
話，更顯真實。正是因為如此，鄭逸梅掌握了這些優勢，得天獨
厚，使他在文史掌故方面的成就，別人難以企及。

　　鄭逸梅的著作中，影響較大的有《南社叢談》、《清娛漫
筆》、《藝壇百影》、《文苑花絮》、《藝林散葉》、《書報畫
舊》、《上海舊話》、《掌故小札》、《清末民初文壇軼事》、
《藝林拾趣》、《藝苑瑣聞》、《藝海一勺》等。這其中有兩部著
作：《南社叢談》和《民國舊派文藝期刊叢話》是具有史料性的完
整專著。

　　南社是辛亥革命時期柳亞子、陳去病、高天梅等發起的進步
文學團體，一九〇九年十一月十三日在蘇州虎丘成立。據說，當時
曾有人先後推薦柳亞子、胡寄塵編寫南社史，他們都因為頭緒多，
難度大，不肯承擔。到了八〇年代，南社社員已是寥若晨星，因此
由鄭逸海來撰寫《南社叢談》，也便成為義不容辭的了。鄭逸梅
是南社成員，儘管在那時，他是叨陪末座，但畢竟因此認識了不少
前輩，並能直接接觸，寫出的見聞都是第一手材料，自然格外生動
真實。鄭逸梅在該書前言說：「錯綜複雜的南社，要把它的來龍去
脈系統地敘述一下，作為一部史料，那是很不簡單……。可是忝
居社末的筆者，卻深恐這樣因循下去，日子愈久，也就更難著筆，
以後的革命青少年，對於南社的革命往跡，有如煙雲縹緲，不可捉

摸。想到這兒，就大著膽把所見的，所聞的，和平時所摘錄的零星史料，一股腦兒貫串起來，試寫這部《南社叢談》。」《南社叢談》將南社的醞釀、成立、糾紛、鬥爭以及後期活動、紀念會各篇敘述外，列有《南社大事記》、《南社叢刊》的內容、南社社友事略、南社詩選簡注，末後《附錄》、《南社社友姓氏錄》、《南社社友著述存目表》、《南社社友齋名表》等。不但彙集了大量南社的原始資料，而且提供了很多人物和事蹟，如《南社社友事略》，寫了南社社友175人的傳略，其中頗有鮮為人知的事蹟。學者芮和師說：「《叢談》雖說是『資料』，但不是一般材料的編集和排比，而是在娓娓談說中隨時援引社員的詩文，組織的宣言、章程條例，以及有關文獻和回憶文章。這些材料被串聯起來，也活了起來，成為《叢談》的重要成分，但不是《叢談》的全部。《叢談》有根有據，再加上隨時穿插的和專章撰寫的遺文軼事，就更具有鄭著所特有的風格韻味。」學者湯志鈞也說：「《南社叢談》還有《南社詩選簡述》，搜集了南社詩人一百餘位的詩詞，其中不乏知名人士，也有一些佚詩，他一一作注，功力很深，對研究近代文學史的讀者提供了方便。《南社叢談》可說是研究中國近代史和中國近代文學史的一本很好的參考書，不可因其『叢談』而忽之。」

　　《民國舊派文藝期刊叢話》是鄭逸梅應魏紹昌編輯《鴛鴦蝴蝶派研究資料》之約而寫的，作為該《研究資料》的一部份。香港的匯文閣書店曾將《叢話》抽出單印問世。鄭逸梅在該書〈弁言〉中說：「過去從未有人做過提要鉤玄的工作，如今由我擔任這個不輕易的任務，也沒有辦法可以普遍的作出系統的介紹，只能重點的抓住幾種刊物多談一些，其餘簡略一些。」又說：「雜誌部分所搜集的材料，從辛亥革命前夕直至全國解放前，較為完備，而大報副刊和小報兩部分的材料，則僅搜集到一九三七年抗日戰爭爆發為止。因為舊派文藝期刊在抗戰前已日趨衰落，這以後更是強弩之末，成

為迴光返照了，出版的雜誌已遠遠不如過去的旺盛，而大報副刊的地盤也消失殆盡，小說更墮落為赤裸裸的『黃色新聞』，所以這段期間的大報副刊和小報兩部分材料，只得付諸闕如。」《叢話》計收雜誌114種，從《小說時報》、《小說月報》、《小說叢報》以至《禮拜六》、《紅玫瑰》、《紫羅蘭》、《萬象》、《永安月刊》等等。大報副刊4種：《申報》的「自由談」、「春秋」；《新聞報》的「快活林」（後改名「新園林」）；《時報》的「滑稽餘談」、「餘興」、「小時報」；和《民權報副刊》。小報四十五種。其中對創辦發行的起迄年月，編者作者，主要作品以至刊物的開本規模、封面插圖，都有介紹。是研究民國舊派文藝期刊的重要參考資料。

鄭逸梅也寫過小說。一九二一年出版的《玉霄雙劍記》，是長篇武俠小說，共出兩集。書中寫一個玉虛山人，年輕中舉，而鄙棄功名，得異僧傳授，學成劍仙。一百多歲時，收大家閨秀祝繹霄為徒。繹霄知書達禮而窈窕姝麗，功成之後，師徒雲遊四海，懲惡除奸。書名「玉霄」，「玉」就是「玉虛」，「霄」即「繹霄」。學者芮和師認為《雙劍記》在寫武功方面，在武俠小說中並無什麼突破，但對世態人情刻畫得相當生動，寫地理名勝也如數家珍，作者的知識面是相當寬廣的。魏紹昌因此也把鄭逸梅列為鴛鴦蝴蝶派作家之一（有「五虎將」及「十八羅漢」之稱，鄭逸梅名列「十八羅漢」。）對此，鄭逸梅之子鄭汝德曾代父「鳴冤」云：「他一生所寫，都為文史掌故作品，由於他生長在清末民初時代，那時言情小說風行一時，後被稱為『鴛鴦蝴蝶派』，而他從來沒有寫過才子佳人、卿卿我我的小說，因生在這個時代，被有些人也列為該派，其實是冤枉的。」談起「鴛鴦蝴蝶派」當年是被「新文學」批過、罵過、奚落過，也因此不僅鄭逸梅，連包天笑、周瘦鵑、范煙橋以及其他名家都否認自己是鴛鴦蝴蝶派，任誰也不願戴上這頂「不光

彩」的帽子。范煙橋、鄭逸梅在為魏紹昌的《鴛鴦蝴蝶派研究資料》編寫文稿時，就分別要求冠以《民國舊派小説史略》及《民國舊派文藝期刊叢話》，以「民國舊派」來取代「鴛鴦蝴蝶派」的稱謂，可説是「有意避諱」。

　　鄭逸梅在《近代名人叢話》前言中説：「我生於上個世紀，經過清代、辛亥革命、洪憲稱帝、張勳復辟、軍閥混戰、民國時代、抗日戰爭，直至新中國成立，以往所見所聞，歷歷在目，這許多，在中青年是不易知道的，我應當把它記述出來，告訴後人，否則隨著老人逐一故世，這許多歷史掌故，實也因此而泯滅，豈不可惜。乘此秉燭餘明，頭腦尚不遲鈍，留些祖國精神遺產給下一代，這就是我晚年寫作的目的。」正是緣於此，鄭逸梅能夠在只有八平方米的臥室兼書齋「紙帳銅瓶室」一住四十多年，直到生命的最後，而數百萬字的著作都是在這裏誕生的。他的離世，對中國近代文學的研究，是個莫大的損失，正如學者陳子善在悼文中説：「……鄭老謝世，使本世紀有影響力的舊派文人全部隱入歷史，今後不大可能再產生像鄭老這樣的文史掌故大家了，從這個意義上講，它標誌著一個文學時代的結束……」。

詩、書、畫、文俱佳的陳小蝶（定山）

他是名小説家兼實業家天虛我生（陳蝶仙）的長子，他也寫小説，二十餘歲已在上海文壇成名了，他工書，擅畫，善詩文，有「江南才子」之譽。他和父親陳蝶仙，人們常以「大小仲馬」稱之。他就是陳小蝶（四十歲以後改名「定山」）。而陳定山一生也以其父為榮，他在寫於一九五〇年的〈桃源嶺十年祭〉文章開頭就這麼説：「父親：從您去世，整整的十年了。十年前，我們父子同在昆明，現在我一個人在臺灣。我記得世界第二次大戰勝利的消息，在雲南由羅家倫先生在司蒂威而公路上廣播，當時廣場上狂呼擲帽的有五萬餘人，而我的親愛的父親，你已含恨泉下，看不見了。你的下世，是中國社會的損失，不單是我們一家的悲哀。你用全力貢獻社會的工業，用精神貢

陳定山晚年

獻社會的文化。直到今天我寵被著光榮，只要一提起『天虛我生之子』，人們就會對我另眼相看，甚至有肅然改容的，這不是敬我，而是敬我父親偉大的人格。我記得，有一次，坐飛機到重慶，機中有幾位學者，他們一致要我在手冊上簽名，我很慚愧說『不敢，不敢』。他們很不客氣的說，這不是為你，為你是『天虛我生之子』啊。最近在正中書局出版的高職國文，它在選了我一篇〈懷古家的新希望〉的作者項下注著『文學家天虛我生之子』，我真覺得何等可以自傲，我有這樣偉大的一位父親，甚麼名譽地位，人家都可以搶得去的，唯有父親是人家搶不去的。而我的父親是天虛我生。」

陳定山（1897-1989）原名蘧，出自莊周《齊物論》：「昔者莊周夢為蝴蝶，栩栩然蝴蝶也，自云適志與。不知周也，俄然覺，則蘧蘧然周也……」，因此又字小蝶。別署蝶野、醉靈生、醉靈軒主人，四十歲後改署定山。陳定山說：「我是杭州人，古籍錢塘，世居西湖……我的祖宅在瑞石山麓太廟巷口，相傳是南宋韓侂胄的南園一角，因此頗具

陳定山與父親合影

花木泉石之勝。……我生之時，去古已遠，南園遺跡渺不可尋，但泉石的玲瓏、山林的位置，依然在目。先君把後園題名為一粟園，園中有個月波池，池畔有一座小軒，五色玻璃，朱欄四匝，迎面一巖，崖石壁立，有石竇，往往出雲。先母燕室即依巖岫築，故號『嬾雲』。此軒據說原有趙子昂題匾，但早已失去，先君題名為惜紅軒，他第一部著作《淚珠緣》和《惜紅軒詩鈔》就在這裡產生，後來做了我的啟蒙書館，我常常對著一窗五色斜陽，靜聽姊妹們咿呀的書聲，為之忘倦。」

據曾永莉訪問晚年的陳定山說，他母親嬾雲女士（朱恕）在懷孕十二個月才生下他，母親也出自書香門第，亦能吟詠，父母親伉儷情篤。在陳定山的記憶中，父母結婚四十年間只吵過一次架，而且彷彿只為些家庭瑣事。「在幼小的定山先生眼中，父親是個傳奇人物。他的身材頎長，戴副金絲邊近視眼鏡，絲羅長衫外常加一件一字襟馬甲，手上輕搖一把灑金畫牡丹的團扇。小定山常想：待自己長大，必要像父親一樣的風度。」小時候，堂姊讀《幼學瓊林》，妹妹小翠讀《詩品》，陳定山卻能把她們的書同時背出。八歲時才華已然早發，塾師講解王勃〈滕王閣序〉，全文未講解畢，他已能朗朗上口。九歲已能提筆為文，自成風貌。十歲能倚聲，又喜歡唱崑曲，其父蝶仙常為他弄笛。

據學者趙孝萱的資料云：「陳定山十四歲入法政大學，聽聞教員瑣碎談論律師之訴訟等費，乃曰：『是非我所耐也。』之後赴上海另入聖約翰大學。入學後發現學生都捨國學而以英語相誇耀，又不悅而離去。當時其父蝶仙與父友鈍根正編《禮拜六》、《遊戲雜誌》、《女子世界》等，日日以小說家言相談。小蝶見而大喜，於是決定鑽研小說。先試譯著，仿林紓之法，由李常覺遍求英文小說，讀後口述。定山取歐西小說本意，以文言譯出。譯筆極為快速，據說每小時能寫2000字。惲鐵樵當時主編商務印書館的《小說

月報》，愛定山才華，多次敦請他寫稿，時年十七歲的定山竟能與五十幾歲的惲鐵樵成為忘年之交。」

　　陳定山的作品當時散見在上述各雜誌，尤其是周瘦鵑所編的刊物，《自由談》上固然不必談，《紫羅蘭》和《半月》，亦像沒有陳定山的大作就會減少銷路似的。即那一本周瘦鵑一人所寫的《紫蘭花片》，亦時常的有些定山的畫和詩。曾經被人目為雛鳳清聲，說定山的妙筆，更有過於蝶老先生。鄭逸梅說父子兩人合作的有《棄兒》、《柳暗花明》，刊於《申報》，明星公司攝為影劇。還有《二城風雨錄》、《嫣紅劫》、《間諜生涯》、《秘密之府》、《瓊英別傳》、《勃蘭特外紀》、《旅行小史》、《妍媸鏡》、《各國宮闈》。陳定山單獨的作品有《塔語斜陽》、《香草

陳定山伏案寫作

美人》、《蘭因記》、《餘味錄》、《蟲肝錄》、《菊譜》、《畫獄》、《江上秋聲》、《定山脞語》、《書畫船》、《醉靈軒讀畫記》、《醉靈軒詩文集》、《湖上散記》、《消夏雜錄》、《蝶野論畫三種》等。

鄭逸梅又說：「小蝶有時署醉靈生，因在杭居醉靈軒，軒本為其外祖父朱淥卿的漱霞舊館，小蝶讀書外家，乃宿於其間，有亭榭，有梧桐，他撰《醉靈軒記》，述其概況，如云：『予居是軒，梧桐一樹，亭亭若車蓋。當暑即展席桐下，雜置書硯，臥而吟哦，每風颭花落，恬然入睡，起而拂衣，襟袂間皆桐花也。』厥境清絕似畫。至於醉靈，那是小蝶取唐羅隱別朱慶餘宅『除卻難忘是醉靈』詩意以名之。林琴南曾許小蝶繪《醉靈軒讀書圖》，病甚劇，強起致書小蝶，謂：『老人今生不能從事矣！然平生知己，壽伯苯，高子益，最後乃得君三人耳！』書竣封郵，擲筆而卒，成為畏廬絕筆。」

一九一七年，陳定山父子研發國產「無敵牌牙粉」有成。一九一九年，陳定山以積蓄下來的二千塊錢稿費，在杭州清波門學士橋旁，買下明末「嘉定四先生」之一李流方的「墊巾樓」遺址做為別墅。陳定山說：「因用畫中九友的真跡題名如：『染香』、『約庵』、『湘碧』、『思白』、『松圓』、『檀園』，來做了庭樹園囿的榜名。園成於民國二十二年，我已是三十八歲了。先君極愛此園，名為『蝶墅』，楹聯悉出手撰，日寇侵杭，廿載經營燼於一旦，重葺草堂於斷橋，先君已棄世六年。曾幾何時又流離海島，西望無期，可為慟心。」

陳定山被譽為「以詩、書、畫獨樹一幟」的。據熊宜敬的文章云：「一九二〇年，陳定山廿四歲，見三姨丈畫梅極佳，興起學畫之念，姚澹愚告訴陳定山『畫必自習字始，能寫好字始能習畫』，於是陳定山以所寫書法向其請益，姚澹愚一看，便說：『子不羈才也，梅不能縛汝，其山水乎？』於是便傳授山水訣，是為陳定山正

式習畫之始。」而後來陳定山更以書畫名家，論者曾評曰：「其畫在蝶野時期，以冷雋勝，筆墨無多，盡得天趣。四十以後自號定山，其筆墨於洗鍊以後轉趨繁複，千巖萬壑，氣韻無窮，蓋收子久、山樵、香光、麓台為一家。又身行萬里，胸貯萬卷，故能變化於筆墨之外。詩書雅度，醇然自足。吳湖帆嘗稱蝶野畫仙乎仙乎，吳子深云吾平生於畫無所畏，獨畏定山，每一相見，必有新意，其造詣蓋如此。」

一九二〇年，陳定山與張嫻君結婚。一九二二年，獨子陳克言生於上海。一九二五年，陳定山與父親、妹妹陳小翠、妻張嫻君偕同友人紫綃、周瘦鵑、丁慕琴、涂筱巢、徐道鄰、李常覺等至蘇州遊太平山，鄭逸梅首次認識陳蝶仙，由他和程小青、趙眠雲作東道主。鄭逸梅還因此寫了〈天平參笏記〉一文，以記其事，該文發表在周瘦鵑主編的《半月》雜誌上。

一九二八年，張嫻君勸陳定山納鄭十雲為二夫人，十雲戲唱得好，是唱老生的。在孟小冬沒有貴為杜月笙夫人，還在上海唱戲時，因孟小冬病，十雲女士是代過她的戲的。居然

陳定山（左）

也同樣的客滿，同樣的受人歡迎。孟小冬是余派（余叔言）傳人，十雲女士有資格可以代孟小冬的戲，你想她在京劇上的造詣，會差嗎？

一九三四年，陳定山以世道紛亂，民不聊生，亟思對百姓生計有所奉獻，偶於浙江東陽之「定山」發現可以廣種桐樹以濟民，便擬定了種桐二千餘畝，以三年為期收成來改善當地農民生活的計畫，他的父親陳蝶仙認為此舉緩不濟急並不贊成，但卻對「定山」二字有感而發，對他說：「四十不仕，可以知止而後定矣。」於是刻了一方印章「定山一名小蝶」送給他。陳定山並於第二年在「定山」之巔築了一座「定山草堂」。

一九三六年，陳定山並在杭州西泠橋造「蝶來飯店」。蝶來飯店坐落在棲霞嶺南麓的低坡上，朝南的店門隔著馬路對沖西泠橋，飯店西邊緊鄰著古剎鳳林寺，東邊卻接著廣東勞氏的一大片松林基地，四周透盡恬靜。飯店占地近三畝，客房卻只有**28**間，裝修一流。飯店整個建築結構像個中西合璧的莊園，西式二層樓的客房散落在坡頂上，南面沿馬路築有花式窗櫺的矮牆，院中央植滿低叢和草坪，從店門大堂去客房要經過蜿蜒曲折、花藤朱欄的中式長廊。飯店開張那天，來了一場「蝶來秀」，專門從上海請來頂尖級的電影女明星胡蝶與徐來，因為各取她們名字中的一字，正好是「蝶來」，一時整個杭城為之轟動，大家都追到西泠橋邊看「蝶來」。

一九四〇年初春，父親過世後，當時上海已經淪陷，陳定山和母親、弟妹、妻小住在法租界金神父路（今瑞金二路）金谷村；一日半夜，被日本憲兵偕同法巡捕及翻譯押至蓬萊市監獄，強指他為重慶分子。其二夫人十雲女士，連夜趕到蘇州，找到好友影星徐來，「標準美人」徐來當時已改嫁給唐生民，十雲請求徐來幫忙，徐來因此「命令」唐生民去向當時人也在蘇州的「七十六號」特工總部主任李士群求援，李士群礙於人情，「強盜生善心」，立刻寫

了一封信給十雲女士轉上海「七十六號」的副主任夏仲明，歷經七天後終於被釋放了。出獄時，憲兵隊長告訴陳定山從此不許用「小蝶」一名發表文章，於是陳定山從此以「定山」之名行世。

熊宜敬在〈才氣縱橫陳定山〉文中提到：當時陳定山在獄中，一日忽夢身有雙翼，飛翔於杭州西子湖上，只見碧波浩渺，湖中一峰峙立，四面紅牆圍匝，頗似「小瀛州」，而其間碧坊上以金漆書「華津洞天」四字。夢中的陳定山由天而降，進入碧坊中，只見山中種梅百本，水流花開，泉聲淙淙，忽見一女子迎面而來，手執一卷，向陳定山笑曰：「待子久矣，欲一觀此卷否？」陳定山含笑應之，遂於石桌之上展卷並觀，原來是一卷〈吳梅村畫中九友詩〉，至此，夢境已盡，醒來仍如歷歷在目。出獄後，陳定山將此夢告訴好友王季遷，王季遷建議將夢中所見繪出，陳定山便回憶夢境以圖為記。畫完沒多久，當年在浙江東陽定山種桐的場長胡志傑來訪，知道陳定山有買山之癖，即告知陳定山杭州西湖南屏山蓮花峰有一洞，風景奇絕，而且價錢甚廉，只須黃金十兩，陳定山聽了大喜，立刻付了款項託胡志傑買下。過了些時，亂象稍解，胡志傑便領著陳定山、鄭十雲夫婦至蓮花峰一遊；到了那兒，確實彷彿夢境，只是不見碧坊紅牆，一片荒閒；登山峰頂，只見峰巒回合，襟江帶湖，別有天地；忽聽足底有潺潺水聲，循聲下尋，只見一古洞，陳定山忽然大驚，原來洞中有一摩崖石碑，大書「華津洞天」四字，竟然與夢境全書一字不落，奇異至極。歸家後，陳定山又將此事告知王季遷，王季遷不禁大喜說：「上回你依夢境所繪之圖，我親眼所見，可為公證，這奇地我是否可與你共有？」陳定山回答：「不然，蓮花洞已載於《西湖志》中，不可為一、二人私有，不妨就以夢境中所見吳梅村畫中九友詩為做，亦尋今之畫中九友共享此奇境。」於是兩人就同赴嵩山草堂找馮超然商量此事，馮超然、吳湖帆知道後皆大喜，同意以九友為集，此時馮超然女弟子謝佩真也

要加入，先未得同意，然謝佩真對陳定山言：「君夢中不是有一女子攜卷待君同觀嗎？這女子正好由我為數。」馮超然聽了頻說有理，於是定此雅集之名為「華津畫社」，共十人，除了謝佩真共有九位畫家，分別是馮超然、吳湖帆、汪亞塵、賀天健、鄭午昌、孫雪泥、陳定山、王季遷、徐邦達，並向杭州市政府註冊。成立後沒多久即國共分裂，華津畫社就只剩下奇異夢境一事成為藝壇韻事了。

一九四八年秋冬之際，五十二歲的陳定山渡海來台。先居北市連雲街，再遷居新生南路，室名「定山草堂」。一九五二年六月，遷居陽明山，居名「蕭齋」。

陳定山說：「從三十八年（1949）到四十八年（1959）我一直住台北。為了生活，第一個拉我重為馮婦的是老友趙君豪兄，那時他和范鶴言、朱虛白兄創辦《經濟快報》，也就是現在的《聯合報》，我擔任副刊編輯《臺風》。第二位拉我寫作的，是吳愷玄先生，拉我為《暢流》雜誌寫稿。第三位是葉明勳主辦的《中華日報》，趙之誠兄主編副刊要我寫長篇，而刊出了風行一時的《春申舊聞》和《黃金世界》二部。接著便是耿修業兄主辦的《大華晚報》，要我為他寫最長篇小說《蝶夢花酣》，這一下，我就在臺北寫作一年。住在陽明山，四時有花木之勝，早晚有良朋之遇，倒也逍遙的很。最快活的是，《中華日報》台北版，本仰給台南版，自《春申》發刊以後，北版銷數激增而南部版反仰給於北版的轉載。接著是耿修業兄不時報告《大華晚報》因連刊載《蝶夢花酣》而銷數激增，向我『致敬』。」

陳定山對於京劇素有研究，他在上海的時候，曾經和上海聞人杜月笙、張嘯林一同票過戲。鏘鏘在〈略記陳定山先生〉文中說：「他住在新生南路的時候，我曾聽過他的妙奏。這一夜是定山先生設宴款客，被邀的除了余派名票寒山樓主等人以外，還有後

來跌夽於鳳林酒家『做鬼也風流』的梅花館主。梅花館主歌《搜孤救孤》，定山先生則唱《白門樓》。中氣十足，連他的孫女兒亦不斷地一面拍小手一面說：『爺爺好滑稽得來』」。一九五一年，陳定山在北一女禮堂主持「春台雅集」，戲從晚上七點開鑼，票友唱到隔天清晨三點，觀眾才依依不捨地離座歸去。這次雅集，主要的特色是「唱反戲」：平常唱青衣的，改扮武生；唱花旦的，改扮花臉，別具情趣。陳定山的小生戲，是經過一番切磋琢磨的。因為他跟姜六爺妙香，私交甚好，像「叫關」裡的「十指連心……」等句的唱法，都是韻味中蘊藏著情感聲色，較諸「聖人」有過之而無不及。據當時的報導說，像《醉寫》這種戲，近十幾年來是很少聽到的。但在定山先生的花甲大慶時，不但聽見他唱了大段的《醉

陳定山吊嗓

寫》，而且還聽到他清歌了幾段《長生殿》的崑曲。都能給人深刻的印象，都能使人傾心嚮慕的。

鏘鏘發表於一九五六年的文章中說：「初到台灣時候的定山先生是和名票羅企園合住的，旋入做過上海魚市場經理的唐纘之先生之家。那時候他還沒有想到把文章換錢，祇是寄情於書畫上，一度曾在《經濟時報》編過兩年的副刊。後來因為要他寫文章的人多，窮於應付，乃亦如職業畫家之訂潤格，你拿鈔票來我寫。目前產量甚豐，報上有他的文章，雜誌上也有他的文章，遠如菲律賓和香港，都有他的文章。文章之吃香，吃香到無遠弗屆。一度以他的口述試用過請人速記，但終不及他自己寫好。因此，他現在又很有規例的每天早上起來，就埋首書案。文思潮湧，運筆如飛，快的時候，有一小時寫一千五百字的紀錄。通常是每晨七時寫到十一點鐘，很少有例外。照中國人的早衰情形而說，六十歲的定山先生很可能已有龍鍾之態，但他『嘴上無毛』，每天剃得光光的，依舊如當年的張緒，瀟灑飄然。大概就是這樣的緣故吧，所以他和七十歲的高徒秦子奇先生相對時，還會老興勃勃的高談風月。上年紀的人最容易使人討厭的，是老氣橫秋，定山先生的心情好像一直很年輕，於是人盡歸之，皆樂與之伍。而定山先生亦不以為煩，老少不拒，近我者都歡迎。因此不但秦子奇先生輒喜和他促膝談心，就是他的那個徒步未穩的孫女兒，也只要公公面不要爸爸了。」

一九五八年陳定山遷居台中，（自此在台中居住十八年，直到一九七四年才遷居台北。）陳定山說到其中的原因，他說當時住在陽明山的情景：「這最有趣的：每當花季，載酒上山，識與不識，競來叩門相訪，於是我只好在蕭齋門外，貼一張告白：『主人不在』，但看花的人還是湧進來。有人在我的柴木門貼了一首詩：『何事主人常不在，柴門雖設莫長關』。於是我不得不下山，而搬到台中。搬台中的主動力，是一陣黛絲颱風，把我的蕭齋的直頂吹

坍了，我抱著我的小孫女毛毛（學名舜華）從蕭齋走到國際飯店門口下山，一直下山。」

一九六七年三月間，有一天陳定山路過台中自立街口，在一家豆漿店旁邊的平房門前，看到一幅對聯，上聯是「室比前人添一斗」，下聯為「樓觀對面起三層」，橫額寫的是「二斗軒」。這幅對聯，引用梁書「陶弘景有三層樓」的典故，而隱隱道出作者不受繁華所惑的心境。陳定山便寫了一首〈贈賣餅翁〉，請友人逢甲大學國文系楊亦景教授轉交給他，詩曰：

> 人間春到容高臥，門外車塵接轂長。
> 燈市春聲金鼓鬧，松棚火熄餅爐香。
> 牽門黃犬方為累，歷世紅羊換劫忙。
> 陋室何妨專一斗，看人四面起阿房。
> 閉門合署陳無己，也把新詞贈餅師。
> 日暖花鬚烘蜜蠟，天寒魚腦凍梅池。
> 喜聞鶯燕將雛至，懼致兒童積木危。
> 坐看東方青帝笑，種瓜得豆與春期。

詩前尚有一序：「鄰有賣餅翁，日炊一爐而止，日午則高臥不出。吾不知其名，字之曰道。丁未元夜，過其門，帖一聯云：『室比古人添一斗，樓觀對面起三層』。梁書：『陶弘景有三層樓』，翁固有道，且知書矣。」

沒想到這位賣餅翁收到陳定山的詩之後，詩興大發，立即用原韻和了一首〈餅師答〉：

> 天涯也有逢春日，柳眼垂青客路長。
> 啼鳥喚回金谷夢，勞人沽得玉壺香。

樓觀迴出三層傑，籠餅炊供十字忙。

二月玄都花怒放，謹將猿馬鎖心房。

貂裘不受崇高節，師道真堪作導師。

問字近鄰楊子宅，接籬遙見習家池。

太空詩境新開拓，小市生涯缺阽危。

容我逃秦淪賣餅，喜從空谷遇鍾期。

這兩首詩，一起刊於三月十九日《大華晚報》的「瀛海同聲」專欄中，傳為藝壇佳話。

陳定山來台後，長時期在報紙副刊及雜誌上寫稿，筆耕不輟，出版多部小說集、詩集、掌故集、畫論、畫冊等等，均顯現他的多才多藝。一九七〇年左右，因當時任台中靜宜女子文理學院中文系主任的好友彭醇士，身體不適，於是請陳定山代課，這是陳定山開始執教鞭之始，他在靜宜及中興大學教授詞曲課。一九七四年，在台中居住十八年的陳定山遷居台北永和，他說：「攜得晴空一片雲，來看台北雨紛紛。」因居永和，自號「永和老人」，又因住在凱旋大廈七樓，所以別署「七層樓主」。同年，因弟子于大成任淡江文理學院夜間部系主任，他在台北市金華街的淡江城區部執教一年。

一九七六年，陳定山作八十壽，好友張佛千特製二聯：

「小」米清才，身如彩「蝶」；
「十」分圓韻，響遏行「雲」。

「小」遊香國花迎「蝶」，
「十」畫眉山黛作「雲」。

巧嵌陳定山「小蝶」及二夫人「十雲」之名，並請黃杰及袁守謙書寫。黃杰還在第一首作跋：「定山先生今歲八十矣，賦詩作畫，顧曲飲酒，家情逸興，猶如少年，佛千斯聯，正所以晉不老之頌也。」陳定山讀此跋後大樂，曰：「有此一跋，吾雖老，亦顯此聯之切也。」而袁守謙所書寫者，以其特創之小聯，以錦緞精裱。陳定山對此聯情有獨鍾，壁間除其本人及十雲夫人之放大照片外，舊有字畫，皆不懸掛，僅懸此聯，並曰：「此聯雖小，但映照全面白壁，不覺其小。」

　　據張禮豪文章說，陳定山八十壽，「正逢張大千回國，二人相會，大千說陳定山看似六十餘歲而已，以後就稱『小兄』，而自言鬚白髯長，以後便叫『老弟台』。知己重逢，自是歡欣，陳定山便作詩一首〈喜聞大千歸國〉以為記：『近聞歸國喜如何，雙袖龍鍾淚漬多。白頭兄弟存餘幾，青春鸚鵡尚能歌。廣留海外名千載，家在江南住永和。笠屐畫圖傳寫遍，無人不念志東坡。海外傳聞多病身，相看依舊健如春。蒼髯喜值蒼龍歲，白首重盟白水津。合具雙肩擔道義，獨留巨眼對乾坤。小兄老弟相稱謂，秉燭今宵最可親。』情意真摯，令人動容。」

　　一九七六年九月七日，陳定山元配張嫻君因病去世，失去奉獻一生的持家良伴，陳定山極為傷感。一九八三年八月三十日，夫人鄭十雲赴菜市場買菜，不幸發生車禍過世，享年七十三歲。十雲夫人與陳定山結褵五十年，亦夫亦友，死後陳定山甚念，集唐詩輓之曰：「多情自古空餘恨，報答平生未展眉。」一九八九年八月九日中午，陳定山以九五高齡在家中安詳過世。張佛千在〈故人情〉一文中說：「定老少時，即是十里洋場中的公子、名士，而又多才多藝，詩詞書畫、吹打彈唱、吃喝玩樂，無所不精；中年雖值多難，日本人來，遠徙昆明；共產黨來，渡海來台，沒有受過一天罪，一生享福。但不幸到了八十一高年以後，十雲夫人竟以購菜遇車禍遽

逝。定老有公子一，字克言，服務金融業甚久，定老於其婚後即命自建小家庭。今雖同在台北，定省有時，但十雲夫人之賢慧體貼、出入扶持，相依為命之良伴，無可替代。朋輩宴會，我亦不敢相邀，老人受此寂寞孤獨的磨折逾十年，今乃以疾逝聞，享年九十五歲，殆真如佛氏之所謂『解脱』矣。」

　　筆者日前訪問台灣師大附中美術老師陳藹普老師，她在一九七九年時因畫家歐豪年之介，拜陳定山為師，學習詩詞。每週日早上在永和家中上課，定山先生不講格律，要她先多讀書，並指定唐詩三百首、世説新語、白香詞譜等書，要她研讀，定山先生認為腹中要先有學問，再加上豐富的人生閱歷，方可寫好詩。中午時分，老師還要學生一起在家吃中飯。當時家中雖只有定山先生及十雲夫人兩人，但僕傭準備飲膳還是極為精緻，這也印證了定山先生是個美食家。這使我想起當年在上海他發起「狼虎會」（狼吞虎嚥的聚餐會）的情景，他在《春申舊聞》説：「尤其是發掘小吃館子，是本會的唯一工作。例如陶樂春發現時，僅為大舞台對面一開間的四川抄手館子，靠扶梯三個賣桌，專賣榨菜炒肉絲，干燒鯽魚，和雞豆花湯。雅敍園是湖北路轉角靠電車軌道的一個樓下賣座，只賣油炮肚，炒裏肌絲，合菜帶帽帶薄餅，小米稀飯。小有天是小花園裡面的一家閩菜小吃，奶油魚唇，葛粉包帶杏仁湯，是他的拿手。……有許多小館子後來發現，直到勝利復原他們還保持著一開間門面的如：石路吉陞棧對面的烹對蝦，醬炮羊味。六馬路的魚生粥，石路上的肉骨頭稀飯，油條。德和館的紅燒頭尾，鹽件。泰晤士報三層樓的蟹殼黃，生煎饅頭。霞飛路菜根香的辣醬飯，浦東同鄉會隔壁的臭豆腐干大王等等，直到我們三十七年（1948）來台，它還是保持著原狀。至於梁園的烤鴨子，雲記的臘味。喬家柵的湯團舖，在敵偽時期還有了偽組織，那是王汝嘉的冒牌湯團，不是真正金家牌樓的分店。」定山先生真不愧是個老饕。

陳定山的畫風被歸類為「名士畫」，筆墨酣暢，自成家數。他的書法，張禮豪認為「從二王入手，也研究黃山谷，再向上學虞世南、褚遂良、又轉米元章；民國以來，心折於葉恭綽的書風。事實上，陳定山不論字與畫都扎實地自古人來，而後從古人出，最後將書畫之道與人品、生活相融，而自成一格，逸興遄飛。」

　　陳定山著作等身，早年與其父陳蝶仙合編《考正白香詞譜》（1918）。他的詩詞集有：《蝶野詩存》、《醉靈軒詩集》、《定山草堂詩二卷》、《定山草堂外集》、《蕭齋詩存》、《十年詩卷》、《定山詞三卷》等。又酷愛寫掌故，寫有《春申舊聞》、《春申續聞》，因定公從父輩起，便長居滬上，嫻熟上海灘中外掌故逸聞，一代人事興廢，古今梨園傳奇，信手拈來，皆成文章，乃開筆記小說之新局，老少咸宜，雅俗共賞。至於小說集有：《留台新語》、《五十年代》、《蝶夢花酣》、《大唐中興閒話》、《春水江南》、《駱馬湖》、《隋唐閒話》以及號稱「黃金世界三部曲」的《黃金世界》、《龍爭虎鬥》、《一代人豪》等。

陳定山（左二）與友人合影

慘遭砍頭的「文字白相人」蔡鈞徒

一九三八年二月六日，上海淪陷不久，在法租界華立路（今建國中路）法總巡捕房東面，靠近薩坡賽路（今淡水路）的一根電線桿上，掛著一顆血肉模糊的人頭，從早到晚圍觀的群眾成千上萬，當天大家都不知這顆人頭的來歷，到了第二天，《時報》用紅色大字刊出一個大標題——「蔡鈞徒砍頭」，又過了一天，《時報》獨家刊出蔡鈞徒頭顱的照片，又白又胖，雙眉倒垂，兩眼凸出，令人驚駭！

陳存仁在《抗戰時代生活史》一書中，這麼描述：

> 那時節，《時報》的採訪部主任是胡憨珠兄，我和他是多年老友，我就問他：「蔡鈞

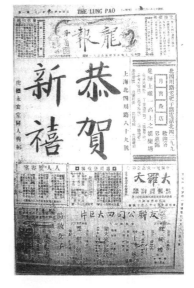

蔡鈞徒創辦的《龍報》

徒殺頭的內幕究竟如何？報紙上隱約其事，不夠清楚。」他就原原本本地告訴我。原來那時蔡鈞徒曾經一再進入新亞大酒店和日本人打交道，領到一筆很大的津貼，但是他用的是兩面手法，在租界上見到的報紙是紅標題罵日本人，而另外印一批報紙同樣也用紅色標題，卻是大捧日軍，每天著人送往虹口報銷。

有一天，他在妓院中玩得昏天黑地，報紙沒有派人送去，日本人為了彙集整理起見，著人向租界方面買了幾份，一看大標題，竟然是大罵日本人在某處姦淫擄掠，罵得有聲有色，日本當局大為震怒。

到了次日，蔡鈞徒派人補送昨天的報紙，日本方面的人拿來一看，與他們買到的報紙，頭條新聞記載恰恰相反。日本人當時不露聲色，引誘蔡鈞徒到虹口，拳打腳踢，全身受傷，在他極度疲乏之時，車到江灣體育路，叫他自己掘了一個極深的泥坑，令他站在坑中，由常玉清的徒弟，把泥土傾倒下去，埋了他的身子，等著他斷氣之後，把他的頭割了下來，送到新亞大酒店銷案。

這個頭顱首先浸在浴缸中，到血液流清之後，面孔又白又胖，於是送到法租界掛在電線桿上示眾，照日本人的意思，是對不忠實而用兩面手法的漢奸們作為懲戒的示範。憨珠兄還說：「《時報》登出這個頭顱，是從法租界台拉斯脫路驗屍所中攝到的，所以特別清楚。」

蔡鈞徒（1904-1938），原名安福，字履之，自署「海上釣徒」，陳行鄉人。早年就學閔行初級師範，後入閔行農校，一九二五年畢業，在嘉定黃渡小學任教。喜歡舞文弄墨，思路敏捷，時常給《禮拜六》等休閒報刊投稿，也結識了不少文化人。

一九二七年，他自己創辦了一份小報，因自己屬龍，取名叫《龍報》。據玖君（王定九）的〈報人外史〉說：「《龍報》出版，又因記載失實，律師信雪片飛來，事主慫恿白相人登門造訪，大打出手，與講斤頭，更計數勿清，蔡公成為眾矢之的，日在驚濤駭浪中。初時浦東小阿弟，涉世尚淺，受嚇不起，碰碰叫饒求恕，後來資格逐漸老練，識透門檻解數，熟悉社會特殊人物，紅鬚綠眼睛，見多識廣，不再狗皮倒灶，也趙子龍渾身是膽，翹起大拇指，拍拍胸脯有種氣了。蔡公又有一特長，今日怨家，明日可成親家，實踐不打不成相識。《龍報》時期，不知發生多少風波，領略若干苦頭，他卻達觀處置，泰然應付，以子之矛，攻子之盾。得悉某大亨欲收拾他了，便送上門去，負荊請罪，服膺身子不是租來，爺娘下的本錢，聽憑處置好了。這苦肉計很靈驗，一般人嘉許漂亮，刮目相看，引為良友。一朝生，兩朝熟，蔡公得此門路後，常往走動，一般人見他某公館中踱進踱出，亦刮目相看。蔡釣徒真的挖兒透頂，兜得轉啦。」（轉引自孟兆臣著《中國近代小報史》）蔡釣徒在一九三一年一月二十二日的《龍報》〈本報二百期的回顧〉文中深有感觸地說：「辦小報而能支持三年，別的不敢自詡，單是壽命上卻可謂差強人意，堪以自慰。這三年裡本報支持於風雨飄搖之中，幾經打擊。是怎樣厲害的打擊呢，喏喏，我不妨說明，就是興了幾次文字獄，被捉將官裡去，飽嚐那鐵窗風味。」

　　曾見過蔡釣徒的陳存仁認為他雖說是文人，事實上卻是一個文氓，整天和許多歹徒混在一起，談吐粗俗，行動乖張。他在所謂上海白相人的世界，並無任何地位，但他的人頭很熟，所有那些大名鼎鼎的人物，不論法租界的三大亨，公共租界的陸連逵、尤阿根這種探長階級的人物以及大字輩的曹幼珊、張樹聲等，他也相當熟悉。他人頭既熟，信口開河，牛皮亂吹，則為他的家常便飯。

蔡釣徒也寫過言情小説《花落瀛洲》，但他廣為人知的還是辦《社會晚報》。《社會晚報》於一九三四年三月一日創刊。他聘王天恨為主編，自己也參加編輯、撰稿和拉廣告。該報僅有沈小雁一名記者。所刊新聞多數是刑事案件新聞，這是因為蔡釣徒在警界朋友較多。該報品格並不高，一九三三年《明星日報》發起選舉中國電影皇后獲得成功後，一九三五年《社會晚報》也曾發起選舉歌星姨太太，受到柯靈主編的《明星》半月刊的批評。

　　〈報人外史〉説：「綜蔡公短短半生（只活三十三歲），為一成功事業，允推《社會晚報》了。一二八後上海夜報潮流突興，蔡公乃重起爐灶，創刊《社會晚報》，報名與《社會日報》，只一字之差，外界很易纏夾，同道中亦有人誤會胡雄飛（前《社會日報》老板）有關係，實則該報為氏個人的事業。初創時規模簡單，一人唱獨腳戲，編輯方面，王天恨負重責，事務方面，令高徒姚森最吃重，報館附設望平街東華里南洋廣告公司內，一張寫字台地位而已，因陋就簡，和《龍報》一般無二，只篇幅擴大了。老實説《社晚》內容是水準線下的，蔡公任何方面，特別划算，編輯記者，用老友中之落伍角色，薪水不出三十元（某某某編新聞，月薪六十元，筆者編附刊，月薪四十元，算是特別優待了），外國通訊社稿費，擯除不用，附刊投稿，沒有稿費。試想無米為炊，還煮得飯嗎？」（轉引自孟兆臣著《中國近代小報史》）

　　陳存仁説：「《社會夜報》的編輯方式是信口開河，所以上海人叫它『野雞報』。」當時已掛牌行醫的陳存仁，説他得識蔡釣徒是在海一位有名的女相士菱清女士的家中。陳定山在《春申舊聞》一書中説：「上海之有女相士，創始於『菱清女士』。菱清貌不甚美，橢圓的臉，架著棕色的金絲邊眼鏡，和她的學徒蓬萊女士稱為兩大美人。其時上海的什麼『皇后』已經過時，而通行美人的徽號，如徐來稱為標準美人，陳競芳稱為病美人，菱清、蓬萊也就以

『美人』來做標榜。蓬萊尚在雛年,比較本色,但她的風頭卻沒有菱清的十足。因此提起菱清女士,便會使一般職業男子的星相家某某山人、某某居士黯然無色,她印著時裝小影的卡片,在馬路鬧市逢人便發,她的命相香巢卻築在三馬路鍾雪琴兔窟的緊鄰,因此有雞兔同牢的雅號。《晶報》發表一百名人報,菱清和鍾雪琴都在其內。」

陳存仁說:「她(菱清)家地處三馬路(今漢口路),是交通的中心,加上她好客,交往的都是一時的名士,我到她家中,她總是請我在烟鋪上坐下,雖然我不會吸鴉片,但是幾位老師都有此癖,所以橫在榻上一躺,談話時覺得極為舒服。一天,我正躺著與名畫家交談,忽然近來一個粗魯人物,菱清的母親開口就說:『殺頭的!你又來做什麼?』那人說:『今天囊無分文,要問菱清借二十塊錢。』於是菱清的母親,聲聲叫著:『殺頭的!你來總沒有好事。』一面罵一面把錢給了他,但這個『殺頭的』並不就走,還提起電話叫了一碟蛋炒飯,據案大嚼。那個『殺頭的』吃飽了之後,菱清為我介紹:『這位就是蔡鈞徒,我母親說他這個殺頭的,將來總不得好死!』由此開始就認識此人。」

陳存仁又說:「隔了不過十天,蔡鈞徒到我診所來。我問他:『有何見教?』他說:『今天實在經濟困難,《社會夜報》連買白報紙的錢都沒有,想來想去,你一定肯幫忙。』我說:『也好,我借二十塊錢給你。』他眼睛一瞪,面上橫肉都暴露出來,說:『《社會夜報》銷數成萬,你想拿念只洋(滬語之二十元)來打倒我?』我一看形勢不對,便說:『不問你白報紙要多少,我把今天診金收入,分一半給你。』他一聽這話,形勢才緩和下來,拿了錢就走。隔不上三天,他竟然又在我門診將畢時,等在候診室中。我心想長此以往,不勝其擾,便對他說:『今天再給你一次,也是最後一次,下不為例,我的隔壁就是老閘捕房,探長尤阿根曾經告訴我,要是有人來滋擾,只要打電話給他便是。』蔡鈞徒一聽見『尤

阿根』三字，頓時默不出聲，接過我給他的二十塊錢，鄭重地說：『我再也不來了，但請你在尤阿根面前不要提起這件事。』從此我就不曾再見過他。」

蔡釣徒在抗戰之前就已經創辦了《社會晚報》，銷路一直不是太好。「八・一三」淞滬抗戰開始後，刊載了大量的抗日文字，銷路方有起色。這時也參與報紙編輯的王定九在〈報人外史〉說：「（蔡釣徒）把一份報紙剖為兩版，面版新聞由他負責，裡版，副刊小品，委我主持，雙管齊下，力求精警。這樣改進後，果見成效，報銷重復回漲，尤以國軍西撤，上海陷成孤島後，報銷狂漲二萬五千大關。意想不到之銷數，蔡公自己，也莫明其捲筒機，委託《中華日報》代印，出版算得迅速了，報販仍有迫不及待之勢，簇擁大門首，午後即售預約券，甲五百，乙二百，丙一百，丁五十，每天拉鐵門擋不住數百名伸手將軍（報販）。蔡公跳上櫃臺，監督發行……辦報達到了沸點程度。」

上海淪陷之後，日方接管了新聞檢查所，強迫租界內出版的華文報紙，一律接受檢查。《申報》、《大公報》等報紙，因為不願送檢，都在上海停刊，而遷往桂林出版。《社會晚報》不願停刊，卻遲遲不將報紙送檢，一九三八年一月，日方向公共租界工部局提出，勒令《社會晚報》停刊。其後，有「黃道會」暴徒衝進《社會晚報》投擲手榴彈，炸傷發行人員數名。「黃道會」全名「東亞黃道和平會」，是日本浪人冢本、高橋、井上、許斐等勾結青幫流氓頭子常玉清等組織的恐怖暗殺團體，雖正式成立於一九三八年二月，但早在一九三七年十一月國軍戰事西移後，就已開始活動。《社會晚報》在停刊期間，蔡釣徒四處活動，希望能夠儘快復刊，他認識了楊家駒，希望通過他能消除日本人的顧慮，同意《社會晚報》復刊。楊家駒曾經是律師，在「八・一三」抗戰前，因為貪污公款被開除而失業，後來加入了日本人支持的另外一個漢奸幫

會「復興會」。「復興會」和「黃道會」實際上是一丘之貉，都在同一個日本特務機關的控制下，同在新亞酒店辦公，只不過「復興會」更多地致力於宣傳，尤其是在報界的宣傳。「復興會」和「黃道會」的顧問日本特務木村懷疑蔡鈞徒是個抗日分子，蔡鈞徒為了澄清自己，向「復興會」的會長劉松出示了前淞滬警備司令楊虎查封《社會晚報》的命令，但是效果適得其反。一九三八年二月四日，楊家駒請蔡鈞徒去新亞飯店赴宴，飯後，蔡鈞徒被帶到了新亞酒店六樓，常玉清及其徒眾在那裏殺害了蔡鈞徒，並將頭割下，用汽車運進法租界，原先打算直接將首級直接扔在薛立華路法國巡捕房門口，但是因為其中有門崗，只好將人頭懸掛在附近的電線桿上，並附有白布一方，稱：「余等以斷然手段對付死者，望其他中文報紙主筆知所警惕。」

當日本佔領了大上海以後，漢奸組織最初出現的是常玉清的「黃道會」，蔡鈞徒又和常玉清非常熟識，正當臺灣人蘇錫文在日本導演之下，備組織大道市政府時，其時租界之內，一班所謂上海士紳者，希望保全產業，正在進行組織維持會，想在日人卵翼之下，有所企圖，政府方面，怕這種傀儡組織，動搖人心，初則發出警告，繼則實行格殺，於是天主教的陸伯鴻，荳米業的顧馨一許多動搖份子等，先後被刺，一連串的血案，展開了政府方面與敵寇誓不兩立的決心，的確把動搖的人心鎮懾住了；偏是蔡鈞徒，合當死神高照，噩運來臨，他忽然大為活躍，自吹日本人要他出任上海市商會會長，又說他要榮登上海市長寶座，和他相識的人，都以為他吹牛慣了，不以為意，但因為他此時此地，竟敢侃侃而談，想來必有原因，但誰也沒去追究，因此等到他的人頭高掛，死訊傳出，許多人還以為是鋤奸志士，執行國法所幹的。

但誰知蔡鈞徒之死，完完全全死於日人之手，內中原因，初則傳說不一，有的指他到處亂吹，引起其他漢奸的不滿，因內鬨而

自相殘殺。但比較可靠的，則由於他的這張《社會晚報》，此時已由日軍報導部予以收買，要他負責報導八紘一宇中日一家的麻醉宣傳，這位聰敏人，拿到了錢，自然要替他們做事，但他又不敢以漢奸面目對人，把每天出版的報紙，卻作兩番安排，在市上出售的，依舊平時面目，毫無改變，誰也看不到這是一張變節報紙；他又另印了一些去向日本人報銷的報紙，內中文字，都是對日本皇軍，歌功頌德，如此玩弄手法，完全師襲袁世凱當年稱孤道寡時那些勸進功臣偽造各省報紙，按日呈覽的故技，他自以為天衣無縫，可以瞞住那些日本阿木林，誰又知道日本人其後接收了大陸商場內舊日上海市政府的新聞檢查所，每天派人查閱報紙，這些人便是日軍報導部所派，於是發覺了這張《社會晚報》的秘密，日本人認為這還了得，蔡鈞徒竟敢刀頭舐血，就這樣抓進虹口新亞酒店，結果了他的性命，而且派人把首級懸掛在法租界電桿木上，號令示眾。

直到一九五二年以後，中共追認蔡鈞徒為革命烈士，大家才明白他還曾為革命從事過地下工作，因宣傳抗日而被殺害的。根據上海浦江鎮陳行村顧龍標的講述，原來，蔡鈞徒與上海灘各色各樣知名人物都有交往，好似「文化白相人」，而真正的知己是曾任中共江蘇省省委委員、時為新四軍六師敵工委員會負責人的蔡志倫（又名悲鴻）。他受蔡志倫的影響，傾向革命，曾幫助新四軍代表與中共上海地下黨取得聯繫，還幫助新四軍轉送物資到蘇北根據地。一次，利用報社職工家中辦喪事的機會，將大批藥品裝在棺材中闖過日偽封鎖線，送到新四軍代表手中。引人注目的是，他負責的《社會晚報》一再公開報導國軍名將謝晉元「八百壯士」退離上海而堅持抗日鬥爭消息，因此成了日偽的眼中釘。敵特以「黃道會」在新亞酒樓設宴為名，將他騙去後下了毒手，並公開製造假象，逃避罪責。蔡鈞徒成了日偽惡勢力向上海新聞界開刀的第一個犧牲者，因此他被中共視為革命烈士。

慘遭殺害的小報文人馮夢雲

當年曾在上海中文《大美晚報》供職的張志韓在〈血淚當年話報壇〉長文中，提到，在抗日戰爭中，上海新聞界多人被殺，其中馮夢雲、余大雄和蔡鈞徒的被殺，也是新聞界的三件大事，「而以馮夢雲的死最使人傷心欲絕，因為他死在何處，死在何時，甚而屍骨無存，為所有上海死難同人中最令人扼腕太息的一個殉國烈士。別的人，或是被綁，或是被刺，大家都會清清楚楚，只有馮夢雲，他突然不知去向，從此杳無消息。」

據周允中的〈馮夢雲的報人生涯〉文中說：「馮夢雲，原名馮恭茂，筆名馮大少爺、玲瓏、怡紅公子、翡翠、記者等，浙江慈溪人。家世清寒，少年幹練，十三歲時雙親去世，馮夢雲就獨力挑起家庭重擔。為了解決弟妹的生活，十五歲來滬學徒，先在一

馮夢雲

家五金店當職員，再學報關行，由
於從小愛好文藝，業餘時間讀書寫
稿。後來，由於投稿關係，認識了
小報界文人洪水水和盧一方，不但
與他們結下了文字之緣，而且引為
知己。不久，經洪與盧的介紹，
進入《小日報》任編輯。從此踏進
上海小報界，開始了他的報人生
涯。」其中盧一方是江蘇無錫人，
據玖君的〈報人外史〉說：「吳微
雨辦《福爾摩斯》，駱無涯創《荒
唐世界》，一方常川投稿。」玖君
又說，盧一方文筆「纏綿有致，玲
瓏剔透，細線條佈局，才人筆調，
輕靈婉約。」

「謝豹筆大如椽，不愧豹子頭。
夢雲得此哼哈二將，紙上談兵，生
氣虎虎，陣容堂堂，無黨無派的第三
種人馮夢雲，東施效顰，辦政治報，
居然像煞有介事，外界不明底蘊，
齊道馮大少爺金陵新貴（那時革命新
官），黨中紅員咧！」（轉引自孟兆
臣著《中國近代小報史》）

在《大晶報》和《鐵報》出版
的同時，馮夢雲又創辦了一個《太陽
報》。但只三個月，不堪虧累，只得
收攤。

馮夢雲主編的《大晶報》

　　周允中說：「『八‧一三』淞滬抗戰爆發後，馮夢雲親赴前線採訪戰地新聞，及時報導我軍英勇殺敵的消息，揭露日軍屠殺無辜百姓的滔天罪行。為了讓上海市民了解戰況，《大晶報》一天出三報（早報、午報、晚報），這是當時小報界的創舉。不久，上海的大小報紙先後停刊。十月五日，《上海報》、《小日報》、《大晶報》等十家報紙聯合出版《戰時日報》，由龔之方主編，馮夢雲任編輯顧問，不斷發表抗日救國的新聞。」

　　周允中又說：「國軍西撤後，上海的租界成了『孤島』。留滬的進步作家自費出版了以刊登雜文為主的半月刊《魯迅風》，馮夢雲自告奮勇與巡捕房聯繫，登記備案，在有可能遭到敵偽暗殺的情況下，毅然掛名擔當發行人的重擔，表現出一位愛國報人無私無畏的高尚氣節。」其中說馮夢雲「擔當發行人」，當是「編輯人」之誤。《魯迅風》的發行人是來小雍，也是小報界的著名人物。當年《魯迅風》的主編文載道（金性堯）在〈《魯迅風》掇憶〉文中說：「來、馮兩位因辦小型報多年，和『警務處』的人相熟，所以由他們出面申請，就有把握。這也是由巴人輾轉設法拉上關係，實際就是利用合法、開展統戰的一種方式，但在當時『孤島』上，他們兩位能夠答應，確也很不容易。我們也沒有什麼物質的報酬，只是每期留出約摸四分之一的版面，登了一個貂蟬茶室的廣告。所謂茶室，實即點心店，是來小雍先生開的，地點在舊馬浪路（今馬當路），就以此作為酬謝。他對這廣告也不大在乎，有時稿子多了，這廣告就不登，他也沒說什麼，我猜想來、馮兩位對每一期內容未必仔細看過。一個月裡面，大概有一兩次到茶室去和他碰頭，大家都沒有過多的話，我問他對《魯迅風》有什麼意見，他就叮囑我要小心，文章不要寫得『太尖銳』，弄到一張執照不容易，免得被吊銷。但和馮夢雲先生，在《魯迅風》出版時期一直未曾見過面，到《魯迅風》停刊二三年後，才在一個偶然機會裡相識。」

學者孟兆臣在《中國近代小報史》說：「馮夢雲的辦報能力不但得到了小報界的肯定，而且也引起了大報的注意，他受《文匯報》華協理兼廣告主任胡雄飛之請，任營業主任。在上海報界，大報、小報涇渭分明，壁壘森嚴，大報記者兼寫小報稿司空見慣，但小報報人進大報主持業務，實屬罕見。可惜的是，《文匯報》發生內訌，馮夢雲未能施展他的才能，便離開了《文匯報》。」

一九三九年底，吳紹澍奉國民黨組織部部長朱家驊之命，以國民黨上海市黨部主任委員兼三青團上海支團主任幹事的名義，自重慶來上海，與相繼抵滬的國民黨宣傳部駐滬專員馮有真及前任國民黨上海市黨部主任委員吳開先商議，決定籌辦《正言報》。這張報紙，是吳開先、吳紹澍等到了上海展開工作以後創辦的國民黨直屬報紙，總編輯袁業裕，原是舊日《民國日報》老同人，他由吳開先汲引，馮夢雲則由毛子佩的推介，認識了吳紹澍。其時該報開辦之初，任用人員，非常小心謹慎。毛子佩是吳紹澍的得力助手，馮夢雲又是毛子佩的親密朋友，因此關係，出任經理

《魯迅風》

職務，該報社址在九江路281號，與《新聞報》相背為鄰，最初為成舍我所辦的《立報》舊址，是四層樓房。《立報》關門了，但剩下的生財機器沒法搬走，派了一個姓田的負責留守，他們有兩架小型的日本輪轉捲筒機，輕巧快捷，《正言報》出版時，則連同房屋生財，一併租用，所以籌備出版，並不十分吃力。一九四〇年九月二十日便創刊了。

　　據曾參與《正言報》的教育編務的潘湛鈞說：「該報主要成員有經理馮夢雲（化名方經理），被捕後不久犧牲，由馮志方（化名劉仲庵）接替。總編輯是袁業裕（化名崔伯鳴，原在《民國日報》工作），每天社論和上機前的大樣都由他過目。此人認真踏實，人們都稱呼他為『崔老板』。主筆李秋生，原在國民黨辦的平明通訊社工作，主要負責社論，主編副刊《文綜》。編輯主任為胡惠生（原名道吉，化名朱曉春，筆名孤芳），主編要聞版。國際版編輯程玉西（化名韓慕雲，筆名與言），國內新聞編輯沈公謙，本埠新聞編輯管久安，各地通訊編輯胡道和，教育版編輯潘湛鈞（化名梁之章，筆名潛波），體育版編輯胡道璋，兼採訪主任，經濟版編輯胡安定，外勤記者原有梁酉廷（化名周竟成，後來又兼申江通訊社採訪主任），不久，又來了羊文賢（兼報社、通訊社採訪），外事記者兼翻譯許桂庭（精通英、日、俄三國文字）。主編副刊《草原》的是柯靈，主編副刊《大眾》的是潘大年，另有副刊編輯邢琬（又名邢慧民）。此外有校對長徐邁群，報務員傅鴻志，會計姚德明等。」

　　當時報社內外戒備森嚴，底層大門口堆置沙包，設有兩重鐵門，均加大鎖，日夜由警衛人員把守，報社人員出入隨手鎖門。每層扶梯口都設有鐵柵和沙袋，直到四樓為止。四層屋頂平台四周裝有兩層鐵絲網，底層裝有警鈴，以防日偽突然襲擊。為了保證職工和編校人員的安全，報社規定一律住在宿舍內，編輯部所有人員

全用化名。因為七十六號的暴徒，在《正言報》開門之後，亦曾炸彈相餉，所以同人出入，概從後門，關防非常嚴密。馮夢雲身為經理之職，為了安全起見，亦復寄宿在內，但他的工作，不同於編輯同人，必須經常與外界接觸，而且接觸的份子至為複雜，縱然報社內部，十分安全，但他有時必須出外接洽，他為人既負責，做事更勤奮，想不到因此種下殺身之禍，就在某一天他忽然不見了！社中同人，初以為他有事外出，未嘗在意，當天未返，也不以為出了亂子，就這樣兩天三天的下去，始終未見其人，大家才覺事情不妙，因為希望他仍會安然歸來，所以報紙未登隻字，大家不予張揚，更希望他祇負經理部職責，與報紙上文字紀載，不發生關係，縱然敵偽方面，綁架而去，也許不致危及他的生命。

張志韓在文章中說：「可憐的馮夢雲，究竟他那時置身何處，受到怎樣的痛苦折磨，最後又怎樣的給他們殘酷處死，完全毫無所聞。不久之後，太平洋大戰爆發，上海公共租界，也給日本人佔領，我們也流亡去了內地，一直到勝利歸來，關於馮夢雲的下文，才由他的朋友毛子佩，向中央領得一筆卹金，算正式公開了馮夢雲的噩耗。」

據周允中的文章說，日軍為了威逼他供出抗日志士的名單，用一隻大木桶裝滿冷水，將冬天裡身穿棉衣的馮夢雲，浸入冷水之中，只露出嘴巴和鼻子，過了很久，才讓他出桶，然後立即逼迫他坐在烈火旁，將棉衣烘乾。馮夢雲原來就患有鼻炎，經過這番磨難，腦部嚴重受損，鼻子裡不時流出腥濃的液體，奇臭難聞，痛苦不堪。在不斷地遭受日軍的殘酷刑罰之下，得不到良好的治療，終於在一九四四年二月十七日為國捐軀了。

讓小報與新文學攜手的陳靈犀

陳靈犀在一九四一年一月七日的《社會日報》發表的〈小型報雜論〉中說道：「本來小型報對於新文藝方面，素是不加注意，視同秦越，而新文壇的人也把它瞧不起，因此形成兩個森嚴的壁壘，各自為政，各不理睬，年深月久，更似不能相容。但這個難關，終於給《社會日報》打破了，《社會日報》首先刊登有關新文藝方面的消息和論爭，而新文壇上的先生們，也知道這時的小型報，已走上了正軌，與前不同，便漸漸轉移了目光，而和小型報慢慢地發生了關係。於是小型報從這時起，除了取得政治社會地位外，也負起了新文化的使命，如來嵐聲先生辦的《世界晨報》、《時代日報》，都和《社會日報》採取同一的新姿態，同樣得到新文藝界中人的重視和幫助。小型

陳靈犀

報到了這時，便展開了黃金時代。」陳靈犀在文中提到的來嵐聲即來復，又名來小雍。沈鵬年在《行雲流水記往》一書中說：「（他）原來在銀行工作，是小報界的著名人物，一九三○年創辦《上海繁華報》，一九三一年創辦《世界晨報》，一九三二年創辦《時代日報》。為人正派，有正義感，曾先後兩次抵制藍衣社特務陳寶驊插手攘奪《晨報》和《日報》。經柯靈介紹與王任叔相識，願意義務擔任《魯迅風》的發行人。並出面為《魯迅風》向租界當局申請領取了『登記證』。在柯靈和王任叔的影響下，來小雍傾向進步，還自費辦《自學》雜誌，面向職業青年，請中共黨員石靈編輯。抗戰勝利後，《世界晨報》的登記證轉讓給馮亦代使用；《時代日報》的登記證轉讓給姜椿芳使用……」也是小報與新文學攜手合作的最好的一個例子。

當然這開風氣之先者，還是陳靈犀和他的《社會日報》。陳靈犀（1902-1983）又名陳聽潮，筆名貓雙棲樓主。廣東潮陽人。《海派作家人物志》中這麼描述他：「陳一名聽潮，人瘦小如茄。早歲也有艷聞，

貓雙棲樓主漫畫

曾力捧『時代劇場』之姜雲霞，賦詩作文，筆底春風，揄揚不遺餘力，至今還念念不忘。聽公好佛，說一口流利的上海話，有一子一女，皆聰穎，陳愛護子女較愛渠自己尤深，大概筆枷墨鎖將此公困了一生，了此出息，因之寄希望於子女身上了。」而護龍的〈報人印象錄〉則說：「靈犀為潮州人，潮州人以精於算盤稱，而靈犀得地靈之氣，又曾執業於典當，故於算盤一道，熟極而流。唯其算盤，除純熟外，是否精明，筆者未嘗領教，不敢妄臆耳。靈犀自題撰述之所曰『貓雙棲樓』，人多不解，按貓性如虎，除叫春外，不喜與同類相親，貓而雙棲，則狗將借小房子矣。一笑。」

而與他多有交情的作家曹聚仁這麼說：「他是個瘦怯畏縮的人，有一回，他從杭州旅行回來，到了上海北站，照例要檢查行李，憲兵一動手，他就渾身發抖了；一發抖，那憲兵格外起疑了，於是打開提包，解開衣服逐一檢查了；那邊檢查得越細密，他就抖動得越厲害，直到最後，什麼也沒有可疑的，可是還是抖動下去。憲兵問他，他也說不出所以然來。他是膽怯到輕型彈震症的程度，他的心靈控制不住自己的行動的。可是，他是最有耐性的人，編稿寫稿，細密而有條理，也可說是編輯中的好手。」

一九二八年十月《社會日報》創刊，由胡雄飛發起並邀陳靈犀、姚吉光、馮若梅、鍾吉宇、黃轉陶、吳農花等十人，集資五百元為開辦費。該報最初發行時，日出對開一大張，內容、編排略似《時報》，以本市新聞為主，副刊次之。它結束了當時小報「三日刊」的時代，開闢了「日刊」的時代。陳靈犀在〈小型報雜論〉中就說：「本來各報都是三日刊，每三天出版一次，那時雖然也有一二家是每天出版的，可是不甚為人注意，聲勢還是三日刊壯盛。自《社會日報》出版後，把三日刊都壓倒了，於是三日刊便都紛紛改為日刊，連以晶字作為三日一見的標記的《晶報》，也都改為每日刊，三日刊因而無有存在者。這是小型報史中值得注意的一件大

事，也是《社會日報》足以自豪的一頁偉績。」但由於要有別於大報的新聞內容，因此新聞來源面臨短缺，而有些新聞未經查證，一經發表即引起社會或當事人的指摘，甚至對簿公堂；另外，受制於當時的印刷條件，自己沒有印刷廠，每天只能出報三四千，弄得派報的報販，措手不及，怨聲載道。當然最重要的主因，資金不足，因此《社會日報》在勉強出滿了一個月後停刊。

十個月後，一九三〇年四月胡雄飛與陳靈犀再度合作，《社會日報》復刊，由陳靈犀任主編。報紙改為橫四開的小型報，從原來的兩個版面擴為四個版面，除第一版仍為新聞外，其他三個版都是副刊，各種特刊、專輯不斷增加。該報在上世紀三〇至四〇年代是最具影響的小報，內容嚴肅，既重社會新聞，也重文藝作品，小說和小品在其中佔有很大篇幅。林華在〈小報概說〉中說：「自出版以後其號召力最大的便是幾篇長篇作品，如張恨水的《春明外史》、漱六山房的《大刀王五》，已足動人。然至主持者胡雄飛，及主編陳聽潮，猶以為不夠，所以又約擅著娼門小說的何海鳴，撰著《故都殘夢》，又約汪優遊撰著《歌場冶史》，連了陳君自著《風塵奇女子》，共有五篇之多。你想有這樣豐富的長篇，而且都出於名家之手，自然使人看了又要看。從第一期看起的人，當然要繼續不斷地看下去，大有愛不釋手之概，就是半途中看下去，勢必也要把以前的報紙配齊了，再從頭至尾的看下去。因為這種情形，所以看《社會日報》的人，只有一天一天的加上去，不像其他報紙，時有漲落。」陳靈犀除每天在《貓雙棲庵隨筆》專欄寫一篇散文外，還連載李鴻章後人李伯琦的小品《甕牖雜掇》，汪仲賢（優遊）的《上海俗語圖說》，每篇都由許曉霞畫插圖，刊完後出單行本，頗為暢銷。其他尚有唐大郎（雲旌）等人的個人小專欄。

陳靈犀在當時是較為注重隨筆及小品文的，他在〈小型報雜論〉中說：「近幾年來，小型報上盛行刊載一種隨筆之類的小品

文。不過為了範圍狹窄，所以時常談到身邊事，便有人指這一類文字為『身邊文學』，含有譏諷的意味，說這些人只會在身邊做文章，忘卻了時代，遺棄了大眾，久而久之，這個『身邊文學』的名稱，便也存在了，小報上的『身邊文學』，也成為讀者所吟味的一種文字。其實這種文字，便是小品文，非身邊兩字所能包括得盡。」

　　此外，還有一種長篇連載的「集錦小說」，也叫「點將小說」，每篇由十位作者輪流執筆，每人限寫一段，約千字左右，稿尾點出續稿者名字，即由被點名的人接下去寫。這種小說體裁雖近於筆墨遊戲，但讀者出於好奇，頗感興趣。這種集錦小說，一連刊載了十多部。上海一二八事變後，張恨水在該報寫了長篇小說《九月十八》，汪仲賢也寫了長篇國難小說《恐怖之窟》。從一九三七年初開始，陳靈犀在曹聚仁的協助下，又邀請了一批新文藝作家如鄭伯奇、周木齋、徐懋庸、陳子展、洪深、柯靈、桑弧等寫稿。曹聚仁除撰寫社論、雜文外，還曾用「眾撫」筆名，寫過《星期評論》，使得讀者為之耳目一新，由此也提高了該報聲譽，得到當時的文化名人魯迅、林語堂、曹聚仁、周楞伽等人的高度評價。該報以敢言著稱。如東北淪陷後，蔣介石力主「攘外必先安內」，《社會日報》卻談「兄弟鬩牆，外禦其侮」，主張「安內必先攘外」，曾引起讀者的共鳴。八一三抗戰爆發，該報停刊，改出《火線》週刊，繼續宣傳抗日救亡。上海淪陷後一度停刊。抗日戰爭勝利後復刊，曾在各大報紙上刊登廣告以「國人自辦的小型報」為標幟，但稿源困難，報紙內容枯燥，銷路大跌，雖曾多次更換主持人，但難於擺脫困境，於一九四七年停刊。

　　《社會日報》既擁有大量讀者，於是蛻化出《社會月報》，仍由陳靈犀還主編，它是綜合性期刊，每期十餘萬言。一九三四年六月創刊，一九三五年九月停刊，上海社會出版社發行。該刊沒有

長篇小說，僅有較長的散文，如洪深的〈浙東尋畫記〉、汪優遊的〈我的俳優生活〉、阿英的〈現代小品作家論〉及〈二修尺牘〉、〈跋王百穀全集殘本〉、徐行的〈民歌中的戀愛故事〉、張六疇的〈龔定庵詩詞中的戀愛故事及其它〉、楊霽雲的〈一部大眾語寫成的小說《金瓶梅》〉、曹聚仁的〈《文心雕龍》幽默的表現〉、徐仲年的〈十年如夢憶巴黎〉、李青崖的〈一絡頭髮〉、聖誕的〈清代的幾位農民詩人〉、楊邨人的〈白日之夢〉。其它短作有姚蘇鳳的〈第一次導演〉及〈銀壇述舊〉、大風的〈蕭伯納的情人〉、陸丹林的〈革新鼎故的廣州〉、了因的〈滄桑雜話〉、沈端先的〈外國話與本國話〉、黎錦暉的〈壁上觀〉、史東山的〈日遊雜感〉、鄭正秋的〈姊妹花的自由批評〉等。

在一九三四年八月的《社會月報》第1卷第3期，刊登了魯迅〈答曹聚仁先生的信〉一文。該文是魯迅就關於大眾語問題給曹聚仁的回信。同期的《社會月報》還刊登了楊邨人的〈赤區歸來記〉一文。楊邨人，一九二八年加入太陽社，原是中共黨員。「後來他進了蘇區，又從蘇區逃出，公開發表污蔑蘇區的文章，並揭起小資產階級文學旗幟，和黨領導的左翼文學對抗」。後來，他「又在小刊物上發表給魯迅的公開信，為自己辯護，要魯迅把他當作左翼文學家」。一九三四年初，魯迅發表了〈答楊邨人先生公開信的公開信〉，對其予以駁斥。同年八月三十一日田漢化名，「紹伯」在《大晚報》副刊「火炬」上發表題為〈調和——談《社會月報》八月號〉的文章說：「讀者試唸唸這一期的目錄罷，第一位打開場鑼鼓的是魯迅先生（關於大眾語的意見），而『壓軸子』的是〈赤區歸來記〉作者楊邨人氏。就是健忘的讀者也記得魯迅先生和楊邨人氏有過不小的一點『原則上』的爭執罷。魯迅先生似乎還『噓』過楊邨人氏，然而他卻可以替楊邨人氏打開場鑼鼓，誰說魯迅先生器量窄小呢？」面對田漢的挖苦，魯迅在同年十一月二十五日在《中

華日報》副刊《戲》周刊第十五期,發表文章反擊道:「我並無此種權力,可以禁止別人將我的信件在刊物上發表,而且另外還有誰的文章,更無從預先知道,所以對於同一刊物上的任何作者,都沒有表示調和與否的意思;但倘有同一營壘中人,化了裝從背後給我一刀,則我的對於他的憎惡和鄙視,是在明顯的敵人之上的。」

一九三六年上海左翼文學界發生了關於「國防文學」和「民族革命戰爭的大眾文學」這兩個口號的論爭。這兩個口號都是因日寇擴大對華侵略和國內階級關係的新變化,為適應黨中央關於建立抗日民族統一戰線的策略要求而提出的。「國防文學」口號先由上海文學界地下黨領導周揚提出,並由此開展了國防文學運動和國防戲劇、國防詩歌活動。「民族革命戰爭的大眾文學」口號由黨中央特派員馮雪峰到上海和魯迅、胡風等商量後由胡風撰文提出的。受到主張「國防文學」的一些作家的指責而發生論爭。周揚、郭沫若、徐懋庸等認為,「國防文學」口號提出最早,理論正確,在群眾中已有廣泛影響,它應該成為統一戰線的口號;在它之外再提什麼口號,是不妥當不正確的,是自外於抗日民族統一戰線。同意這種觀點的人還說,即便「民族革命戰爭的大眾文學」口號可以成立,它也不能作為統一戰線的口號,不能對所有的人都這麼要求,它只能是左翼作家的口號。

《社會日報》在這場論爭中,也有許多報導,諸如〈魯迅將對於「統一戰線」發表意見書〉、〈魯迅提出了「民族革命戰爭的大眾文學」〉等。一九三六年八月一日,徐懋庸給魯迅寫了一封信。這封信的冒失之處在於,他全然不把曾在多方面關照過他的恩師放在眼裏,使用了帶攻擊性和刺激性的語言指責魯迅。除了批評魯迅「對於現在的基本的政策沒有了解」,「提出錯誤的左翼口號來」是「危害聯合戰線」外,還說:「我總覺得先生最近半年來的言行,是無意地助長著惡劣的傾向的」,「不看事只看人,是最近半

年來先生的錯誤的根由」。魯迅一生所經受的各種論戰可謂多矣，但他沒想到這次竟是一個「忘年交」主動「打到府來」，而且還涉及到有關他政治立場的根本性問題。他難以沉默，並且感到憤怒。八月三日，重病中的魯迅，用了三天時間口授、由馮雪峰代筆，寫了一封公開信──〈答徐懋庸並關於抗日統一戰線問題〉，來回擊和駁斥徐對他的誣陷，魯迅認為「兩個口號」可以並存，以便互相補充。他說：「我以為在抗日戰線上是任何抗日力量都應當歡迎的，同時在文學上也應當容許各人提出新的意見來討論」；「民族革命戰爭的大眾文學」比「國防文學」「意義更明確，更深刻，更有內容。」它是一個總口號，各派都適用，「國防文學」可作為我們目前文學運動的具體口號之一，因為它「頗通俗，已經有很多人聽慣，它能擴大我們政治的和文學的影響」。

據周允中的文章說，由於徐懋庸經常在《社會日報》上發表文章，因此怨屋及烏，魯迅也連帶對《社會日報》表示不滿和挖苦。有鑑於此，陳靈犀於同年八月二十二日發表了〈讀魯迅先生關於統一戰線應為徐懋庸先生辯白的幾句話〉。陳靈犀首先指出，徐懋庸雖然和《社會日報》的確有些關係，便是幫助他拉來幾篇稿子，但是魯迅先生所認為的那些攻擊他的謠言文章，決不是徐懋庸寫的。另外，魯迅先生把小報看成是罪惡的東西，把和小報有關係的人看成罪犯，使他十分痛心。他素來志願將新文學和小報界壁壘森嚴的難關打通，一則使小報在文學上爭得一些地位，二則把新的思想介紹給大眾讀者。如今周先生一句「和小報是有關係了」的話，嚇得作者不敢和小報有關，把他的熱望打得粉碎。如果因為本報的文字致使周徐失和，並因此而破壞了統一戰線，造成外未攘而內先鬧翻，那責任和關係太嚴重了……文章的最後，陳靈犀明確表示了自己對於新文學和小報界的觀點：「徐懋庸先生和小報有關係並非罪惡，小報也未必那麼惡劣。」

一九四九年後，陳靈犀與平襟亞、周行等人組織新評彈作者聯合會，開始撰寫評彈作品。學者朱棟霖指出，評彈源起於宋元時的民間講唱。評彈本是民間通俗藝術，江南城鄉茶館、街頭大小廣場，隨處都有説書先生在彈唱故事。説書先生都來自市民社會，他們熟悉市民生活、習俗、心理、語言，他們以通俗語言、手法講述《三笑》、《珍珠塔》、《白蛇傳》、《玉蜻蜓》等通俗故事，意在消遣娛樂。蘇州本就是一塊文學和文化的寶地，而評彈在他的發展過程中，又有許多文人參與其創作，像陸澹庵、朱寄庵、朱蘭庵（姚民哀）、平襟亞、陳靈犀，提高了評彈的文學品位。蘇州評彈從她的文化母體汲取滋養，具備了充沛豐厚的文學魅力。

但陳靈犀是潮州人，潮州語言和蘇州話差別之大，可謂南轅北轍，其難度是可想而知的。評彈演員唐耿良就説，為了寫好評彈，陳靈犀把鋪蓋搬進團裡和藝人一道過集體生活。藝人上場子説書他跟去聽書，藝人深入農村或下海島慰問部隊，他不顧年過半百身子骨又瘦弱，打起背包一道

蔣月泉

去。他説：「要深入堂奧，決不能只求形似，還必須細心揣摩，融會貫通才能得其三昧。」他滿腔熱忱地和藝人打成一片，把自己從門外漢逐漸地變成了專家。一九五一冬上海人民評彈工作團成立，劉天韻任團長，唐耿良和蔣月泉任副團長，陳靈犀任業務指導員。

陳靈犀在〈蔣月泉説書五十年〉文中回憶當年的情景，説：「從《白蛇傳》到《玉蜻蜓》，我和月泉有一個較長時期泡在一起，同出碼頭，同吃同住，同甘共苦，……特別是在常熟花園書場整理《白蛇傳》時，是相當艱苦的。當時我團請了余韻霖作顧問，並把舊本記錄下來。經過余、蔣和我三人研究商量後，我寫出初步的修改稿。我每寫成一頁便由抄寫員複印後送交月泉讀腳本、摸曲調，天天像報紙出號外那樣一頁、一頁地飛傳，日日都是『現吃現賣』，從無隔宿之糧。夜場散後要總結一下實踐效果，存在的問題，還要商議下一回書怎麼處理，大家就是這樣忙個『馬不停蹄』，雖不能説到了寢食俱廢的地步，卻已食而不知其味……。最使我感奮的是月泉在那種用武無地的心情下，還是那麼熱情地鼓勵我，不嫌我是外行未入流，卻叫我打破框框，不要有什麼顧慮、有什麼束縛，怎麼想就怎麼寫，更不必考慮到能唱不能唱，寫了出來就好試嘛。不變就不能有所發展，不破就不能推陳，不革就不能出新。」

陳靈犀又説：「評彈術語中有『盤蓋』一詞，它是説書人書藝高低的試金石。……一個要盤進來，一個把他蓋住，非但不讓他盤進來，還要來個回馬槍，反盤過去，一來一往，出奇制勝，聽客自然要聽得擊節嘆賞了。如果沒有盤蓋，理也無從談，情也不能抒，只是像沙場上開戰一樣，不消兩個回合，一刀砍下，結果性命，便可得勝班師，這樣地草草不恭，如同弄堂裡捆木頭，直來直往，還有什麼好聽，還能咬嚼出什麼滋味來？……向老藝人學習決不能生搬硬套，依樣畫葫蘆，月泉來個疑呀、探呀，我們要『盤蓋』時

也非得來個疑、探不可；值得我們作為寶貴經驗的，是既要『盤蓋』就要動腦筋，『盤蓋』之道千變萬化，層出不窮，有明暗、正反、粗細、曲直、巧拙之分，你不鑽進去就無法盤出驪龍頷下珠來！」。

陳靈犀改編整理長篇彈詞有《玉蜻蜓》、《白蛇傳》、《秦香蓮》，創作的現代題材長篇有《會計姑娘》，創作、改編中篇有《羅漢錢》、《紅梅贊》、《劉胡蘭》、《廳堂奪子》、《林沖》、《見姑娘》、《楊八姐游春》、《唐知縣審誥命》、《白虎嶺》、《晴雯》等二十餘部（其中部分與人合作），撰寫開篇、唱詞兩百餘篇。其中《六十年代第一春》、《王大奎拾雞蛋》、《一粒米》、《向秀麗》等皆有較大影響。其作品題材廣泛，風格多樣。整理傳統書目更見功力，不少篇章因符合評彈藝術規律又富有文學性，遂成彈詞名家保留節目，並獲文藝界及聽眾廣為讚賞。所寫唱詞感情飽滿，通俗而雅馴，順口又動聽。如《林沖踏雪》、《庵堂認母》、《廳堂奪子》、《蘆葦青青‧望蘆葦》等數十闋選曲均為久唱不衰、百聽不厭之作。陳靈犀數十年來孜孜不倦勤於筆耕，大小作品達數百萬言。以其作品之量多質優而獲「評彈一枝筆」讚譽。

一九八三年二月十七日（農曆大年初五）陳靈犀病逝。據唐耿良說：「他的外孫女曾告訴月泉和我，犀老病重時還囑咐過『我死後把我葬到蘇州郊外（蘇州是評彈發源地），你們清明節來上墳時，拎一隻錄音機，放一些彈詞唱段給我聽聽，我就很高興了。』他對評彈的感情何其深厚！」。

滬上才子・歌詞大佬的陳蝶衣

説到陳蝶衣，大家都知道他是流行歌曲之王，六十多年來，陳蝶衣光是歌詞的創作就有三千多首。人們尊稱他為「三千首」。周璇、鄧麗君、蔡琴、張惠妹……，中國流行音樂史上一代又一代的歌后們，都演唱過他寫的歌。水晶先生稱陳蝶衣為「雙料詞人」，他説：「所謂雙料，是指除了填寫流行歌詞以外，他又擅長『花間』之詞，所以文旅過處，香風陣陣，留下了許多雪泥鴻爪，脂硯綺篇。蝶老又是一位精通翰墨的學者，詩、詞、劇、小説、雜文，無所不能，而且落墨之處，無一字無來歷，這種學富五車的書香詞人，環顧今日港台影歌壇，已無人可繼其風騷餘韻矣！」除此而外，他還是早期的老報人，他還是著名雜誌《萬象》的

陳蝶衣

第一任主編，他還是著名的電影編劇，終其一生，創作電影劇本五十多部。

陳蝶衣原名陳積勳，一說陳元棟，亦作陳哲勳，號逋客，別署玉鴛生，筆名陳蝶衣、陳滌夷等。一九〇八年十月十八日生於江蘇武進鳴鳳大興橋的書香之家。他回憶說：「我父親是前清的秀才。考中了秀才不久清朝就沒了，狀元是沒法考了。在家鄉教了幾年書後去了上海。應聘上了《新聞報》的書記員。我們全家也從故鄉搬到了上海。」父親每月掙的一點微薄薪水，支撐全家實在不易，那時陳蝶衣剛唸國中，每逢星期天，他便到報館幫忙父親做些抄寫之類的工作。結果被報社推廣部負責人看中，「這小孩子字倒寫得不錯嘛，你來報社做練習生吧。」那時陳蝶衣剛十五歲就輟學進了上海《新聞報》做練習生，負責文牘方面的事務。後來他從檢字、校對一路幹到記者、編輯。陳蝶衣說：「當時『鴛鴦蝴蝶派』在上海很流行。我看了一本小說，叫《蝶衣金粉》。我在報館大家都叫我『小弟弟』，『蝶衣』在上海話裏就是『弟弟』。我就用它做了筆名。漸漸地原名就不被提起了。」陳蝶衣說他曾為嚴獨鶴主編的《新聞報》副刊《快活林》寫些短文及趣味性的「小專電」，也曾以筆名「癸弓」為《快活林》作諷刺畫。除此而外，嚴獨鶴還曾是當年他的證婚人，陳蝶衣說：「我於二十四歲的那一年，與陽羨（宜興）名畫家朱蓉莊先生長女朱鬘，在上海遠東飯店舉行婚禮，共請了兩位證婚人，一位是戲劇前輩鄭正秋，另一位就是獨鶴先生。證婚人而請兩位，在當年是創舉。」

二十歲調編輯部做校對時，陳蝶衣開始了寫作。雖然中學未畢業，但他卻博覽群書，練就得一手好文章。他的處女作是發表在周瘦鵑主編的《先施樂園日報》，先施公司是昔日上海的四大百貨公司之一，屋頂部分闢有遊戲場，稱為「先施樂園」，發行小型日報一種，主要是刊載樂園各劇場的演出節目。另有副刊，則刊載小說

及遊戲文章之類。周瘦鵑當時除主持《申報》副刊《自由談》外，曾徇先施公司之請，擔任《先施樂園日報》的名譽編輯，執行編輯則是潘霜痕。陳蝶衣還因此而結識周瘦鵑，他説：「日子既久，我無形中成了該報的特約撰述。於是有一天，便接到了該報的一份請柬，使我有生以來參加了第一次的文酒之會，得以會見了張是公、劉恨我、竹林隱者等好多位同文作家，以及執行編輯潘霜痕。是日之宴，瘦鵑先生亦以名譽編輯的身份翩然蒞止，作了賓中之主，主中之賓；我乃獲親聲欬於杯酒之間，遂了識荊之願。」

陳蝶衣之所以走上編輯之路，有兩個人對他影響至大，一是張春帆，一是步林屋。撰寫《九尾龜》等名小説的同鄉張春帆在從事編輯工作時，對天資聰穎又好學不倦的陳蝶衣關懷備至，也使初涉報館的陳蝶衣，很快地掌握了編輯的竅門。而步林屋是陳蝶衣的詩詞老師，他因反對袁世凱稱帝，從北京返上海掛牌當中醫，並於一九二四年十一月創辦一份刊登小品文和諷世雜文的三日刊小型報紙名為《大報》。由步林屋任主編，鄭子褒任助理編輯，姚吉光作漫畫。內容有孫癯蝯的《好春簃雜綴》、《嘯廛詩話》，漱六山房（張春帆）的《畫眉淺説》、《髻之沿革史》，鄭正秋的《説中國電影》等，幾乎都是連載。該報還刊有袁世凱遺作《戊戌紀錄》，是一篇頗有參考價值的史料。《大報》出至二三七期時，步林屋生病，報紙即因此停刊了一年多，一九二八年元旦復刊，另邀俞逸芬擔任編輯，特約撰稿人有張丹斧、袁寒雲等。後來俞逸芬退出《大報》，由陳蝶衣、張超、余堯坤三人共同編輯。陳蝶衣其入小報，則是從《大報》開始的。《大報》出了三百多期，最後因步林屋病故、主持乏人而停刊。

香港文史作家方寬烈説陳蝶衣：「在《大報》工作不久，又兼編《社會日報》的文藝副刊，從一九三三年起，先後主編過《平報》、《鐵報》、《金鋼鑽報》、《東方日報》等好幾家上海著名

小報。其後又獨資創辦《明星日報》，報導歌壇影界娛樂訊息，副刊『碧紗籠』由他親自執筆，擁有不少讀者。」

一九三三年，陳蝶衣與一些社會名流馮夢雲、毛子佩等結合當時的《上海日報》仿效歐美報刊選舉「電影皇后」的先例，策劃並發起了第一屆電影明星評選。起初，選舉活動並未引起人們的注意，但半個月後，由於《明星日報》不惜篇幅，每日將選舉票數、投票人及被選舉人的姓名公諸報端，迅即引起了電影界和廣大市民的普遍關注，投票數與日俱增。當時上海影壇正是三大公司的天下：三大公司的當家花旦「明星」的胡蝶，「聯華」的阮玲玉，「天一」的陳玉梅，角逐著「電影皇后」的寶座。一開始時三人票數接近，但阮玲玉隨即表示無意此類無聊之舉，於是只剩其餘兩位的競爭。二月二十八日，《明星日報》邀請了上海各界名流參加選舉揭曉，當時共收到選票數萬張，揭票結果，明星公司的胡蝶以21334票遙遙領先，當選為「中華民國二十二年第一屆電影皇后」，第二、三名為陳玉梅、阮玲玉，分別得10028票、7290票。學者張偉在《昨夜星光燦爛》書中說：「規模盛大的影后加冕典禮於一個月後在大滬跳舞場舉行，大門上橫幅拉出『航空救國遊藝茶舞大會‧慶賀胡蝶女士當選電影皇后』，門票一元一張。其時冠蓋雲集，大小明星也多有捧場，會上嘉賓表演助興，主辦方向胡蝶頒發『電影皇后證書』，全文駢四驪六，極盡頌揚之辭近乎肉麻，胡蝶則在答謝之後演唱安娥為大會特製的《最後一聲》：『親愛的先生，感謝你的殷勤，恕我心不寧，神不靜：這是我最後一聲；你對著這綠酒紅燈，也想到東北的怨鬼悲鳴？莫待明朝國破恨永存……』歌畢，手托禮帽下場募捐，共得現洋三百餘元，連同門票收入，全部捐助航空救國協會，用以購機抗日。事後，『明星日報社』又出《電影皇后》紀念冊一本，以資留念。」陳蝶衣一時的突發奇想，不但引起社會的熱烈迴響，還造就了胡蝶的「電影皇后」

的封號，而陳蝶衣也因此而一躍成為
名編輯，《明星日報》也成為宣傳娛
樂活動的主流報紙。

方寬烈又說：「上世紀四十年代
他熱衷於編雜誌，認為不受地區和時
間的限制，又可暢談古今藝文，世界
新知，乃先後應聘主編上海當時最流
行的刊物《萬象》、《春秋》、《宇
宙》、《西點》等周刊。這些雜誌暢
銷海內外，令他的知名度日高。在這
期間，又創設『第一編輯公司』，出
版《少女》和《大偵探》兩本雜誌，
前者對象是家庭婦女，後者專刊登偵
探小說，受到不少讀者捧場。」

其中《萬象》雜誌是月刊，是
陳蝶衣和毛子佩發起的，結果沒有成
為事實，才由陳蝶衣貢獻給平襟亞，
由中央書店於一九四一年七月二十七
日創刊出版。陳蝶衣在編輯話中說：
「我們的編輯方針，在這一期的取材
上就不啻有了概括的說明。第一：我
們要想使讀者看到一點言之有物的東
西，因此將特別側重於新科學知識的
介紹，以及有時間性的各種記述；第
二：我們將竭力使內容趨向廣泛化，
趣味化，避免單純和沉悶，例如有價
值的電影和戲劇，以及家庭間或宴會

《萬象》

間的小規模遊戲方法，我們將陸續的採集材料，推薦或貢獻於讀者之前。此外，關於學術上的研究（問題討論之類），與雋永有味的短篇小說，當然也是我們的主要材料之一。」《萬象》內容真的包羅萬象，出版後風行一時，創下極高的銷售佳績。據說主編與發行人合作之初，曾有過君子協定，主編得分享經濟利益。當期刊的銷售越佳，雙方的矛盾也就越來越尖銳。最後，陳蝶衣拂袖而去。平襟亞急得雙腳直跳，四處託人尋找編輯高手，後來在「江南第一枝筆」唐大郎的介紹下，終於聘得新文學家柯靈繼續主編《萬象》。而陳蝶衣則去主編《春秋》，性質有些類似，因有固定的讀者，因此仍是萬冊風行。一九四四年，因戰爭環境險惡，《春秋》停刊了半年，抗戰勝利又復刊。陳蝶衣在餘暇之際，仍為小型報寫文章。

陳蝶衣說他的創作歌詞開始於太平洋戰爭，當時上海連孤島的地位也保不住以後。他發覺在一些所謂「靡靡之音」的歌曲中，竟也有別含深意，借此抒發愛國之心的作品。有一次，他看周璇主演的《鸞鳳和鳴》電影（1944），聽到主題曲〈不變的心〉，說的是對一位遠走他鄉的愛人的思念，有這樣的句子：「你就是遠得像星，小得像螢」，「在我的心中依然有著你的蹤影」，「一切都能改變，變不了是我的心」，等等，這其實是對抗戰力量在傾訴衷情，不過是用一種曲折隱晦的，讓敵人不易覺察的方式表達出來而已。於是「當時我才體會到，歌是活的、文是死的，只有歌曲能夠真正打動觀眾的心弦，影響力所及遠遠超過文字。」

〈不變的心〉是李雋青寫的詞，陳歌辛作的曲。對於陳歌辛，陳蝶衣提到一九三三年「電影皇后」的加冕典禮中，「有一個青年自動要來參加這個節目，就是陳歌辛，他剛從義大利學過聲樂回來，還沒有進百代公司，也沒有開始作曲。他會唱義大利Opera（歌劇）味道的歌，當時唱了一支，當然有人喊Encore（再來一支），我才知道有陳歌辛這個人，但是並沒有訂交，因為他來參

加，自然有人招待他，後來他加入百代公司，這才有了合作。」

一九四五年，電影導演方沛霖拿了一個電影腳本來找他，説請你看看，有沒有可以配兩首歌曲的地方。蝶老一看那腳本的名字：《傾國傾城》，立即對方沛霖説，老兄，現在是什麼時候，既不能傾國，也不能傾城啊！方沛霖聽了大為震驚，説這倒沒有考慮，我拿回去改。過了兩天，改回來了，叫《鳳凰于飛》。蝶老這回同意執筆。主題曲中有這樣的句子：「像鳳凰于飛在雲霄，一樣的輕飄，一樣的逍遙」，是周璇唱的。用意也是在説，雖然身陷敵窟之中，心卻飛得遠遠的，與祖國的親人相會合。一九四五年三月十一日，影片在上海大光明、國泰大戲院同時上映，轟動全國。陳蝶衣為《鳳凰于飛》電影寫了八首插曲的歌詞，包括《鳳凰于飛》主題曲之一、之二，以及〈前程萬里〉、〈嫦娥〉、〈笑的讚美〉、〈慈母心〉、〈晚安曲〉、〈合家歡〉。陳歌辛譜了四首曲，周璇演唱所有歌曲。陳歌辛＋陳蝶衣＋周璇的「鐵三角」於焉成立。對於先有歌詞還是先有曲，才「依曲填

陳歌辛

詞」，陳蝶衣在接受水晶的訪問時談道：「所有電影插曲，都是先有歌詞，然後作曲家再去作曲，因為電影是先有劇本，有故事，插曲得配合這個，作曲家是沒法先寫的。」

在這時期陳蝶衣的歌詞創作，還是屬於「玩票」性質，因為他的重心還是在編小報，直到一九四九年，他接過馮亦代的《大報》，仍然是一份娛樂小報。《大報》創刊於一九四九年七月七日，社長馮亦代在創刊後不久就調往北京工作，由李之華任代理社長，總編輯是陳蝶衣。《大報》辦到一九五二年春節前後，併入《亦報》，而後來《亦報》又與《新民報》晚刊合併。

而在一九五二年八月，陳蝶衣卻帶著一肩行李離開了上海，踏上了「一身去國八千里」的流亡之途。當時是「三反」未了，「五反」又起的時期。他的朋友李之華受到牽連，陳蝶衣因而被文化局召見，要他寫一份認識李之華經過的「自白書」，這其間負責調查的同志無意間說：「我們對知識份子，現在還是客氣的！」陳蝶衣走出文化局之後心裡想：「現在還是客氣的，不就等於說：將來就要不客氣。」於是在經歷一個時期的考慮後，他決定離開上海前往香港。正好他續弦的太太梁佩瓊是廣東人，有親戚在香港，於是他要太太以探親的名義，先到香港去瞭解一下情形。太太到香港後回信給他說，凡是不會講粵語的很難在深圳順利過關，她要他取道澳門，然後再託人接他到香港。陳蝶衣收到信後，立即向公安局申請「通行證」，理由是：接內子回滬。「通行證」很快批准，陳蝶衣變賣財物，辭別雙親，把一對兒女寄託親戚，子然一身搭火車南下，他寫下「已揮別淚仍回首，未卜前途亦計程。此去關山應萬里，臥聽汽笛累飛聲。」的詩句。到了廣州，他寫信給太太，過了幾天他搭上花尾渡船（大型雙層機動木船），歷時兩天，經中山石歧才抵澳門。太太已叫舊同事鄭小姐接船，鄭小姐有舅父母在澳門，於是就下榻在她的舅家黃宅。然後搭機帆船偷渡香港，偷渡者

當時有個諢號，名為「屈蛇」。陳蝶衣回憶説：「自揣我之一生，事無不可對人言；光明磊落四字，足以當之無愧。惟有在去國旅程之中，卻因格於環境，限於規例，不得不降身屈志，權充『屈蛇』一條。奇恥大辱，莫此為甚。這一筆帳，少不得仍要算在『赤色恐怖』的頭上。」晨光微曦中，機帆船進入了海峽，在西環的一處碼頭傍了岸。到北角健康新村見「內子自夢中驚醒，朦朧著兩眼延我入室，彼此雙手緊握，兀自顫抖不已！」真是「分明握手都成顫，猶道相逢一夢間。」！

陳蝶衣説：「抵港第七日，島上故舊沈秋雁、沈葦窗、盧大方、陸小洛、潘柳黛、盟弟顧志剛、馮蘅、席曙天、義妹韓菁清，會同在峨眉酒家宴請愚夫婦，為我洗塵。……在此時期，屠光啟兄曾陪著我去往漆咸道，會見了張善琨、童月娟伉儷。月娟是先師步林屋的義女，與我份屬師兄妹。善琨亦遠在他創辦電影事業之前，即已相識；他在上海所主持的新華影業公司，這時又在香港恢復組織，正要攝製《小鳳仙》一片。由於我之到來，立即以編劇之任見委。此外環球圖書出版社主人羅斌，也特地渡海約晤，要我再度主持《西點》半月刊的輯務。《西點》在抗戰勝利以後創刊於上海，原是由我一手擘劃。羅斌兄先我南來，《西點》亦隨之避地而南，已出版有年；我接受了羅斌兄的邀請，遂復為賓主如舊。於是我一面寫劇本，一面編刊物，又恢復了我的操觚生涯。」

陳蝶衣寫的第一個劇本，就是一九五二年的《小鳳仙》，由屠光啟導演，李麗華、嚴俊主演。在《小鳳仙》中，李麗華為其角色小鳳仙設計了多套戲服，在影片上映後帶來一股戲服熱，被商家競相仿造，一度成為東南亞地區的流行服飾，並獲稱號「小鳳仙裝」。第二個劇本是《秋瑾》，仍由屠光啟導演，李麗華、楊志卿主演。第三個劇本是《小鳳仙續集》。之後是歌唱片《桃花江》，由王天林導演，鍾情主演。該片到處賣座，使得歌唱片一拍再拍，

「小野貓」鍾情之名，也因此不脛而走，驟享盛名，連輔佐鍾情演出的兩位小生——羅維、陳厚之揚眉吐氣，自更不在話下。之後歌唱片盛行，《風雨桃花村》、《多情的野貓》、《葡萄仙子》、《入室佳人》、《百花公主》等等劇本，都出自陳蝶衣之手。連《桃花江》的作曲者姚敏自組萬象影業公司，商借鍾情主演《那個不多情》，其中劇本和歌詞，也都是由陳蝶衣負責。之後還有《小野貓》、《那個不多情續集》、《新桃花江》的劇本。而由於歌唱片的大流行，陳蝶衣也創作了許多電影歌曲。

陳蝶衣說，在「無所不寫」的各種類型劇本中，有兩個性質比較特殊，其一是《湘西趕屍記》，其二是《血影燈》，都是恐怖劇。而在陳蝶衣的電影劇本中，純文藝片所佔的數量極少，除了《櫻都艷跡》、《何日君再來》之外，就只有《第二吻》。《櫻都艷跡》和《何日君再來》都由易文導演，李麗華主演；《櫻都艷跡》的故事改編自蘇曼殊的名著《斷鴻零雁記》。兩部影片都到日本去出外景，在當時香港電影界也算是一件大事。《第二吻》由趙雷與丁寧、范麗分任男女主角，整個故事不脫三角戀愛的形式，而故事中心則以「錯誤的一吻」作為轉捩點，因此而引起了孿生意外的情場角逐，最後則仍以「錯誤的一吻」作結。而由岳楓導演，林黛、趙雷領銜主演的《燕子盜》，則是開民初武打片的風氣之先。繼《燕子盜》之後，陳蝶衣又繼續為「邵氏」寫了《飄香引蝶》，後來被改名為《桃色風雲》，由何夢華執導，丁紅、杜娟、喬莊主演。而曾經風靡一時的民間故事黃梅調古裝片，陳蝶衣也寫了兩個劇本，分別是《陳三五娘》和《賣油郎獨占花魁女》。此外還有為「電懋」公司寫的《金玉奴》、《鸞鳳和鳴》、《描金鳳》及為「良友」公司寫的《鴛鴦劫》（又名《紅樓二尤》）和為李麗華自組影業公司所寫的《萬里長城》劇本。之後國語電影進入彩色時代，《美人魚》是陳蝶衣寫的第一部彩色電影。之後還有《銀海笙歌》。而《小鳥依

人》及《百鳥朝鳳》捧紅了女主角藍娣，《百鳥朝鳳》是國產電影首
創以芭蕾舞為題材的影片，藍娣在《百鳥朝鳳》公映後，已奠定她
在國語電影中的女主角地位，並獲得了「東方李絲梨嘉儂」的稱譽。

　　陳蝶衣說：「一九六五年十月二十日，一項意外任務降臨到我
的身上，我接受了為期兩年的聘約，進入『邵氏影城』受職，負責
編劇工作。約滿後仍被挽留，繼續服務；直到一九七三年六月三十
日，方始呈遞了辭職書而離開崗位，經歷之歲月恰好相等於『八年
抗戰』。」

　　方寬烈說陳蝶衣：「其後又和友人合辦《萬象》，把上海時
期的二十四開本改成十六開本，和當年沈葦窗主編的《大人》雜誌
一樣注重掌故和文史資料，可惜只出版了六期，由一九七五年八
月至一九七六年一月，因稿源不足而停刊。《萬象》曾刊載過不少
佳作，如王好比的〈女詞人的桃色糾紛〉、屠光啟的〈丁佩與李小
龍之戀〉等文，都值得一閱。……一九七八年陳氏曾繼劉以鬯主編
《香港時報》副刊一段時間。上世紀八十年代在《星島日報》發表
《花寮小記》專欄連續多年。並著《香港影壇秘錄》一書，所記多
是外間少人知的資料。上世紀九十年代末刊行《花寮詩集》上、下
兩冊，收詩詞一千五百首，更屬香港詩壇創舉。」其實七十歲以後
蝶老生活清淡，煙酒不沾，但每天至少一杯咖啡。在他綴滿蝴蝶工
藝品，由張大千題名的書房裏，以平生最大的嗜好——填寫古詩詞
消遣時光。

　　陳蝶衣說：「自一九四二年開始，前後三十年間，曾為無數電
影寫過插曲或主題曲。此外為唱片公司所寫的『奉旨填詞』之作，
因流行於時而被採用為電影片名者，也為數不少；如《給我一個
吻》，如《情人的眼淚》等都是，《香格里拉》亦是其中之一。」
陳蝶衣在香港主要的工作還是寫歌詞。幾十年來，陳蝶衣不僅成就
了幾代歌手，如〈鳳凰于飛〉、〈花外流鶯〉、〈情人的眼淚〉、

〈南屏晚鐘〉、〈我有一段情〉、〈香格里拉〉……等被「金嗓子」周璇、「銀嗓子」姚莉、歐陽飛鶯，六十年代的崔萍、潘秀瓊、吳鶯音、靜婷，七十年代的鄧麗君、冉肖玲和現時聽眾所熟悉的蔡琴等大批天王歌后傳唱了半個多世紀，已經被公認為經典華語流行歌曲。

一九八七年香港第十屆「十大中文金曲」評選委員會特別頒發最高榮譽的「金針獎」給他，他成為這項獎的首屆得主。一九九六年在香港他獲得第九屆「CASH音樂成就大獎」，被譽為「樂壇常青樹」。一九九六年，陳蝶衣獲得香港創作人協會終身成就獎，這是香港樂壇最高的榮譽。

二〇〇七年十月十八日原是陳蝶衣一百歲的生日，但就在距百歲生日的前四天，十四日凌晨他突然感到不適，送往醫院診治後情況穩定，想不到當天下午卻在睡眠中因心跳停止去世，醫生初步診斷屬於自然衰老，無疾而終，享年九十九歲。

陳蝶衣在〈一家人盡游於藝〉一文中，介紹了他們陳家這堪稱「藝術之家」的成員。首先是他的元配朱鬤，曾於一九三三年「電影皇后」的加冕典禮中，演唱〈睡的讚美〉一曲，當時音樂伴奏者是鼎鼎大名的嚴工上、嚴折西父子。之後，又曾徇胡山源之請，為他創辦的一間學校籌募基金，在上海的金都大戲院演出了《遊園驚夢》一劇，由張傳芳飾杜麗娘，朱鬤飾演春香。據說朱鬤自幼在其父的帶攜之下，常看「新樂府」的崑劇，因而培養了她的天才，只要拿起《綴白裘》或其他曲譜的本子，任何一齣戲，依照工尺就會唱，根本不需要「師傅教落」。

陳蝶衣有二子一女，長子陳燮陽為中國著名指揮家。但陳蝶衣在一九五二年拋棄家庭移居香港，而與陳燮陽斷絕父子關係二十六年，兩人直到一九七八年方才恢復聯繫。然而在兒子的眼中，他的名人父親始終是個「不合格的爸爸」。陳燮陽在接受紀實頻道《往

事》欄目採訪時説：「其實我跟我父親見面的時候很少很少的，因為等我有記憶的時候，我母親和父親已經分居了。」「有記憶的時候，他已經不在家裏了，那時我跟我母親、姐姐在一起生活了。我母親為了生活開了一個很小的煙雜店，隔壁是一個山東大娘做大餅饅頭的一個店，全部都是煤灰。我記得，我父親偶爾會回來看看我，看看兩個子女。有一次我父親説：爸爸來看你了，那時我正好鑽在一個做大餅的爐子裏面，拿著兩個筷子在拉胡琴，一面唱一面拉胡琴。他對我説：燮陽，你的爸爸來看你了。結果我從那裏面一鑽出來，滿臉全是煤灰啊，這個場面我到現在還記得。」「所以我估計我母親在這種感情下面，她的心情肯定一直不好，所以她在39歲時就生癌症去世了，那時我只有10歲。我蠻恨他的，我是跟著我母親的思想，蠻恨的。」「我的父親不是個很夠格的父親，但是他是一個非常有才華的文人。」

陳燮陽（1939- ），現任上海交響樂團首席指揮、音樂總監，全國政協委員。他幼年在江蘇武進長大。一九五三年，受其姐、南京軍區合唱

陳蝶衣

團歌唱演員陳力行的鼓勵，入上海音樂學院附屬中學學習鋼琴和作曲。一九六〇年入上海音樂學院學習指揮，師從黃曉同。一九六五年畢業後，任上海芭蕾舞團管弦樂隊常任指揮。一九八一年，前往美國耶魯大學進修，師從奧托・繆勒。次年，他指揮美國阿思本音樂節樂團，大為成功。其後，陳燮陽先後指揮中央交響樂團、中央民族樂團等赴許多國家巡演。一九八九年「六四」事件後，移居香港，任香港中樂團藝術總監。一九九〇年後，受時任上海市市長朱鎔基邀請，返回上海，任上海交響樂團音樂總監至今。

陳燮陽一九七〇年左右結婚，妻子王健英，原為京劇演員。畢業於上海戲曲學校，專攻青衣、花衫、刀馬旦，歷時八年。又曾進入上海音樂學院，研習聲樂兩年。其間曾參加李玉茹領導的「京劇三團」，作為成員之一。亦曾隨團出國演唱，遍歷英、法、德、比利時、盧森堡諸邦。後又入京都日本語學校攻讀，又進入日本大學藝術研究所，從事於舞踊、狂言、能樂、歌舞伎的研究。

著名指揮家——陳燮陽

　　陳蝶衣的次子陳濟陽，專職是影視化妝師，以「特別化妝」聞名，例如受傷疤痕、龍鳳紋身等。曾先後在「邵氏」、「新藝城」、「德寶」等電影公司，及「香港電台」電視部服務。他的兼職則是副導演，間或在一些古裝、時裝片中客串飾演一個角色。後曾膺聘去印尼，成為專職的新娘化妝師。次媳楊若玲，學生時代參加了香港「商業電台」的聽眾合唱團。陳蝶衣的長女陳力行家居南京為合唱團團長兼主唱。陳蝶衣的續弦梁佩瓊也是填詞人。真是「一家人盡游於藝」了。

也是「張迷」的唐大郎

記得唐大郎的名字，也和張愛玲有關。一九四六年十一月張愛玲的《傳奇》出了增訂本，張愛玲特別寫了〈有幾句話同讀者說〉為自己做了辯白，她說：

> 我自己從來沒想到需要辯白，但最近一年來常常被人議論到，似乎被列為文化漢奸之一，自己也弄得莫名其妙。我寫的文章從來沒有涉及政治，也沒有拿過任何津貼。想想看我唯一的嫌疑要麼就是所謂「大東亞文學者大會」第三屆曾經叫我參加，報上登出的名單有我；雖然我寫了辭函去，（那封信我還記得，因為很短，僅只是：「承聘為第三屆大東亞文學者大會代表，謹辭。張愛玲謹上。」）報上仍舊沒有把名字去掉。
>
> 至於還有許多無稽的謾罵，甚而涉及我的私生活，可以辯駁之點本來非常多。而且即使有這種事實，也還牽涉不到我是否有漢奸嫌疑的問題；何況私人的事本來用不著向大眾剖白，除了對自己家的家長之外，彷彿我沒有解釋的義務。所以一直緘默著。

這《傳奇‧增訂本》增訂本是由龔之方與唐大郎合作創辦的山河圖書公司出版的，據沈鵬年《行雲流水記往》書中說，唐大郎不但請上海著名的書法家鄧散木為此書題寫封面；還慫恿張愛玲寫了〈有幾句話同讀者說〉刊於卷首，公開闢謠。

據學者陳子善在〈一九四五至四九年間的張愛玲──文壇盛名招致「女漢奸」惡名〉一文中，就指出：「……可以想見，給張愛玲按上「女漢奸」的罪名，泰半是因了胡蘭成的緣故。《女漢奸醜史》和《女漢奸臉譜》中關於張愛玲的章節，連標題都如出一轍，前者為〈無恥之尤張愛玲願為漢奸妾〉，後者為〈「傳奇」人物張愛玲願為「胡逆」第三妾〉。兩文均言詞尖刻輕兆，屬於人身攻擊，無稽謾罵。」。除了這種未署名的小冊子的惡意攻訐外，那時上海的大刊小報，類似的「揭發批判」更是不少。陳子善先生在同文又指出，一九四六年三月三十日上海《海派》周刊就發表一篇署名「愛讀」的〈張愛玲做吉普女郎〉的聳動報導：「……前些時日，有人看見張愛玲濃妝艷抹，坐在吉普車上。也有人看見她挽住一個美國軍官，在大光明看電影。不

唐大郎（左）與周信芳（中）

知真相的人，一定以為她也做吉普女郎了。其實，像她那麼英文流利的人有一二個美國軍官做朋友有什麼希奇呢？」。

另外還有一本署名「司馬文偵」的《文化漢奸罪惡史》，是一九四五年十一月，上海曙光出版社出版的。在作者的〈幾句閒話〉後，先有〈三年來上海文化界怪現狀〉、〈「和平文化」的「大本營」〉、〈沐猴而冠的大東亞文學者大會〉等綜述，接著就是對於「文化漢奸們」的「個別的敘述」，張愛玲在書中被兩次「點名」，一是在揭發〈偽政論家胡蘭成〉時被提到，另一次則是被單列一章──〈「紅幫裁縫」張愛玲：「貴族血液」也加檢驗〉。司馬文偵在書中指責「文化界的漢奸，正是文壇妖怪，這些妖怪把文壇鬧得烏煙瘴氣，有著三頭六臂的魔王，有著打扮妖艷的女鬼」。他主張對這些所謂「文奸」（包括張愛玲在內）採取「有所處置」的行動。

沈鵬年在《行雲流水記往》中，更爆出了內幕，說：「抗戰剛勝利的一九四五年十月，有人唆使他的學生化名『司馬文偵』，自費用『曙光出版社』名義出版小冊子《文化漢奸罪惡史》，交給卜五洲辦的『五洲書報社』代發各街頭報攤出售。……唐大郎勸卜五洲『不要受人利用』。唐大郎說『這本小冊子的後台是「敵本家」，他要弟子在小冊子中公開捧他「不聲不響不寫文章」堅貞不屈「渡過一個時期」，好讓他和柯靈一樣，撈一枚「勝利勳章」。為了突出他一人，把國共兩黨「打進去」做地下工作的文人統統誣為「文化漢奸」……』卜五洲聽了唐大郎的忠告，就把這本53頁的小冊子停發了，存書退還給『司馬文偵』。這是卜五洲親口告訴我的。」

而據唐大郎在一九四六、四七年間，他為上海小報《鐵報》寫專欄《高唐散記》，在〈序與跋〉文中：「去年，《傳奇》增訂本出版，張愛玲送我一本，新近我翻出來又看了一遍，作者在封面的背頁，給我寫上了下面這幾行字：『讀到的唐先生的詩文，如同元

宵節，將花燈影裏一瞥即逝的許多亂世人評頭論足。於世故中能夠有那樣的天真；過眼繁華，卻有那樣深厚的意境，……我雖然懂得很少，看見了也知道尊敬與珍貴。您自己也許倒不呢！──有些稿子沒留下真可惜，因為在我看來已經是傳統的一部分。」我忽然想着，張小姐這幾句話可以用作《唐詩三百首》（案：唐詩，唐大郎之詩）的短跋，同時請桑弧寫一篇序文。他們在電影上，一個是編劇，一個是導演，在這本詩冊上，再讓他們做一次搭檔。」

說到唐大郎是唐雲旌（1908-1980）的筆名，他還用過高唐、劉郎等筆名。人以文名，原來的本名，就少人知道了。他是江蘇嘉定（今屬上海市）人，原在中國銀行工作，也因此他點鈔票有獨到功夫，曾獲比賽冠軍。但他業餘愛好寫作，二〇年代後期開始給小報投稿，所作詩詞取材靈活，隨手拈來，涉筆成趣，頗受讀者歡迎。他最愛錢牧齋詩，嘗自稱其外家為常熟絳雲樓後裔，舅父錢梯丹擅詩詞，有名於時。大郎少時得舅氏親炙，亦喜吟詠。四〇年代有「男版張愛玲」之稱的東方蝃蝀（李君維）也說：「唐大郎寫的舊體詩，雖係打油詩之屬，但嚴格遵守舊體詩詞格律，平仄、對仗、押韻循規蹈矩，一絲不苟。他自幼從舅父──清代詩人錢謙益的後人學詩，家學淵源，打下結實功底。」他對於舊體詩，是有其自信的，四十年代為滬上《海報》寫的詩詞專欄，題名作《唐詩三百首》，署名「高唐」，意謂「高出於唐人」也。

一九三二年唐大郎因雅愛寫作，遂脫離銀行，任小型報《東方日報》編輯，也因此認識了也在《東方日報》編電影版「開麥拉」的龔之方。後來他倆一直合作，形影不離，成為老搭檔了。吳祖光用北京話說他倆是一副眼鏡兒，意思是兩個連在一起不能分開。七年後唐大郎辭職，專為幾家小報寫稿。一九四五年四月龔之方和唐大郎創辦《光化日報》，為該報提供資金的，是當時奉命打入敵偽從事地下工作的李時雨。龔、唐合力經營的《光化日報》，雖沿襲

小報的一向傳統，偏重趣味和娛樂，但品格、情調不失正派，故在污濁的淪陷上海報壇，不失為一枝玉立青蓮。前不久發現的張愛玲佚文〈天地人〉，便是發表在一九四五年四月十五日的《光化日報》第二號上，全文由六則互不相干的雜感組成，共六百餘字。學者陳子善認為此文的亮相，只是張愛玲與龔、唐兩人八年愉快合作的序幕。後來張愛玲在《大家》發表〈多少恨〉和〈華麗緣〉，在《亦報》發表《十八春》和《小艾》等，也都是龔、唐兩人慧眼識寶，一手促成的。在張愛玲的文學生涯中，龔、唐兩人所扮演的角色實在是太重要太重要了。

對於《光化日報》，李君維也説：「我是抗戰勝利後認識唐大郎的。那時他和龔之方辦一份小報《光化日報》，大郎約我為之寫稿。該報編輯部設在卡爾登大戲院（現為長江劇場）內一側的一間不大的房間裡，是董樂山偕我前往找大郎的。那時我才二十出頭，剛走出校門，初涉足社會；大郎也不過三十多歲，卻已在上海灘上享有盛名了。他在我心目中是為前輩，不料這位前輩不擺架子，不尚虛禮，開門見山，直話直説，作風豁達。豁達作風的人令人感到一見如故。」

《光化日報》出版時間極短，從一九四五年四月十四日創刊到同年九月十八日停刊，僅五個月又四天。其後，龔、唐兩人決定利用《光化日報》餘存的資金、紙張，改出期刊。於是龔、唐主編的《海風》週刊於一九四五年十一月問世（逢週六出版）。據説，龔之方在一次為所出期刊構思開本時，將一張白紙折來疊去，無意中正好折成十二頁，裁剪後可用騎馬釘釘成一冊，而這樣一本小冊子容納的文字、圖畫，又與一份對開報紙差不多，於是便決定以這樣的十二開本（長三十七公分，寬二十五公分，長方形）作為新辦期刊的版式。而這種所謂「方型週報」（或稱「方型週刊」）一出，引領著整個風潮，在上海氾濫一時，據不完全的統計，當時就有九十二種之多。《海風》後來於一九四六年八月停刊。原因是刊登夏

衍用化名寫的幾篇反內戰的文章，被人密告當局，說是「地下黨打進小報界」，致使刊物被勒令停刊。

而在一九四六年春天之後，龔、唐兩人還出版過《清明》和《大家》兩種雜誌。《清明》創刊號於一九四六年五月一日問世，由吳祖光與丁聰主編，只出版了四期便停刊了。而唐大郎則自己主編的《大家》文學雜誌，他率先在上發表張愛玲的〈華麗緣〉和〈多少恨〉，這也是需要一點勇氣的。

一九四九年七月二十五日龔、唐以夏衍的關係主辦的《亦報》創刊，一九五〇年三月廿五日張愛玲化名梁京，發表長篇小說《十八春》，連載至次年二月十一日刊畢。在《十八春》刊出前三天，《亦報》就登出預告，強調《十八春》是「名家小說」。連載前一天，又發表桑弧署名「叔紅」的〈推薦梁京的小說〉。而在《十八春》登完的八個月之後，一九五一年十月三十一日，《亦報》又以顯著地位刊出「梁京繼《十八春》後新作中篇小說《小艾》日內起刊」的預告，四天後，《小艾》正式連載，至一九五二年一月

清明

二十四日刊畢。同年夏天張愛玲告別了她在「上海十年」的寫作生活，遠走香港了。

一九五二年十一月二十日《亦報》併入《新民晚報》，唐大郎入《新民晚報》任編輯委員兼管副刊《繁花》，仍在報上以《高唐散記》小專欄形式，發表作品。「文革」開始，《新民晚報》停刊。唐大郎靠邊六年，於一九七二年宣告「解放」，次年六月，批准退休，當時六十五歲了。退休對唐大郎而言，是不得已的，他放不下心愛的筆，乃在香港《大公報》副刊《大公園》上以《唱江南》和《閒居集》為名發表詩作，深受海外讀者喜好。「四人幫」粉碎後，唐大郎浮一大白，熱忱嚮往《新民晚報》復刊。夏衍亦致意唐大郎東山再起。一九七八年十月七日唐大郎賦〈自壽〉詩云：「任經風浪復波波，天才橫趣兩不磨。時向性靈搜好語，偶於沉醉放狂歌。風華欲盡聲華墮，俊士所賢迂士呵。七十還淘童子氣，自言來日正多多。」可惜天不假年，唐大郎等不到《新民晚報》復刊，竟於一九八〇年七月二十日在他的上海寓所盍然長逝了。

作家安迪在〈小報文人〉文中説：「我對此位報業前輩一直很有興趣，讀過董樂山、李君維等先生的回憶文章，大概是出於對長輩的尊敬，這些回憶文章並沒有反映出唐大郎的真實面貌。金雄白在《記者生涯五十年》中提到唐大郎，我覺得那才是真正的小報文人風貌。」金雄白四〇年代在上海辦了一張小報《海報》，稱唐大郎是「《海報》罵人三枝筆」之一，金雄白說：「唐大郎罵人是另一種形式，他會直指姓名；可以寫出「我×你的祖宗」那樣的粗言穢語，但我歡喜與他做朋友，因為他正是寫小報的第一能手，且自稱為『江南第一枝筆』，一段很平凡的細節經他一寫，就變得趣味盎然。他無疑是個玩世不恭的『真小人』，譬如說，他沒有唱戲的喉嚨，也沒有演戲的訓練，而居然常常上台票戲，情不自禁時會摟著合演的女伶不放，窮形怪相，引得全場大笑，他站到台口，用上

海話向觀眾大聲説：『×伊拉，有啥好笑，你上來試試』，更使滿座鬨堂。尤其他的打油詩真是一絕，捧女人更為擅長，他會借了錢去舞場捧舞女，第二天做出『窮極書生奢亦極，與人揮手鬥黃金！』的詩句來。」

金雄白説，唐大郎長了一張方闊臉，整天賊忒嘻嘻，嘴裏不乾不淨，所以別人叫他「春宮面孔」。唐大郎愛開別人的玩笑，也開自己的玩笑。後來娶了一個舞女，參加宴會時，別人不認識他的夫人，問是誰，他拍拍夫人的肩膀説：「她是我睡到天明不要錢的人。」又這夫人姓劉名惠明，所以他用了「劉郎」的筆名，以示忠貞不二，而這筆名後來確實一直用到他七十三歲臨終擱筆為止。金雄白又説：「他寫打油詩，每以穢語出之，如詠女人云：『卿為殼子我為芯，放在其中測淺深』之類，而讀之但覺其妙造自然，了無穢褻之感。上海下流社會，稱女人為殼子而曰男人為芯子，而他竟以之入句。」

唐大郎文字天真風趣一如其人，時人玖君的〈報人外史〉説：「大郎詩文佳妙，人更風趣，軋朋友，一見如故，胸無城府。此公尊容酷肖孩兒面，滴溜滾圓，稚氣未脱。出語天真，寫人不敢寫，語人勿敢語，座有大郎，談笑風生，皆大歡喜，否則索然無味。周旋白相社會，學得小大亨氣概，書生根子，英雄本色，趣人趣談，快人快語，兼而有之。」

唐大郎的扇子

唐大郎故去之後，一九八〇年十月香港《大成》雜誌曾徵得唐大郎舊作打油詩十二首，詩作難得，彌足珍貴。今摘其兩首及其註如下，前者可見其戲謔與詼諧，而後者正可見其喜登台票戲者。

〈聞鄭霞唱歌〉

某實年來屢此婆，今宵忽爾又聞歌；
如卿工嗲誰還嗲？似我思駝不好駝。
悔到將身委赤老（近年鄭與一客同居，不獲全終始），憨時脫口罵豬玀。（鄭極嬌癡，恒喜罵人為豬玀。）
憑君麥格風前看，依舊臀波與乳波。

一夕，鄭霞止於舞場中，樂隊奏「三輪車上」之曲，座客皆鼓掌，促鄭上去客串一隻也。鄭著黑呢旗袍，圓姿替月，艷光猶擷人目。前歲，鄭將別歌壇時，余嘗宴之於美華酒家，座上更有蘭芩、秦燕諸女，鄭當病後，不能進食，未幾別去，而此別忽忽三年矣。近聞鄭有重理舊業之訊，此夕，乃得先聞其「嗲聲嗲氣」也。（一九四八年二月）

〈登台前〉

那一行都不對工，往年曾唱小生窮。
身居票友內行外，人在虛鳳假鳳中。
似我終教面孔勿，何人不想骨頭鬆？
渾身絕藝憑君看，兩把拳同三把弓。

余不親粉墨，已逾年矣。天厂（吳性栽）為其子（仲升）授室，集友好彩唱，戲提調為周翼華先生，慫恿余與石揮、李

麗華合唱「鐵弓緣」，登台前三日，始煩趙志秋先生說戲，蓋余為小生也。戲必不好，然而與石、李同演，儻亦一時盛會，於是打定主意曰：幹他一趟，管他台上是一場大亂哉？（一九四八年四月二十一日）

　　唐大郎在報刊發表的詩不下數千首，但他從不敝帚自珍，沒有剪貼保存，也沒有結集出版。據李君維回憶文章說：「我當時就聽說大郎要出詩集，詩名是現成的：《唐詩三百首》。他在《鐵報》上的專欄就叫《唐詩三百首》。後來不知怎地不見此書刊行。再後來時代大變，事過境遷，許多事情都一刀兩斷了。到了上世紀八十年代，我就此事詢問龔之方。他說當時上海有位熱心讀者從《東方日報》、《鐵報》、《海報》等各報剪存的數百首大郎的詩作，來信表示願意提供他結集出版，待進一步與之聯繫時，這位先生卻神秘消失了。《唐詩三百首》的出版從此夭折，僅留下一段憾事。」而在他逝世的三年後香港廣宇出版社出版他的《閒居集》，收錄詩作三百五十九首之多，但多為七八十年代的作品。

唐大郎隨筆集

「中醫界才子」陳存仁

幾年前，廣西師範大學出版社出版了名中醫陳存仁的主要作品，包括：《銀元時代生活史》、《抗戰時代生活史》、《我的醫務生涯》、《業外雜譚錄：袁枚食色及其他》、《紅樓夢人物醫事考》、《津津有味譚：葷食卷》、《津津有味譚：素食卷》、《津津有味譚：食療卷》、《被誤讀的遠行：鄭和下西洋與馬哥孛羅來華考》、《被忽視的發明：中國早期醫藥史話》、《被閹割的文明：閒話中國古代纏足與宮刑》、《閱世品人錄：名中醫舊上海見聞錄（章太炎家書及其他）》等作品。這時人們才驚見陳存仁除了是位名醫外，在文史方面廣博的知識與見聞，是少見的傳奇性的人物。

陳存仁（1908-1990），名保康，一名承沅。原籍浙江平湖人，出

陳存仁

生在上海一個破落的商人家庭，父親是開綢布店的。還在陳存仁剛剛懂事的時候，父親就因破產和多病辭世而去。他是由四伯父撫養長大的。陳存仁共有兄弟三人，他排行老二。長兄君毅先後服務於紗廠、商行，小第士範則亦學中醫。上海浦東小學畢業後，考入南市民立中學，三年畢業，謹遵父親遺命學醫，考入南洋醫科大學（東南醫學院前身），這是幾位留日的西醫在上海辦的私人醫學院。他在這裡習西醫，學費全由四伯父負擔（四伯父無子，後來在存仁懸壺濟世後立為嗣子），在校苦讀一年，得了傷寒病，學校裏的西醫教師沒能治好，反倒中醫給他開了五天中藥後治好了，家中長輩遂勸他學習中醫。正好診治他的中醫丁甘仁開了「中醫專門學校」，而且將來西醫開業需要投資，中醫開業則簡單得很，種種原因使他改學中醫。一九二三年陳存仁入上海中醫專門學校，從此開始了他的醫學生涯。陳存仁在學校學習十分刻苦努力，他不但如饑似渴地學習課堂上和書本裏的知識，為了獲得醫學真諦，他又先後拜滬上名醫謝利恒、丁仲英（丁甘仁次子）兩位先生為師，虛心求教。

陳存仁著作

　　陳存仁以中醫藥籍，多為深奧之古文，課餘隨國學大師姚公鶴補習國文，後復拜章炳麟（太炎）為師。陳存仁在《銀元時代的生活史》中記載，和章太炎相識，起因於姚公鶴和章太炎友誼很深，兩人書信往返都由他當送信人。章太炎原來一直以為他是姚的書童，後來知道他是中醫，立刻大感興趣，說自己對中醫很有研究，並且能處方，讓陳存仁跟他學習國學。章太炎經濟困窘，當時留陳存仁吃飯，「菜肴之劣，出乎想像之外，每天吃的無非是腐乳、花生醬、鹹魚、鹹蛋、豆腐等物」。而章太炎最喜歡吃的，就是這些臭東西，他早年遭袁世凱幽禁時，因為風寒所侵，所以鼻子一直有病，聞不見臭氣，所感覺到的只有黴變食物的鮮味」。陳存仁後來讓章太炎用芙蓉葉研成末，放在鼻子裏，後來章太炎將此方子寫給來求字的人。章太炎開的處方，都是仲景古方，可是他的藥方，別人拿到了不敢進服，章太炎知道陳存仁在學中醫，所以常常問他一些「時方」，他覺得這些「時方」也很有意思；走江湖的「鈴醫」也受他重視，他覺得這些鈴醫的單方很多是經驗的產物，多少有些價值。章太炎後來還幫秦伯未等人創辦了中國醫學院，並擔任院長，對於西醫，他多少有些調侃。

　　由於早年生活困難，在學校裏陳存仁不得不經常擠出時間來，寫些短文，用「存仁」或「綠豆」作筆名，寄投當時《申報》的副刊「常識」和小報《晶報》、《金鋼鑽》、《福爾摩斯》等，以獲取一些稿酬，補貼生活之需。林華的〈上海小報史〉就說：「陳存仁做小報稿子，不自《福爾摩斯》始，在《福爾摩斯》沒有開辦之前，他的東西，已經散見在各小報，筆路很靈利，消息也很好，所以吳微雨就拉他為特約撰稿之一。最初，有許多看看非常危險，實則一些也沒有危險的白老虎稿子，都是他做的。聽說這時候他有許多好消息稿子，都得諸姚公鶴及黃警頑方面。除『華生』之外，還有『白帝』等三四個化名，在下卻記不起來了。現在胡憨珠自己辦

報了，陳存仁做了醫生了，已經完全脫離了《福爾摩斯》，但他們二人，與《福爾摩斯》最初的歷史，不能無關係，並且有功於《福爾摩斯》的。」

　　這時也在小報上寫文章後來和陳存仁結為好友的秦瘦鷗説：「我和陳存仁非親非故，只是因為當時都在求學，年齡又相同，加上都愛好『爬格子』，向大小各報投稿，於是很自然地碰到了一起。（這也許就是佛家所説的緣法吧？）可我們在性格上畢竟還有差別；他沉著穩重，克制力很強；我則大膽好奇，喜愛熱鬧，常和另外幾個遊伴，如姚克、鄂森等去餐館或舞廳吃喝玩樂，甚至跟著人家闖進賭場或妓院去，嘗試墮落的滋味。一開始陳存仁就不願同行，幾次之後，我們也不再邀他了。當時我們都還純真坦率，並沒有為此責怪他沒有哥兒們的義氣。直至後來我比較懂事了，一經追想，才不由不對陳存仁的富於定力、不隨波逐流，感到是一種可貴的品質，乃至在十幾年後使他功成業就，從無數的同行中脫穎而出。」林華在〈小報概説〉文中説：「秦怪風（瘦鷗）聽説是服務於兩路局，所以該報（案指：《上海報》）上對於兩路局的消息，詳盡且速，似為他報所不及。再秦怪風和律師鄂森等，非常知己，關於律師方面的消息，多半由鄂森供給。秦怪風的稿子，除此兩條路外，還有一個來源，便是一個中醫處。據説這個中醫的哥哥，也是本市重要黨員之一，對於軍政黨商學各界消息都很靈通，偶然有可以發表的，由這位中醫轉述給秦怪風，他聽在肚裡，就寫將出來，有此緣故，所以《上海報》上，時有極正確的消息，早於他報發表了。」

　　一九二七年，陳存仁以優異的成績從上海中醫專門學校畢業。此後，他在丁仲英診寓助診了一段時間。一年後，他開始獨立掛牌行醫。他在山東路租借了二間房屋做為診所，並很快就「生意興隆，門庭若市」。一九二八年夏，陳存仁自己出資創辦一份以開展

中醫學術的研究和討論，宣傳中醫藥保健防病知識為主要內容的小報——《康健報》，他自己除了寫和編之外，還親自跑到印刷所去校對拼版；直到報紙印出，運回四馬路的丁家（亦即他當時下榻之所），再分發給報販，投寄給訂戶，從頭到尾，都由他唱獨腳戲。這份報紙在陳存仁的策劃編輯下，辦得十分活躍，很受社會歡迎，發行量達到一萬多份。著名醫家程門雪曾有詩讚他：「獨向醫林張異軍，眼中諸子只推陳。靈方別有心源得，占盡江南一角春。」由於《康健報》的推波助瀾，使得陳存仁在極短的時間內便扶搖直上，儼然成為名醫了。兒子陳樹桐說：「父親的業務其實也是一點點做起來的，開始來就診的都是司機、店員，治好了他們，他們的老闆、車主、業主也就來了，慢慢影響到富裕階層。一些工廠主聘請他當廠醫，他中西醫都懂，診斷力就強了。有錢後他還聘請一位西醫每天給他上兩小時課，上了兩年。不像一般老醫生那樣排斥西醫，他又善於結交三教九流的各色人物，因此名聲越來越大。」

秦瘦鷗說：「人們對於醫生的選擇，除了熟悉不熟悉、名氣大不大這兩點外，還有就是醫生的年齡，總以為越老越有經驗，治病越有把握。陳存仁當時才二十歲出頭，不管他多麼會用腦筋，也不可能搖身一變，突然變成老頭子，於是他就在衣著上用功夫，成年都穿長袍馬褂，而且只用深顏色的料子；頭上戴一頂瓜皮帽，鼻架一副老式的平光鏡。這樣他在病家面前，至少可以充上個中年人了。由此也造成過一件笑話。二年後他結婚時，他夫人王女士（王定芬）的親友走進禮堂，看到了新郎，都向年輕貌美的王女士低聲責怪：『你怎麼嫁了個老頭子？』王女士自己心中明白，笑得幾乎透不過氣來。」

陳存仁是個熱衷於中醫事業的人，他積極參與中醫藥界有關的各項活動。一九二九年二月，留日西醫余巖等人在南京舉行的中央衛生會議上提出「廢止舊醫案」，妄圖取消中醫。消息傳出，

輿論譁然，時任上海市中醫協會秘書主任的陳存仁，與同業發起全滬停診，並在「仁濟善堂」舉行「上海醫界聯合抗議大會」。他與張贊臣（其父為名醫張伯熙）兩人首先約請謝利恒、丁仲英、陸仲安、夏應堂等滬上名醫商議開展抗爭事宜，先後籌畫召開了「三·一七」抗爭大會，會後又組織赴寧請願團，由謝利恒、陳存仁、隋翰英等五人組成，謝利恒為團長，陳存仁為總幹事。請願團到南京後，晉謁行政、監察、考試、立法院長，面呈請願書，咸認為中醫不可廢止。抗爭活動取得了歷史性的成功，陳存仁作為總幹事發揮了中堅作用。事後，當時的衛生部聘請謝利恒和陳存仁為衛生部中醫顧問，陳存仁曾撰寫《三一七國醫節事件回憶錄》，譜寫了近代中醫史上的光輝一頁。

陳存仁認為中醫藥之所能「見信於民眾，見信於社會，在於藥物之效驗卓特，治療之配合出奇，善治複雜夾雜之症，又鮮有副作用。」雖然我國在明代已有《本草綱目》，但畢竟已「閱時三百餘年，化學實驗之印證，藥物產地之變化，舊藥有絕種失傳者，新藥有陸續發現者，是以近人同感李氏《綱目》已不合於近世應用」。根據楊杏林〈醫林怪傑陳存仁〉文中說：「為此，陳存仁前後花了七年時間，搜集各類藥物參考書籍200餘種，有價值的中醫研究論文180篇，各種中草藥標本500多種，並在此基礎上邀集中國醫藥研究社的同仁編寫成320多萬字的《中國藥學大辭典》。一九三五年由世界書局出版發行。章太炎、吳稚暉、蔡元培、蕭龍友、丁福保等名醫大家均為之作序、題簽，反響很大，與謝利恒的《中國醫學大辭典》堪稱當時醫藥典籍雙璧。這部辭典集古今中外中藥研究之大成，收集的藥物達4260種，附方萬餘首，書內印有插圖1400餘幅；大多數藥物除中文藥名外，還標明瞭拉丁文或英文、日文的學名；有142味中藥收載了當時已經分析出來的化學成分。」該書初版不到半年就銷售一空，再版達27次。

　　楊杏林又說：「僅僅一年之後，陳存仁輯校的另一部大型叢書——《皇漢醫學叢書》又出版了。這是他多年研究日本漢醫勃興運動，搜集整理漢醫學家的成果。該叢書包括14卷72種：總類8種，內科16種，外科4種，女科、兒科各3種，針科4種，眼科、花柳科、診斷、治療各1種，方劑10種，醫案醫話11種，藥物8種，中國醫藥論文集1種34篇。它不但使我國的醫學工作者瞭解日本漢醫界的學術發展情況，而且對我國不少國內已散佚的古醫籍的整理輯纂有很大幫助。故出版後受到中日兩國醫學界的重視，同時還促進了兩國傳統醫學的交流。」

　　陳存仁還是著名的藏書家，他與曹炳章（《中國醫學大成》的編者）、裘吉生（《珍本醫書集成》的編者）並稱為「江南三大中醫藏書家」。他早年便立志廣藏醫書，於是每天下午診餘，總要到舊書鋪流覽選書，一年工夫竟買遍上海灘。一九三〇年，他專程到北京琉璃廠購書，想到有那麼多好書，他說就好像「癮君子到了雲南（大煙產地）」一般。行前他將自己的藏書編成書目，到了琉璃廠，他遞上自己的藏書目錄，然後交待：「凡是目錄中沒有的，我一律都要買。」氣魄可謂大矣。三天工夫，他蒐集書目中未備之醫籍，總共一千多種，其中竟有名醫蕭龍友寄賣的80多種罕稀之本。一九三六年後，陳存仁又曾先後6次專程赴日本購書，總共收集到日本漢醫著作四百餘種。經過多年「朝收夕索，親臨拜訪，曲意誠求」，共收集各種版本的醫籍六千餘種，還有三百多種與醫藥有關的全套報刊雜誌，總計算來，近一千萬卷，設立了私家圖書館，時人罕有其匹。

　　抗戰結束後，除繼續醫務工作外，陳存仁更多地從事著社會活動和慈善事業。他與許多對中醫藥有好感的國民黨元老，如李石曾、焦易堂、吳稚暉、陳果夫、陳立夫等人交好往來，一來用以提高個人的聲望，同時也利用這些社會關係以爭取對中醫界的支持。

陳樹桐說他父親是個「重名勝過重利」的頭腦靈活的上海人。「他愛慕名聲甚至到了虛榮的地步，當時為了競選上海參議院議員，天天在飯館裏擺著流水席面請客吃飯，當年的參議員都是榮毅仁一流，根本沒有中醫會捨得這麼做」。一九四六年八月，陳存仁當選上海市參議會參議員，一九四八年初，他參加了國民黨政府的國大競選，在陳樹桐看來，也純粹是虛榮心的表現，當年一共有7個中醫當選為「國大代表」，陳存仁在中醫中居然票數最高，「當時誰都不知道，是因為我姨父科學家吳有訓的緣故父親票數才高，我姨父和蔣介石關係不錯，我父親從來不求他辦事情，因為競選『國大代表』，求到姨父那裏，結果他一說，父親以中醫裏最高票數當選」。他成為中醫界國大代表之一，亦可謂「名成而仕」矣。

一九四九年上海解放，陳存仁倉促離開上海，到香港時，陳存仁全家身上只有九千港幣，連租個房子都租不起，幸虧一位親戚把房子無償借給他住，他只能掛一個小牌子，寫著陳存仁診所。秦瘦鷗說：「我只知道到一九五二年內，他已在九龍鬧市中心彌敦道的平安大戲院樓上設下了一間診所，又在香港銅鑼灣怡和街借到了一套公寓，半作門診室，半作一家人（其實他的妻女已被接去）的居處。門診的時間是上午九龍，下午香港，餘時出診，完全是一副南國名醫的派頭。」

在港期間，他行醫之餘仍勤奮寫作。六〇年代，在香港銷路最大的《星島晚報》上開闢了一個專欄「津津有味譚」，專門談吃的學問及飲食療法，提倡在湯菜中加些滋補中藥，頗受講究進補的粵籍人士的歡迎。這個專欄一寫二十年，每日一篇，一年365天從未間斷。陳氏不收一文稿酬，他希冀的是一種廣告效應，名聲很快在讀者中傳播開來，因此來到香港不久，診務便打開了局面。

秦瘦鷗又說：「他的易地再戰，自能很快取得成功，主要還在他的重視宣傳，既寫文章，又登廣告，給自己造成聲勢。同時又一

眼看透,必須先把占絕大多數的廣東人爭取過來,自己才能立足,單那些從大陸來的上海人是決難維持的。因此他選用了兩位粵籍少女作他的助手,一位擔任掛號和接待,一位水平較高、稍懂滬語的充當翻譯,並為他抄寫藥方。這就解決了語言不通的困難。後來北京政府大力推行重視中醫、中藥的方針也間接支持了他,尤其針灸的廣東醫生,跟他合作,給一些病家試作邊服中藥、邊打金針的療法,倒也很受歡迎。不久他又在診所裡辦起了針灸培訓班。這些得風氣之先的措施,都不是當時在港開業的別的中醫所能想到的。陳存仁異軍突起,一舉便引起了不少人的注意。不久東南亞和日本各地的華僑和醫學界人士也都陸續找上了他,有的報名加入函授班,有的向他詢問防病養身之法,也有約他寫文章的,函電交馳,他的忙碌和興奮已達到了頂點。」

一九七〇年五月,《大人》雜誌創刊,陳存仁撰寫其回憶錄《銀元時代生活史》刊登其上。一九七三年三月,由香港吳興記書報社出版,張大千題耑,沈葦窗撰序,云:「一九七〇年五月,《大人》雜誌創刊,我承乏輯務,初時集稿不易,因而想到陳存仁兄,他經歷既豐,閱人亦多,能寫一手動人的文章,於是請他在百忙之中為《大人》撰稿,第一期他寫了一篇記章太炎老師,果然文筆生動,情趣盎然,大受讀者歡迎。存仁兄的文章,別具風格,而且都是一手資料,許多事情經他一寫,躍然紙上,如歷其境,如見其人,無形之中成為我們《大人》雜誌的一員大將。《銀元時代生活史》刊載以後,更是遐邇遍傳,每一段都富有人情味和親切感,存仁兄向有考證癖,凡是追本究源,文筆輕鬆,尤其餘事。綜觀全篇,包含著處世哲學、創業方法、心理衛生、生財之道,對讀者有很大的啟發性和鼓勵性,實在是老少咸宜的良好讀物。今當單行本問世,讀之更有一氣呵成之妙,存仁兄囑書數言,因誌所感,豈敢云序。」

一九八二年，陳存仁在《大成》雜誌一〇四期開始連載其回憶錄第二部《抗戰時代生活史》，一九八八年由香港長興書局出版。從青年時開始，一直到古稀之年，他從未停筆，他除了編寫了不少中醫藥科普讀物，也寫了不少文史方面的文章，結集成冊的如本文開頭所提及的。《紅樓夢人物醫事考》是他與香港紅學名家宋淇合寫的一本書，替《紅樓夢》書中的人物看病，紅學與中醫的兩位專家攜手合作，別開生面的論斷，豐富了我們的視野。《被閹割的文明：閒話中國古代纏足與宮刑》，以大量舊藏資料，考證了男性宮刑、女性纏足這兩項人類發展史上的怪胎與獨流的起源和演變歷史。《業外雜譚錄：袁枚食色及其他》，以「食色，性也」的角度，對袁枚、徐福、光緒皇帝這三位歷史人物進行了細膩而生動的研究，展示了中國古人的生活趣味。《被誤讀的遠行：鄭和下西洋與馬哥孛羅來華考》寫鄭和七次下西洋的路線，作者根據史料還親自做了實地的考察；而對馬哥孛羅來華的考證，更是旁徵博引，完全是一副歷史學者的研究面目。《閱世品人錄：名中醫舊上海見聞錄（章太炎家書及其他）》，講述了作者與章太炎、胡適、杜月笙、秦瘦鷗、董皓雲等名人交往的舊事，因都是作者親身的聞見，娓娓道來，生動有趣。

一九八五年，陳存仁宣告隱退，並移居美國加州洛杉磯安度晚年。一九九〇年九月九日，他因腦溢血逝世，終年八十二歲。

史地傳記類　PC0175　世紀映像叢書67

繁華落盡
——洋場才子與小報文人

作　　　者／蔡登山
主　　　編／蔡登山
責任編輯／黃姣潔
圖文排版／蔡瑋中
封面設計／陳佩蓉

發　行　人／宋政坤
法律顧問／毛國樑　律師
印製出版／秀威資訊科技股份有限公司
　　　　　114台北市內湖區瑞光路76巷65號1樓
　　　　　電話：+886-2-2796-3638　傳真：+886-2-2796-1377
　　　　　http://www.showwe.com.tw
劃撥帳號／19563868　戶名：秀威資訊科技股份有限公司
　　　　　讀者服務信箱：service@showwe.com.tw
展售門市／國家書店（松江門市）
　　　　　104台北市中山區松江路209號1樓
　　　　　電話：+886-2-2518-0207　傳真：+886-2-2518-0778
網路訂購／秀威網路書店：http://www.bodbooks.com.tw
　　　　　國家網路書店：http://www.govbooks.com.tw
圖書經銷／紅螞蟻圖書有限公司
　　　　　114台北市內湖區舊宗路二段121巷28、32號4樓
　　　　　電話：+886-2-2795-3656　傳真：+886-2-2795-4100

2011年09月BOD一版
定價：320元

國家圖書館出版品預行編目

繁華落盡：洋場才子與小報文人 / 蔡登山作. -- 一版. --
　臺北市：秀威資訊科技, 2011. 09
　　面； 公分. --（史地傳記類；PC0175)(世紀映像叢書；
67）
　BOD版
　ISBN 978-986-221-826-6 (平裝)

　1. 作家　2. 傳記　3. 中國當代文學

782.248　　　　　　　　　　　　　　100015955

讀者回函卡

感謝您購買本書，為提升服務品質，請填妥以下資料，將讀者回函卡直接寄回或傳真本公司，收到您的寶貴意見後，我們會收藏記錄及檢討，謝謝！
如您需要了解本公司最新出版書目、購書優惠或企劃活動，歡迎您上網查詢或下載相關資料：http:// www.showwe.com.tw

您購買的書名：_____

出生日期：_____年_____月_____日

學歷：□高中 (含) 以下　　□大專　　□研究所 (含) 以上

職業：□製造業　□金融業　□資訊業　□軍警　□傳播業　□自由業
　　　□服務業　□公務員　□教職　　□學生　□家管　□其它_____

購書地點：□網路書店　□實體書店　□書展　□郵購　□贈閱　□其他

您從何得知本書的消息？

　□網路書店　□實體書店　□網路搜尋　□電子報　□書訊　□雜誌
　□傳播媒體　□親友推薦　□網站推薦　□部落格　□其他_____

您對本書的評價：（請填代號　1.非常滿意　2.滿意　3.尚可　4.再改進）

　封面設計____　版面編排____　內容____　文／譯筆____　價格____

讀完書後您覺得：

　□很有收穫　□有收穫　□收穫不多　□沒收穫

對我們的建議：_____

_____

_____

_____

11466
台北市內湖區瑞光路 76 巷 65 號 1 樓

秀威資訊科技股份有限公司　　　收

BOD 數位出版事業部

....

（請沿線對折寄回，謝謝！）

姓　　名：_____　年齡：_____　性別：□女　□男

郵遞區號：□□□□□

地　　址：_____

聯絡電話：(日) _____　(夜) _____

E - m a i l：_____